图1-2　股民篇

图1-3　度假篇

图1-4　CEO篇

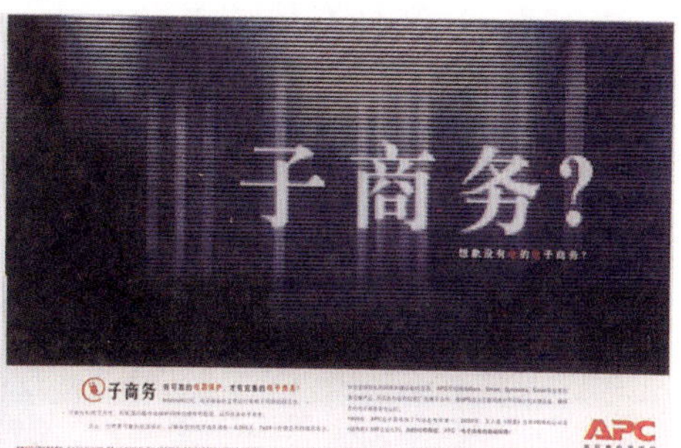

图1-5　子商务篇

图2-1　广西电网公司广告《启篇》

图2-2　广西电网公司广告《承篇》

图2-3　广西电网公司广告《转篇》

图2-4　广西电网公司广告《合篇》

图2-8 钟表广告体育比赛篇

图2-9 钟表广告赶车篇

图2-14 麦肯广告公司一则招聘员工的企业事务广告

图3-4　保护绿色资源永无止境

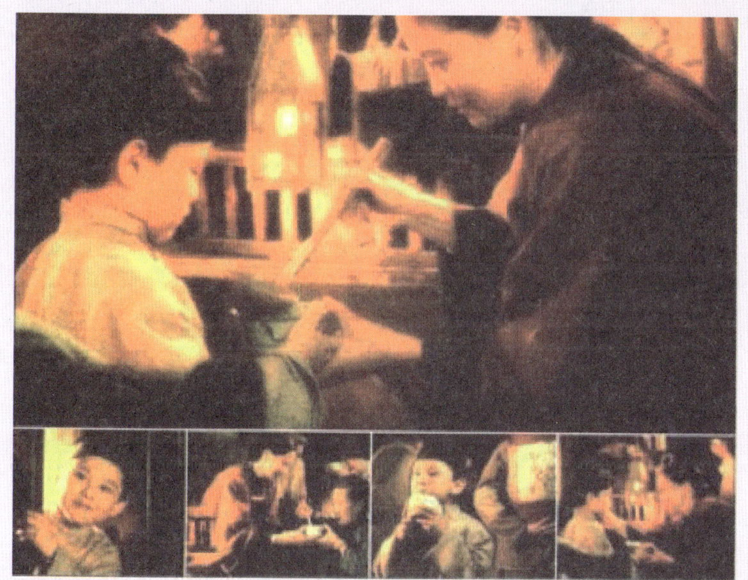

图4-1　南方黑芝麻糊电视广告作品

(a)

(b)

图4-3　石头记平面广告

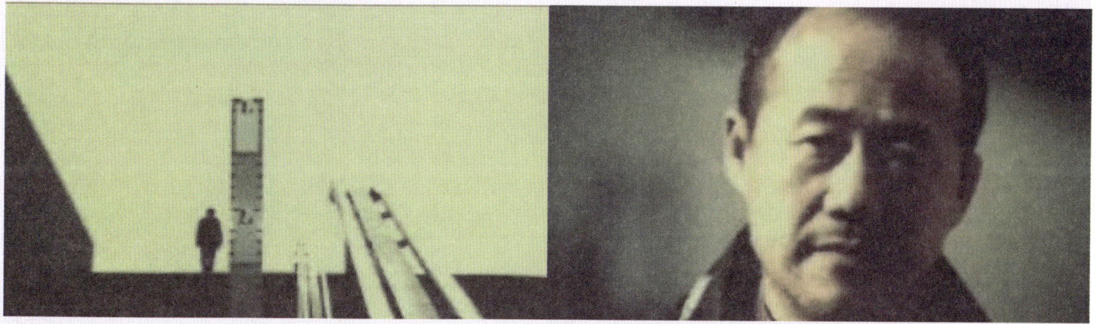

图4-5　全球通电视广告

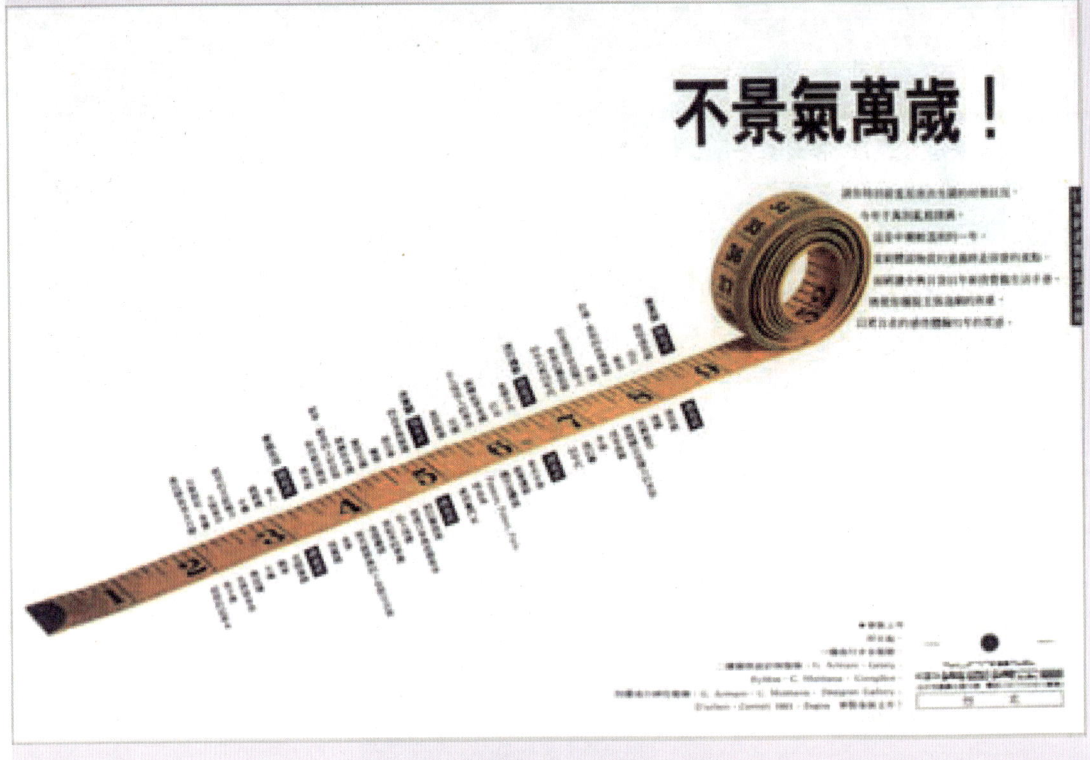

图5-1 台湾中兴百货系列广告(1)

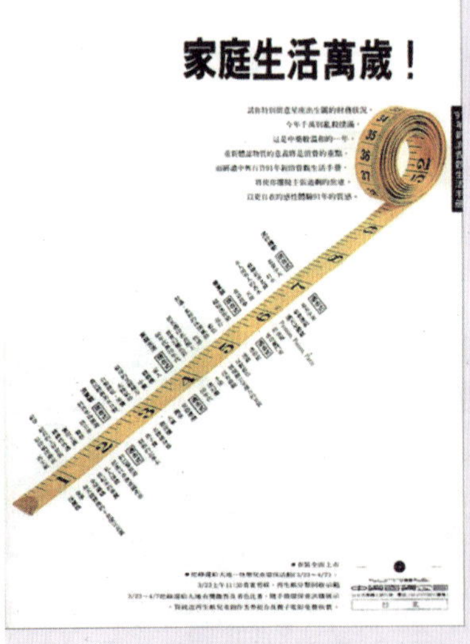

图5-2 台湾中兴百货系列广告(2)

图6-1 马爹利酒广告作品(1)

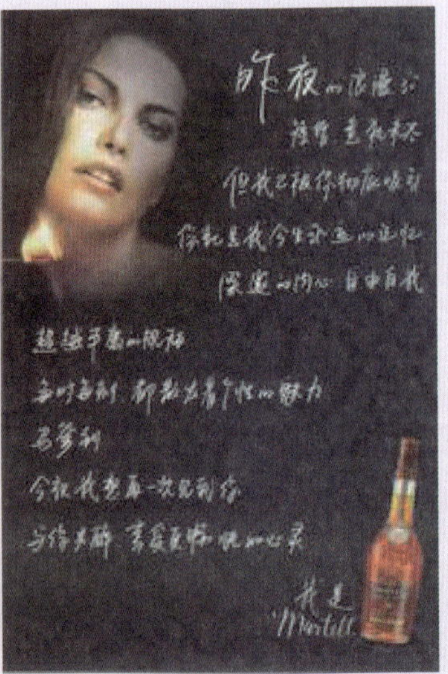

图6-2 马爹利酒广告作品(2)

图6-9 PC Home广告“睡觉篇”

图6-8 PC Home广告“不快乐篇”

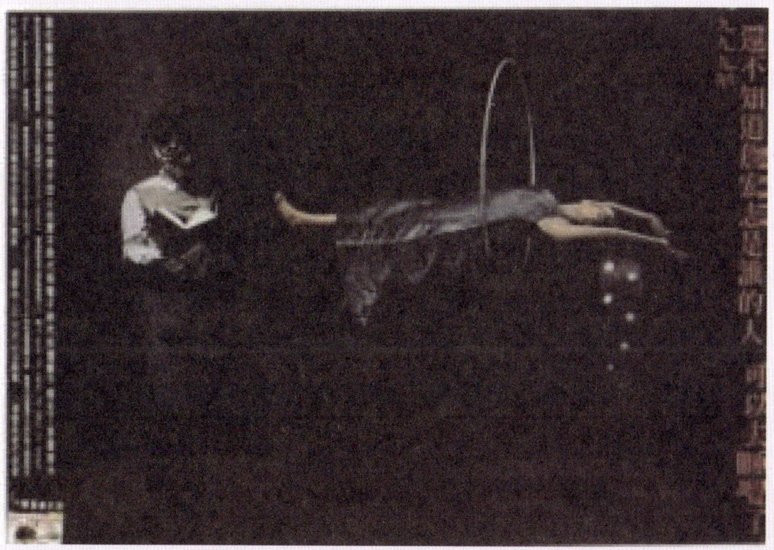

图6-7 美国遗产基金会的禁烟广告

图9-1 华为的网络广告(1)

图9-2 华为的网络广告(2)

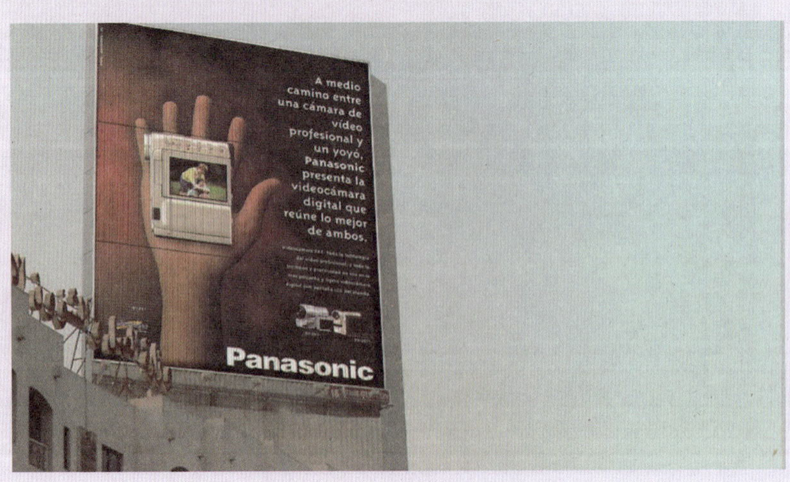

图9-10 户外楼体广告

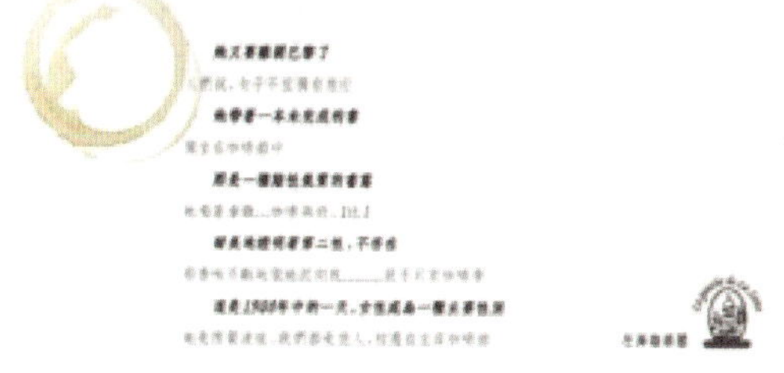

图11-2　台湾左岸咖啡馆形象广告《她又要离开巴黎了》

图11-3　台湾左岸咖啡馆形象广告《我在左岸咖啡馆，也在去左岸咖啡馆的路上》

图11-5　邦迪产品广告《成长难免有创伤》(2)

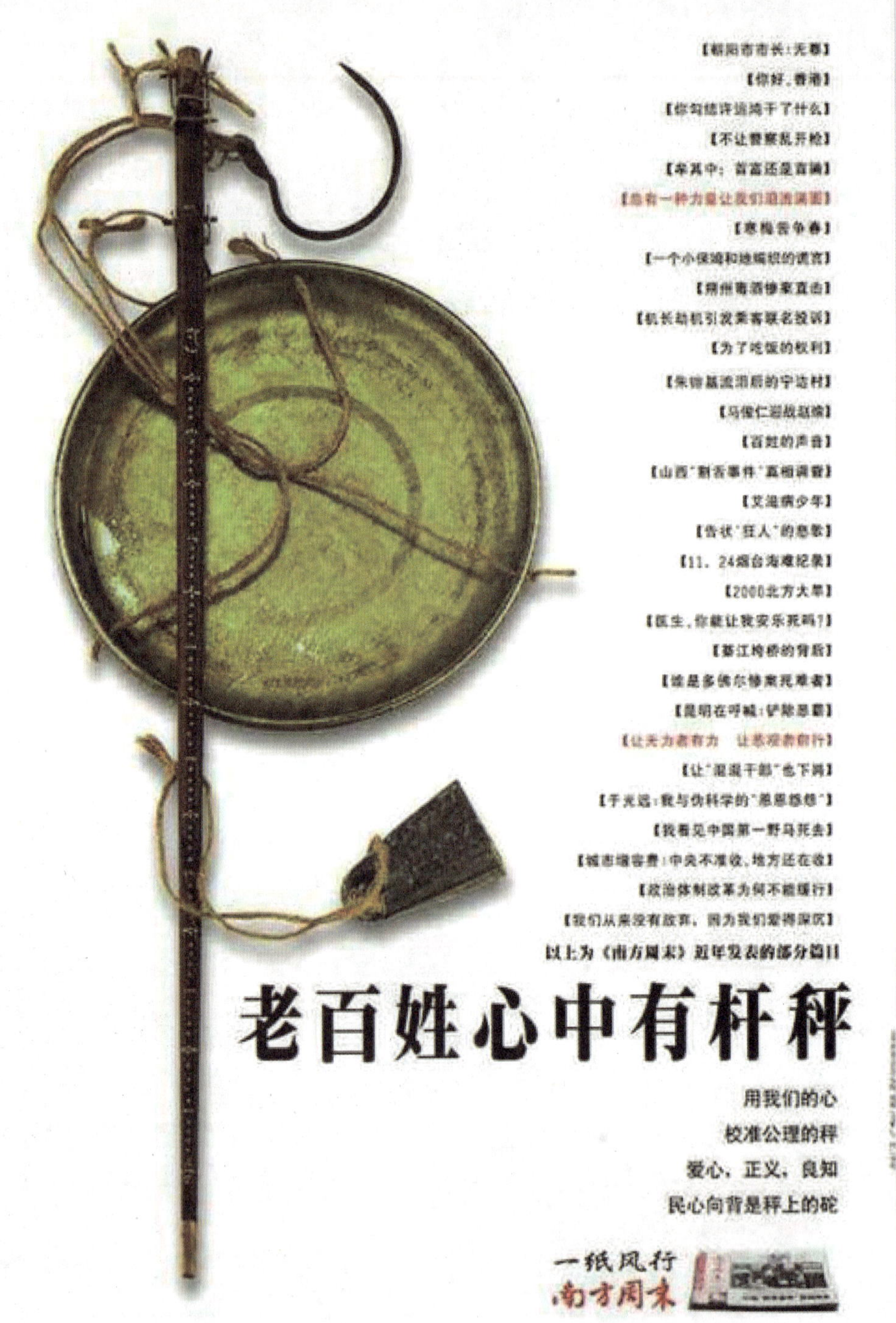

图11-6　《南方周末》品牌形象广告《老百姓心中有杆秤》

高等职业教育“广告和艺术设计”专业系列教材
广告企业、艺术设计公司系列培训教材

广告文案

崔晓文　李连璧　主　编
黄　蓓　李阿嬉　副主编

清华大学出版社
北　京

内 容 简 介

本书结合广告行业发展的最新动态，介绍了历史上及当代优秀广告文案创作的成功经验，引用了大量新鲜的广告文案写作实例，对广告文案的结构、内容、表现手法以及不同媒体的特性和不同媒体广告文案的写作要求等多个方面进行了详细阐述，并注重通过强化专业技能训练，提高学生及广告从业者的专业素质、创作与实践应用能力。

本书结构清晰、内容翔实、案例生动、突出实用性，注重广告文案实践技能与应用训练，且采用新颖统一的格式化体例设计。因此本书既适用于专升本及高职高专院校广告与艺术设计专业的教学，也可以作为广告艺术设计从业者的职业教育与岗位培训教材，对于广大社会自学者也是一本非常有益的参考读物。

图书在版编目(CIP)数据

广告文案/崔晓文，李连璧主编；黄蓓，李阿嫱副主编. —北京：清华大学出版社，2011.1(2018.2 重印)
(高等职业教育“广告和艺术设计”专业系列教材)
(广告企业、艺术设计公司系列培训教材)
ISBN 978-7-302-24208-6

Ⅰ. ①广… Ⅱ. ①崔…②李…③黄…④李… Ⅲ. ①广告—写作—高等学校：技术学校—教材 Ⅳ. ①F713.8

中国版本图书馆 CIP 数据核字(2010)第 222500 号

责任编辑： 章忆文 朱 颖
装帧设计： 山鹰工作室
责任校对： 王 晖
责任印制： 王静怡
出版发行： 清华大学出版社
网 址： http://www.tup.com.cn, http://www.wqbook.com
地 址： 北京清华大学学研大厦 A 座 **邮 编：** 100084
社 总 机： 010-62770175 **邮 购：** 010-62786544
投稿与读者服务： 010-62776969, c-service@tup.tsinghua.edu.cn
质量反馈： 010-62772015, zhiliang@tup.tsinghua.edu.cn
课件下载： http://www.tup.com.cn, 010-62791865
印 刷 者： 北京鑫丰华彩印有限公司
装 订 者： 三河市溧源装订厂
经 销： 全国新华书店
开 本： 190mm×260mm **印 张：** 23.25 **插 页：** 4 **字 数：** 562 千字
版 次： 2011 年 1 月第 1 版 **印 次：** 2018 年 2 月第 10 次印刷
印 数： 17501~18500
定 价： 48.00 元

产品编号：029759-02

Foreword 丛书序

随着我国改革开放进程的加快和市场经济的快速发展，各类广告经营业也在迅速发展。1979 年中国广告业从零开始，经历了起步、快速发展、高速增长等阶段，2006 年全年广告经营额 2450 亿元人民币，比上年增长 20%以上；2007 年全国广告市场经营额收入为 3500 亿元人民币，比上年又大幅度地增长了 40%；全国广告经营单位 143129 户、比上年增长了 14%，全国广告从业人员超过 100 万人、比上年增长了 10.6%。

商品促销离不开广告、企业形象也需要广告宣传，市场经济发展与广告业密不可分；广告不仅是国民经济发展的“晴雨表”，也是社会精神文明建设的“风向标”，还是构建社会主义和谐社会的“助推器”。广告作为文化创意产业的关键支撑，在国际商务活动交往、丰富社会生活、推动民族品牌创建、促进经济发展、拉动内需、解决就业、构建和谐社会、弘扬古老中华文化等方面发挥着越来越大的作用，已经成为我国服务经济发展重要的“绿色朝阳”产业，在我国经济发展中占有极其重要的位置。

当前，随着世界经济的高度融合和中国经济国际化的发展趋势，我国广告设计业正面临着全球广告市场的激烈竞争，随着发达国家广告设计观念、产品、营销方式、运营方式、管理手段及新媒体和网络广告的出现等巨大变化，我国广告从业者急需更新观念、提高技术应用能力与服务水平、提升业务质量与道德素质，广告行业和企业也在呼唤“有知识、懂管理、会操作、能执行”的专业实用型人才；加强广告经营管理模式的创新、加速广告经营管理专业技能型人才培养已成为当前亟待解决的问题。

由于历史原因，我国广告业起步晚、但是发展却非常快，目前在广告行业中受过正规专业教育的人员不足 2%；因此使得中国广告公司及广告实际作品难以在世界上拔得头筹。根据中国广告协会学术委员对北京、上海、广州三个城市不同类型广告公司的调查表明，在各方面综合指标排行中、缺乏广告专业人才居首位，占 77.9%，人才问题、已经成为制约中国广告事业发展的重要瓶颈。

针对我国高等职业教育“广告和艺术设计”专业知识老化、教材陈旧、重理论轻实践、缺乏实际操作技能训练等问题，为适应社会就业急需、为满足日益增长的广告市场需求，我们组织多年在一线从事广告和艺术设计教学与创作实践活动的国内知名专家教授及广告设计公司的业务骨干共同精心编撰本套教材，旨在迅速提高大学生和广告设计从业者的专业素质，更好地服务于我国已经形成规模化发展的广告事业。

本套系列教材定位于高等职业教育“广告和艺术设计”专业，兼顾“广告设计”企业职业岗位培训；适用于广告、艺术设计、环境艺术设计、会展、市场营销、工商管理等专业。本套系列教材包括：《广告学概论》、《广告策划与实务》、《广告文案》、《广告心理学》、《广告设计》、《包装设计》、《书籍装帧设计》、《广告设计软件综合运用》、《字体与版式设计》、《企业形象(CI)设计》、《广告道德与法规》、《广告摄影》、《数码摄影》、《广告图形创意与表现》、《中外美术鉴赏》、《色彩》、《素描》、《色彩构成及应用》、《平面构成及应用》、《立体构成及应用》、《广告公司工作流程与管理》、《动漫基础》等 24 本书。

本套系列教材作为高等职业教育“广告和艺术设计”专业的特色教材，坚持以科学发展观为统领，力求严谨、注重与时俱进；在吸收国内外广告和艺术设计界权威专家学者最新科研成

果的基础上，融入了广告设计运营与管理的最新教学理念；依照广告设计活动的基本过程和规律，根据广告业发展的新形势和新特点，全面贯彻国家新近颁布实施的广告法律法规和广告业管理规定；按照广告企业对用人的需求模式，结合解决学生就业、加强职业教育的实际要求；注重校企结合、贴近行业企业业务实际，强化理论与实践的紧密结合；注重管理方法、运作能力、实践技能与岗位应用的培养训练，采取通过实证案例解析与知识讲解的写法；严守统一的创新型格式化体例设计，并注重教学内容和教材结构的创新。

本系列教材的出版、对帮助学生尽快熟悉广告设计操作规程与业务管理，对帮助学生毕业后能够顺利走上社会就业具有特殊意义。

编委会

Editors
编委会

Preface 前言

广告作为文化创意产业的核心支柱，在国际商务交往、丰富社会生活、拉动内需、解决就业、促进经济发展、构建和谐社会、弘扬中华文化等方面发挥着越来越大的作用，已经成为我国服务经济发展的重要产业，在我国经济发展中占有极其重要的地位。

近年来，中国的广告业一直保持着强劲的发展态势。2008年中国广告市场受北京奥运会的拉动，呈现出非常活跃的局面，总投放同比增长15%，达到4413亿元人民币，已超过日本居全球广告业的第二位。在此背景下，广告业的运作越来越国际化、规范化，涌现出一大批优秀的本土广告公司和广告人，其发展势头锐不可当。

广告针对人，主要是宣传产品和服务，成功的广告必须依靠具有创意的广告文案，必须研究市场，把握广告受众的承受能力；广告需要借助媒介，成功的广告必须具有创意并利用好电视、广播等各种传播媒体；成功的广告文案创造既来自灵感，也来自坚实的专业基础，广告文案不仅是广告的基础，更是广告市场营销迈向成功的强大助推力。

面对国际广告业的激烈市场竞争，加强广告文案教学思想观念与表现技法的创新、加速广告文案专业人才培养已成为当前亟待解决的问题；为了满足日益增长的广告市场需求，也为了培养社会急需的广告文案专业技能型应用人才，我们组织多年在一线从事广告文案教学与创作实践活动的专家教授，共同精心编撰了此书，旨在迅速提高学生及广告和艺术设计从业者的专业素质，更好地服务于我国广告事业。

本书作为高等职业教育院校广告与艺术设计专业的特色教材，坚持以科学发展观为统领，根据广告企业服务规范的实际要求，既注重广告文案创作与世界各民族文化的有机结合，又注重与时俱进，将高新科技手段融入广告文案创意之中。本书的出版，对帮助学生尽快熟悉广告公司的广告文案创作与岗位操作规程，对学生毕业后能够顺利就业具有特殊意义。

全书共十二章，依照广告文案创作与写作实践活动的基本过程和规律，根据广告文案发展的新形势和新特点，系统介绍：广告文案的类型、构成、诉求方式、表现手法，广告文案的写作，广告文案的语言与修辞，报刊、广播、电视及其他媒体广告文案，广告文案测试等基本理论知识，并通过强化专业技能训练提高应用能力。

本书结构清晰、内容翔实、案例生动、突出实用性，注重广告文案实践技能的训练与应用能力的培养，且采用新颖统一的格式化体例设计。因此本书既可以作为专升本及高职高专院校广告与艺术设计专业的教材，也可以作为广告公司、传播公司、营销企划公司从业者的职业教育与岗位培训教材，对于广大社会自学者也是一本非常有益的参考读物。

本书由李大军进行总体方案策划，崔晓文、李连璧为主编，崔晓文统稿。黄蓓和李阿嫱为副主编，由具有丰富的广告文案教学与实践经验的孟建华教授审定。编者具体分工为：崔晓文(第一章第一节、第三章)，黄蓓(第一章第二、三节)，崔德群(第二章，第四章第二、三节)，李连璧(第四章第一节、第十章)，张燕(第五章、第九章)，吴凤颖(第六章、第八章)，李阿嫱(第七章、第十一章)，王洋(第十二章)，周鹏、马瑞奇、李瑶(附录)。华燕萍负责版式调整，李晓新负责课件的制作。

本书在编著过程中参考了大量国内外有关广告文案的文献资料，精选收录了具有典型意义的案例，并得到广告业界专家教授的悉心指导，在此特致以衷心地感谢。为了方便教师教学和学生学习，本书配有教学课件，可以从清华大学出版社网站免费下载使用。

由于时间紧，作者知识能力有限，书中难免存在疏漏和不足，恳请专家和广大读者给予批评指正。

编　者

Contents 目录

目录

Contents

Contents

目录

目录 Contents

第一章

广告文案概述

- 了解广告文案的分类，掌握广告文案的含义。
- 熟悉广告文案的特性。

广告文案、广告撰稿人、印刷广告文案、广播广告文案、电视广告文案

引导案例

MINI 汽车广告文案

系列一：

标题：干扰他人视线，我负主要形式责任

正文：个性不是一种罪，车身颜色自主是天赋人权，车顶打出直升机停机坪标志是宣告图案自由。给后视镜和转向灯文身，把前盖和车尾涂上双白线，只是履行自我表达的义务。但内饰禁用我本色，轮圈禁止我自选，就是剥夺我个性独立的权利！如图 1-1(a)所示。

系列二：

标题：我承认，我的车顶并不清白。

正文：我坦白，我沉迷自我表达，非给车顶、车身和后视镜印上图案，还在车门槛上刻下大名；我自作主张，从多种轮圈中找出自以为是的一款，内饰从头到脚都要顺着我意布置。全球 99%的车主都个性化改装 MINI，只有 1%的人没有嫌疑。如图 1-1(b)所示。

案例解析

MINI 汽车是 BMW 旗下一款历史悠久、充满传奇色彩的袖珍车。一直以来，MINI 汽车以体积小巧、设计独特、充满个性为特色，MINI 甚至成为一个常用的生活词汇，代表一种生活方式和生活态度。在不同的时代，MINI 都散发出前卫的时尚生活气息。这则广告用一种个性、有趣的方式，向人们展示了 MINI 汽车有别于其他汽车的个性特色，让人看完以后印象深刻。广告文案采用拟人的表现手法，赋予 MINI 汽车以年轻人的个性，用 MINI 自述的口吻与目标消费者直接沟通。广告撰稿人在逗趣的文字中巧妙地传达了广告的核心价值，语言生动活泼，极具张力。

(a)　(b)

图 1-1　MINI 汽车平面广告

第一节　广告文案及其作用

任何一则广告，都不能没有文案，广告文案是广告作品的重要组成部分。

一、广告文案的含义

广告文案又称广告文稿，人们对它的解释不尽相同，归纳起来分为两种。

一种是广义上的广告文案，指从设计到表现整个过程中凡能够传递广告信息内容的所有文本，它的内容包括广告作品的全部，如广告文字、绘画、照片及其布局等。例如报纸广告的广告文案就不限于文字，还包括色彩、绘画、图片、装饰等。它是广告人撰写的与广告活动有关的文字作品。

另一种是狭义上的广告文案，仅指广告作品中的语言文字部分，不包括绘画、图片、色彩、布局等非文字部分。

对于广告文案的狭义含义，可以从以下几个方面来理解。

1. 广告文案只存在于已经完成的广告作品中

广告文案不等于广告方案，广告方案指的是在策划、创意广告活动中所有的文字蓝本。广告方案是幕后的、隐藏的，往往不被受众所知。广告文案是幕前的、明明白白显示出来的，受众可以一目了然或一听即明。广告文案是广告表现的重要组成部分之一，任何一部广告作品都离不开用语言和文字来传达产品或劳务的信息。

2．广告文案是指广告作品中的语言和符号

广告作品中的语言既指广告中的书面语或其他文字符号，也指体态语言、情景画面和音响效果。

3．广告文案有规范的格式和结构

广告中表现出来的言语和文字部分，大体指广告的标题、正文、广告语、随文等几项，它体现了一篇广告的整体结构。

二、广告文案的地位

广告文案是广告的核心，是广告信息桥梁功能的主要承担者。

1．广告文案传达整个广告中的重要信息

无论怎样精彩的创意都是为了传达信息，或者说是服务于信息的传达。而广告文案所传达的信息是整个广告最重要的信息。

【案例 1-1】

南京雷欧广告公司制作的广播广告：《善存片》

标题：善存片

正文：

男：钢琴的每个键都有它特殊的功能，把每一个清亮的音聚在一起才能奏出完美的乐章。

健康又何尝不是这样，某一种维生素或矿物质的缺乏，就可能让您的生命乐章青涩喑哑……

这个时候您更需要的正是“善存片”。(音乐起)

女：善存片，富含 30 种维生素和矿物质，补充每日膳食无法摄取的营养元素，使您的表现更加出色。

男：善存片，源自美国，全面照顾。

案例解析

这篇广告中有许多信息，然而最重要的信息是什么？不是钢琴曲(“致爱丽丝”)，也不是琴键的功能，而是女士说出的“善存片，富含 30 种维生素和矿物质，补充每日膳食无法摄取的营养元素，使您的表现更加出色”和男士对“善存片，源自美国，全面照顾”的强调。广告文案集中传达了“善存片”这一商品核心与灵魂的信息。

2．广告文案强化广告的主题

如果说任何一个广告作品中的各个组成部分都是为了突出一个主题的话，那么广告文案就是巧妙地强化了这一主题最主要的部分。

【案例 1-2】

灵智大洋广告公司制作的平面广告 AAPC“子商务”形象系列广告

股民篇：他差一点儿在股市上挣到一百万，如图 1-2 所示。

度假篇：又与夏威夷无缘的信息主管，如图 1-3 所示。

CEO 篇：昨天他还是 CEO，如图 1-4 所示。

子商务篇：子商务？想象没有电的电子商务？如图 1-5 所示。

图 1-2　股民篇

图 1-3　度假篇

图 1-4　CEO 篇

图 1-5　子商务篇

案例解析

这一组系列广告选取了不同情景来共同表现一个主旨，那就是电子商务缺了电是不行的。因为断电股民遭到损失，因为断电度假成了空想，因为断电昨天的 CEO 被炒了鱿鱼。因为断了电，电子商务也就只能称为根本不存在的“子商务”了。

这一组广告有意隐去一个“电”字。其效应就是调动受众的联想，用经验自觉或不自觉地将“电”字给补上。后面再加上一行小字“想象没有电的电子商务？”用一个“？”号，句中的“电”字用了红色，该文案巧妙地强化了这一主旨的最主要部分。

3．广告文案传达商品的独特信息

在同类商品广告中，广告文案传达着该产品独特的信息，即广告主独特的销售主张——USP。例如，在许多矿泉水都在强调纯净、卫生、含有矿物质等特性时，农夫山泉矿泉水的广告文案独树一帜，推出自己的USP，讲“农夫山泉，有点甜”，给人一种亲切、温馨的感觉。

【案例 1-3】

总督香烟的广告文案

标题：总督牌给了你而别的过滤嘴香烟没有给你的是什么？

插图：除广告版面的1/3被大字标题占据外，中间部分是一幅巨大的香烟过滤嘴照片，下端是一对在亲切交谈的中年男女。

插图说明：只有总督牌香烟在每一支过滤嘴中给你两万颗过滤凝汽瓣。当你吸食的芬芳烟气透过过滤嘴时，它就过滤、过滤再过滤。

男士：有那两万颗过滤凝汽瓣，实在比我过去所吸的没有过滤嘴的香烟味道要好。

女士：对，有过滤嘴的总督牌香烟吸起来要好得多……而且也不会在我嘴里留下任何烟丝渣。

烟盒旁说明：只比没过滤嘴香烟贵一两分钱而已。

案例解析

此广告推出时，过滤嘴面世不久，罗瑟·瑞夫斯详细了解到，总督牌香烟具有同类产品所没有的东西，即该香烟的过滤嘴中的过滤凝汽瓣有两万颗，比其他香烟多两倍。广告刊出后，立即引起消费者浓厚的兴趣，销量节节上升。几年后，该香烟的广告费支出超过 1800 万美元，而该公司年销售额则高达数亿美元。

同类产品的竞争，关键在于为消费者提供其他同类产品所不能提供的好处和功效。这种商品独一无二的好处和功效就是对比同类产品后给受众的直观印象，这种独一无二的利益承诺就会成为独一无二的购买理由。

4．广告文案可使受众领会广告的卖点

广告文案是整个广告作品的眼睛。广告文案所开掘的是商品之眼，服务之眼。通过它能领会广告的卖点。

三、广告文案的作用

广告文案具有如下作用。

1．表现广告创意的核心

广告文案所表达的是广告创意的核心内容，即广告主题。一则创意十分巧妙的新西兰麦当劳广告，其文案写道“饿了吗?”这个短语出现在一块巨大的红色面板中央，面板的右下角是一个M形图案。一个短语诱发了消费者的食欲，M这个标志突然变成一个被人咬了一口的汉堡，呈现出M形，这个广告的核心得到了巧妙、完美的表现。其中广告文案“饿了吗？”起到了一语破的的作用。

2．传达广告意图、诉求和承诺

广告文案传达的是广告的意图，即目的；诉求，指对象的独特点；承诺，即保证。

【案例1-4】

南京清水马蹄罐头广告文案

标题：自然与新鲜正是你所需要的清水荸荠罐头

正文：这种食品罐头在国内生产的厂家还有不少，但南京市罐头食品厂生产的产品是你最好的选择。

案例解析

该广告主的目的是为了销售他的清水马蹄罐头，但其诉求点定位在“自然”和“新鲜”。有了这两点，就是“最好的选择”。广告主的承诺就蕴含其中，不言而喻。此文案的标题醒目、显赫，强调了自然与新鲜，这是食品最可宝贵的品质。而正文强调了厂家，这就不仅突出了商品，也突出了企业，两者兼得。

3．塑造企业形象和品牌形象

优秀的广告和广告文案都起着塑造企业形象和品牌形象的目的。如果创意不当，文案不明，就会有损企业形象。

【案例1-5】

阿迪达斯公司的一则路牌广告

一名身穿浅黄色职业女性服装的漂亮妇女，正在大街上行走，突然发现左脚皮鞋的鞋带有些松了，这名妇女很敏捷地抬起左腿，斜着放在路旁栏杆上，左右腿呈120°角，伸展得犹如一条直线，然后轻松自如地系起鞋带来。不远处的车站上，一名正在候车的穿西装的男士注视着这名系鞋带的妇女。

广告画面上还有两行字：运动、生动、心动，adidas 让女人动。

案例解析

不少来往的行人感到这个广告不雅观，对女性太不礼貌了。还有的人认为把脚踏在护栏上系鞋带不文明；“让女人动”寓意不明，容易让人产生误解。

不管怎样，这样的广告创意和广告文案如何能为这家公司的形象争光呢?

4. 点活广告画面，突出内容主旨

一般来说，除了小招贴广告外，无论是平面广告还是立体广告，总要伴随一定的画面或色彩的搭配。广告文案常常起着画龙点睛的作用。

【案例 1-6】

一则衣物柔顺剂的广告文案

柔丽衣物柔顺剂“绒线铁锤篇”和“毛毛扳手篇”，画面上一个是用毛线编织裹成的绒线铁锤，另一个是用毛线编织裹成的绒线扳手。这两个物像图案令人想到的是坚硬的工具，而毛线又会让人想起柔软、顺和，这两者形成了鲜明的对照。

第一个文案写着“一泡就软了”；第二个写着“一碰就软了”。再看两幅画面的右下角，都摆放着一瓶柔丽衣物柔顺剂。这里的文案就起到了突出产品主要性能的作用。

第二节　广告文案的分类

对广告文案进行分类，可以让我们更加清晰地认识广告文案。对于同样一则文案，如果选取不同角度，就会把它归入不同的分类。下面以不同媒介为标准对广告文案进行分类。

一、印刷广告文案

印刷广告包括报纸广告、杂志广告和其他印刷广告(如招贴、宣传样本、直接邮寄广告等)。印刷媒体共同的特征是使用视觉传达，图文并茂，可以用来表现比较复杂、深入的内容，便于长期保存和反复阅读。随着印刷技术的不断提高，杂志等印刷品已经可以达到较为逼真的印刷效果，对于广告信息的传达大有裨益。

印刷媒体广告文案的写作，应当符合这种媒体的特点，在语言文字上精雕细琢，要注意文字与画面的匹配，用画面和标题吸引读者的注意力，正文部分要尽可能表达清晰，解答读者的疑惑。

【拓展知识】

世界上最早的广告文案

考古学家在埃及古城亚伯斯遗址发现，早在公元前 1000 年，在古代埃及的首都出现一则奴隶主悬赏缉拿逃奴的广告，广告纸是用苇子的纤维制造的，呈茶褐色，尺寸为 32 开。其内容是："男奴谢姆从织布店主人哈甫处逃走，坦塔的善良市民们，请协助按布告所说的将其带回。他身高 5 英尺 2 英寸(约 1.57 米)，面红目褐，有告知其下落者，奉送金环半副；将其带回本店者，愿奉送金环一副。"

据称这是世界上最古老的一则有文字可查考的广告文案，现存于英国大英博物馆。

二、广播广告文案

广播是借助于无线电波来传播信息的媒体。广播媒体的特征是使用听觉传达，受众通过对声音的感知来接收广告信息，广播媒体传播的信息有声无形，不够具象。相对于其他传统媒介，广播的覆盖面广，传播速度快，费用低，收听门槛低，无论文化程度如何都可收听。

随着电视的成熟和发达，广播媒体在竞争中处于弱势地位，广告投放费用也与电视媒体无法相比，但并不意味着广播被其他媒体形式所取代，在司机群体和学生群体中，广播依然保有一定的收听率。

广播广告文案的创作应当充分考虑听觉的特征，注意简单、清晰、连贯，尽量避免可能产生误听的字和词。由于广播信息稍纵即逝，所以对重要的广告信息要适当重复，加深印象。此外，还要注意广告内容与音响效果的和谐。

三、电视广告文案

电视是一种综合的艺术。电视的特征是同时作用于人们的听觉和视觉，是一种音画结合的电子媒体。它不仅拥有印刷媒体可以负载的文字(以字幕形式出现)，而且拥有广播媒体所拥有的人声、音乐和音响，同时还拥有富于动感的连续的画面，感染力强，并且能够深入家庭，普及率高。

电视综合了各种媒体所具有的优势。当然，电视作为媒体，也有弱点。电视广告在有限的时间内所容纳的信息量有限，因此它无法像印刷媒体一样表现深刻的理念，制作电视节目所需要的设备都比较昂贵，制作比较复杂，制作费用也相对较高。在传统媒体中，电视是最有影响力的，虽然投放费用不低，但依然受到众多商家的青睐。

与电视媒体的特点相联系，电视广告文案的写作有其独特之处：文案的文字不应当局限于字幕和声音，而应当充分利用生动的画面，把活动画面作为叙述语言的一种形式；要有一定的文字描述有关的场景以及人物的对白和独白；还要有相应的文字对人物动作、外界音响效果作出提示；为了吸引观众，电视广告文案还应有一定的情节。

四、其他媒体广告文案

除上述主流媒体的广告文案外，还有其他一些广告媒体，比如网络广告文案、户外广告文案、直邮广告文案以及近些年来出现的新媒体广告文案。不同媒介的广告文案由于受到媒介条件的制约，在写作上有着不同的要求。

(一)网络广告文案

互联网现如今已经比较普及，用户数量正在以史无前例的速度增长，截止到2008年12月31日，中国的网民规模已经达到了2.98亿人，较2007年增长41.9%。互联网影响力与日俱增，甚至有人把它称为报刊、电视、广播之外的第四媒体。

现在，互联网已经进入Web 2.0时代，博客、SNS网站的兴起让使用互联网的人在接收信息的同时也成为信息传播者，成为事件的亲历者和参与者。与传统媒体相比，网络的优势比较明显：信息发布和更新及时迅速，互动性强，信息表达形式多样。在网络条件下，使用者可以很方便地通过搜索引擎，搜寻与特定信息相关的、以往发布的其他信息。

我国的网络广告已经走过了十几年的发展历程，网络广告的运作较为成熟，但由于技术的进步，依然不断有新的网络广告形式出现，是一个蕴含了无限创意的广告媒体。当然，互联网也有局限：使用者主要集中在城市人群，目前还无法有效覆盖广大农村市场，较高的技术门槛使很多中老年人被排除在外，这些状况随着网络基础设施的建设和易用性的提高都在逐渐得到改善。

网络广告可以通过影像、画面、声音和文字多种形式传达信息，在文案写作上有很多的发挥空间，既可以运用印刷广告的语言文字表达方式，又可以展现影视广告的动态有声影片，还可以通过单击、链接来实现交互性。

(二)户外广告文案

户外广告主要包括招贴广告、路牌广告、橱窗广告、车体广告、霓虹灯广告等，共同特征是受众在移动状态下接收广告信息，信息接触时间短，受众人数多少取决于放置户外广告地段的人流量或车流量。

户外广告的特性决定了它必须在短时间内吸引人们的注意力，让匆匆行走的人在众多广告中注意到广告的存在，并驻足观赏。户外广告的画面应当有冲击力，语言文字应当简短、精悍，突出标题与广告语，让人一眼就看到最主要的信息。

(三)直邮广告文案

直邮广告是直接邮寄广告(DM)的简称，就是通过邮政系统，以信函的方式直接邮寄给目标消费者的广告。其内容多用来介绍商品性能，劝说受众购买，或解答疑问等。它总是利用较少的文字，传递大量的信息。

直邮广告可以做到信息的定向传播，精确到细分市场的消费者，并向其传达特定的信息。

(四)新媒体广告文案

新媒体是相对于传统媒体而言的，一般指以互联网、手机媒体为代表的新兴媒体。新媒体

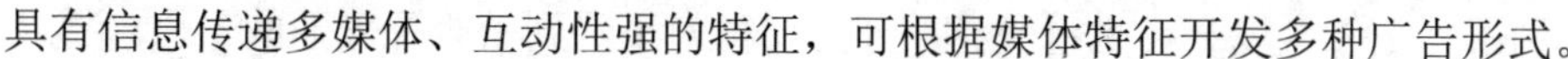

具有信息传递多媒体、互动性强的特征，可根据媒体特征开发多种广告形式。

随着各大电信运营商 3G 手机网络的建设完善，电信资费的不断下调，手机将成为人们最常使用的随身媒体，手机媒体的广告业务也将获得前所未有的发展。

第三节　广告文案的特性

一、实用性

1. 广告文案要传达商品的卖点

广告文案要传达商品的卖点是广告文案创作的最大特点。伯恩巴克对广告文案曾有这样的论述："你一定要有创造力，一定要加以训练。你写出的每一件事情，印在广告上的每一件东西，每一个字，每一个图表符号，每一个阴影，都应该有助于你所要传达的信息。用尽可能低的费用把一则信息灌注到最大多数人的心中，这就是广告最大的艺术。而对于广告制作具有很大作用的文案创作，其最大的特征就是把商品的优点传达给人们，让他们记住，并促使他们去购买，目的很明确。一切违反这一特征的广告，哪怕制作得再精美、再生动，也不是好的广告。"

这段话告诉我们，广告文案无论以何种方式来呈现，其内容必须传达出广告的核心诉求点，有关广告商品的利益和功能必须在文案中与人们有所沟通，这也是广告文案的实用性之所在。

2. 广告文案要符合广告策略要求

广告文案是在广告策略和广告创意指导之下的产物，它必须符合既定的广告策略和创意方向，同时以喜闻乐见的形式与受众沟通，这里就存在一个实用性与艺术性的关系问题。广告在商业社会中应运而生，自始至终都掩盖不了其功利目的，售卖产品是广告的最终目标，也是广告文案的最终目标。

为了完成这　目标，广告文案往往采用艺术的表现手法来吸引受众注意力，艺术性和实用性在广告文案的创作中并不矛盾，两者应该达成一种平衡，让消费者既能对广告信息发生兴趣，又能清晰地识别和记忆广告的核心概念和诉求，这样广告才能有一个完美地呈现。

如果一个广告文案只注重艺术性，忽略了实用性，就会使广告变成绣花枕头，中看不中用，消费者记住了广告的内容和细节，但对产品却一无所知；反之，如果一个广告文案只强调实用性，不讲艺术性，就会让人感觉生硬，表达不够灵活，失去了观看广告的兴趣。

3. 广告文案是实用性与艺术性的统一

关于广告文案的艺术性和实用性的关系，可以通过一个故事来了解。假设在一个房间内有一个大窗户，从窗户看出去是一片美丽的乡间景色，在窗户对面的墙上装有三面镜子。第一面镜子表面凹凸不平，边角有很多磨损，看起来很脏；第二面镜子清洁、精巧并装饰有雕刻花纹的镜框；第三面镜子既没有镜框也没有装饰，是一面清晰的、完美无瑕的镜子。一位观察者(可以比作客户)被请进了房间。

向导指着第一面镜子问："你看到了什么？"观察者说："我看到一面不好的镜子。"向导指向第二面镜子："你看到了什么？"观察者说："我看到一面美丽的镜子。"向导指向第

三面镜子："你看到了什么？"观察者说："我从开着的窗户里看到了一片美丽的景色。"显然，第三面镜子是最有效果的。

同样地，广告文案从最原始的口头大喊大叫、喋喋不休的硬性推销到低嗓门、亲切地对大众讲话，其艺术上的追求是显而易见的，但这种追求不是对艺术美本身的追求，而是工具与目的的关系。实际上，广告的实用功能是极其功利的，是第一位的；它的审美意义是从属的，是第二位的，艺术形式只有与实用性相结合才能发挥作用。要处理好实用性与艺术性的关系，就必须处理好撰文员个人的思想观点和对商品信息传递的关系。

曾有一位广告文案人员对文案写作作出这样的总结："如果你想成为收入优厚的文案——取悦客户；如果你想成为很会得奖的文案——取悦自己；如果你想成为伟大的文案——取悦读者。"可见衡量一个文案的标准是文案是否达到了与消费者沟通的目的，是否传达了广告的实用性，而不仅仅是使人停留在对广告形式的关注上。

关于这一点，广告发展的历史可作为佐证。早期的广告只有实用成分，不讲究艺术的形式，如直截了当地使用文字，以语言或实物来表现等，基本上不考虑艺术的美的因素。随着社会文明的进步，人们开始了对美的艺术的追求，于是广告文案在实用的基础上，美的艺术逐渐明朗，但实用性还是首要的。

广告是付费的实用艺术。每一位出资做广告的人都希望借助广告制作人员的智慧结晶来推销产品，树立形象。从广告的接收者来看，消费者接触广告的目的主要是为了了解商品本身。

关于广告文案实用性的调查

1992 年，有学者对广州居民进行抽样调查，其中"消费者对电视广告内容注意度的分布"一项调查结果比率分布如表 1-1 所示。

表 1-1　广告文案注意度比率

类　别	注意度比率/%
商品性能和特点的介绍	35.8
商品知识及用途	24
漂亮的画面	17.8
演员表演	7
广告情节	5.3
商品外观	4.8

表 1-1 所示的结果表明，广告接收者首先注重实用性，其次看重商业广告的艺术性。在广告文案创作中，偏颇地强调艺术性或不顾艺术性地粗制滥造，都是错误的，会造成不良的社会影响。正确的做法应是，注意广告艺术性，突出实用性，使广告艺术为广告内容服务。

二、真实性

一则优秀的广告文案的创作，其首要条件是具有实用价值，能够给消费者传达一些新的信息，促使他们采取购买行动。与此相关，文案的撰写还要讲究真实性。

在广告与受众沟通的过程中，受众只是通过广告文案中的语言文字以及广告作品中所传达出的其他信息来了解广告内容，这种了解只能是间接地了解，也就是说受众对于产品的大部分感受来自广告。因此，广告文案代表着广告商品的形象，人们通过它的介绍和推荐来认识企业、产品和服务，通过它的推介，人们会对企业产生肯定或赞许的情绪，对产品的功能有所了解，对是否接受某种服务形成选择意向。

广告文案所传递信息的真实与否，将在很大程度上决定着受众是否能得到真实、准确的信息，能否产生符合真实状态的对应情绪，能否产生正确的消费意向。广告文案人员诚实地表现真实的广告信息，是对受众负责任的义务。所谓真实性，主要是指以下这些内容。

1．事实

广告的表现和所传播的内容必须有大量关于某商品或服务的真实的有案可查的详情实录，陈述的每一点都必须是客观事实。广告所传达的基本事实必须真实，这种真实的判断原则在于来源真实。只有来源于被广告商品的真实，才能达到广告作品中信息内容和消费者之间真实的沟通和引导，使产品真实的利益点被消费者所接收和利用。

【案例 1-7】

一则宝马汽车的广告文案

标题：快亦非“快”

正文：

快，不仅仅意味着极速、直线速度或0～100千米/小时加速。

这是一个全新的“快”。它将所有你以为的快，全面颠覆。

快，不仅有关马力，而是怎样强而有力；不是能跑多快，而是怎样才能跑得更快。快不是不成熟，而是优雅、自信和狂热。它让你感受汗毛直立的震慑，让你几乎忘记了眨眼，让你的嘴持续大张，让你的内心不断狂喊。“……哦!”

快，亦有道。衡量它的不是秒，而是感觉。

没有天窗，代之以碳纤维顶篷；最大转数不再在考虑范围之内；铝镁合金轮圈后的 14 英寸转子满负荷运转；身体随着 V10 发动机的咆哮而颤抖；为了减轻重量，制造了铝质发动机体，并配备 7 速顺序变速箱；让快，冲出蓝图，变成现实。为什么？因为这就是真正的我们。

我们是 M。

我们是 BMW。

案例解析

在这则广告文案中，突出了宝马汽车“快”的特征，虽然在文案中传递了有关“快”的各种感觉，但是文案依然没有脱离事实，“碳纤维顶篷”、“铝镁合金轮圈后的 14 英寸转子”、“V10 发动机”，这些都是可以支撑广告诉求的事实。

广告就建立在这种真实的内容基础上，然后，在此基础上发展出一个能使消费者接受的表现形式，使消费者沉浸在一种宁静、诗意、天然的感觉中。因此，在广告文案中不能夸大事实、篡改事实、扭曲事实。

2. 信用

每个广告中都包含一个承诺，受众对广告商品的期待就来自广告承诺，承诺兑现与否关系到商品的形象，关系到消费者是否继续信赖这一品牌。大卫·奥格威说：“我们喜欢诚实坦率，在争论中诚实，对用户诚实，对供应商诚实，对公司诚实。最重要的是对用户诚实。”的确，诚实守信是每一个商业社会中的人都要遵守的准则，也是广告文案人员应时刻坚守的原则。

广告是具有责任的信息传递，凡文案中的一切许诺，企业或广告主都应落实兑现，否则就构成欺骗。

【案例 1-8】

一则治疗糖尿病的医药广告中的解说词

昨天血糖 14 个点，今天 11 个点，明天 8 个点，后天 6 个点，一个月，两个月，六个月后还是 6 个点；昨天尿糖 4 个加号，今天 2 个加号，明天 1 个加号，后天降为减号，一个月，两个月，六个月后还是减号，八个月告别终身服药！

案例解析

这则广告文案虽然使用了很多数据，但稍有医学常识的人就能判断这并非事实，是一种夸大和虚假的宣传。广告中所包含的承诺虽然神奇，但不会被消费者所信任，因为它脱离实际，不符合科学，只不过是用耸人听闻的说法来欺骗消费者。这则广告最终被媒体曝光，成了虚假医药广告的典型。

【案例 1-9】

美国一则轻型固定架广告文案部分内容

当你在其他地方买这种轻型固定架时，他们只为你包装；当你买 PROGRESSIVE 牌轻型固定架时，我们将为你安装。

案例解析

广告中突出了承诺，并且是真实可信的承诺，突出了在同一类产品销售中的差异性。这样的广告自然会使消费者加深印象，使他们愿意购买。由此可见，诚实和信用是广告和广告人对待消费者的最基本原则。

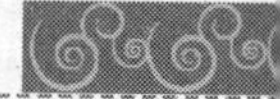

3．完整

广告文案的内容应该完整。在许多夸大性的广告文案中，不真实还表现为广告内容的不完整。只表现商品好的方面，隐藏商品的不足之处。比如汽车广告中强调省油，但这种汽车可能故障率高并且维修费昂贵，尽管提供的材料是真实的，可是不完整。这种扬长避短的广告文案也是不真实的，在介绍产品特点的时候要做到全面、客观，发挥优势但也不规避产品的劣势。

在产品细分化的今天，每个人都有不同的需求，想要让所有人都购买一种产品是不现实的，在广告文案中只有针对目标受众，用完整的叙述、合理的分析说服消费者才能达到预定的目标。

广告文案既需要介绍产品的优点，也可以根据具体情况向消费者提出必要的劝告。对某些特殊商品(如药物、化妆品等)的使用，应指出可能发生的副作用。只有消费者觉得广告内容是真实的，有了安全感之后，才会作出购买的决定。

【案例 1-10】

美国一则关于苹果的广告文案

标题：美国高原苹果

正文：这批货个个带伤。但请看好，这是冰雹打出的疤痕，是高原地区出产的苹果的特有标记。这种苹果果紧肉实，具有真正的果糖味道。

案例解析

文案中首先自曝缺点，说明产品外观并不好看，但随后对这种现象作出解释，阐明高原苹果的口味优势。这是一种聪明的文案写作方式，我们已经厌倦了广告中自我表扬的风格，只要与广告产品有关的，没有不好的，事实上消费者往往只是因为产品的某一方面优点而去选择，自我表扬式的广告文案并不会获得消费者的心。

相反，如果在广告中实实在在地将产品不尽如人意、尚未十全十美的情形如实地告诉消费者，接收这个广告的消费者绝不会因为产品的不尽善尽美而放弃购买，他们会被广告和生产者的坦率和真诚所感动，对产品的怀疑也会消解很多。

自曝缺点的广告文案

美国席普打火机广告文案：每天使用，20 年后惟一该更换的部件是它的铰链。

日本手表广告文案：这种手表走得不太准确，24 小时会慢 24 秒，诸君购买时要深思。

日本美津浓牌运动服：这件运动衣在日本是用最优等的染料、用最优秀的技术染成的，但我们仍觉遗憾的是茶色的染色还没有达到完全不褪色的程度。

01

【案例 1-11】

关于豌豆罐头的广告文案

标题：月光下的收成

正文：无论日间或夜晚，“绿巨人”豌豆都在转瞬间选妥，风味绝佳，从产地至装罐不超过三小时。

案例解析

这是李奥·贝纳为绿巨人公司写作的豌豆广告文案。在这个广告文案作品中，作者从产品和服务的特点入手，以真实的广告信息为基础，作出精彩的广告创意。这也是李奥·贝纳创作广告的一贯主张。他说：“如果用‘新鲜罐装’作标题是很容易说的；但是用‘月光下的收成’则兼具新闻价值与浪漫气氛，并包含特殊文案的关切。”

真实的广告信息作为广告创意的基本依据，在广告创意的过程中，借助想象和夸张创造一个能吸引人们注意力的氛围，使消费者沉浸在对广告创意和广告文案的审美愉悦之中。人们在获得“新鲜罐装”的广告核心概念的同时，也收获了愉悦。

三、醒目性

广告文案应该夺人耳目，给人留下深刻的印象。广告的目的是推销产品，达到此目的的首要条件是吸引目标消费者，让人们注意到你的广告。人们生活在广告的海洋里，报纸和杂志广告繁杂密集，户外广告牌缤纷林立，如何让人们在最短的时间内注意到我们的广告呢？

事实证明，广告是否抓住受众完全取决于前几秒钟，如果不能在人们打开电视、翻开报纸、路过路牌的前几秒钟吸引他们的注意力，无论你的广告多么精彩，都没有了继续传播的机会。

调查显示，人眼扫视一下文案、图案最初引起人们注意的百分比为22%、78%，能唤起为记忆的，文占65%，图占35%。因此，对广告文案来说，醒目是很重要的。广告文案的醒目主要体现在：广告的主要信息要显著、突出，能使人迅速抓住重点，了解主要内容；广告内容要有奇异性。

目前我们的广告在这一点上做得还很不够，有的虽然已意识到醒目性这一特点，但制作方法过于简单化或不得体，反而造成不好的效果。要让广告信息变得醒目，可以从以下两个方面来加强。

1. 突出主要信息

每一则广告都有宣传的重点，即核心诉求，这些重点信息应该放在最醒目的位置，千方百计地加以突出，不断强调。

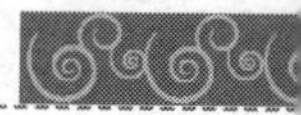

【案例 1-12】

一则奥尔巴克购物中心的广告

正文：

奥尔巴克？

奥尔巴克？

奥尔巴克是什么？

哎呀！谁都知道嘛！不过，为了这位女士的权利着想，让我再解释一次。这位女士！奥尔巴克是有名的购物中心，贩卖世界的高品质饰品。薄利多销是奥尔巴克廉价销售的根据。奥尔巴克所有物品都新颖亮丽，种类繁多，只要是你需要的饰品，我们都有。夫人，奥尔巴克应该能令你满意，也希望你一定要向朋友宣传奥尔巴克到底是什么。

案例解析

这是伯恩巴克为奥尔巴克百货公司所作的报纸广告文案，它在谐趣横生的幽默旋律中反复强调了奥尔巴克薄利多销的主要信息。

01

【案例 1-13】

恒源祥十二生肖广告事件

在2008年北京奥运会期间，一则恒源祥的电视广告在一些地方卫视播出，广告时长60秒，没有任何情节，固定白底黑字的画面，解说不断重复“恒源祥，羊羊羊，2008年北京奥运会赞助商；恒源祥，猪猪猪，2008年北京奥运会赞助商……”，广告中12生肖连续出现，不断重复恒源祥是北京奥运赞助商的概念。

广告播出后引起社会巨大争议，许多人批评这个广告恶俗、没有技巧，是一种倒退，有网友说看到这则广告后还以为电视“死机”了。对于恒源祥的做法，很多人不以为然。网上讨论甚至引起了主流媒体的注意，凤凰卫视等电视台对这一事件也进行了相关报道。一时间，恒源祥十二生肖广告被更多人所熟知。

如果单纯地看恒源祥这一则广告，我们的确不能把它归入优秀创意的行列，广告中没有技巧地生硬重复，好像电视广告早期的幻灯片广告形式，12遍的重复信息更容易让人产生反感，有损于品牌形象和美誉度。但从另一个角度看，这则广告也并非失败，不断重复的信息的确让人记住了重要信息。

在广告竞争激烈的环境中，牺牲好评创造知名度也是一种传播策略，毕竟让人注意并产生记忆是广告传播的首要目的；出位的广告表现形式也让它有了更多的媒体曝光率，零成本地延长了传播时间，扩大了传播范围。也许这才是恒源祥策划十二生肖广告的技巧所在。

还有的广告，宣传中往往把主要信息淹没在大量的废话中。比如最简单的例子：某厂生产的某某牌……做的是商品广告，却将厂名放在更为重要的商标和商品名称前面。电视广告的结尾是一个回应全文、重复重点的关键位置，但很多广告末尾只有厂名、厂址、厂长或经理姓名、电话、电挂、邮政编码等内容，而不再强调主要信息。

另外，我们的广告在介绍商品或企业时，往往套用其他场合惯用的“该商品”、“此产品”、“我们公司”、“本厂”等表述方法，而不直呼其原名。而国外广告所喋喋不休的则正是其商标或企业名称，根本没有人使用“该”、“此”、“我”、“本”之类的代名词。

2．创造奇特信息

除了突出广告的主要信息以外，广告文案中还应强调奇特性。要突破大量平庸的、抹杀商品个性的广告文案现象，力求“出奇制胜”，做到“语不惊人誓不休”。

奇异的基础是个性。商品要有个性，广告文案的表现也需要有个性。

【案例 1-14】

贝克啤酒的广告文案

在德国贝克啤酒的报纸系列广告中，广告文案“喝贝克，听自己的”，将贝克啤酒赋予了一定阶层具有个性的绅士气质和绅士性格。

标题：喝贝克，听自己的！

正文：我，德国贝克啤酒，600 年来，我就是这样，坚持自己泡沫一定要洁白，色泽一定要独特，“啤”气一定要清亮，口感一定要爽快。我就爱跟你这样，从不随波逐流的人，交朋友。酒逢知己，干杯！

案例解析

啤酒产品属于无差异性产品，在功能、色泽、包装等方面都具有同型特征。因此，广告人在进行啤酒广告的创意时，大多以一个热烈、欢快的场景进行气氛渲染，表明啤酒在特定场合中的烘云托月之功。而“贝克”则建立了一个独特、鲜明的个性形象：绅士加朋友。

在广告文案中合理地借助悬念，借助适度的夸张、幽默、恐怖等手法，也能使广告文案的表现非同一般。

【案例 1-15】

智子，请照顾好我们的孩子

日航 123 航次波音 747 班机，下午 6 点 15 分，在东京羽田机场跑道升空，飞往大阪。45 分钟后，这架飞机在群马县的偏远山区坠毁，仅有 4 人生还，其余 520 人，成为空难记录

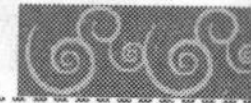

里的统计数字。

这次空难有个发人深省的地方，那就是飞机先发生爆炸，在空中盘旋5分钟后才坠毁。任何人都可以想见当时飞机上的混乱情形：500多位活生生的人在这最后的5分钟里面，除了自己的安危还会想到些什么？谷口先生给了我们答案。

在空难现场的一个沾有血迹的袋子里，智子女士发现了一张令人心酸的纸条。在别人惊慌失措、呼天抢地的机舱里，为人父、为人夫的谷口先生，写下了给妻子的最后叮咛："智子，请照顾好我们的孩子。"就像他要远行一样。

你为谷口先生难过吗？还是你为人生的无常感喟？免除后顾之忧，坦然地面对人生，享受人生。这就是保德信17年前成立的原因。走在人生曲折的道路上，没有恐惧，永远安心，如果你有保德信与你同行。

案例解析

这样的广告文案具有强烈的冲击力，消费者的反应也相当强烈。作为恐惧广告，它利用了人类共性中的躲避伤害需求这一特征，进行合理的诉求，引发潜在消费者逃避灾难的心理反应。此广告获台湾第五届时报金像奖的杂志广告金像奖。

台湾著名的广告人孙大伟先生说："让客户又爱又怕，让消费者心酸情动。"时报奖评审之一的詹宏志说："以温情代替恐怖，在保险广告中难得一见。"

四、简明性

1．广告文案的语言要通俗精练

无论借助哪一种媒体来发布广告都需要广告主以付费的形式进行，而广告主的广告费总是有限的。为此，每一个广告主都希望以最少的费用收取最好的效果。广告文案与消费者之间是一种被动的接受关系，大多数消费者注目于广告都是无意识的、不自觉的、带有强制性的，

广告文案应该简洁明了，绝不能像一般论述文那样尽情尽兴地旁征博引，洋洋洒洒。要使广告文案写得简明，首先要求文案的语言必须通俗精练，保持日常会话的特点。

例如：

味道好极了。

维维豆奶，欢乐开怀。

今天，你喝了没有？

都是极其简练通俗、朗朗上口的广告语，表述准确、简洁，语义容量大。

2．广告文案的诉求点要单一

每一则广告文案中诉求点必须单一，即广告文案诉之于读者的内容不能纷繁复杂。有些广告主认为，既然出了广告费，就应该充分利用权力，广告内容多多益善。这是十足的小农心理，广告人一定要加以抵制。

很多报刊的版面总是排着密密麻麻、满满当当的文字，字体往往是最小号的。例如，某化妆品广告刊登在《大众电影》上，在16.7cm×7.7cm的面积中，排印了1140个汉字的正文。有些广播广告的语速也快得惊人，特别是前几年，语速要胜过宋世雄，在简短的时间里充斥过多的内容。诉求点过多，让人看上几遍也记不住。

本章小结

1. 广告文案是对广告经过策划所形成的广告策略和创意方向具体化的成果，它是广告创意的具体陈述，是所有广告作品的书面表达。

2. 以不同的媒体为标准可把广告文案分为 5 类：印刷广告文案、广播广告文案、电视广告文案、网络广告文案和其他媒体广告文案。

3. 广告文案应具备一些基本的特性，其中实用性是广告文案创作的最大特点，广告上的每一个信息都应该有助于所要传达的功效；其次还应具备真实性，即具有实用价值，能够给消费者传达一些新的信息，促使他们采取购买行动；醒目性，即广告文案应该夺人耳目，给人留下深刻的印象；简明性，即文案的语言必须通俗精练，以最少的费用收到最好的效果。

实训案例

松下“爱妻号”平面广告文案的创意、写作过程

为松下“爱妻号”洗衣机创作“3·15”平面广告时，我很想出位一下。因为“3·15”是每个企业都会紧紧抓住大做文章的契机，“天天 3·15”、“提供 315 特别服务”之类的广告泛滥成灾，早已没有了感觉。怎么样才能脱颖而出呢？杭州松下日方营销部长重松丰彦先生正坐在我对面。我大胆提出一个很“出位”的标题：嫁出门的女儿不是泼出去的水。

我让翻译告诉他，中国有句古老的谚语：嫁出门的女儿，泼出去的水，是重男轻女思想的表现。我们在广告上反其道而行之，提出嫁出门的女儿不是泼出去的水，表现杭州松下对自己的产品始终如一地关怀，这与松下的服务精神也是非常吻合的。重松先生非常感兴趣，因为在日本，女儿都是很受宠的，无论是待嫁还是已嫁，家人都会一直非常关心她、挂念她。而产品对于企业来说，就好像企业的女儿一样。

但是怎样将话题引到产品及服务上呢？我又写出副标题：您家的松下“爱妻号”乖吗？

很自然地，内文也就水到渠成了：父母对女儿的爱，无穷无尽，无始无终；就像杭州松下对松下“爱妻号”的关怀，从她出生、成长，到“出嫁”，始终如一，永远不变。如果您使用松下“爱妻号”觉得好，请告诉您的朋友；如果您对松下“爱妻号”有什么意见和希望，请告诉我们。

一篇好的广告文案总是能说出目标消费者心中所想，或消费者未意识到的需要。对于一个广告文案最高的奖赏就是，消费者从广告文案里找到了自己想要的东西：“是的，这正是我想要的。”

(案例来源：叶茂中、顾小君在《让文案放出光芒》一文中谈松下“爱妻号”的“3·15”平面广告文案创意、写作经过)

案例点评

在这个广告文案的写作过程中，如下几个方面的经验是值得我们借鉴的。

(1) 文案创作中始终遵循已经确定的广告策略。广告目标是宣传企业的责任感，让消费者增添对“爱妻号”的信任；广告主题是表现松下对“爱妻号”一如既往无微不至的照顾，为消费者提供贴心服务。

(2) 文案所传递的信息比较真实。广告中营造了一个温馨的、有人情味的氛围，并没有一味说产品的好，而是贴心地提醒消费者，如果“对松下‘爱妻号’有什么意见和希望”可以和企业沟通，“嫁出去的女儿不是泼出去的水”，企业会负责到底。

(3) 文案中采用拟人的手法，把松下“爱妻号”比喻成出嫁的女儿，松下就是她的父母，标题“嫁出去的女儿不是泼出去的水”在平面广告上具有一定的醒目性，可以吸引受众的阅读兴趣。

讨论题

成功广告文案的关键是什么？写好广告文案应具备的重要素质是什么？

1. 广告文案的含义是什么？
2. 广告文案的作用有哪些？
3. 按照不同的媒体，可以把广告文案分为哪些种类？
4. 广告文案应该具备哪些特性？

01

第二章

广告文案与广告运作环节

学习要点与目标

- 了解广告文案的写作不是孤立的，而是受各个环节约束的。
- 掌握广告文案与广告运作各个环节的关系。
- 学会在策划的指导下，围绕广告主题进行广告文案的创作。
- 能够协调广告文案与广告设计制作的关系。

核心概念

广告策划、广告主题、广告创意、广告设计制作

引导案例

广西电网公司广告文案

启：

跨越千山万水 启明希翼之光

短暂被拉长，梦想被激活。无论是崇山峻岭，还是茫茫荒原，我们的希望与梦想无所不在，如图 2-1 所示。

图 2-1 广西电网公司广告《启篇》

承：

年轮各不相同 品质一脉相承

以人为本，我们视之为信仰；以民为尊，我们称之为执著。时间可以改变一切，惟有品质历久弥新。在风雨无阻的岁月里，我们形随心至，始终与您不弃不离，如图 2-2 所示。

图 2-2 广西电网公司广告《承篇》

转:

任凭千回百转 自信面对征途

专业之道，惟精惟勤。无须雕琢，无须张扬，破土成龙，远见未来，如图 2-3 所示。

图 2-3　广西电网公司广告《转篇》

合:

点亮诗意生活 合创亮丽明天

多点品质，少点模式；多点人文，少点隔阂。

因为，我们从来都坚信——水，源为本；木，根为本；人，诚为本，如图 2-4 所示。

图 2-4　广西电网公司广告《合篇》

案例解析

广西电网系列广告以创造美好生活、开拓美好未来作为企业发展的一种理念通过广告传达出来，给大众一种生活的希望，树立了一种为更多人服务的企业文化。通过文案我们能感受到那是一家永远追求进步、不断充实自己的企业，给人一种值得信赖的良好印象。

第一节　广告文案与广告策划

广告策划在整个广告活动中具有指导性、决定性、提前性，在广告活动中居于核心地位。广告文案是广告策划的一环，优秀的广告文案必然是在策划的指导下进行的。

一、广告策划

“策划”一词，在当前工商业发达的社会中，是一个颇为流行的新名词。策划的意义，可理解为根据所希望达到的目标，订立具体可行的计划，谋求使目标成为事实。由此可见，策划

02

是一种计划和谋划，讲求策略性思考。

所谓广告策划，是指广告人通过周密的市场调查和系统的分析，推知和判断市场态势及消费群体的需求，利用已掌握的知识、情报和手段，合理而有效地控制广告活动的进程，以实现广告目标的活动。

广告策划所要解决的任务包括广告对象、广告目标、广告计划、广告策略等，也就是要解决广告“对谁说，说什么，如何说，说的效果如何”等一系列重大问题，使广告能“准确、独特、及时、有效、经济”地传播信息，提高广告活动的效果。

现代广告策划具有以下几个特点。

1．目的性

广告策划起始于广告目标的选择，落实于广告目标的实现，广告目标统领着广告策划的方向和内容，从而使广告活动能够有的放矢。当然，广告目标的选择也并非随意安排，它也是科学策划的结果，但一经选定，便贯穿于整个广告活动中，指导整个广告运动的过程。从这个意义而言，现代广告策划具有明确的目的性。

2．科学性

广告策划是一个创造性的思维活动过程，但它绝不是随心所欲的，而是具有严谨的科学性。这首先表现为广告策划要遵循一定的程序，在采取广告宣传行动之前，必须对市场形势、消费者态度、社会环境、竞争对手的情况进行周密的调查研究；然后根据所掌握的资料和信息进行综合分析，找出问题的关键点，确定广告目标，拟订广告计划及具体实施方案；最后还要对广告效果进行评估，直到实现企业的广告目标和营销目标。

广告策划的科学性还表现在广告策划是一个众多科学知识交叉融合的过程，在充分运用广告学原理、心理学、传播学、营销学、系统论、控制论等多学科的基础上，借助计算机等现代化的先进技术手段，为广告主提供进行广告决策的依据和最优的行动方案，以取得最好的经济效益和社会效益。

3．灵活性

由于竞争激烈，需求水平和结构不断更新，市场环境变化很快。在这种情况下，即使是一个最适当的广告策划，也会因市场环境、约束条件和影响因素的变化而不得不调整。现代广告策划在一个方面体现出其科学性的同时，还具有相当的灵活性。这主要归结于在现代广告策划流程中要建立起一套良好的信息反馈和监督机制，即它不是一个单向的决策过程，而是一个双向的决策流程。从最开始的广告调研到最后的广告效果评估，针对市场和消费反应的变化，能及时调整和修正其方案，使得整个广告策划活动能保持充分的灵活性。

二、广告策划的程序

广告策划程序是指广告策划工作应遵循的方法和步骤，是为使广告策划顺利进行和保证广告策划的成功而对广告策划工作自身提出的方法和原则要求。

广告公司接到广告策划任务之后，一般按下列步骤进行工作。

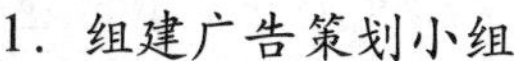

1. 组建广告策划小组

组建以广告主或其产品命名的策划小组，负责整体策划工作。广告策划小组一般由以下人员组成。

(1) 业务主管。一般由客户部经理或总经理、副总经理、创作总监、策划部经理等人担任。业务主管的水平是衡量一个广告公司策划能力的标志之一。

(2) 策划人员。策划人员一般由策划部的正、副主管和业务骨干担任，主要负责创意和编制广告计划。

(3) 文案人员。文案人员专门负责广告创意并撰写各种广告文案。

(4) 美术设计人员。美术设计人员负责进行各种视觉形象设计。

(5) 市场调查人员。市场调查人员负责市场调查，具有研究、分析和写作市场报告的能力。

(6) 媒体联络人员。媒体联络人员熟悉每一种媒体的优势、缺陷和价格，与媒体有良好的关系，并能按照广告战略部署获得所需的媒体空间和时间。

(7) 公关人员。公关人员提出公关建议，并进行各种必要的公关活动。

2. 向有关部门下达任务

经过广告策划小组的初步协商，根据企业要求，向市场部、媒体部、策划部、设计制作部等部门下达初步任务。

3. 商讨广告活动的战略战术

讨论和商定本次广告活动的各种具有长远指导意义的决策(战略)和实现这一决策所应采取的手段和方法(战术)。具体而言，需要讨论以下广告策略：产品广告策略、广告市场策略、广告时机策略、广告媒体策略、广告表现策略、广告促销策略。

4. 撰写广告策划书

将策划小组的意图归纳整理成书面文件，便于贯彻执行，策划书中要包括广告战略战术的全部内容，给下一步的广告创意和制作提供指导性文件。

5. 向广告主递交广告策划书并由其审核

递交广告策划书也是一种提案，策划书要与广告主反复磋商，根据广告主的反馈意见，再加以修订。

6. 将策划意图交各职能部门实施

最终实施广告策划意图的部门是创作部、设计部和媒体部。

创作部负责按照已定的广告策略方向发展广告创意，写作广告文案；设计部将广告创意转化为可视性强的广告作品；媒体部按照广告策划书的要求获取媒体的时间和空间，进行媒体选择，制定媒体排期。

三、广告文案与广告策划的关系

广告策划的内容一般说来可以有两种：一种是狭义的广告策划内容，即指制定广告目标，决定广告地区、广告时间、广告对象等几项内容；另一种是广义的广告策划内容，它既包括以上所讲的狭义的广告策划内容，还加上诸如市场调查，广告主题拟定，广告作品的设计、表现、制作，媒体发布的组合，媒体排期，广告预算，广告效果的测定及其方法等，可以说包括了广告全过程活动的全部范围。

无论是狭义还是广义的广告策划，都对广告文案的写作有指导意义。广告文案与广告策划的关系如图 2-5 所示。

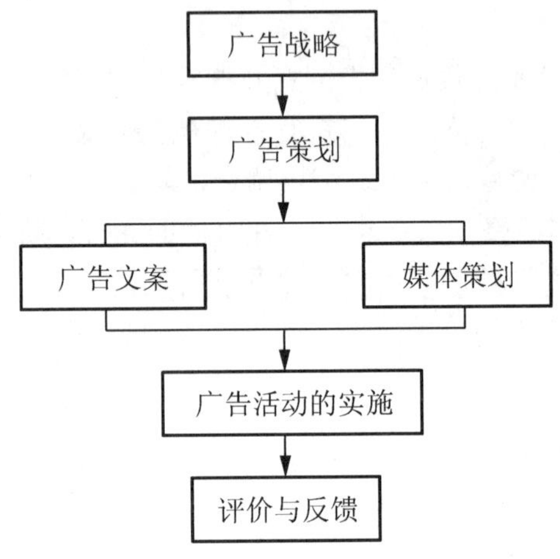

图 2-5　广告文案与广告策划的关系

从图 2-5 中可以看出，广告文案处于广告策划之后的执行阶段，是对广告策划的具体化。广告策划中对产品的定位、广告目标、广告诉求策略、广告对象等的确定，必然成为广告文案撰写要考虑的前提，甚至是创意的来源、主题拟定的基础、USP 的灵感。

可以说，广告策划是广告文案撰写跨出第一步前的方向，也是可以预示广告文案成功与否的基点。从这个意义上说，有好的广告策划，才有好的广告文案；成功的广告文案，往往出自成功的广告策划。

【案例 2-1】

吉列剃须刀的广告文案

标题：惟一能够感知您的脸形并且随之调整的剃须刀

正文：

吉列传感剃须刀，适合于每个男人特性的剃须刀。

它内含双层刀片，各自与高度灵敏的弹簧相连，能够连续地感觉并根据您脸部的不同曲线和独特需要而自动调整。

革新比比皆是。其精致的脊部、匀称的造型足使您能体会至深。简单的装卸系统和方便的剃须功能皆能任您享用。

创新还在于剃刀的清洗。其新型刀片的宽度仅为一般刀片的一半——可用水自由冲洗，毫不费力。

诸多传感技术的融合，给您富有个性的脸颊一把特制的剃须刀——最贴切、最顺滑、最安全、最舒适。

广告语：男人所能选用的最佳剃须刀！

案例解析

这则广告以产品独特的“感知您的脸形并且随之调整”的个性和“简单的装卸系统”、“用水自由冲洗”的实用性打动消费者，在消费者心中形成了实用、方便、舒适的印象，有效传达了广告策略和产品定位。

第二节　广告文案与广告主题

一、什么是广告主题

主题是广告的核心内容，是广告宣传的重点和所要明确表达的中心思想。它贯穿于广告活动之中，使组成广告的各要素有机地组合成一则完整的广告作品。一则广告必须鲜明地、突出地表现广告主题，以使消费者在接触广告之后，能够很容易地理解广告告知他们的是什么。主题不仅支配广告文案的始终，而且是广告创意、设计制作等创作活动的基础，是广告的生命力所在。

一则好的广告作品，必须鲜明地、突出地表现广告的主题，使人们接触广告之后，很容易理解广告告知他们一些什么，要求他们做些什么。在企业形象广告中，主题集中于宣传企业的理念；在品牌形象广告中，主题集中于宣传品牌特性；在产品广告中，主题集中于宣传产品或服务的特性及对消费者的利益承诺；在促销广告中，主题是更具体的优惠、赠品等信息。

【案例 2-2】

美国 Polaroid 照相机广告主题

美国有一家生产 Polaroid 照相机的公司，准备向世界上照相机生产最发达的日本推销。按常理，这简直是不可能的任务。因为，日本已有“佳能”、“美能达”等非常优秀的品牌，在照相领域具有强大的优势，这些品牌在国外市场也有很大的销量。

面对严峻的市场挑战，这家美国照相机公司是怎样考虑的呢？他们的想法是：并不单纯把一种照相机推销到日本市场上，而是赋予照相机一种超越机器层面的概念，把一种“只需 10 秒钟就可洗出照片来的喜悦”提供给日本人，让他们觉得使用 Polaroid 照相是一种人生的享受和乐趣。

这种"只需 10 秒钟就可洗出照片来的喜悦"的广告主题实现了与其他厂家的差异化，更强调了使用产品之后的心理满足，而不仅仅强调相机的技术性能和指标，这是对消费者心理有智慧的洞察。其实人们之所以要照相，就是想要留住值得纪念的瞬间，如果有一种照相机可以在几秒钟之内把照片真实地呈现给消费者，那当然是一种"喜悦"了，这已超越了照相机的一般概念而找到了另外一种意义，一个独辟蹊径的广告主题。

二、广告主题的类型

在广告文案中可能有天马行空的想象、绚丽多彩的文字，但无论外表如何，一则优秀的文案一定要有一个确定的主题，也就是通过文字和图像要告诉给消费者的主要信息；一旦主题确定，任何的创意和文案写作都是围绕这一主题。选择一个能打动消费者的、适合产品的主题至关重要。广告文案所常用的主题大致可以归入以下几类。

(一)与心理有关的主题

根据消费者心理需求可以确定以下几种广告文案的主题，如：强力介绍某项产品超越其他品种的新用途；和同类产品比较，显示自己的产品比其他同类产品的功能、质量等方面优越；证实若购买该广告宣传的产品，可解决或避免某种不悦之事；诱使消费者加深对产品商标的记忆，藉以提高品牌在消费者心中的知名度；强调产品能美化消费者形象，提高身份地位；用优美的语言并借助影响力大的媒体宣传产品，能给消费者带来精神的享受；再三重复广告口号，以加深消费者对企业和产品的印象。

(二)与企业形象有关的主题

根据企业的战略规划和市场发展目标，确定以宣传企业形象为主题的广告文案，如：树立企业在某个领域内领导潮流的形象；强调企业产品为提高消费者生活水平所做的不可淹没的贡献；突出企业强有力的市场销售地位；宣扬企业一丝不苟、埋头苦干、勇于进取、不甘落后的精神；强化企业国际性良好的形象，并为产品打入国际市场铺路；创造温馨亲切、让人留恋的企业家庭氛围。

(三)与购买行动有关的主题

在研究消费者购买行为规律的基础上，广告文案要确定促成消费者产生购买行为的主题，如：以流行时尚引诱消费者效仿；使消费者增加购买商品的次数，而不做过路生意；促使消费者购买刚打入市场的新产品；刺激消费者增加对广告商品的使用量，使消费者相信该产品的质量过硬；突出自家产品独特之处，刺激消费者产生冲动购买；诱使消费者试用自己的商品，从而使竞争对手退出市场。

(四)与市场营销有关的主题

结合企业的营销策略，确定有利于产品营销目标达成的广告文案主题，如：以有奖销售的方式吸引消费者购买；刺激消费者对某种品牌的基本需求；用粘贴防伪标志的形式，加强消费者的辨认度，用正当手段维权；大肆渲染马上入市的新产品，为刺激消费者购买做好心理准备；

采用薄利多销的方式争取消费者；强调经营服务给消费者带来的便利；为消费者提供售后服务，免除消费者的后顾之忧；诱惑潜在的目标消费者加入消费行列，扩大产品的销售市场。

【案例 2-3】

台湾某品牌的钢琴广告文案

标题：爸爸、妈妈都希望给孩子最好的

正文：

从孩子呱呱落地起，所有的父母亲就希望孩子是最好的，希望孩子健康快乐地成长。某某钢琴愿和父母亲共同分担这个心愿。学琴的孩子不会变坏！

案例解析

这则文案广告主题就是从心理出发，诉求学习钢琴可以避免某些不愉快的事情发生。文案最核心的一句话是“学琴的孩子不会变坏”，可谓一语中的，点中了家长心中最为担心的事情。难怪这则广告推出以后，赢得了众多消费者的喜爱和信赖。

三、广告主题在广告文案中的地位

广告文案一定要反映广告的主题，围绕着广告主题进行创作，因为主题是文案的精神内核，是蕴藏于文案中的能量来源。一篇广告文案如果没有主题，就好像一个人没有了灵魂，失去了生命力、离开现实、离开主题、天马行空的创作态度，制作出来的广告将会黯淡失神，索然无味。

由于广告主题在广告文案中起着主导的作用，在动笔之前就要根据广告策略的要求先确定主题，做到“意在笔先”，心中有数，这样才能随心所欲，挥洒自如，创作出打动人心的文案。

一般说来，一篇文案只能有一个主题，即使根据现实的需要，设置了多个主题，也要分清主次先后，一定要突出基本主题，其他辅助主题紧紧围绕基本主题展开。许多文案就失败在没有基本主题，想说的太多，其结果往往是力量分散，让读者失去阅读焦点，什么也没记住。在写作文案的过程中应时刻注意把文案的主题凝成一点，让最主要的核心信息引人注目，打动人心。

比如中兴百货的广告文案。中兴百货的文案一向以另类著称，其语言文字的构架已经超出了一般文案的范畴，更多地沾染上了后现代主义的风格和色彩，其广告主题一般都凝练成一种思想进行宣传。

【案例 2-4】

《小红帽篇》广告文案

标题：正因为有大灰狼，小红帽必须要有更、妖、娇的小红帽

正文：

欲望森林/盛装的女人/令狼群失去威胁性

当她擦香水/当她敞开衣襟/当她主动放电/

她才不需要讨好谁/而男人自投罗网

对魅力的自觉/让她感到愉快/两性不再注定/弱肉强食

它根本就是/女、人、的、地、盘

她微笑说：对我而言/花五个钟头/穿着打扮/或/是爱一个人都不过分。

案例解析

此则广告主题集中在颠覆传统的男女关系，解构由男性主导、统治的意义系统，构建了一个突出女性主体性的语言秩序；文案中的女性有了充分的自主意识，颠覆了童话中被大灰狼欺负的软弱单纯的小红帽形象，号召女性在两性关系上表现得更为主动，甚至主动出击，而不是被动地接受。广告影响很大，受到了许多消费者特别是女性消费者的追捧，并荣获了第20届台湾时报奖最佳平面广告金奖。

四、广告文案主题的表现手法

02 在根据材料提炼出一个精确的主题之后，文案写作时还应该运用适当的方式和方法把主题表现出来。为了表现广告主题，广告文案可以选择多种角度来进行诉求。对于不同的产品来说，可能选择的角度会有所不同，这取决于产品的个性、目标消费者的特点，也和市场环境、社会文化等大环境有关。以下几个角度可以为我们提供一些参考。

1．快乐

生活得快乐，这是每个人追求的一种趋势，也是现代人类的重要心理现象；快乐，是人类生活发展高层次的必然需求。轿车、旅游等广告文案多以此作为广告题材。

【案例 2-5】

英国旅游协会广告文案

标题：轻轻地踱过历代君主们漫长的沉睡

正文：伦敦威斯敏特大教堂中的亨利七世小教堂里，历代英皇——亨利七世、伊丽莎白一世和苏格兰的玛丽女皇都下葬于此，有22代帝王都曾在这里接受加冕典礼。

在英国，这样著名的大教堂有30个，每座教堂都是一件独树一帜的艺术品。在你访问英国时至少要来参观一所教堂，免得虚此一行。

备有介绍英国教堂的彩色导游册，函索即寄。

案例解析

这则英国旅游协会的广告体现了快乐的人生体验，从文化艺术的角度来阐释出精神享受。这则广告曾被誉为“优秀的企业广告”并获得国际广告奖。

2．经济

经济实用、价廉物美是大多数人的购物标准。高消费只是一部分人的生活，而对于普通百姓、工薪阶层来说，购买商品的档次总在中、低档上。产品在价格上占据明显优势常常可以刺激消费者的购买欲望，家电、食品、经济型汽车等常以此作为广告题材。

但我们不能从单一角度告诉消费者这项商品对其如何有利，而将其他事实弃而不谈，这样会使消费者陷入思考的混乱，做出错误的判断。因为欲望并不是单纯的东西，当消费者决定购买时，他的考虑必定是多方面的，所以我们在以经济做题材来打广告时，也要注重其他方面的辅助。

3．质量

在广告文案中对商品质量、售后服务等方面向消费者做出承诺和保证可增强消费者的信任感，树立品牌形象。家电、建材、名牌服装等常以此作为广告主题。

【案例 2-6】

浙江好来西服饰有限公司的一则致歉广告文案

我们曾向您承诺："凡购买 Holison 高级衬衣，如因正常穿洗，在领口、袖口洗破前出现起泡现象，可在全国任何城市好来西精品店无偿退换。好来西服饰有限公司同时赠送一件 Holison 服饰精品致歉。"

为了解决衬衣领口、袖口易起泡、易变形的难题，我们竭尽全力，对十几个国家近百个厂家生产的面料、辅料进行反复组合试验，并采用高温处理等特种工艺，终于使衬衣的领口、袖口在正常穿洗的情况下不起泡、不变形，由神话变成了现实。一切努力只是想让穿上好来西衬衣的您真正享受到那一份圆满的自信与舒适。

然而，我们离完美之境依然相距一步之遥。在去年售出的 980 000 件衫衣中，有 104 件衬衣的领口或袖口出现了起泡现象。这于我们虽属接近万分之一的疏忽，对您却是百分之百的损失。尽管我们已履行诺言，但对您的愧疚却难以削减。为此，我们再次向呵护好来西成长的您表示深深的歉意。不论何时何地，从您穿上好来西衬衣的那一刻起，我们便与您一同分享忧乐。

案例解析

该致歉广告不仅没有损伤企业的形象，而且因为他们的诚实，而赢得消费者的普遍好评，从而使好来西服装的销售量明显增加。

4．爱情

爱情是人类永恒的主题，是人类精神的深层次的生命冲动，爱情创造了美，创造了人们对生活的敏感和热爱，它渗透了人们的情趣、理想和生命感受。家庭用具、日常用品以及珠宝首饰的广告文稿宜选择这一题材，它能产生亲切动人、感人心扉的力量。

【案例 2-7】

周生生珠宝金饰集团之点睛品文案

我们不是说好，要到太麻里一起看千禧年的第一道曙光吗？你却缺席了。

我们错过了一生只有一次，2000 年送给我们第一道阳光的感动。接着，我们错过了阳明山的鱼路和春天的杜鹃，错过了夏天的鸡蛋雪花冰和北海岸的浪，错过了玫瑰盛开、蜡烛点满幸福的情人节，错过了秋天奥万大的枫叶，还错过了你的笑容。

那天走在路上，看到你戴上第一次情人节时我送你的裸钻，心里很激动。你知道吗？像我这种一辈子没进过珠宝店的男生，第一次有多挣扎：我不知道你的确实身高、你的喜好、你的脖子尺寸，但我却一直在店里找和你身形相似的售货小姐。我挑了一颗钻石项链请她戴上，推想着你戴上时，钻石垂落的高度，会不会正好对着我心跳的位置，这样子我们拥抱的时候，钻石就可以同时记住你的体温、我的心跳，传达我们意在不言中的感动。

后来，我一个人看了一部电影，我无法忘记男主角对女生说：如果你相信神，所有的偶然都是巧合；如果你不相信神，所有的巧合也只不过是偶然。我和你小学同班，国中同校，然后又不约而同地考上同一所高中和大学。从一开始，两人坐得很远的陌生同学，到大学毕业后竟然变成情侣，这到底是偶然还是巧合？如果天注定我们要一起度过童年、经历青春，又为何它舍得让你在 2000 年开始的前一个礼拜离开我？让我们错过一辈子最重要的美丽开始？

我已经习惯一个人吃饭，一个人走过我们曾一起走过的台北街头，一个人自言自语，一个人旅行，一个人想你。直到昨天，你哭着打电话给我说钻石掉了，我知道，我一个人的习惯又要改变。

我打开扑满，那是我们分手后，每天把该请你吃饭的钱，准备带你去看日出的车钱，看电影《泰坦尼克号》的钱，想为你买生日礼物、买情人节花束的钱，为你准备去旅行的机票住宿钱……都帮你先留在里面。我用这些钱，去买了一颗爱情克拉不变、长度也一模一样的钻石项链，我想把我们不在一起的 305 个日子买回来，包括那颗错过的日出在内。

我说，项链在我这呢，回来拿吧！

案例解析

此则文案是一则平面广告文案，文字虽然冗长但却令人回味无穷，是难得一见的长文案。爱情故事虽没有走出惯常窠臼，但文字表述却非常地真挚感人，淹没了广告的功利本性，让人体会男孩对女孩深深爱恋的温馨时淡忘了其商业特质。整则故事给人一种灵魂的触动和曼妙的想象。

5. 荣誉

荣誉是一种赞誉性的评价。人们平时在事业上获得成就，对社会作出贡献，总希望得到社会的尊重和赞赏，得到价值上的承认和心理上的满足。这种心理上的满足感，是一种荣誉感。荣誉感是人类道德、文化、名誉上的精神需要。高档商品、时尚流行商品的广告文案适合以此作为题材。

【案例 2-8】

微软的一则企业形象广告文案

在微软，

我们所看到的不是一个表象的世界，而是一个将来的世界。

我们看到潜力，我们看到人们彰显创意，施展才华，获得更多的成就，享受前所未有的生活。我们看到工作人员，自由、公开地分享信息。

我们看到小企业在成长，大企业的运营变得更灵活，公司建立起良好的合作关系。

我们看到软件开发人员，开创出下一个伟大梦想。

在微软，

我们乐于分享您的潜力，

正是它，启发我们创造软件，助您不断发挥潜力。

正是它，启发了我们所有的成就。

因为最终我们的成功，并非强大的软件，而是强大的您。

您的潜力，微软的动力。

案例解析

这则广告彰显了微软的实力、微软的工作氛围，那是一种强大和潜力的表征，在这里谋职能给人一种很强烈的社会身份认同感，其未来蕴藏的无限潜力是一种身份的彰显。

6．时尚

时尚的东西，总是新潮的，总是领导消费的。在消费品市场中，消费者的购买潮流对于人们的心理冲击力很大。人们或多或少地表现出一种追求商品的趋势和新颖的需求。消费者在购买商品时十分看重商品的款式和社会流行样式，而对商品本身的实用价值和价格高低，并不过分考虑。时尚，总是让人们欲罢不能，产生冲动性购买。因此，在文稿中，就要突出时尚这一主题。

【案例 2-9】

中兴百货广告文案

标题：中兴改装全新开幕(即日起至 10 月 25 日全面 8 折优惠)

正文：

中国出发了。

90 年代，当我们这个社会开始为贫乏的人文素养、饥饿的内涵、失落的民族美学而反思的时候，中兴百货也在此时以“中国创意文化”为新的企业使命，全新出发。借着这一份生活提案，我们希望能带动一种现代中国的生活方式，高品质而不只是高消费，重视创意，培养具有品位的流行。更重要的是，找回从容婉约、细腻优雅的中国美学自信。

为能实践这份使命，我们将倾力支持中国设计师及艺术家从事创作，为了替消费者塑造一个真正具有国际视野的购物环境，我们更引入数十个顶尖国际品牌，使长期以来把眼光放在巴黎、米兰、东京的消费者不再以出国购物为时尚。我们将发现，中兴是第一家具有民族美学自觉及风格的国际级百货公司，我们深信，中兴百货的全新出发，将改写国内百货公司的经营史。

从此刻起，“百货公司”再也不代表旧有的意义，它再也不只是购物场所，而将全面地介入您的生活情境，扮演着生活美学顾问、国际创意情报媒介、文化活动推动者等诸多角色，丰富中国人的生活创意。中兴百货台北公司的改装开幕，献给全国一份中国创意生活提案。

案例解析

这则广告所宣传的内容主要在于引导国人的消费理念和生活态度，立足于国际视野，引领国际时尚潮流，培养国人真正与国际相比肩的生活品质，回归一种自信、从容的生活状态。

第三节　广告文案与广告创意

一、关于广告创意

日本著名的广告学者植条则夫指出：“在今天的广告界，创意正成为最重要的课题。广告公司的竞争，使创意愈加成为左右学界生存和发展的重要因素。这样的创造性，在企业的研究、调查、生产、流通、广告、销售、推销等领域，已经成为不可或缺的因素。特别是在广告公司中，创意的作用越来越受到重视。”

将创意应用在广告活动中就是广告创意，它是有效而且具有创造性的广告信息传达方式。广告创意建立在市场商品和消费者要求的基础之上，体现向谁说、说什么、怎样说的一种整合行为。

广告创意在广告活动中起着非常重要的作用，它往往需要依据社会文化心理和不同的消费心理，并借助于艺术的手法去叙事；没有创意的广告往往是平淡无奇的，缺乏生命力，不能达到吸引消费者的目的。

在现代激烈竞争的社会中，要达到比较好的广告传播效果，必须注重广告创意的效果，否则只能带来资金、人力的浪费。广告创意是广告策略与广告表现艺术必不可少的桥梁。因此，在达成广告作品的过程中，广告创意是十分重要的程序。

好的创意，创造不朽的品牌

通过广告创意与表现的实施，人们可以从一种商品、一个品牌中领悟和接受一种文化精神或观念(其中包括兴趣和某种启示)，从而更牢、更好地去记住它、喜爱它、接受它。

例如，作为一种香烟品牌，“万宝路”在品牌世界的构造上，通过广告创意者的创意与策划，而把该品牌形象的塑造分为4个阶梯层次：品牌标志与品牌名称；品牌主题与品牌概念；品牌文案与品牌优势；促销主题与品牌价值。

从中，既有使受众借助眼睛可以见到的东西，同时又给受众传达那些通过心理效应可以接收到的东西，让人们可以从中感知除了该品牌的标志和品牌名称外的“万宝路”的整体形象概念。诸如以下几例。

品牌主题：牛仔。

品牌概念：开拓精神。

品牌文案：到万宝路的家乡去。

品牌优势：美国口味。

促销主题：体验万宝路的刺激和冒险经历。

品牌价值：男子汉的气质、风度的体现。

由此我们看到，通过广告创意，往往可以在产品的营销和品牌形象的推广中赢得点石成金和事半功倍的广告方式及效果。

二、广告文案与广告创意的关系

广告文案是广告创意的载体，广告创意是头脑中的一个思维过程，只有通过广告文案才能把它转化为具体作品。广告创意能保证广告文案成为有效的广告文案，成为一个使受众欣赏并能激起其阅读兴趣的文学作品，成为一个有助于广告信息传播的广告文案，即所谓“让消费者跟着我们每天从不同的角度来感受不同的万众瞩目的事或物，去猜测、去议论、去期待，从而加强品牌在他们脑海中的印象”。

02

广告创意往往是新鲜的、醒目的、令人兴奋的，将广告创意落实到文案上，就涉及很多具体工作，如怎样写标题，怎样写正文，怎样写标语，怎样写随文等。广告创意的力量很容易被文案各部分的具体表现所分散和弱化。为此，文案人员必须全面、完整地把握创意概念，深入理解广告创意所包含的各要素，将创意落实为具体的广告文案。但在创意转化为文案的过程中往往会出现因表达的错位而使得创意没有得到很好的体现。所以文案在将创意转化为具体作品时，应该注意以下几个方面。

(一)广告文案的独特性与广告创意的创造性相配合

创造性被视为广告创意的灵魂，一个优秀的广告创意一定不墨守成规、不僵化，能够创造性地传达信息。同时应当看到，广告创意的创造性又必须依靠广告文案、画面等形式的独特性表现出来，这种独特性是指广告文案应该从与别人迥然不同的角度传达信息。

【案例 2-10】

中兴百货1998年秋装上市的服装广告

标题：服装就是一种高明的政治，政治就是一种高明的服装正文："当 ARMANI 套装最后一颗扣子扣上时，最专业而令人敬畏的强势形象于是完成。白衬衫、灰色百褶裙、及膝长袜、豆沙色娃娃鞋，今天想变身为女孩。看见镜子里身上的华丽刺绣晚妆，于是对晚宴要掠夺男人目光并令其他女子产生嫉意的游戏胸有成竹。仅一件最弱不禁风的丝质细肩带衬衣，就会是他怀里最具攻击力的绵羊。

衣服是性别，衣服是空间，衣服是阶层，衣服是权力，衣服是表演，衣服是手段，衣服是展现，服装就是一种高明的政治，政治就是一种高明的服装。

中兴百货 1998 年秋装上市的服装广告如图 2-6 和图 2-7 所示。

图 2-6　中兴百货 1998 年秋装上市的服装广告 1

图 2-7　中兴百货 1998 年秋装上市的服装广告 2

广告文案抛开了具体商品信息的表达，而是传达了一种意识形态，这种意识形态充满了不确定性，有点反叛、异端、散漫，但却以这种独特性的方式让消费者印象深刻。

(二)广告文案的简洁性与广告创意的简明化相配合

一个广告不可能负载多个诉求重点，创意要围绕一个诉求点来开展，文案也要围绕同一诉求点来写作。如果需要作深入说明，文案中可以展开解释或者提供丰富的资料增加可信性。增

多诉求点只会让广告的表述变得模糊不清。

广告创意的目的就是传达有效信息，无论使用哪种方式，广告想要说什么，必须非常突出、非常清楚。为了明确传达信息，广告文案的用词也应该尽量准确，句式应该尽量简单，不要将关键词语淹没在过多的“因为……所以……”、“虽然……但是……”之中，要追求写作简洁明确，而不是文采斐然的标题和正文。

【案例 2-11】

一则钟表的系列广告文案

要了解一秒钟的价值，去问奥运会上得银牌的人。

要了解一分钟的价值，去问错过长途公车的人。

要了解一小时的价值，去问等待见面的情侣。

钟表的系列广告，如图 2-8～图 2-10 所示。

图 2-8　钟表广告体育比赛篇

图 2-9　钟表广告赶车篇

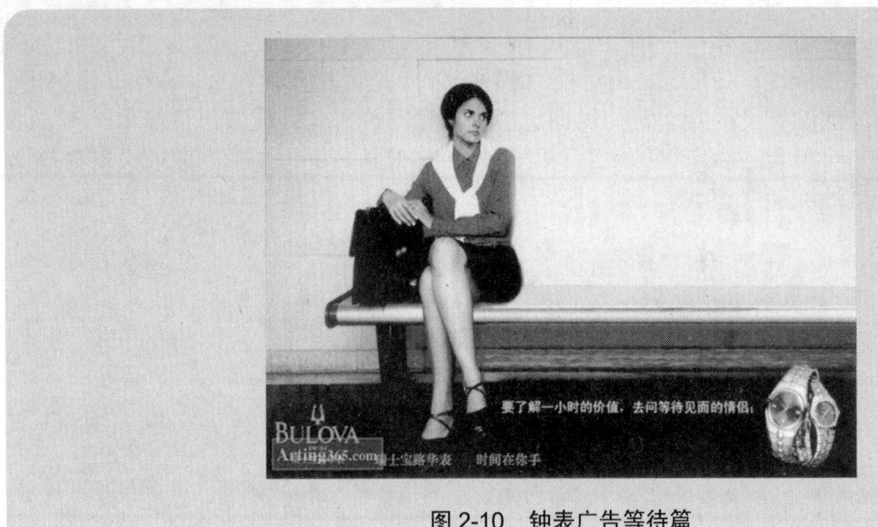

图 2-10　钟表广告等待篇

系列广告创意比较简单，文案简洁，通过 3 个生活片段突出时间的价值及其分秒的重要性，明确地传达了广告信息。

(三)广告文案的情趣性与广告创意的人性化相配合

无论诉求对象是什么样的年龄，什么样的身份，消费心理如何，只要他或她是心智正常的人，都会有共同的心理，如：希望爱与被爱；向往美好生活；希望被关心、被尊重、被理解；喜欢听到和看到美好的事物，不喜欢看到丑恶和残缺；喜欢趣味，厌恶枯燥乏味；喜欢亲切；趋于欢乐，远离烦恼；喜欢平等地沟通，不喜欢说教、灌输；对正确和错误有自己的判断标准，不喜欢被别人粗暴地左右；女性具有深厚的母爱和母性，男性对漂亮女性感兴趣；关心自己的家人……

这些最基本的人性并不抽象，而是体现在一点一滴的日常生活中。对于广告，消费者自然也会不自觉地以这些基本的好恶来判断。

情趣性强的广告文案，更容易凸显广告创意的人性化。广告文案的情趣性就是要求在广告文案创作过程中注意诉求对象的情感性和趣味性要求，努力发挥语言艺术的魅力，以达到吸引消费者、扩大消费市场的目的。

【案例 2-12】

7-ELEVEN 24 小时连锁店广告文案

年轻人：清晨四点，整个城市好像只有那个角落，让人觉得明亮且温暖。

店员：我记得那天冷冷的，还在下雨，他站在那里喝咖啡，心情好像很坏的样子。

年轻人：只不过喝一杯咖啡而已，他就像老朋友一样陪我聊了好久。

店员：我只不过是问问他是不是工作不顺，他就好像好久没跟人说过话一样，一说就说

个不停。

年轻人：我好像第一次跟一个陌生的人讲那么多话，也在这个角落里，第一次感觉到许多人竟然可以那么单纯、那么认真地活着。

店员：嘿，胡子刮刮吧！

店员：常来喔，别忘了这个方便的好邻居喔。

年轻人：那个早晨，觉得自己的脸那么清新，那个角落真的特别明亮、特别温暖。

案例解析

这则电视广告是一个工作到深夜的年轻职员和7-ELEVEN的一位中年店员之间的故事，文案以两人内心独白的方式传达。广告创意不复杂但充满人情味，通过两个陌生人之间的对话传达出人与人之间的温情以及7-ELEVEN 人性化的企业理念。

【拓展知识】

广告大师谈广告创意来源

台湾著名广告学家杨朝阳博士认为创意的来源只有30%是与创意人的天才有关的，而70%的创意火花，是由科学化的分析、系统化的发散、想象力的引导与刺激所引发出来的。

1950 年，美国的亚历山大·奥斯本博士提出“脑力激荡术”集体创意的思考法。该理论和方法为近代企业界广泛采用，也成为广告界寻求广告创意的一大途径。

奥斯本认为，创意是训练出来的，凡经创造性方法训练过的人员在发明创造力方面，要比没有经过训练的人员强。他曾与朋友一起在大学里参加创造性思维训练班，得出很多有说服力的理论数据。他曾提出四大基本原则。

(1) 摒弃拒绝批评主义——对任何观念的反对性的判断，必须保留至稍后的时期。

(2) 欢迎“自由运转”，异想天开——必须毫无拘束，广泛想象，观念越奇特越好。

(3) 观念越多越好——观念呈现得越多，越能获得时间，获取胜利，成功的把握就越大。

(4) 寻求观念的组合和改进——参加人员除提供本身所构思的观念外，更应建议如何将他人的观念转变为更好的观念。

第四节　广告文案与广告设计制作

一、广告文案与广告设计制作相辅相成

在广告表现中，除了语言文字之外，图案或图像等视觉要素起着相当大的作用。广告文字是用语言文字传达主题思想、说明内容，而图形则是用直观的可视形象传达广告信息，它与广告文字相互配合、相互依赖，实现广告信息的传递。

从事过广告设计的人都知道，广告文案创意本身不是目的，准确地说，它只是整个广告创

作活动的一个环节。任何广告目标的实现，都必须经过创意、设计、制作、发布等环节，各环节既有其自身运作的特点和规律，又同其他环节相互制约、相互联系、相辅相成。

因此，从广告文案创意开始，就应该考虑其与版面编排、各种设计元素(材料)的协调关系和广告发布方法之间的兼容性、合理性、可行性等问题；还必须考虑后续环节如何调动一切可能的因素，将广告文案创意的内在精神因素通过编排设计等方式加以艺术性发展，以可视的、物质的方式表现出来，充分发挥其创意潜力，以获得理想的广告发布效果。

二、广告文案是广告设计制作的总纲

广告文案是广告设计制作的总纲，设计必须以文案的主题为依托，并起到帮助阐述广告主题、说服受众产生购买意愿的作用。从专业角度来说，一个好的广告作品应该是对企业理念、市场动向、经济效益、产品功能、人的需要、广告策划、设计方法等一系列因素的综合性创意和最佳整合。因此，任何创意、设计都要从宏观整体出发，避免主观随意性或者片面追求设计的单一价值，才能将广告作品的设计水平推向一定的高度。

在广告创作中，文案通常会提供大量的原创意念，设计人员在转化为图形的时候，会有自己的二次创作。这时，视觉化能力强的文案撰稿人就可以更好地和设计人员进行沟通，使得两者互补而不是排斥。

长期以来，一些设计人员受传统观念的束缚，缺乏“整体广告”意识，只在“设计”二字上做文章，在形、色等美学问题上下工夫，导致设计在某种程度上与广告文案脱节，降低了版面编排设计的定位，使设计出现词不达意或流于表面形式的现象，这是需要引起设计者警惕的。

从设计专业角度来看，广告文案版面编排也有其自身的艺术法则和美学规律，它制约着文案编排设计定位的高度、准确性以及最终视觉效果。了解掌握这些法则和规律，对版面艺术设计工作将会有指导性的意义。

三、广告设计制作应遵循的原则

广告设计制作应遵循如下原则。

1. 思想性与单一性

思想性，是指广告版面设计必须充分表现广告文案的主题思想和创意。版面设计本身不是目的，只是传播广告文案创意和客户信息的手段。一方面，广告文案的主题思想主导着版面设计构思的方向；另一方面，版面编排也离不开具体的文案内容。

版面编排设计的最终目的，是通过对各类广告元素的完美整合，充分体现广告文案独特的主题思想和创意特色。同时，新颖的广告文案创意加上与创意高度吻合的版面编排，也将使文案形成独特的视觉个性，达到吸引读者注意力与增强阅读欲望的目的。因此，想方设法贴切地表现广告文案的创意主题及其闪光点是版面设计的着重点和成功的关键。

单一性，是要求广告版面设计必须单纯、简洁。广告版面的大小都是固定的，设计只能在极其有限的篇幅内进行，还必须使观众在一瞥之间留下尽可能深刻的视觉印象，这就要求版面表现形式单纯、醒目，文案信息尽量简洁。要达到这个目的，就必须注意：采用的一切设计元素都要经过慎重选择，都应该能为表现广告的文案出力。

选择设计元素宁可删繁就简，也不画蛇添足。设计形式也要尽量做到精美新颖、条理分明、层次清晰。当然，版面编排的单纯、简洁不等于单调、空洞，它是建立在切合广告主题的独特的艺术构思基础上的，是对广告文案创意的浓缩处理、文字内容的精确表达，和设计元素、设计手法的最佳调配。因此，版面的单纯化，既包括对广告文案诉求内容的理解与提炼，也包括对版面设计艺术形式等众多技巧的选择和使用。

【案例 2-13】

宝路华表广告

如图 2-11 和图 2-12 所示，这两则宝路华表广告较好地体现了思想性与单一性的原则。

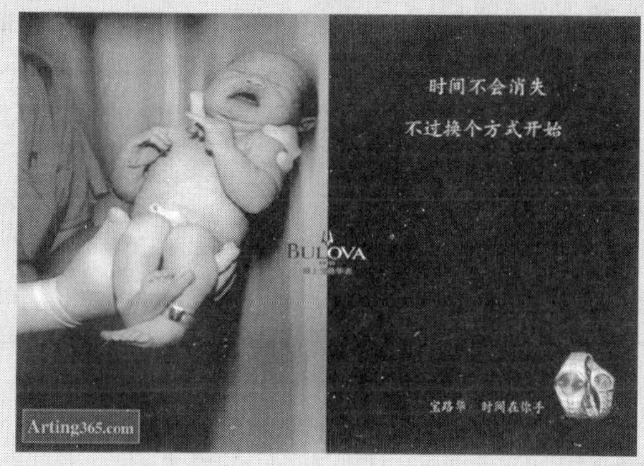

图 2-11　广告作品“时间不会消失，不过换个方式开始”1

图 2-12　广告作品“时间不会消失，不过换个方式开始”2

案例解析

广告画面和文字都比较简洁，但搭配得比较好，画面以出生的婴儿和生命消逝的墓地表现新的开始，很好地配合了广告文案“时间不会消失，不过换个方式开始”这个概念。

2. 艺术性与装饰性

广告文案编排设计的艺术性，是指版面的艺术构成形式具有美的感召力，能引发观众的审美欲望，给予他们一定的美学启迪和美学享受。增强广告版面的艺术性，不但能使广告有如艺术作品般令人赏心悦目，还能使广告以其独特性吸引观众视线，引起注意和阅读兴趣，达到以形传神的效果。

当然，为了使版面编排更好地为广告文案服务，并达到广告创意的理想诉求目的，必须寻求合乎情理的、准确的版面视觉语言，并使其具有独特的艺术性和审美情趣。这是设计者在对广告文案的精辟分析和理解基础上，以自己独特的艺术感觉、深厚的文化涵养、精湛的设计技巧对整体广告形象的再创作。

因此可以说，广告文案创意只是广告前期的思维活动，整合与文案相关的种种广告要素及对其进行艺术性处理，是又一次艰辛的再创作思维过程。此时，对版面构图、布局和表现形式等的艺术性思考将成为工作的核心。

装饰性，是指采用各种装饰性的设计手法处理版面，达到提升广告版面、传播广告文案信息能力的目的。版面编排是由文字、图形、图像、色彩等基本设计元素，通过点、线、面的方式组合与排列构成的。采用不同的艺术装饰手法来创造各种版面视觉效果，既可以美化、梳理版面中各广告元素的条理和主次，营造出不同的气氛和意趣，又可以提高其承载和传达广告文案信息的能力。

装饰设计形式必须与广告文案创意形式紧密结合，两者互相协调、互相联系，共同构建合理的审美特征。不同类型的广告文案创意应该具有不同方式的装饰形式，它不仅起着排除其他干扰、突出自身文字信息的作用，还能使读者从中获得独特的装饰美享受。

【案例 2-14】

中兴百货的平面广告设计

中兴百货的平面广告设计如图 2-13 所示。

图 2-13　中兴百货的平面广告《森林篇/樱花篇》

中兴百货的平面广告的广告文案如下。

标题：《森林篇/樱花篇》

正文：

衣服，衣服是这个时代最后的美好环境

她觉得这个城市比想象中还要粗暴，

她觉得摔飞机的几率远远大于买到一双令人后悔的高跟鞋，

她觉得人生的脆弱不及于一枚 A 型流行感冒病毒，

她觉得爱人比不上一张床来得忠实……

不安的人们居住在各自的衣服里寻求仅存的保护与慰藉，

毕竟在世纪末恶劣的废墟里，

衣服会是这个时代最后的美好环境。

案例解析

如图 2-13 所示，中兴百货的平面广告是艺术性与装饰性的很好结合。广告的版面设计充满美感与意境，樱花树下的衣服让人浮想联翩。广告在构图、色彩、构思以及文案的创作等方面都比较独特，有着很高的审美价值。

3．趣味性与独创性

趣味性，主要是指广告版面设计具有独特的审美情趣和幽默感，它既可以是个性张扬的广告版面所带来的形式美趣味，也可以是具有强烈幽默感的、活泼生动的图形、图像造型艺术趣味。事实上，如果广告文案创意本身并没有多少独特之处和足以吸引人的内容，那么，制作趣味性就可能成为广告版面设计取胜的主要手段。

同时，一份富有创意的广告文案，如果在广告文案内容、表现形式或艺术造型等方面加入趣味性，也可以在很大程度上增加广告的魅力和特色，使广告文案信息传播效果更上一层楼。在广告设计实践中，趣味性可采用寓意、幽默和抒情等表现手法来获得。

独创性，就是在版面编排中强化、突出广告文案创意和版面视觉语言的个性特征。鲜明的视觉个性是版面艺术设计的灵魂，是出奇制胜的法宝。如果众多广告设计都面目雷同、手法相近，可以断言，它们都不可能具有太高的视觉记忆度。

因此，在广告文案编排中，要提倡不断创新，敢于别出心裁、独树一帜和大胆地张扬设计个性。只有多一点个性而少一点共性、多一点独创性而少一点普遍性，广告才有可能力压群雄脱颖而出，赢得受众的高度关注，进而获得最佳的诉求效果。

【案例 2-15】

麦肯广告公司一则招聘员工的企业事务广告

《妖篇》是蓝色画面上，一个古灵精怪、动作神秘的泰国风格人妖：

——麦肯不要人，专要人妖！

《魔篇》是绿色画面中，一个在时隐时现的形形色色的众生中凸显的另类：

——麦肯不要人，专要色魔！

《鬼篇》是橙色画面中，一个戴着小帽的精于算计的账房先生：

——麦肯不要人，专要吝啬鬼！

《怪篇》是红色画面里，一个不对称的丑八怪：

——麦肯不要人，专要丑八怪！

案例解析

如图 2-14 所示，这则系列广告由 4 则广告组成，分别是“妖”、“魔”、“鬼”、“怪”篇。广告运用一组性格鲜明的反常形象，巧妙地反映了麦肯公司欲招聘的广告人员是具有专业水准和经济头脑，能超负荷进行广告创作，又有与众不同创意的“特殊的、不同凡响的人”。

图 2-14　麦肯广告公司一则招聘员工的企业事务广告

整则广告妙趣横生、幽默大胆，图文配合得精妙准确，发人深省。这一则系列广告获得了《现代广告》2001 年“创意无限”大赛金奖。

4．整体性与协调性

整体性，是指版面设计要尽量做到广告文案与广告艺术设计形式的完美统一。广告艺术设计形式既依赖广告文案的内容而存在，又帮助广告文案达到预期的诉求目的，广告文案是构成艺术设计的一切内在元素的总和，是艺术设计存在和发挥的基础。

设计形式是构成内容诸要素的内部结构或内容的外部表现方式，特别是它的组织结构和设计手法。一个优秀的设计必定是形式和内容的完美统一，为此，在设计整合过程中要提倡整体性思维，要作通盘考虑，而不是走一步算一步。

最终选择的艺术设计形式必须切合广告文案主题，必须能表达特定的内容。只有找准设计形式与广告文案内容的统一点，强化整体布局，才能解决版面设计应该对谁说、说什么和怎样说的问题，才能使版面编排具有独特的社会价值和审美价值。从某种角度来说，有整体性的广告本身就能够以其自身的艺术风貌来传递特定精神和美感。

版面设计的协调性，是指广告文案和设计所使用的各种元素，无论其内容、形式架构、艺术手法之间具有某种共同点、一致性，或有某种视觉上的、内在的联系，都给人一种非常自然、和谐的感觉。

协调性需要通过寻找和营造获得，可以寻找和强化版面各种编排要素在造型、结构、条理、秩序等方面的内在联系或者人为加入某种共同的形式特征，也可以从版面风格、色彩选择、元素安排等方面入手。通过广告版面的文图之间的整体组合与协调性的安排，使原本互不相干的各设计元素之间协调起来，令版面产生统一的秩序美、条理美。通过营造秩序感给人以和谐统一的整体印象，这也是构建版面协调性的有效途径。

【案例 2-16】

中兴百货广告的平面设计

中兴百货广告如图 2-15～图 2-17 所示。

广告文案：

春——没有人可以奢侈到浪费青春的地步

秋——收获的季节拥有永远比不拥有更快乐

冬——盘点一年的心情，如果你还有遗憾，现在给你一次机会满足

案例解析

广告设计上，三则广告色彩的运用、画面的搭配以及构图上都比较和谐，春天用绿色来表现春机盎然，秋天则用金色来表现硕果累累，冬天则用青色来表现冰冷的感觉，体现出了广告文案与艺术设计的完美结合。

图 2-15　中兴百货广告《春》

02

图 2-16　中兴百货广告《秋》

图 2-17　中兴百货广告《冬》

广告大师的警示

詹姆士·伍尔夫在《广告时代》的专栏中写道："正确地运用文案和设计，能使创意的传达更具效果。任何一项都不容轻视。能正确地组合这两者，才是优秀的广告人。"

撰文人员应该具有丰富的想象力，写出具有画面感的文案；设计人员也有权对文案和设计的处理提出自己的观点。有时双方会有一些分歧，会各执己见，怎么办呢？哈莫特·克朗很有信心地说："虽然撰文和美术设计之间意见有所分歧，由于双方都是成人，都具备足够的辨认能力，所以应该会有令人满意的结果。"

1. 广告文案是广告策划中的一环，广告文案的创作要受到广告策划中广告目标、广告对象、广告计划、广告策略等方面的制约，是在其统一指导下进行文案的创作。

2. 广告创意是广告文案的前提，广告创意是思想性的东西，它需要通过文字转化出来面对其目标对象，所以就存在创意转化为文案时不要失去其原则性。

3. 广告文案的展开是以广告主题的确立为核心的。广告文案一定要反映广告主题，围绕着广告主题进行创作，离开现实、离开主题、天马行空的创作态度，制作出来的广告片将会黯淡失神、索然无味。

4. 在广告表现中，除了语言文字之外，图案或图像等视觉要素起着相当大的作用。文字和用来包装文字的视觉表现，可以说是类似骨骼和肌肉的关系。先有骨骼，然后再使和它相配的肌肉长在上面。

5. 在广告创作中，文案通常会提供大量的原创意念，设计人员在转化为图形的时候，会有自己的二次创作。这时，视觉化能力强的文案撰稿人就可以更好地和设计人员进行沟通，使得两者互补而不是排斥。

左岸咖啡馆的平面广告文案

嗜甜的越狱人。
意大利口音的两个男人点了两杯咖啡后，
便把视线对准咖啡馆的大门，
看着每一位进出的客人。
自从那位专盗 EGON SHCIELE 的意大利盗贼，
第四次越狱成功后，
人们特别留意出现在身边的意大利人。
而我也不例外。
一刻过去了！
那两人已经饮了不少黑咖啡，
视线仍停在大门，
而众人也始终盯着他们，
又过了一刻，
才进门的男人夺走了所有人的目光。
倒不是他浓浓的意大利口音，
而是他点了一桌子的甜品。

"你被捕了!"

喝黑咖啡的男人和同伴忽然卡在那个男人身后,

"但,不急,请慢慢享用!"

等他把满桌的甜品吃完并代他结账后。

两个人才押着他走出咖啡馆。

经过一阵的静默,

大家议论纷纷。

"为什么专偷 EDGO 的画?"

"画贼为什么爱吃甜品?"

"为什么画贼都是在同一家咖啡馆被逮进牢里?"

左岸咖啡馆广告如图 2-18 所示。

图 2-18　左岸咖啡馆广告"越狱人"

案例点评

此则广告是左岸咖啡馆的平面广告,以"越狱人"作为主角,以故事叙述的形式表现了越狱人对咖啡的嗜好,体现了咖啡的特色。这种叙述的方式充满着趣味性和幽默感,让人感觉文案虽然冗长但不乏味,而且逮捕者的表现也充满着人情味。整则广告充满着一种别样的温情。

讨论题

1. 这则广告文案给了你什么样的启发?它为什么能吸引你的注意力?
2. 尽可能多地搜集左岸咖啡馆的平面及影视广告,谈谈它们的风格特色及推陈出新的地方。
3. 搜集资料,谈谈左岸咖啡馆广告的缘起及创作故事。

02

1. 广告文案与广告策划的关系是什么？
2. 广告文案与广告主题的关系是什么？
3. 广告文案版面编排中有哪些艺术法则和美学规律？
4. 广告策划的程序及其意义是什么？
5. 广告创意的策略有哪些？
6. 广告主题在广告中占据什么样的地位？
7. 找一个平面广告和影视广告，分析广告文案与版面编排及其画面表现有着什么样的关联性。

第三章

广告文案的构成与写作

学习要点与目标

- 了解广告文案的基本结构，理解广告文案写作的特点。
- 了解广告标题、广告正文、广告口号的含义。
- 理解广告标题和广告正文写作的基本原则。
- 掌握广告标题、广告正文、广告口号写作的基本技能。

核心概念

广告标题、广告正文、广告口号、广告随文

引导案例

艾维斯汽车出租公司的广告文案

标题：老二主义 艾维斯宣言

正文：

我们经营的是汽车租赁，在一位巨人后面，扮演的是二等角色。最重要的是，我们必须学着活下去。

在斗争中我们也知道了世界上老大和老二的基本区别。老大的态度是：“别做错事。别犯错误，你就没事。”老二的态度是：“做正确事，找新办法。我们要再努把力。”老二主义是艾维斯的信条。它很管用。艾维斯的客户从一位笑容满面的艾维斯小姐那里租来一辆清洁的普利茅斯，雨刷子在刷着，烟灰区干干净净，油箱灌得满满的。

艾维斯自身从赤字转为黑字。艾维斯没有发明“老二主义”。人人都可以随意使用它。“起来，全世界的老二们！”

艾维斯汽车出租公司“老二主义”的广告作品如图 3-1 所示。

No. 2ism.
The Avis Manifesto.

We are in the rent a car business, playing second fiddle to a giant.
Above all, we've had to learn how to stay alive.
In the struggle, we've also learned the basic difference between the No.1's and No.2's of the world.
The No.1 attitude is: "Don't do the wrong thing. Don't make mistakes and you'll be O.K."
The No.2 attitude is: "Do the right thing. Look for new ways. Try harder."
No.2ism is the Avis doctrine. And it works.
The Avis customer rents a clean, new Plymouth, with wipers wiping, ashtrays empty, gas tank full, from an Avis girl with smile firmly in place.
And Avis itself has come out of the red into the black.
Avis didn't invent No. 2ism. Anyone is free to use it.
No. 2's of the world, arise!

图 3-1 艾维斯汽车出租公司“老二主义”的广告作品

案例解析

这是20世纪60年代美国艾维斯汽车出租公司的广告策略。在企业的资本后盾和规模不能达到第一时，艾维斯面对处于市场第一的赫斯公司，避免了正面的竞争，选择了独特的角度，对广告信息进行了独特表现。这个独特的信息，使人们从服务的角度理解了艾维斯的苦心。人们虽然能折服于赫斯公司的规模和实力，但人们更愿意在接受服务时被视作上宾。独特的信息传达，是原创的有效表现。

第一节　广告文案的构成

在广告发展史上，最早的广告文案只有一段文字，没有完整的结构，没有广告标题等其他结构因素。广告文案在自身发展中，其基本结构得到了逐步的完善。不过，不同的广告媒体，其文案的结构是不同的。文案撰稿人需在4个基本结构的基础上进行适应性、创意性的操作，以使广告文案体现出各种不同的特点，符合不同的媒体特征。

一、标准广告文案结构

标准的广告文案由标题、正文、广告口号、随文(附文)四大部分组成，这4个要素与图案一起构成广告作品。

(一)广告标题

1．广告标题的含义

广告标题是对广告文案命名或表现广告主题的短文或题目，是广告文案主要内容的高度概括。广告标题一般放在广告的最上方，是整个广告最重要的部分。

广告大师谈广告标题

据美国广告专家统计，广告标题的阅读量是正文的5倍。因此，大卫•奥格威说：“可以说标题一经写成，就等于花去1美元广告费中的80美分。如果你做的标题起不到推销的作用，那就等于浪费了80%的广告费。”

2．广告标题的作用

广告标题具有如下作用。

(1)　在瞬间激发读者的好奇心。

报刊广告虽然是读者付费购买的媒体，但很少有人会主动寻找广告。如果读者在浏览的瞬间没有被你的广告所吸引，那你所有的心血就有可能付诸东流。

例如，阿迪达斯篮球鞋的一则广告，标题是“捉老鼠和投篮”。一看到这样的标题，人们

会觉得很奇怪，这不是风马牛不相及嘛！但在好奇心的驱使下，就会接下来将正文看完。正文中详细解释了阿迪达斯两面底皮面超级篮球鞋模仿了猫脚掌的构造原理，制造了具有独特工艺的运动鞋。

(2) 诱导读者进一步关心广告正文。

仅靠标题，无法详细介绍有关商品或服务的信息，也无法达到广告的说服效果。因此，好的标题应能把读者的注意力引向正文。

例如，Timberland 运动鞋的一则广告，标题是“我们偷了他们的土地、他们的牲畜、他们的女人，然后又去偷了他们的鞋”。大字标题下面是一张印第安人的照片和一双鞋。读者感到，下面将要讲述一个有趣的故事，因而继续看下去。

(3) 指出产品或服务的目标消费者。

有效的广告标题应该能让产品或服务的目标消费者觉得，这个广告就是为我而写的。

例如，一则减肥食品的广告标题是：“吃喝都一样，为啥偏我胖？”生活中常有胖人抱怨“喝凉水都胖”，并为此而困扰。广告以他们的口吻提出问题，既幽默，又有针对性。

(4) 播下潜在购买意识。

由于人们生活节奏的加快，有相当一部分人不会仔细看完报纸，通常都是泛泛地浏览标题。针对这种情况，标题中要含有产品或服务的一些信息，从而播下购买意识。

例如，德国大众汽车公司曾为外观并不出奇的金龟车做过一则广告，标题是“车的样子有点丑，但能载你到达目的地”。旁边是一幅登月的图片。仅看标题，就会知道它是针对那些讲究经济实用的消费者的。如果你是这样的消费者，就会关注广告中的其他信息。

(二)广告正文

广告正文是广告文案的中心部分，它以翔实的内容具体展开标题揭示的主题，传达广告主体信息，涵盖了产品或服务所具有的主要利益点和支持理由。

广告正文承载着广告文案的主要内容的传播任务，通过细说详情，论证标题，论证广告语，描述广告内容，向受众解释广告，提供咨询，激发受众兴趣。

广告文案正文能够传达广告主体信息，使受众能以读完全文为目的，不拘泥于构成层次、段落的写作，以有实际内容为准，该长则长，该短则短。

如果说广告标题可以用一种非逻辑的方式吸引消费者，正文则必须回到逻辑上来。

【案例 3-1】

阿迪达斯篮球鞋的广告文案的正文

猫在捉老鼠的时候，奔跑、急行、回转、跃扑，直到捉到老鼠的整个过程，竟是如此灵活敏捷，这与它的内垫脚掌有密切关系。

同样的，一位杰出的篮球运动员，能够美妙地演出冲刺、切入、急停、转身、跳投，到进球的连续动作，这除了个人的体力和训练外，一双理想的篮球鞋，是功不可没的。

新推出的阿迪达斯两色底皮面超级篮球鞋，即刻就获得了喜爱篮球人士的赞美。

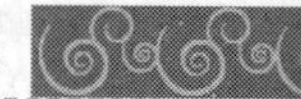

因为，它有独创交叉缝式鞋底沟纹，冲刺、急停时不会滑倒。

因为，它有七层不同材料砌成的鞋底，弹性好，能缓解与地面的撞击。

因为，它有特殊的圆形吸盘，可密切配合急停，转身跳投。

因为，它有弯曲自如的鞋头和穿孔秀气的鞋面，能避免脚趾摩擦挤压，维护鞋内脚部温度，穿久不会疲劳。

一般来说，正文主要包括以下内容。

(1) 提供产品(或服务)的特色、工艺、荣誉等，以取得消费者的信赖。

(2) 介绍产品(或服务)的特色和效益，以调动消费者的兴趣和欲望。

(3) 介绍该商品的使用方法或售后服务项目，以消除消费者的后顾之忧。

(4) 提出建议，希望消费者能优先考虑购买。

(三)广告语

1．广告语的含义

广告语也叫广告口号，是为加强受众对广告主体信息的印象，在广告中较长时间段内反复使用的一句简明扼要的口号性语句。

2．广告语与广告标题的区别

广告语和广告标题有相似之处，都比较简单，在广告编排中较突出，容易引起读者的注意。但它们之间又有一些区别。

(1) 广告语常常是宏观的，可以用于一个企业的系列产品，一般不轻易变更。而标题则是具体的，随产品不同而变化，甚至同一产品不同版本的广告也有不同的广告标题。

(2) 标题有时可以较长，但广告语一般都比较简短，大多在 10 字以内。

(3) 标题和正文相辅相成，是广告文案的重要组成部分。而广告语相对比较自由，还可以脱离具体的广告文案单独使用。

(四)广告随文

随文也叫附文，是广告文案的附属部分。在大多数广告中，随文常常紧排在正文之后，有的则分开编排。它虽然不是文案的主体，但也是广告文案的有机组成部分。

随文一般是提供广告或经销商、零售商以及促销活动的信息，以方便消费者的咨询。随文主要包括品牌名称、商标、店址、电话、传真、网址、活动方式和日期等。随文有助于将读者的兴趣和欲望变成具体的行动。

随文在广告文案写作中比较简单，但如果这些内容写得不周全、不艺术，也会影响到广告的效果。因此，随文虽然是广告文案的附属部分，也同样要认真对待、条理清晰。而富有创意的随文照样可以再一次出现闪光点。

有位大学生在自己的求职广告的最后写道：

只要 3 毛钱，随时可以找到我。电话呼：×××××-×××××。

这位大学生与众不同的广告随文，吸引了用人单位的注意，约他面谈后安排到广告公司试用。

二、特殊广告文案结构

特殊广告文案结构主要表现为标准文案结构中的一种或几种要素的省略。

(一)没有标题

没有标题的广告，正文一般都比较简短，没有太多复杂的信息。如案例 3-2，惠普打印机的一则广告文案就没有标题。

【案例 3-2】

惠普打印机的一则广告文案

正文：老妈一直催我结婚，可我连女朋友都没有。一天晚上，我家的“万能打印机”帮我清晰扫描了一个可爱女孩的照片，然后打印出一张我们俩的亲密合影，还彩色复印了很多份，让我送给亲朋好友欣赏，大家看后都赞不绝口。这不是太容易搞定了吗？以后再也听不到老妈唠叨了。

广告语：超乎你想象的打印机。

随文：hp officeejet6110 平板式彩色办公一体机：彩色打印、彩色传真、彩色扫描、彩色复印，敬请垂询 800-820-2255 www.hp.com.cn/hpstyle。

(二)没有正文

没有正文的广告一般都是企业或品牌形象广告，强调的是附加价值。除了标题以外，图片占有显著位置，一般在杂志广告中比较常见。

【案例 3-3】

芝华士十二年苏格兰威士忌的广告文案

图 3-2 所示的这则广告就没有正文。

标题：不得不承认，人生实在不公平

随文：芝华士十二年苏格兰威士忌 www.chivas.com.cn

口号：心领神会

03

图 3-2　芝华士十二年威士忌广告

(三)没有广告语

一些文案创作人员认为，如果广告已经做到了它该做的事，就不需要广告语了。如果广告没能达到预期效果，那么加上广告语也没用。如台湾地区的左岸咖啡馆的一则广告，虚构了巴黎的这家咖啡馆，并通过一个到法国旅行的女孩的视角，营造出了一个带有浓郁文化气息和人文色彩的生活片段。以这样的情境来影响人、打动人。

第二节　广告标题的写作

广告标题就是广告的题目，它标明了整篇广告的宗旨。在广告的表现形式中，标题是第一位的。广告标题，在不同的媒体广告中有着不同的表现形式。一般说来，印刷广告中的标题都用文字来直接表达，往往占据着首要位置，突出而明确地显示出来；广播广告中的标题则用言语来表达，并且与电视广告用言语文字一样，往往放在广告的末尾，以“蒙太奇”的手段特别推出。

一、广告标题的类型

在广告的实际创作中，广告文案的撰写者似乎并不太考虑写出一个什么类型的标题，他们往往根据广告主的要求以及商品的特点去构思广告标题。但事实上，几乎所有的广告标题都有其类型。广告标题的类型可以从不同角度进行划分，概括起来，可以按结构和诉求方式来划分。

(一)按结构划分

1．单一式

单一式标题就是只有一句话或一个词的单一标题。这是最普遍使用的标题形式。如精工表的一则标题：

“120 年来，我们走在时代之先，从没有浪费一分一秒。”

有的标题非常简短，只有一个词。如通用汽车公司的一款高档轿车的广告标题：

“荣御。”

2．复合式

复合式标题一般是由几个标题组成的标题群，也常常是在一个大标题下分成几个小标题。典型的复合式标题是由引题、正题和副题 3 个标题组成的。引题交代背景，烘托气氛；正题概括广告的中心信息；副题对正题进行补充说明。

【案例 3-4】

天府花生的广告标题

天府花生的广告标题是典型的含有引题、正题和副题的例子。

四川物产　口味一流(引题)

天府花生(正题)

越剥越开心(副题)

有时引题和正题并不在一起，而是出现在图片中，通过与图片的结合来引出正题。例如，IBM 一款 Aptiva 多媒体电脑的广告标题是：

别动手!(引题，背景是一个电脑键盘)

有话好好说(正题)

无需拼音，无需拆字，Aptiva 带您步入中文语音输入新时代(副题)

比较常见的是正题和副题的组合。例如，九华痔疮栓的广告标题：

上厕所？去受刑!(正题)

疼痛、出血、不畅，有痔疮如同受刑。(副题)

(二)按诉求方式划分

1．直白式

所谓直白式广告标题，就是除了厂家和公司的名称、商品的品牌和品名以及项目的名称外，不加任何修饰性词语，不使用任何修辞手段。例如：

- 通络开痹片

- 春兰空调
- 益肾丸
- 内蒙古鹿王集团

这种直白式的广告标题直截了当，没有虚饰，却十分简单实用，有针对性和信息性，可以产生直接的广告效果，所以被大量地使用于各类媒体，尤其是报纸和杂志媒体上。但这类标题的缺点也是它的直白，如果没有诱人的利益点，难以引起读者的好奇心。

2．提问式

提问式标题是抓住人们的思维习惯和寻求答案的心理，以提问的形式写成的标题。这类标题容易引起读者的好奇心，调动他们的参与感。例如如下几例。

Timberland 野外休闲鞋的广告标题：

"鞋上有 342 个洞，为什么还能防水？"

可丽柔染发产品的广告标题，强调染发后的自然效果：

"染了？没染？"

TCL 王牌曾在《南方周末》刊登了一则广告，2/3 版面全白的背景上写道：

关掉画面，彩电还能做什么？？？

相信每位读者看过这条广告标题后都会被其新奇的提问所吸引，一定要继续读下去，弄个究竟。这种方式是只问不答，让消费者自己回答，或者到广告正文去寻找。

3．祈使式

祈使式是一种表示请求(要求)或希望(期待)消费者购买什么(做什么)或不购买什么(做什么)的广告标题。这种标题有时会用感叹号来加重语气。

【案例 3-5】

虫草益气血冲剂的广告文案

广告标题为：

虫草益气血冲剂(引题)

让女人不虚此生(正题)

案例解析

这里引题用药品名称，正题用请求的口吻来表达，希望女人健康，其中"不虚此生"用得好，尤其是"虚"用得精妙，只一字便将药品的功能，适用的范围，对患者的希望、提醒和关爱，对广告正文的提炼和概括突出出来了。

【案例 3-6】

实达电脑的一则广告文案

广告标题为：

别成网虫!(正题)

轻松上网，畅游世界(副题)

案例解析

这也是一条祈使式的广告标题，正题是请求受众不要成为“网虫”，一方面可以看作这是善意的提醒；另一方面，却是希望受众成为“网虫”。而无论“成”与不“成”为“网虫”，消费者都在标题的“希望”中，留下了“实达”电脑的印象。

【案例 3-7】

贵州青酒的广告文案

广告标题为：

请喝青酒，交个朋友

案例解析

这是直接向受众发出“请求”，用以酒会友、以酒交友来表达广告主对受众的真情实意。

4. 抒情式

抒情式是抒发强烈情感的广告标题。当然任何一个广告标题的样式都会表达某种情感，但并非诉求的直接对象，也并非情感的直接抒发。抒情式的标题突出的是一个“情”字，表现的也是一个“情”字。

例如，前面例举的“虫草益气冲剂”，曾在《北京青年报》刊出的一幅广告，其标题简直就是直抒胸臆：

“怎一个虚字了得!”

这句话里用了中国古代女词人李清照著名《声声慢》一词中的一句“怎一个愁字了得”，因而带着很深的文化底蕴。

又如，江西卫视播出的“太太口服液”的广告，标题为“太太口服液/十足女人味”。在这条广告之前，“太太口服液”作的是同样情感诉求的标题广告：

“做女人真好!”

这里抒发了一个女人享用了“太太口服液”后的一种自我满足、一种愉悦幸福的情感。这一情感诉求，曾打动了许多女人，使“太太口服液”在短期内就取得了巨大的经济效益。

5. 叙述式

叙述式是一种以叙事的方式写成的广告标题。这种方式着重交代一些过程，以“娓娓道来”的风格和较多的信息写成。广告教皇大卫•奥格威告诉我们：“以事实所作的广告比过度虚张声势的广告更能助长销售，你告诉消费者的愈多，你就销售的愈多。”

【案例 3-8】

雷达表的一则广告文案

广告标题为：

晚上十点，她过来一起喝杯酒。凌晨零点一分，他丢失了隐形眼镜。(引题)

时间改变一切，惟独雷达表……(正题)

案例解析

这条标题先用引题叙述了两个确切的时点上发生的两件具体的事；然后是正题，仍以叙述的口吻，用时间的哲理引人深思，让消费者自己得出雷达表的“永恒”与“精确”，从而完成了整个叙事过程。

叙述式广告标题往往不是“高声大气”地喊叫，而是“冷静”地讲述一个有关的“细节”或一个有关的“事实”。

广告标题的类别大致如此，划分并不十分严格，在实际应用中可以结合起来使用。

二、广告标题的写作原则

(一)衡量有效广告标题的标准

衡量广告标题是否有效有两个标准。一是把广告卖出去。就是要让受众读过标题后，能够有兴趣继续读下去，要能引起读者的好奇心。二是把产品卖出去。就是在广告标题的影响下，消费者认为没有必要再将正文读下去的时候，直接产生销售效果。

达到这两个标准，要求文案人员一定要彻底了解广告的商品和劳务。了解广告主的要求、产品的特点、市场的定位、媒体的特点、语言问题等。还要彻底思索，集思广益。好的广告标题都是“彻底思索”出来的。要在真正认识广告商品和劳务的基础上，绞尽脑汁写出几十甚至上百个标题，并经过多人的反复研讨筛选，从中确定一个。文案人员不能自作主张、自以为是。

(二)广告标题写作应遵循的基本原则

广告标题写作应遵循如下基本原则。

1. 用词语最精练

广告标题的写作一定要让受众一目了然，用最少、最精练明白的词语告诉受众你卖的是什么。在实际中，企业的形象、产品、项目等可能千头万绪，但作为一则广告的一条标题，只能突出一个销售主题，用极简单明确的词语，突出强调一个诉求点就够了。在广告标题的写作中，遣词用语不能啰嗦累赘，以免让受众一头雾水，不知所云。

【案例 3-9】

中国建设银行经典广告标题

中国建设银行曾在电台、电视台、报纸、杂志和车体路牌上推出相同的“一句话”广告：“要买房，到建行”

案例解析

办理个人购房贷款无论从哪个角度来说，都是相当复杂的事情。而要想把条件、要求、手续、程序，以及意义、特点等都说出来，即使强调一个重点，表达一个主题，也要很大的版面，很长的时间。作为有实力的国家银行，完全可以长篇大论，但恰恰相反，这则广告却惜墨如金，将千言万语浓缩成再简明不过的6个字，给人以深刻的印象，甚至让人过目不忘。

一个广告如果想要说的话太多，想要诉求的太多，其含义即便不是混乱也是过于复杂，因而很容易使其标题的遣词用语变得不流畅，不易被受众接受。

【案例 3-10】

日立空调一则经典的广告文案

日立空调在北京公交车上曾做了一则空调的车牌广告：

日立空调 静净空间 舒适如春

案例解析

这条标题就是文案的撰写者想要表达的意思太多了，又要强调“静”，又要强调“净”，又要强调“春”，以引起对此季节“舒适”感的联想。标题让我们看起来虽然用词不多，也比较整齐，但却给人感觉要卖很多东西，反而使得这条标题读起来非常别扭。而且，“静”和“净”的感觉与“春”的躁动、萌生和风沙，或者“春光明媚”等还有一定的距离，因而其所要表达的东西是普通受众难以领悟的。

相比，科龙空调在中央电视台做的广告标题则显得更为恰当：

科龙空调 听不到声 感觉到风

此标题也是四字句组合，但在销售点的表达上，却用人的听觉和感觉突出强调了一个“静”字，没有拼凑的东西，同时使人感到具体真切，语义简明流畅。

2. 用事实和形象说话

广告标题要有说服力，一定要言之有物，就是要用“看得见”、“摸得着”的具体事实和形象说话。例如前面提到科龙空调的广告标题要比日立空调的广告标题“言之有物”，因为“感

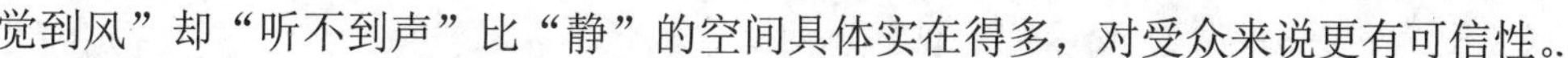

觉到风”却“听不到声”比“静”的空间具体实在得多，对受众来说更有可信性。

再如，大卫·奥格威为劳斯莱斯写的广告标题：“这辆新型劳斯莱斯，在时速60英里时，最大的闹声来自电钟。”标题具体细致，才能让受众不仅“听得到”、“感觉得到”，还要“看得到”、“触摸得到”这种具体的形象和事实。

事实胜于雄辩，形象胜于抽象。在广告发展史上的许多经典之作的标题，都是按照“用事实和形象说话”的原则写成的。

【案例 3-11】

以色列一家航空公司的广告文案

该广告是以色列一家航空公司即将采用喷气式飞机的航班广告，背景是一幅波涛汹涌的大西洋图片，图片的一边被撕去了20%，而在撕掉的空白处，有一条标题写道：

从12月23日起，大西洋将缩短20%

这是运用具体明确的时间来确定一个事实，并用“大西洋”的图形和20%的数字，以及可见的“缩短”动作，形象地说明了一个事实。

在表现“事实”和“形象”的技巧问题上，广告学家强调，广告标题的每一行文字都应该是一个完整的句子。这样容易使受众读完一行，便可得到一个完整的概念，如果不能提供一个完整的事实，受众一开始就不知所云，就会丧失继续读下去的兴趣。“农夫山泉有点甜”这个广告给厂家带来了巨大的经济效益，这其中的重要原因就是这个广告标题是一个完整的句子，并说出了一个有趣的、吸引人的事实。

3．力争新颖有趣

标题的生命力在于它与众不同，否则就会埋没在众多广告和其他文案之中。成功的广告标题一定是新鲜的、有创意的、不同凡响的和富于独创性的。

【案例 3-12】

北京金泉钱币文化有限公司的一则广告文案

该广告是2000年岁末，北京金泉钱币文化有限公司在《北京青年报》推出的一则销售“世界硬币真品实物”的广告。其标题如下。

主标题：用全世界的钱压岁

副标题：世界硬币真品实物大全，有意义的“压岁钱”

案例解析

这是一个非常巧妙、有创意的标题。将其销售的一套世界各国硬币同中国人过年给“压岁钱”习俗联系起来，特别新颖，使人们看过“正题”后，非要看“副题”不可 ，看过“副题”后，非要看“正文”不可。

标题的语言风趣一点，可以吸引更多的读者。但仅仅是风趣还不能算上策之作，还应将风趣的语言与相应的思想内容结合起来，使标题所表达的思想深化和加强。

【案例 3-13】

溶栓胶囊的一则广告文案

这是一则电视广告，其标题为：

溶栓胶囊，血管里的疏通机

案例解析

血栓是凝结的血块堵塞血管的一种非常危险的病症，轻则中风，重则死亡。溶栓胶囊的功能就是化解血管的血块，那么，把它比作“血管里的疏通机”，不仅非常贴切、非常生动，而且形象鲜明具体，确实有别具一格的创意。

新鲜离不开巧妙的构想，离不开对市场的把握，离不开对前人广告作品的深入研究，通过阅读或浏览前人的广告，可以启发灵感，创作出新的东西。

4．力求声韵和谐

汉语是非常讲究声韵和节奏的。中国古代的诗歌尤其突出体现了这一点。广告文案的写作，特别要考虑广告标题的功能和作用，写作时要尽量合辙押韵，节奏鲜明。例如，“大宝”美容护肤品长期在中央电视台和北京电视台做的一则广告，运用了不变的标题：

要想皮肤好，早晚用大宝

这条标题用的是传统五言句式，虽无严格的“对仗”和“平仄”，但是，ao 韵押得好，词语通俗简明，朗朗上口，前后句之间有内在的逻辑联系，产生了很好的销售效果。

又如，治疗头痛感冒的药品百服宁广告标题为：

日夜百服宁，日夜照顾您

这样的标题读起来声调和谐，很容易口头传播，也很容易记忆。

声调和谐不仅是合辙押韵，其节奏的把握也是非常重要的。

【案例 3-14】

阿迪达斯一则路牌广告文案

2001 年春，阿迪达斯在北京街头推出多幅路牌广告。广告设计一致，一律用“一句话”的标题广告：

运动 生动 心动 adidas 让女人动

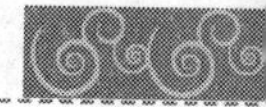

案例解析

这条标题从概念的整体表达上看，是明确的。从一般的广告文案写作原则来看，将最重要的概念“运动”放在前面，也无可厚非。但是其中的“生动”的概念却有些模糊，不知是形容“生动”，还是活用为“产生”“动”，因而造成意韵的阻隔、内在逻辑的“夹生”。再看其音韵节奏，整个句子“韵脚”倒是押上了，节奏却被破坏了。结尾用的是“单音词”，给人以戛然而止、上下不接气的感觉。这条标题可改为：

心动　情动　adidas 让女人运动

这一改，意韵就流畅了，内在逻辑关系也清楚了。重要的概论放在最后强调，也更有力量。句尾也用双音词押韵，节奏也顺畅了，容易上口。而且还增添了“煽情”的内涵。

当然并不是所有的广告标题都必须合辙押韵，只有合辙押韵才是能够流传的标题。富于节奏的标题同样可以适应大多数受众的语言习惯，产生良好的视听效果。

例如，2000 年 12 月 19 日《北京晚报》刊登的“排毒养颜胶囊”的广告，稍后该广告又在中央电视台播出，其标题为：

排毒养颜胶囊　排除毒素　一身轻松

这里采用的还是中国传统双音词组的“四六句”格式，虽不押韵，但声调跌宕起伏，节奏鲜明，朗朗上口，轻松自然。

5．善于借势

所谓借势就是要借古今中外名诗、名言、名句之势，表达广告的商业内涵，扩大影响力，强化记忆。从修辞学上说，借势就是“仿拟”和“引用”之类的修辞手法。

03

【案例 3-15】

广东电信一则下调电话资费的广告文案

广东电信从 2001 年 1 月 1 日开始下调电话资费，这对广大消费者来说无疑是一个福音，于是有关广告的标题如下。

主标题：好雨知时节，广东电信资费大幅调整，真的好滋润

副标题：2001 年 1 月 1 日起，广东电信陆续调整部分电信资费(副题)

案例解析

“好雨知时节”一句取自我国唐代诗人杜甫的《春夜喜雨》中的名句：“好雨知时节，当春乃发生”，用在此处表现电信资费调整“真的好滋润”。

【案例 3-16】

北京八达岭酒业集团公司一则路牌广告文案

北京八达岭酒业集团公司，曾在北京宣武门内大街打出的多幅同一设计的路牌广告，其

文案如下。

标题：朋友来了有好酒——老猎头

案例解析

这是借用了我国经典电影《上甘岭》的著名插曲《一条大河》中人人皆知的一句歌词，因而使“老猎头”这种酒的知名度大大提高。整句歌词是：“朋友来了有好酒，要是那豺狼来了，迎接它的有猎枪。”其正题用的是歌词的前半句，歌词的后半句似乎不切题，改用“老猎头”化出，真是恰到好处。

6．善于鼓动煽情

广告标题要注意修饰，以吸引消费者。但吸引的目的是要让消费者产生购买欲望，这就需要在标题中加入鼓动和煽情的因素，在标题中强调情感的诉求和运动的诉求。

【案例 3-17】

英国一则乳罩的广告文案

该广告的画面是一个穿着T恤和牛仔裤的女子，文案如下。

主标题：如果我想让一个男人看我的乳罩，我就把他带回家

副标题：胜利国际公司浑然一体的乳罩

广告口号：Bijou乳罩从不自吹自擂

案例解析

这是非常典型的既“煽情”又“鼓动”的标题。其中男女情愫足以让人“想入非非”，而“我就把他带回家”，更是一种运动的提示、购买的“鼓动”，因为只有把乳罩带回家，才能“把他带回家”。该广告曾获得第44届戛纳国际广告节铜奖。

第三节　广告正文的写作

广告正文是广告文案的中心，它以翔实的内容具体展开标题，揭示主题，传达广告主体信息。一篇文案完整的广告，标题和广告口号虽然醒目突出，但是广告的主要内容还是要靠正文来表达。所以广告正文在广告文案中大都占有较大的篇幅，以突出其主体和中心的位置。

一、广告正文的结构

与所有的文章一样，广告正文基本上可以分成开头、中间和结尾3个部分。这是一个有机的整体。

(一)开头部分

开头部分一般是承接标题而来的，在标题和广告文案的主要内容之间作一个过渡，因此，

与标题之间的衔接就非常重要。开头部分写得如何，是决定读者能否继续看下去的关键。

开头部分要支持和解释标题，一般是采取开门见山的方式，以便无意中阅读广告的读者只在几秒钟之内就能得到完整的信息。但是，这不等于说要重复标题中说过的话，而是要迅速地切入正题。

例如，德国奔驰卡车的一则广告，标题是“一个饥饿的 18 磅婴儿哭起来比一辆行驶着的 18 吨卡车还响”。

在标题中提到了婴儿的哭声、卡车这两个关键词，正文的开头部分就要进行解释和说明。

在您的耳朵里，这听起来令人诧异，但却是事实：一个哭闹的婴儿声音能盖过一辆载重大货车。其前提是，它是梅塞德斯-奔驰公司生产的 LEV 货车。

(二)中间部分

正文的中间部分是广告文案的核心阶段，信息含量最大，也是发挥广告文案说服力的关键因素。一般包括商品服务的特色和支持理由两部分。如上文提到的德国奔驰卡车的广告文案的中间部分这样写道：

LEV 是 Low Emission Vehicle (低排放货车)的缩写，表示我们降低了(功率以外)所有消耗：首先是油耗及其废气排放，其次是噪音。至于我们怎样才如愿以偿，这里当然不打算三缄其口，即便现在得使用一些技术术语。

首先我们从源头减少了噪音的产生：在发动机内，一种新式燃烧过程控制着气体膨胀的声音。其次是装有涡轮发动机制动器，它不仅提高了发动机制动的效能，还明显减少了声音强度。此外，我们把发动机和传动装置“包裹”起来，用我们工程师的话说，叫“噪音隔离”。所有这些措施导致一个结果：现在最大的噪音来自轮胎与地面的摩擦。

有些广告，根据情况在中间部分介绍企业的规模、历史、荣誉、技术水平等。

【案例 3-18】

派克笔的一则广告文案

该广告文案的中间部分写道：

19 世纪末，柯南道尔爵士以他心爱的派克笔塑造了闻名世界的神探福尔摩斯，编写出不少引人入胜的侦探小说。

大文豪萧伯纳于 1912 年写下舞台名剧《窈窕淑女》。

1945 年，盟军总司令艾森豪威尔将军在法国以派克笔签署条约，结束在欧洲的第二次世界大战。

1954 年，富豪亨利嘉以派克笔签约，买下当时世界最高的帝国大厦。

1972 年，美国总统尼克松历史性访华，将两支加入月球尘土制成的派克 75 型墨水笔馈赠当时中国领导人。

1984 年，美国太空穿梭机“发现号”特别把雕刻过的派克古典笔送上太空以作测试。

1992 年 6 月，美国总统布什和俄罗斯总统叶利钦签署多项限武及合作协议，同样选用派克“世纪”笔。

1993 年 11 月，曼德拉亦以派克“卓尔”笔签署南非和平宪章。

1994 年，美国世界杯赛事指定用派克笔。

中间部分的写作，一定要条理清楚，要写具体可信的事，以支持自己的承诺。

(三)结尾部分

结尾部分一般带有总结性和建议性，以促使消费者购买。例如，前例奔驰卡车的广告结尾这样写道：

在梅塞德斯-奔驰公司，我们不会坐等立法机关采取行动收紧排放标准，而宁愿作出表率先行一步。这一点可以用听觉感受到。

结尾不仅要承接中间部分，还要呼应标题。例如雀巢一则企业形象广告，标题是“我们认为我们的成功应该归功于许多小事情”，结尾是：

每一项成功事例都印着雀巢只做最好的事情的承诺。并且每一项都证明了，有时，多想些事情是获得成功的最好办法。

结尾部分一般采取一些诱导式手法以促使消费者购买，如带有鼓励性的话。同时可以说明产品价格、优惠办法、订购方法、维修及服务的承诺等。

03

二、广告正文的类型

对广告正文的类型可以有许多种分类方法，按广告表现内容划分，有经济型、文化型、业绩型、科研型、功能型等；按广告的表现形式划分，有叙述型、描写型、论说型、诗歌型、故事型、卡通型、新闻型等。这两种划分方法对广告文案的写作都有一定的帮助。这里我们按照广告诉求方式来划分广告正文，具体可以分成以下几种类型。

(一)形态型

形态型是对受众知觉的诉求，即用直接或间接的事物形态来诉求。

【案例 3-19】

ULTRA SENSE 牌丝袜广告

该广告诉求重点是薄而柔韧、不变形。广告画面的视觉焦点为一只手在拉起丝袜，力度很大，而且从拉起部分的形状看丝袜质地确实薄如蝉翼，耐拉耐穿，这足以说明此品牌袜质地优良。画面很有视觉冲击力。

优美的腿部特写占据了画面的极大空间，给人以直觉的感受。而手拉丝袜和着袜女士感觉到了拉袜力度后忙用手阻止的动作，很快将受众的视线吸引过去。

ULTRA SENSE 牌丝袜广告如图 3-3 所示。

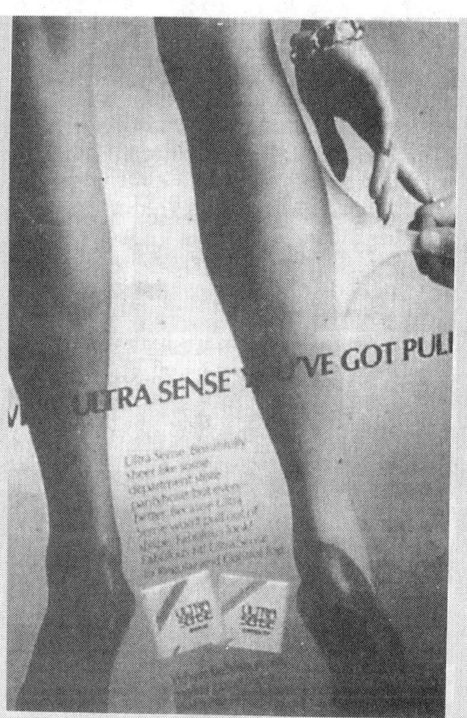

图 3-3　ULTRA SENSE 牌丝袜广告

该广告文案如下。

标题：ULTRA SENSE 牌丝袜

正文：ULTRA SENSE 牌丝袜像商店其他紧身丝袜一样薄，而且更好。这是因为它被拉开后不会变形，这似乎看上去难以置信，而难以置信对它才是最适宜的！ULTRA SENSE，一流的织法。

广告口号：时代感才是最美好的感觉，这绝不是无稽之谈。

广告文案配合画面言简意赅地说明薄而耐拉这一与众不同的特点；广告口号将诉求点薄而不变形归纳为时代感，这就更加对消费者产生了巨大的诱惑力。

【案例 3-20】

NBA 芝加哥公牛队体育用品的广告文案

广告标题告诉消费者：“这里只有一头牛是真的”；然后是三排几乎一模一样的“NBA 芝加哥公牛队”的商标图形；紧接着是正文：

牛角或长或短，额纹或正或斜……哪一只才是称王三载的公牛？意图蒙混的仿冒商实在太猖獗了，使得真正来自 NBA 的公牛队，难以被辨别。尽管如此，威猛连霸的公牛气势，还是无法被仿冒，只要你稍加留意，有 NBA 镭射卡，才是 NBA 的三连霸公牛队。

PS·第三横排的最右边那一只，才是真正来自NBA三连霸的公牛。

现在你懂了，不是每只公牛都值得骄傲！

案例解析

这就是用事物形态来诉求、用消费者的知觉去建立“NBA芝加哥公牛队”的商标形象，突出强调了品牌的“形态”。由于一个时期以来，“NBA 芝加哥公牛队”的商标屡遭仿冒，针对这一市场状况，及时推出以辨别真伪为销售主题的广告，可谓切中要害。而且在寻找真正的NBA芝加哥公牛的过程中，其诉求也十分鲜明地显示出来。

(二)感化型

感化型是对受众情感的诉求，即着重调动人们的情感，诱发人们的购买行为。在具体手法上，多采用温情暖语间接地交代主题，令人在不知不觉中信服并产生好感。

【案例 3-21】

MARTELL的广告文案

正文：

凝视斜斜的又一瞥

你与我擦身而行

但我知道从第一眼开始

你已无法忘记

我们内心的约定

我是

MARTELL

今晚我等着你

19:30 北京电视台一套

案例解析

这则广告正文没有热烈的言词，却蕴含着浓浓的深情。第一人称“我”作为广告的本体形象，向消费者的形象“你”倾诉衷肠：“你已无法忘记/我们内心的约定”，“今晚我等着你”。这情真意切的“邀约”，有谁不被打动，又有谁会拒绝呢？

(三)论说型

论说型是对受众的理性诉求，即用说理的方式，激发受众的理性思考，从而做出购买决定。特点是冷静客观，有理有据地说明受众将获得的益处。

【案例 3-22】

凯迪拉克轿车的一则广告文案

1915 年 1 月 2 日，凯迪拉克轿车在美国《星期六晚邮报》上刊登了一则广告。广告一共只刊登了一次，也没有图案，全篇正文绝口未提汽车。

凯迪拉克曾凭借其可靠的四气缸名牌车确立起在行业的地位。但是其主要竞争对手帕克德制造出六汽缸发动机。为了不被超越，凯迪拉克推出了八气缸发动机的车，但在使用中被证实易短路起火。帕克德抓住机会公布 V-8 的缺点。

鉴于凯迪拉克的车主是在精心盘算之后才购买这种昂贵的汽车的，所以广告力求传达凯迪拉克凭借其他汽车所无法比拟的优越性，已经克服了自身的问题这一信息，树立起凯迪拉克的质量和可靠的持久形象。我们来看它的广告文案。

标题：出人头地的代价

正文：在人类活动的每一个领域，得到第一的人必须长期生活在世人公正无私的裁判之中。无论是一个人还是一种产品，当它被授予了先进称号之后，赶超和妒忌便会接踵而来。在艺术界、文学界、音乐界和工业界，酬劳与惩罚总是一样的。报酬就是得到公认；而惩罚则是遭到反对和疯狂诋毁。当一个人的工作得到世人的一致公认时，他也同时成了个别妒忌者攻击的目标。……杰出人物遭到非议，就是因为他是杰出者，你要力图赶上他，只能再次证明他是出色的；由于未能赶上或超过他，那些人就设法贬低和损害他，但只能又一次证实他所努力想取代的事物的优越性。

这一切都没有什么新鲜，如同世界和人类的感情——嫉妒、恐惧、贪婪、野心以及赶超的欲望一样，历来就是如此，一切都是徒劳无益。如果杰出人物确实有其先进之处，他终究是一个杰出者。杰出的诗人、著名的画家、优秀的工作者，每个人都会遭到攻击，但每个人最终也会拥有荣誉。不论反对的叫喊声多响，美好的或伟大的，总会流传于世，该存在的总是存在的。

案例解析

文案显出理性的魅力。想得到出人头地位置的人们对此文案的深刻和独到会发出由衷的认同和赞叹。而他们恰恰是凯迪拉克的潜在消费者。事实上，广告发布后，读者们表现出对文章的欣赏，并且和文章中批判性的观点产生了情感上的共鸣。自那以后的许多年中，凯迪拉克和它的广告代理公司应许多人的要求多次重印这一广告。

还有一些论说型的正文，用提供名人或权威人士对产品的“证言”，来帮助消费者做出“判断”，得出“结论”。

【案例 3-23】

纽崔莱营养品的广告文案

广告标题是："相信纽崔莱/有健康，才有将来！/伏明霞和爸爸伏宜君"，这是用体育明星与其父亲的证言来强调该营养品的功效。其正文是：

有健康，才有将来，是伏明霞和爸爸伏宜君的切身体会，是每个家族的美好心愿，更是安利纽崔莱的健康事业孜孜以求的长远目标。

60 多年来，纽崔莱严格遵循美国食物及药物管理局的"优质生产标准"自行种植天然植物，提取独特的植物浓缩素，以先进的产品配方及生产技术，为消费者提供一系列维生素、矿物质等营养补充食品。纽崔莱以其纯正的品质被定为第 27 届奥运会中国体育代表团惟一专用营养品。

纽崔莱营养补充食品由安利店铺和安利营销人员专售。

案例解析

有资格的名人和权威人士的"身份"、"行动"、"言论"都是作为"论述"中的"论据"出现的。像伏明霞体育明星的"身份"和"成功"，及其"爸爸伏宜君"的"地位"和"成功"，都是作为"论据"来证明纽崔莱这种营养品的功效的。

论说型的正文一般用于新产品上市，或者用于开拓陌生的市场。如果消费者对某一产品已有认识，再"论说"就多余了。

(四)观念型

观念型是对受众的意识诉求，即帮助人们建立新的消费观念和消费意识，改变旧的消费观念和消费意识。

【案例 3-24】

广东今日集团一则关于"生命核能"的系列广告

标题：新悬梁刺股

正文：

古人刻苦求学，悬梁刺股，

以求强制精力透支。

如此愚奋，虽精神可嘉，但方式近乎自残，

实不可取。勤奋，固然是治学之本，
但勤之得法，更需有充沛精力。
令马家军一天一个马拉松而
毫无疲倦之感的营养汤，
如今非只限于在田径跑道上创造奇迹。
尽得此真传的生命核能营养液，
能不断补充人体精力，
迅速消除疲劳，使体能养息充盈，
时刻保持最佳竞技状态。其神奇功效
将在您的人生跑道上再创辉煌。

案例解析

这是借古代悬梁刺股的寓言讲当代“今日集团”的意念。虽然其中“马家军”故事的“引证”带有不成熟的消费时代的明显印记，但是，广告中运用新消费意识取代旧消费意识的“观念导向”特征，却完全可以作为“观念型”的典范。

正文类型的划分还有很多种，而每一种都不能穷尽，也不可能那么严格。以上几种类型，在现实应用中可能还会相互交叉和相互渗透。

三、广告正文的写作原则

03

伯恩巴克曾这样提醒文案写作人员：“直到人们信任你，事实才能成为事实，如果他们不明白你说的是什么，他们也不可能相信你；如果他们不听你说，他们也不可能明白你说了什么；如果你说的不让人感兴趣，他们肯定不会听你说，你也不会让人感兴趣，除非你说的富有想象力、有创造性和带有新鲜感。”

广告正文的写作是一种受到颇多限制的写作，写作方式可以多种多样，但应基本符合以下几个基本原则。

1．要有说服力

无论广告正文采用什么样的修辞手法，都必须有一定的说服力。一般来说，条理清晰、有理有据的行文方式都是很有说服力的。

【案例 3-25】

开米斯坦德公司一则领带广告文案

标题：现在有了为老婆们设计的领带/它们是“班・伦”的，但是可以洗涤

正文：

太好了！你再不用小口小口地吃东西，可以放心地大吃大嚼了。如果你和我们大多数人一样把喜欢的领带一直戴得脏得变了颜色，这种领带也是为你准备的。它们可以快速地做局

部清洗。更棒的是，它们可以洗涤而且干得很快。因为它们是尼龙质地的，所以，干后依然可以保持原来的鲜亮，不会褪色。

它们可以让领带摆脱褶皱，即使戴上几个月，它们看起来也不会像系在脖子上的绞索。它被做成运动型领带和正装领带，还有一千种花色，非常充分地利用了今天更优质的尼龙产品。这种产品由独一无二的成套设备生产，有最先进的研制设备做后盾，而且包含了工业界一个最激动人心的名字：开米斯坦德公司。

案例解析

这篇不足 300 字的正文，几乎没有使用什么“修辞方式”，而且也没有使用那些定型的体裁，最多只是使用了“叙述”和“描写”的表述，但是却针对受众日常使用该产品时出现的“不便”，一条一条、清清楚楚地予以说明和“解决”，既合情又合理，因而，具有说服力。该广告是第 44 届戛纳国际广告获奖作品。

2．要有创造性

创造性就是要新颖独特，与众不同。但这种独特性是要立足市场的独特性。广告文案的写作不是艺术家的“奇妙幻想”，也不是儿童的“天真遐想”。它必须是在市场、商品和服务的基础上的“突发奇想”。

【案例 3-26】

北京三人行设计策划有限公司的一则招聘广告

该广告体现了文案的创造性。

标题：成绩斐然，没文哪成？

正文：

非然非斐然，三人行深知其中奥妙。为此，三人行诚邀文笔出众、才智过人的文案大师加盟，共创成绩斐然的灿烂前程。三人行将予兼职业务员以高额回报！同行非冤家，请多交流。

案例解析

一般的招聘广告大都是单位简介、空缺职位，招聘条件等三段式。但北京三人行设计策划公司的招聘广告却避免了一般化、公式化的陈词滥调，在文字上来了点“奇想”，又来了点“游戏”，令人耳目一新。

3．要主题明确

主题明确，就是要切中要害，不能含糊其辞。一般认为，标题越“简明”越好，正文越“丰富”越好。但这里所说的丰富不应是大拼盘和大杂烩，丰富也必须主题鲜明，重点突出。

【案例 3-27】

雷诺汽车的一则广告

广告标题："雷诺转的圈比其他的轿车都小"。其正文如下：

轿车的转弯周长是以前保险杠上的一个点为基准测量的。

例如一辆"雷诺"王妃车可以在一个直径32英尺的圈里转弯。("雷诺"4VS只需要30英尺。真是小甲壳虫。)它可以做非常小角度的调头，在狭窄的私人车道上进退自如，可以穿过拥挤的车流，可以在其他车子的转圈圆周里转圈。

我们不知道有哪种车比它更容易操纵。后轮的驱动力将重量由前轮分散到后轮。停车时，只用一根手指就能转动方向盘。只用非常自然的力量就能轻松驾驶。

你的汽车销售商会证明给你看。他可能还会提到"雷诺"的其他天才之处：在冰面和雪面上不可思议的驱动力，使用普通汽油每加仑行驶多达40英里。想想看吧。

案例解析

广告正文的写作最忌讳泛泛而谈，缺乏客观实证的吹嘘之词，以及一些套话、老话、空话、大话等。这些是完全要不得的。此广告正文，采用了客观而亲切的态度、具体可靠的事实材料，主题明确而且可信性强。

4．要有风格

任何广告都要进行市场定位、目标受众定位。由于受众的年龄、身份、社会和文化背景不同，语言使用习惯各异，这就需要根据不同受众特点确定正文写作的语言风格。就是说，要用恰当的、地道的语言来接近受众。

【案例 3-28】

"Yeslte中文热讯"一则车体广告文案

该广告曾在北京特5路旅游专线上登出，其正文为：

华人超级网络社区

林子大了……

当然鸟更多！

傻鸟？

大虾鸟

菜鸟先飞！

老鸟益壮！

案例解析

网络时代是青年人的时代，即使是老年人上网也大都具有青年人的心态。这则广告的受众定位，无疑是那些上网的青年人，所以其语言的使用也颇为活泼可爱，并伴有几分幽默。

5．要简单易懂

学术论文可以写得艰涩深奥，文学创作也可以写得玄妙无比，但是广告正文却一定要写得简单易懂。因为它需要让那些稍有文化和少有识字能力的人也看得明、读得懂。尽管有些广告的市场定位是高文化或高科技层次，受众人员也定位在高学历或高职位的人群，但又有谁会花时间去琢磨一篇广告的文字意思和深奥的内涵呢？

口语化的文字、谈天似的口吻往往会把复杂深奥的事物说得浅显明白。

例如，世界魔术大师大卫·科柏菲尔做的牛奶广告，就采用了口语讲述的方式：

我的手弄一下，脱脂牛奶就会变成无脂牛奶。这可不是错觉啊，脱脂牛奶从来都是不含脂肪的……哦，对了，这提醒了我，现在我该表演我的拿手戏——让它消失。

这则由名人推销脱脂牛奶的广告，采取的是第一人称的手法，完全口语化了。为了使普通人更容易接受，文案的撰写者还在惜墨如金的行文中夹带了“啊”、“哦”这样的口语词，真可谓用心良苦。

03

【案例 3-29】

EPSON 打印机的广告文案

该广告采用非常形象化的方式，将 1440dpi 的概念表现出来。

在 360dpi 分辨率下，你可看到一个穿泳衣的女人。

在 720dpi 分辨率下，你可看到她的泳衣是湿的。

在 1440dpi 分辨率下，你可看到她的泳衣是画上去的。

案例解析

由 dpi 代表的分辨率的“单位”或“指标”是衡量和判断打印机的功能，以及打印机打印质量的关键词，普通人一看就发蒙，要用术语化的语言来解释，恐怕也没必要。这则广告将其淡化，对分辨率的概念，用看得到、摸得着的形象来表达，让人一目了然。

第四节　广告口号的写作

一、广告口号的概念及作用

(一)广告口号的定义

广告口号，是为加强受众对广告主体信息的印象，在广告中较长一段时间反复使用的一句

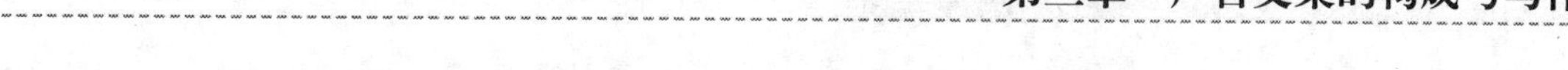

简明扼要的警句或短语。

广告口号的反复使用，使消费者加深了对该企业的经营特点，或商品及服务的独特优良个性的理解与记忆，形成强烈的印象。所以广告口号是现代广告的要素之一。广告主通过广告口号反复持久地提醒、影响和引导受众，形成受众对社会时尚的确认、品牌形象的积累和相对的消费定式，从而促使受众成为消费者，产生购买行为。

多年来，许多杰出的广告口号，成了经久不衰的名句。例如，“滴滴香浓，意犹未尽”(麦克斯韦尔咖啡)、“味道好极了”(雀巢咖啡)、“只溶在口，不溶在手”(M&M 巧克力)、“钻石恒久远，一颗永流传”德比尔斯等。

有些广告口号，不仅反映了当时的社会文化，甚至成为人们生活的座右铭。如瑞士雷达表的广告口号是：“不在乎天长地久，只在乎曾经拥有”，就成为许多年轻人的爱情表白。

(二)广告口号的特点

广告口号应具有如下特点。

1. 简短、扼要、易于视听表达和记忆

广告受众往往难以记住广告的主体内容，但会由于记住了个性鲜明的广告口号而记住了一个品牌、企业的文化理念和生活主张。例如，我们可能记不住诺基亚企业生产的所有产品，更记不住诺基亚企业生产的产品的各种型号、功能和特色等，但我们可能会记住它的那句著名的广告口号：“科技以人为本!”它不仅告诉我们诺基亚企业是以生产科技产品为主的企业，而且使我们接受了一种主张，那就是任何科技的发展都离不开人，都是为人服务的。

2. 在一定时期内反复使用

广告口号与广告标题和广告正文相比，具有在一定时期内被反复使用，并担当某一商品品牌象征性口号的特点。例如：

味道好极了!——雀巢咖啡

挡不住的感觉!——可口可乐

维维豆奶，欢乐开怀!——维维豆奶

四海一家的解决之道!——IBM 公司

3. 不能独立发挥效用

广告口号大都不是在单一媒体上独立发挥效用的，而是与广告作品中的图形、色彩、整体文案的内容和广告的所有组成部分共同产生作用。众多广告媒体承载的信息，是在不同的广告环境下作用于广告受众的，具有较强的依赖性。例如，“农夫山泉有点甜”，如果不是放在一段山清水秀的广告片中，如果不是配以优美动人的民族乐曲，如果不是用一个女性甜美的声音娓娓道来，其效果一定相去甚远。

(三)广告口号的作用

广告口号的作用在于，通过反复使用，可以提高受众的记忆度，协助广告为某一个品牌或组织树立形象，创造识别标志或明确定位。

1．企业品牌形象和个性的组成部分

广告口号是对广告主或品牌的一句意味深长的描述，它可以成为企业品牌形象和个性的组成部分。例如，“最高级的驾驶机器”(宝马汽车)就在建立和维护品牌形象和个性中发挥了很大的作用。一些经久不衰的广告口号，就像经常和人们打招呼，可以使人们保持对广告主或品牌的熟悉感，提升品牌的价值。

2．充当品牌标识

广告口号的连续使用，可以表明与品牌利益点相关的重要信息。例如，耐克的 Just do it (只管去做)口号就为耐克的众多广告战役以及其他促销活动提供了一个基本的主题。在这种情况下，广告口号就可以充当品牌的简略标识，在企业实施整合营销传播的过程中发挥有利的作用。

3．加深对广告主体信息的印象

广告口号的目的是在广告最后再向消费说一句有说服力的话，有助于紧扣广告主题，使受众加深对广告主体信息的印象。例如：

大宝 SOD 蜜的口号是：“要想皮肤好，早晚用大宝。”

北京切诺基汽车的广告口号是：“成为最佳，我们全力以赴。”

日本丰田汽车的广告口号是：“车到山前必有路，有路必有丰田车。”

宝马汽车的广告口号是：“登峰造极，宝马当先。”

长期、反复使用这些广告口号的广告产品能在受众心中留下较深的印象。

4．广告口号可以传达广告主不变的经营理念

例如，海尔电器的总广告口号是：“真诚到永远”和“你的难题，我们的课题”。飞利浦电器的广告口号是：“让我们做得更好。”这些广告口号将企业的经营理念定在一定的高度，向受众表明接受受众的检验和督促，使企业的影响越来越大，经济效益也越来越好。

二、广告口号的类型

(一)功能类别

1．企业形象的广告口号

企业形象的广告口号通常以宣传企业形象为主，把企业的精神和文化贯穿其中。例如：

“让我们做得更好!”(飞利浦)

“真诚到永远!”(海尔电器)

“科技让你更轻松!”(商务通)

2．商品的广告口号

商品的广告口号主要是宣传所推销的商品，其重点是宣传商品的功效、性能以及商品给人带来的利益。例如：

“金利来，男人的世界!”(金利来领带)

“穿上双星鞋，潇洒走世界!”(青岛双星鞋)

“粉刷人的科学。”(资生堂化妆品)
“运动就在家门口。”(广州奥林匹克花园)

3．促销活动的广告口号

促销活动的广告口号主要是针对广告主的销售运动而设的，因此其重点是利用人们的心理促销。例如：

“星期六是吃手卷寿司的日子。”(日本寿司店)
“记住，每天喝瓶太子奶!”(湖南太子奶)
“这里明天的啤酒不要钱!”(美国星期五餐厅)
“一个鸡蛋可换两袋。”(海鸥洗头膏)

(二)诉求类别

1．彰显优势的广告口号

彰显优势的广告口号主要是宣传企业或产品的优势，并将这些优势提炼升华成一个令人心悦诚服的道理。例如：

“康师傅方便面，好吃看得见!”(康师傅方便面)
“摩托罗拉寻呼机，随时随地传信息。”(摩托罗拉寻呼机)
“活着的蔬菜，活着的味道。”(日本味之素)

2．承诺利益的广告口号

承诺利益的广告口号主要是向受众承诺使用商品和选择服务所能得到的利益，包括受众得到利益的程度和广告主承诺的程度。例如：

“更干、更爽、更安心。”(护舒宝卫生巾)
“钻石恒久远，一颗永流传。”(德比尔斯)
“牙好，胃口就好，吃嘛嘛香，身体倍儿棒!”(蓝天六必治牙膏)
“喝汇源果汁，走健康之路。”(汇源果汁)

3．调动情感的广告口号

调动情感的广告口号主要是运用情感的作用，激发受众内心的真情实感，受众因此而感动，产生对广告信息的共鸣。例如：

“孔府家酒，叫人想家。”(孔府家酒)
“当太阳升起的时候，我们的爱天长地久!”(太阳神口服液)
“爱是正大无私的奉献!”(正大集团)

(三)结构类别

1．单句型的广告口号

单句型的广告口号全句是一个独立的句式，没有任何前后附带着的语句，显得干脆精练，铿锵有力。例如：

“男子汉就喝男子汉茶。”(宁红男子汉茶)

"浓缩人生精华。"(东方时空生活空间)
"穿在华联。"(华联商厦)
"请大家告诉大家。"(台湾皮鞋)

2．双句型的广告口号

双句型的广告口号全句是由两个互相关联的句式组成的，在语意上前后呼应搭配，在语感上具有节奏和韵律之美。例如：

"输入千言万语，打出一片深情。"(四通打字机)
"晶晶亮，透心凉。"(雪碧汽水)
"喝孔府宴酒，做天下文章。"(孔府宴酒)
"宝马本色，成功标志。"(宝马汽车)

3．前(后)缀句型的广告口号

前(后)缀句型的广告口号全句是由两个相关句子组成，其中一个是简短的缀句，一个是独立的单句，缀句部分通常是企业名称或商品、服务项目名称。例如：

"立邦漆，永远放光彩。"(立邦漆)
"美的空调，美的享受。"(美的空调)
"永久，骑士的风采。"(永久自行车)
"健力宝，止渴又逍遥。"(健力宝饮料)

(四)风格类别

1．比拟化的广告口号

比拟化的广告口号是把物当做人来写(拟人)，或把甲物当做乙物来写。拟人就是把人的感情、动作、状态和语言赋予被描写的对象，增强广告的感染力。拟物就是指把此物当做彼物来写，借以深化感情，造成别致的异趣，使广告口号显得活泼生动。例如：

"永远不会向你请假的动力助手。"(佳能电脑)
"猫狗会把感受告诉你。"(宠物食品)
"幸运牌对你的咽喉最仁慈。"(幸运牌香烟)
"我们持续性健康!"(水果批发)

2．口语化的广告口号

口语化的广告口号运用日常生活中常见的语言和叙述方式，体现了一种大众风格，给人以自然、亲切的感受。例如：

"请喝可口可乐。"(可口可乐)
"不打不相识。"(打字机)
"今天你喝了吗？"(乐百氏奶)
"一磕就开心。"(傻子瓜子)

3．诗歌化的广告口号

诗歌化的广告口号运用诗化的意象、纯美的语言，加上注意节奏和韵律，使受众产生一种回味无穷的感受。例如：

“宁可食无肉，不可居无竹。”(深圳竹园宾馆)

“新事业从头做起，旧现象一手推半。”(理发店)

4．成语化的广告口号

成语化的广告口号运用中国文化中的汉语成语作为创作的材料，加以发挥和合理改动，产生出一种新的美感，让受众既能依据成语加深记忆，又能根据新意获得信息。例如：

“踏上轻骑，马到成功。”(轻骑摩托车)

“臭名远扬，香飘万里。”(臭豆腐)

5．谐音化的广告口号

谐音化的广告口号是对人们世代沿用的某些语言习惯的改变。它是将人们熟知的诗文名句、格言俗语加以某些改动，利用音同和音近的词语，构成语义的变异，仿造出一个与产品有关的新词语或新句子来。由于仿拟的广告语言突破了常规思维方法，常常出人意料，给人以新鲜感、幽默感。例如：

“中国电信，千里‘音’缘一线牵。”(国际长途电话)

“趁早下‘斑’，不要‘痘’留。”(营养化妆品)

三、广告口号的创作要求

广告口号的创作要求如下。

1．富有内涵

有效的广告口号，应该能够引起人们的情感参与和回味。

“热气腾腾，蒸蒸日上”(三角牌电饭锅)。此广告口号一方面形象地概括了煮饭的情景，另一方面也有一种积极向上的双关含义。

“男人是沉默的札幌啤酒。”札幌啤酒由于口味较清淡，曾被认为是女性喝的啤酒。后来，该啤酒以充满男子气概的三船敏郎担任广告代言人，将日本传统男性坚毅的心声掌握得恰到好处。

2．突出特点

必须结合广告主题，突出商品、服务或企业理念的独特之处。

“把营养和美味卷起来。”(康师傅蛋酥卷)。此广告口号利用一个“卷”字，产生了一种动感。

“丝丝入扣。”(皮尔·卡丹)。此广告口号既展示了服装的制作精细，也暗示了生产和服务环节的紧密衔接。

3．新颖独特

广告口号最忌模仿，雷同的广告口号不仅损害企业形象，还等于给别的品牌做广告。

“喝孔府宴酒，做天下文章。”(孔府宴酒)。此广告口号利用“李白斗酒诗百篇”等古代文人饮酒而激发灵感的传说，同时“天下”二字又暗含“修身齐家治国平天下”的人生追求。

有一个四川的饲料厂家，做了一个类似的口号，“喂川东饲料，养天下大猪”。这一口号虽然也能表现企业的志向，但模仿痕迹太浓，读后不禁让人发笑。

4．通俗易懂

广告口号是宣传性的话语，针对的是一般大众，不能太深奥费解，要口语化。为此可借用成语、俗语、歇后语。

“车到山前必有路，有路必有丰田车”。中国有句谚语“车到山前必有路，船到桥头自会直”。这一广告口号保留了前半句，又改造了后半句。前半句是人所周知的，而且非常切题，后半句采用顶针手法，并引出“丰田”汽车的牌子。表现出丰田汽车无处不在的实力，给人的印象相当深刻。

5．简洁凝练

广告口号一般在 10 字以内，并且要朗朗上口，才容易记忆。例如：

“滴滴香浓，意犹未尽!”

“味道好极了!”

这些人们熟知的广告口号都很简短。如果需要涵盖复杂的内容，那么每句要短，并形成节奏。例如：

“学英语，用词霸，走遍天下都不怕。”(小霸王学习机)。此广告口号用了 20 世纪我国改革开放之初的“学好数理化，走遍天下都不怕”的流行语，进行改造后收到了较好的效果。

6．号召性强

广告口号要有煽动性、感染力，以刺激人们的消费欲望。例如：

“人头马一开，好事自然来!”其内容充满了吉祥，言辞包含着喜庆，受众看了愿意接受，在平时的人际交往中也愿意传播。

“喝贝克啤酒，听自己的！”强调自己的独特个性。

“饭后一支烟，赛过活神仙。”渲染吸烟的美妙感觉，此语曾使无数人产生吸烟的冲动。

7．适应需求

广告口号虽然是长期使用，但它毕竟是为市场营销服务的。随着市场环境的变化、消费者心理和营销策略等因素的变化，广告口号也要适时进行更新。

例如，博士伦眼镜刚进入中国市场的时候，主要针对眼睛近视，但又觉得戴眼镜影响美观的那些人。当时的广告口号是：

“博士伦美化您的眼睛，美化您的生活。”

后来，当其他一些厂家的隐形眼镜出现磨眼睛、伤害眼睛角膜等情况后，针对人们的顾虑，博士伦的广告口号改为：

“博士伦，舒服极了！”

这是在强调品牌的质量。

【案例 3-30】

可口可乐广告口号的变化

可口可乐作为一种饮料问世后，一百多年来，广告口号更是变了多次。

1886 年 美味可口，提神爽气
1922 年 口渴不分季节
1925 年 质量好才有今天
1927 年 宾至如归
1936 年 要提神就得喝可口可乐
1944 年 全球著名商标
1957 年 美味的标志
1959 年 真会使你神清气爽
1963 年 喝杯可乐，万事如意
20 世纪 60 年代末 这才是真东西
70 年代 心旷神怡，万事如意，请喝可口可乐
80 年代初 微笑的可口可乐
80 年代中期 就是可口可乐
90 年代初 如此感觉无与伦比

第五节　广告随文的写作

一、广告随文的概念

广告随文是广告文案的有机组成部分，主要是交代公司或商品的名称，销售的地址、网址、电话、传真、电子邮件、邮政编码、银行账号、销售日期、销售价格、联系人等有关事项，还包括商标、品牌标志等事项以备查备用。常见的平面广告的随文大都放在正文之后，还有的用很小的字体以显示其“次要”地位。

【案例 3-31】

CAV 丽声音响的广告文案

标题：音响写实主义

正文：家庭环境工程，环境学测试方式，音响艺术品与居家环境的协调，就注定获得音

乐之美、名贵之美，实现家庭生活与环境新的结合。

HI-END级定位的效果享受，无可置疑的价格，不仅是来自于CAV世界名牌的效应，而且是因为您直接就能够对它的每一块含金量听得清清楚楚，看得明明白白，这就是MD价格与期望值新的结合。

自然音的亲和力拉近了人与音乐的距离，为高尚人群提供了视、听、唱全面HI-F1的家庭音乐新环境，所以MD是音响消费与高尚生活新的组合。

随文：

CAV(中国)汉洋丽声音响有限公司

CAV(AHINA)HAN YANG AUDIO EQIPMENT CO.，LTD

HYPERLINK："http//www.cn-cav.com"

E-mail:cav@cn-cav.com

CAV (中国)热线：020-87516698

案例解析

这篇广告随文就是放在全文的最后，并将公司名称用中英文表示出来，以方便联系。

二、广告随文的作用

03

广告随文虽然相对于广告文案的其他部分内容来说处于附属地位，但其重要性并不亚于其他部分的内容。广告随文的重要性完全在于它的实用价值和使用价值。因为受众决定购买，或者准备采取进一步行动，最终都必须弄清楚公司的准确名称、商品品牌以及商品销售的具体地点。如果没有随文的这些内容，受众就无法前往或联系厂家购买或进一步咨询。从这个意义上说，没有随文的广告作用几乎等于零。

如果说广告标题在于“吸引”，广告正文在于“说服”，那么广告随文就在于“交易”。一旦涉及具体的交易，就必须有明确的“方式”和“办法”，而广告随文就是交易的一方事先把自己的“交易方式”和“交易办法”用广告的文字告诉对方。

广告随文的写作如果没有特殊的原因，不应加任何修饰。一些促销活动的广告宣传，可以对语言文字和行文方式进行一定的雕琢，但必须写得准确和明确。

第六节　撰写更好的广告文案

一、广告文案的写作

广告文案的写作是广告文案创作的过程，是对创意和表现创意方法的永无止境的追求过程。在广告公司内部，广告文案写作人员一般都属于创意部门。创意部门的人员分工为创意指导、艺术指导、文案撰稿人。文案撰稿人就是文案的写作人员，有时称为“文案”或“撰文”。

在广告创作流程中，文案写作人员主要承担的任务是“说什么”与“怎么说”，也就是创意策略的制定和广告表现。通常一个广告活动开始之前，要召开确定广告活动宗旨和方向的“定向说明会”，“文案”和艺术指导、广播电视广告策划人员从这时就开始介入了。

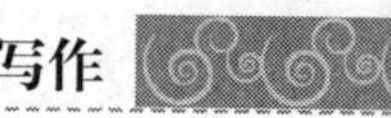

在定向会议结束后，广告公司就要组成工作小组，把任务分派下去。其中，创意小组必不可少。创意小组一般是 3～4 人。最精干的创意小组，一般是由文案撰稿人和艺术指导两个人组成。

创意小组首先要决定广告将要“说什么”，然后进行创意构想。最初的点子可能产生于撰稿人，也可能产生于艺术指导。大家共同使创意成型，并由撰稿人写出广告词。艺术指导画出样稿或创意脚本，样稿或创意脚本经过提案，获得客户的认可后，就可以进行实际制作或拍摄了。

可见，文案写作人员并不是消极等待创意成型，再由自己添上几句广告词，而是要参加创意过程的。在这个过程中，文案经常会在图像方面提出一些有效的、高水平的建议。同样，艺术指导也经常会想出一些很有价值的标题。一个优秀的文案应既能想出好的点子，又能把它用生动的文案体现出来，还会指导设计人员配上适当的插图，以提高广告的吸引力和说服力。

在整合营销传播时代，文案写作人员还常常承担为商品或服务命名、写商品上的说明文字、撰写客户网页上的文本等工作。

二、广告文案写作的特点

(一)文案的品位

1. 文案需要激情

文案写作需要激情，没有激情的文案无法感染别人。文案写作更要有理智，自己不明白的道理很难让别人明白。

激情可遇而不可求，有些想法也是时过境迁永不再来。最好、最激动人心的诉求点需要去深入地发掘，有时找不到这样的诉求点时，文案人员如何让自己兴奋起来，这是一个需要解决的问题。广告创意小组可以向客户建议做一些让人兴奋的活动。像海尔的“五星级服务”，就是一个可以让文案兴奋的亮点。

2. 文案需要创意

文案人员常常以为写到纸上的所有东西当然就是广告文案，其实不然。文案写作如果只是停留在事物的表面，就不能进入到创意境界。有时对文案进行词语上的调整就可以表现出一定的创意。将“妙脆薄荷饼干上有气孔”改为“薄荷气孔围着妙脆饼干”，文案的意味就加强了许多，气孔与饼干的关系也就有了戏剧化的提升。

3. 文案需要风格

凡是优秀的广告文案，读起来总能朗朗上口，奥妙在于广告使用了我们日常生活中的语言，而不是只有少数人能听懂的专业抽象语言。广告文案表达中的虚、专、拗是需要尽力避免的。虚即抽象，没有可感受性。专即专业化，将一些还没有普及的专业术语或表达用于面向大众广告文案中，造成文案的晦涩难解。拗即表达不流畅，脱离日常语言的表达习惯。

使用日常语言写文案需要相当的功力。用平凡的语言说不平凡的事情，表达不平凡的观念与思想，这是一个飞跃。风格从某种意义上说是对语言的深度把握，语言是文案写作人员最重要的工具。文案人员只有不断地推敲、琢磨才能磨砺自己的语言敏感性，进而形成自己的语言风格。

(二)文案的创意过程

1．化一般为具体

抽象思维是人类思维的本性，人们习惯于抽象思维。但广告不仅是一种抽象，抽象的广告文案确实很常见。例如，“制造流行，因为有思科”，“踏上新途，因为有思科”这样的标题就比较抽象，但同系列的“去看金字塔，因为有思科”却用具体形象的内容。

虽然人们惯于抽象思维，但要产生印象、形成记忆，却需要形象具体的表达。文艺作品之所以有魅力，主要来源于其形象思维所形成的吸引力。抽象的道理常常会让人昏昏欲睡，而具体形象的讲述却让人津津有味。

2．变无聊为戏剧

生活中的平淡无奇通过广告文案的表达、创作过程使其具有难得的魅力。保时捷汽车的一个广告标题：“想象一下，要是它是赛车种马，我们可以获得多少配种费。”这个标题在用一个出人意料、匪夷所思的比喻，来传播保时捷 911 轿车已经广泛被仿制的事实。这个比喻是一个全新的视角，给一个原本大家司空见惯的现象注入了戏剧性的活化成分，使其具有一定的新闻传播性。

李奥·贝纳说：“每一件商品都有与生俱来的戏剧性。”什么是戏剧性？就是广告元素间巧妙组合、广告对象发展的出人意料的变化、文案或画面的冲突性表现等，这些具有戏剧性的广告元素通过感情渠道，使受众发生兴趣，并对他们产生影响。

广告中的戏剧性一般表现为故事性、爆发性。例如，古琦领带的印刷广告：一个戴丝巾的女人一手操着剪刀，一手攥着半截领带，一个男人，表情惊恐，好好的领带只剩了半截，画面艳丽而滑稽。广告标题：“戴丝巾的女人绝不允许自己受伤。”文案与画面清晰地表明：领带是丝巾的仇敌，丝巾拥有者必置领带于死地而后快。广告诙谐而惨烈，富有戏剧性。

3．化冗长为简短

优秀的创意需要简明，能被受众记住的广告文案是简明的句子。广告文案的简明不仅可以节约广告传播成本，更可以提高广告传播效果。

广告传播的实践证明，简单使信息突出、可信。少就意味着多。在广播广告文案中只让一个人说话，而且只说 40 个字；在印刷广告中只用一种颜色；把相机固定在一个位置上，在桌面上完成所有的电视镜头，或者拍一只蝎子在婴儿的胳膊上爬行。就是爬行这样简单的场景，但闭上眼睛体味一下这单纯的效果，这些简单的镜头却孕育着宏大。

法国画家塞尚说："用一个苹果我会震惊整个巴黎。"

简单的广告效果更好，是因为它留给读者可反对、可挑剔的地方少。表现简单的广告也不容易让读者发现其中的诡计和手脚，就像魔术师站在空旷的舞台上没有道具，没有遮布，直接在你眼前表演神奇的魔术一样。

三、广告文案写作的源泉与技巧

(一)广告文案写作的源泉

1．创意的基础是生活

毛泽东早在 1942 年延安文艺座谈会上就说过：人类社会生活是文学艺术的惟一源泉。作为商品推广艺术的广告，特别是其中的文案创作的源泉也应是老百姓的生活，特别是目标消费者的生活。

【案例 3-32】

三联家电商场的生动广告文案

山东港城日照市郊区的墙体上有很多商场广告，其中一则写道：

买家电，到三联，比找熟人还省钱！

案例解析

网上有人评论说：从诸多的墙体广告中脱颖而出——这是一句杀伤力非常强的广告。三联家电是全国家电流通业的三大巨头之一，以借壳郑百文上市而名声大噪。其实，从济南到山东全省连锁店的扩张，"买家电，到三联"的广告语随之在山东家喻户晓。

日照三联的广告语则是在原有基础上的一种创新，既保留了多年来传播的核心精神，又给出了符合社情民意的理由：比找熟人还省钱。越是在经济欠发达的地区，齐鲁传统文化中，"熟人文化、面子文化"也越发生生不息——办事找熟人，这一方面是为了省钱、省时、省力！更为重要的是更有面子：有熟人昭示着他在这个生活环境中的身份、地位、能力、本事！尤其是在县城，办任何事都讲究找熟人。

三联家电商场的家电价格之便宜，比找熟人还省钱，并且，还省了找熟人的麻烦，还有什么理由不去三联买家电呢？关键在于，找熟人，办完事后有还不完的人情债，冷暖心自知，心照不宣也就罢了。

【案例 3-33】

本田摩托车的广告文案

山东沂蒙山区，在一县城载客的机动三轮车车棚两侧发布的本田摩托车的广告：

存钱不容易，买车别大意！

本田车就是本田车，骑了就知道！

案例解析

网上评论道：在一个偏僻贫困的小县城，一辆摩托车几千块钱，绝对是大件商品，不亚于城里的工薪家庭买一辆小轿车，而且，买摩托车的主要用途是做生意赚钱，不是作为代步工具。是否好使关乎生意，关乎家庭生活的改善。

广告主显然对其顾客知根知底，做出了很善意的提醒："存钱不容易，买车别大意！"这句话说到了老百姓的心坎里，让老百姓看了顺眼，听着舒坦，即使不买，也觉得这个牌子好，从此在心里有种好印象。"本田车就是本田车，骑了就知道"，本田是大牌，但没有大牌的脾气，只是告诉你，"骑了就知道"，相信亲身体验是最有说服力的。

这两则广告，如果没有对消费者心理的认真探究和体察，单凭冥思苦想是无论如何也创造不出来的。这些来自生活的广告文案，如果没有对目标消费者的比较透彻的了解也不太可能获得消费者的认同。文案需要语言表达能力，也需要商品与市场知识，更重要的是了解消费者，文案创作的源泉是生活。

2．创意的原则是坚守与突破

坚守，指的是坚守广告主的利益、社会的利益，坚守的是对营销的帮助。文案还需要突破，要排除一切干扰，包括规则的、权威的、大众的、传统的影响。只有不断突破才能保持创意的新鲜。突破的方法有很多，根本点是树立客户第一的理念，从消费者的需求与利益、产品的特征、包装的特点等方面进行个性化的文案发掘。

(二)广告文案的写作技巧

广告文案的写作者需要以富于创造性的写作技巧征服广告受众。广告文案的写作技巧是难以穷尽的，不论理性诉求，还是感性诉求，都要讲究技巧。下面从几个主要方面来谈谈广告诉求中广告文案的写作技巧。

1．虚实

图、文是广告的基本元素，虚、实变幻是艺术的基本特质，也是广告艺术的基本特质。《第七届全国广告优秀作品展获奖作品集》有如图 3-4 所示的一部作品。

全黑的底色上写着的文案由"保护绿色资源永无止境"和一个显著的大逗号组成，而空灵的逗号中圈入的是一片葱郁的树林。这一环保广告文案，实中有虚，虚实结合，十分奇妙。特别是巨大的逗号，引起了人们的认知失谐，而逗号中别出心裁地放进了茂盛树林的照片，从而诱发出人们对绿色的美好向往和企盼。

图 3-4 保护绿色资源永无止境

2．抑扬

抑扬，即抑扬顿挫。说的是曲折波澜，起伏跌宕。创意有了抑扬顿挫，也就有了情节，有了节奏，有了趣味。广告文案有了抑扬顿挫，就可以起到引人注意并产生兴趣的积极作用。

3．象征

象征是用对具体事物的描绘表示某种抽象概念或思想情感的一种艺术表现手法。这种手法着眼于整体而不是局部。运用象征的表现手法，应力争避免晦涩难懂，当然也不能过于浅露。最典型的是“人头马”的广告文案：“人头马一开，好事自然来。”开启“人头马”酒象征着运气好，多吉利。

4．夸张

夸张是一种主观夸大的写作技法。它不拘泥于准确如实地描绘客观事物与主观情感，而是有意识地违背事理，对某一方面的特征进行扩大或缩小。夸张可以增强广告的活力，激发广告受众的想象力。广告中时常要用夸张，但必须注意的是夸张要有“度”，不能误导、损害消费者。夸张不等于一味地夸大。

5．幽默

幽默是借助多种修辞手法，运用机智、风趣、凝练的语言所进行的一种艺术表达。幽默的主要特征是机敏诙谐、巧用修辞、温和亲切、含蓄深刻。

幽默广告，可以起到突出主旨、高雅风趣、通俗顺畅、留有余韵的效果，并给人以愉悦的情绪体验。这种情绪体验会加深对广告的记忆，提高品牌的认知度。

创造有幽默感的广告文案，要求文案人员不仅要学识广博，还要睿智机敏，城府要深，气度宽广。

6．正话反说

正话反说是指把正面的内容、优异的特点，当做反面的缺陷或缺点来说，以取得较之正面夸饰更好的效果。正话反说，不仅能有效地突出产品的特点，而且还能引起广告受众的好奇心，其表达效果往往更好。

最后要强调，广告文案的写作技巧有很多，但不要为技巧而技巧，无技巧是最高技巧，无技巧才是驾驭语言的最高境界。这主要表现为把技巧运用得了无痕迹，返璞归真。

本章小结

1. 广告标题是对广告文案命名或表现广告主题的短文或题目，是广告文案主要内容的高度概括。广告标题一般放在广告的最上方，是整个广告最重要的部分。

2. 广告正文是广告文案的中心部分，它以翔实的内容具体展开标题揭示的主题，传达广告主体信息，涵盖产品或服务所具有的主要利益点和支持理由。

3. 广告口号是为加强受众对广告主体信息的印象，在广告中较长时间段内反复使用的一句简明扼要的口号性语句。

4. 广告随文一般是提供广告或经销商、零售商以及促销活动的信息，以方便消费者的咨询。随文主要包括品牌名称、商标、店址、电话、传真、网址、活动方式和日期等。随文有助于将读者的兴趣和欲望变成具体行动。

5. 广告标题写作应遵循的基本原则：用最少的词语说出你卖的是什么，用事实和形象说话；力争新颖有趣，力求声韵和谐；善于借势，善于鼓动煽情。

6. 广告正文的写作原则：要有说服力，要有创造性，要主题明确，要有风格，要简单易懂。

7. 广告口号的创作要求：富有内涵、突出特点、新颖独特、通俗易懂、简洁凝练、号召性强、适应需求。

8. 广告文案写作的技巧：虚实、抑扬、象征、夸张、幽默、正话反说。

实训案例

穿“海特威”衬衫的男人

美国人最后终于开始体会到买一套西装而被一件大量生产的廉价衬衫毁坏了整个效果，实在是一件愚蠢的事，因此在这个阶层的人群中，“海特威”衬衫就日渐流行了。

首先，“海特威”衬衫耐穿性极强——这是多年的事。其次，因为“海特威”的剪裁(低斜度)及“为顾客定制的(衣领)，使得您看起来更年轻、更高贵。整件衬衣不惜工本的剪裁，因而使您更为“舒适”。

下摆很长，可深入你的裤腰。纽扣是用珍珠母作成——非常大，也非常有男子气。甚至缝纫上也存在着一种南北战争前的高雅。

最重要的是“海特威”使用从世界各角落进口的最著名的布匹来缝制他们的衬衫——从英国来的棉毛混纺的斜纹布，从苏格兰奥斯特拉德地方来的毛织波纹绸，从英属西印度群岛来的海岛棉，从印度来的手织绸，从苏格兰曼彻斯特来的宽幅细毛布，从巴黎来的亚麻细布。穿了这么完美风格的衬衫，会使您得到众多的内心满足。

“海特威”衬衫是缅因州的小城渥特威的一个小公司的虔诚的手艺人所缝制的，他们老老小小的在那里工作了已整整114年。

您如果想在离你最近的店家买到“海特威”衬衫，请写张明信片到“C·F·海特威”缅因州·渥特威城，即复。

海特威衬衫广告作品如图 3-5 所示。

图 3-5　海特威衬衫广告作品

(资料来源：李宝元. 广告学教程. 北京：人民邮电出版社，2003)

案例点评

该案例是广告大师大卫·奥格威所写海特威衬衫的广告文案。广告标题：“穿‘海特威’衬衫的男人”，平直无奇，语气平和，朴实无华，单刀直入地告诉人们一个信息了事。文案介绍说明中肯、具体、实在、令人信赖。

文案一开始，就很能打动男士们的心，引起人们阅读兴趣。几乎所有的男士都知道，西装再好，衬衫较差，便会黯然失色，甚至会反美为丑。而一件高档的好衬衫，会使西装气度不凡。海特威衬衫正具有这样的效果，男士穿上海特威衬衫会如戴眼罩的模特儿一样帅气。

接着文案分段论证了海特威衬衫的一系列特点：耐久，切身；用料考究，做工地道；面料皆为上乘优良，历史悠久等。用事实说话，说服力强。整个文案诉说的利益点和承诺都十分具体、明确。

直述式广告最易流于一般化，缺乏新意。但奥格威化腐朽为神奇，广告形象设计别出心裁。仅用了一个小技巧：给模特戴上眼罩，一来使人们的视线在接触形象时自然从模特儿脸部转移到广告诉求重心——衬衫上；二来使文案的平直说明不显呆板，让人们在生机盎然、新奇有趣的心态中接收全部的广告信息。衬衫穿在身材俊美的模特身上，配以协调的领带、皮带，右手下垂，左臂弯曲握拳叉腰，这样就将衬衫的优美、高档、潇洒风格表现得淋漓尽致。

讨论题

大卫·奥格威的这则广告文案堪称经典之作，其成功的关键是什么？一个好的广告文案应做的前提工作是什么？怎样才能使文案打动消费者的心？

实训课堂

1. 下面是一些经过测试的广告标题。每个产品或服务都有两个标题，哪个标题更有效？

(1) 家庭商务自修课程的广告(服务项目：免费宣传手册《决策人须知》)：______。

A. “适合那些收入25000元希望增加到50000元的人”

B. “事实证明参加过这项课程后财政收入的确是非同凡响”

(2) 生发药物的广告(服务项目：免费宣传手册《最新生发捷径》)：______。

A. “60天以前他们叫我‘秃头鬼’”

B. “30天内你的头发不能再生，请拿回这张支票!”

(3) 保险广告(服务项目：免费宣传手册《如何实现你的所求》)：______。

A. “有一个问题你不该问你的妻子!”

B. “永远不必为钱发愁!”

(4) 《华尔街日报》的广告(服务项目：来信及27美元可订一份该报)：______。

A. “怎样从27元起步一年内达到75000元”

B. “薪水75000元的工作寻求报名者”

(5) 每周论坛杂志广告(服务项目：寄信免费索取一期杂志)：______。

A. “多彩的文化圈欢迎你的加盟”

B. “你能和他们中的其他人‘读书论战’吗？”

2. 什么是广告口号？广告口号与广告标题的区别是什么？

3. 奇强洗衣粉的广告口号从“干干净净做人，中国人，奇强”，改为“干干净净，中国人，奇强”，再改为“干干净净，中国，奇强”。结合本章所讲内容对这几个广告口号进行比较和分析。

第四章

广告文案的诉求方式

学习要点与目标

- 掌握理性诉求文案的概念和特点，了解其写作要点。
- 重点掌握感性诉求的概念和类型，了解感性诉求文案的写作原则。
- 了解情理结合诉求文案的特点和应用范围。

诉求点、诉求方式、理性诉求、感性诉求、情理结合诉求

引导案例

南方黑芝麻糊的亲情诉求

1991 年，一则电视广告让亿万消费者记住了南方黑芝麻糊这一产品，也让黑五类食品集团扬名天下。广告中浓郁的怀旧情调、打动人心的亲情诉求方式，至今仍被人津津乐道，如图 4-1 所示。

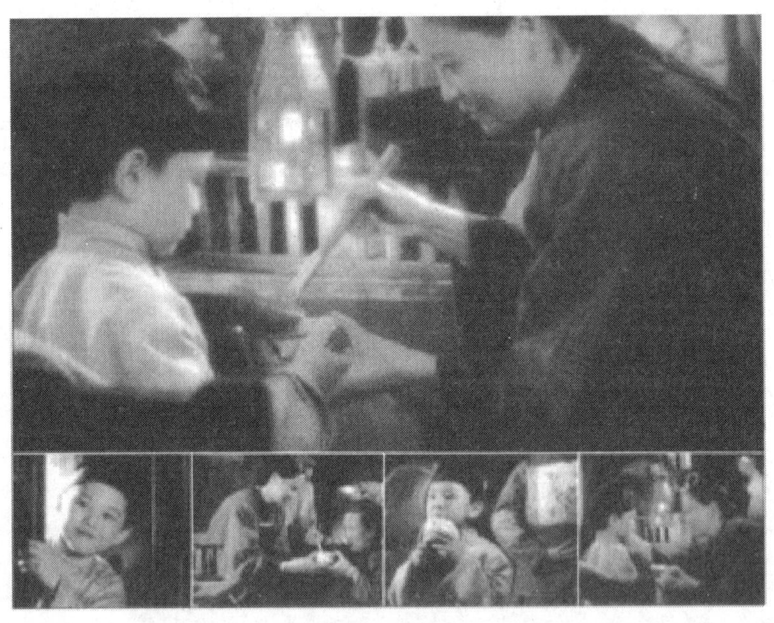

图 4-1　南方黑芝麻糊电视广告作品

南方黑芝麻糊电视广告脚本如下。

镜头一：(遥远的年代)麻石小巷，天色近晚。一对挑担的母女向幽深的陋巷走去。(画外音，叫卖声)：“黑芝麻糊哎——”(音乐起)。

镜头二：深宅大院门前，一个小男孩使劲拨开粗重的楦栊，挤出门来，深吸着飘来的香气。(画外音，男声)：“小时候，一听见黑芝麻糊的叫卖声，我就再也坐不住了……”

镜头三：担挑的一头，小姑娘头也不抬地在瓦钵里研芝麻。另一头，卖芝麻糊的大嫂热情地照料食客。

镜头四：(叠画)大锅里，浓稠的芝麻糊不断地滚腾。

镜头五：小男孩搓着小手，神情迫不及待。

镜头六：大铜勺被提得老高，往碗里倒着芝麻糊。

镜头七：(叠画)小男孩埋头猛吃，大碗几乎盖住了脸庞。

镜头八：研芝麻的小姑娘投去新奇的目光。

镜头九：几名过路食客美美地吃着，大嫂周围蒸腾着浓浓的香气。

镜头十：站在大人背后，小男孩大模大样地将碗舔得干干净净(特写)。

镜头十一：小姑娘捂嘴笑起来。

镜头十二：大嫂爱怜地给小男孩添上一勺芝麻糊，轻轻地抹去他脸上的残糊。

镜头十三：小男孩默默地抬起头来，目光里似羞涩、似感激、似怀想、意味深长……

镜头十四：(叠画)一阵烟雾掠过，字幕出(特写)：“一股浓香，一缕温暖”。(画外音，男声)：“一股浓香，一缕温暖。南方黑芝麻糊”。

镜头十五：(叠画)产品标板。

镜头十六：推出字幕(特写)：南方黑芝麻糊广西南方儿童食品厂。

2008 年，南方食品重拍这一经典广告，在央视重新播出，场景、情节和演员都仿照当年的老广告。时隔 17 年，中国电视观众所熟知的叫卖声，又再度在中国的千家万户响起。

案例解析

儿时的记忆往往是终身难忘的，“南方黑芝麻糊”这一则电视广告恰恰是抓住人们的怀旧情结，让人回忆起自己美好的童年，尤其对于置身于相同江南文化背景中的人来说感觉更为强烈。在广告中呈现出了一种逝去的美好，一种单纯的快乐，卖芝麻糊的大嫂慈祥亲切，小男孩和小女孩两小无猜，人和人之间和谐相处，这正是我们心目中传统社会的形象。

广告以怀旧的表现手法，达到激发回忆、引发欲望的目的。广告中视听配合相当完美，在表现上采用统一的暖色调，配合演员的恰当表演，强化了情感诉求的效果。

广告是一门说服的艺术，它的最终目的是为了促进产品或服务的销售。为了达到这一目的，广告传播者需要运用视觉、听觉等多种手段，选择有效的诉求点传递给目标消费者，使消费者的态度向着有利于产品的方向发生变化，最终产生购买行为。

所谓诉求点是指在广告中企图说服或打动广告对象的传达重点。诉求点的选择关系到广告的核心概念传达，也关系到广告方向是否正确。

广告中的沟通方式体现为广告诉求方式。诉求方式的选择关系到广告的诉求点以什么样的面貌呈现在受众面前，关系到广告能否与消费者产生充分有效的沟通。根据诉求方式的不同，可以把广告文案分成3个基本类型，即理性诉求文案、感性诉求文案和情理结合的诉求文案。产品不同、环境不同、所要传达的信息不同，选择的诉求方式也会有所不同，使受众体验和感受也不同，广告文案的写作特点和写作方法也各有不同。

第一节　理性诉求文案

理性诉求的广告文案作用于消费者的理性思维，通过对产品具体功能和利益的陈述，使消费者做出理性判断，接受广告所传达的信息。理性诉求广告文案的关键在“以理服人”，文案中要提供真实准确的信息，语言文字平实可信，不能作过度的夸张和渲染；其次，理性诉求所依据的事实和数据要能有效地支撑广告的观点，具有说服力。

一、理性诉求文案的概念

理性诉求文案是指诉诸消费者的理性，通过对企业、产品和服务等客观情况的传达，使消费者理智地做出符合广告传播者意图的决定。

理性诉求文案说理性较强，常常利用可靠的论证数据揭示商品的特点，以获得消费者理性的承认。它既能给消费者传授一定的商品知识，提高其判断商品的能力，又会激起消费者对产品的兴趣，从而提高广告活动的经济效益。

一般情况下，消费者做出一个购买决定的时候都是经过了思考和反复比较，尤其是在选择价格较高的产品或服务时更要深思熟虑。此外，消费者个性特征中理性和感性倾向也会影响对广告信息的接受，理性的消费者更愿意看到和听到有关产品质量、功能、价格、售后服务等具体的、可比较的信息，并以此作为购买依据。

所以，产品和消费者两个方面都会制约诉求方式的选择。消费者的购买行为背后都有一定的需求和动机，广告所要做的就是满足消费者的需求，激发他的购买动机，或者说给他一个充足的购买理由，而理性诉求文案就旨在提供消费者判断的依据和理由。

二、理性诉求文案的特点

理性诉求文案具有如下特点。

(一)以功能为主要诉求点

理性诉求广告文案主要以企业、产品和服务本身具有的功能性信息为主要传播内容，如企业的经营范围、经营理念、历史沿革；产品的价格、性能、功效、适用范围；服务项目、质量等。因为，这些内容直接关系到消费者对产品的了解程度、信任程度以及消费者的利益能否得到保障，是消费者权衡利弊时必须考虑的因素，是消费者进行理性分析必须依赖的材料，也是他们决定是否采取消费行为的主要根据。所以这些信息是理性诉求广告文案的主要内容。

对产品功能的诉求可以体现在理性诉求文案的各个部分，广告标题是对产品最能打动消费者的核心功能和利益的表达，或是提出跟消费者切身利益相关的问题吸引注意力；广告正文则有重点地介绍有关产品的功能性信息，或解答标题提出的问题。

【案例 4-1】

途锐汽车的系列广告文案

系列一

标题：极速 225 公里/小时，0～100 公里加速 8.1 秒，只让尾灯作为别人的谈资

内文：没有人要求 SUV 该达到什么样的速度，但豪华运动型全能途锐却是绝对以跑车的标准来要求自己。极具魅力的 4.2 升 V8 发动机，最大功率 310 马力，配合罕有的六速手动/自动一体变速箱，还有根据行驶速度可将车身最低降至 180 毫米的底盘调节，将途锐的速度发挥到极致。如果不满足只看到背影，可以要求它停下来。

系列二

标题：前后扭矩分配自动可调，不用让绞盘再占用空间

内文：会聪明地分配力量，就不怕身陷泥潭。豪华运动型全能车途锐将动力平均分配，并可根据路况自动可调，甚至于将 100%的动力输出单独传送给前轴和后轴，电子差速锁还可有效辅助分配动力，泥泞也只是乐趣之一而已。绞盘？或许可以帮助其他人。

系列三

标题：最大爬坡度 100%/45 度，比任何人都更接近天空

内文：有了豪华运动型全能车途锐，就有机会从完全不同的角度看世界。途锐的 4Motion 全时四驱、中央差速器锁和后差速锁装置可辅助车辆轻松攀爬高达 45 度的斜坡，爬坡能力达到了 100%。途锐看到的那片天，肯定与别人不同。

系列四

标题：最大涉水深度 580 毫米，近距离听听水声

内文：不用再怕会不会进水。因为足够密封，豪华运动型全能车途锐可以涉水深达 580 毫米而安然无恙。包括专门设计的密封防水车门、防水前大灯和电器插座，以及发动机特有的进气和通风管道，还有密封万向节等在内的全面密封技术，加上防锈蚀全镀锌车身，途锐当然可以放心且开心地戏水。

案例解析

这一系列文案是典型的理性诉求，文案中运用大量事实和数据，采用系列的方式把途锐汽车的性能和特色一一展现在读者面前，直观而形象；数字的运用恰到好处，给人以信服感；语言平实、自信，为途锐汽车塑造了一个质量优秀、性能卓越的形象。

汽车是一种价格较高的产品，消费者在购买过程中要综合考量各种因素，对市场行情作长期的观察和调研，其中理性成分占主要地位。因此，在汽车广告中运用理性诉求文案更能持久地打动消费者。这一系列文案展现了产品的特色，同时也回答了消费者关心的问题，给消费者的购买提供了参考依据和购买理由。

【案例 4-2】

高露洁的广告诉求

高露洁广告一向以产品功能诉求为导向，这是它能立于不败之地的法宝之一。有则广告是这样的：一个慈祥亲切、知识渊博的牙医，在向孩子们讲述高露洁牙膏是如何以双层氟化物保护牙齿的，其中没有涂高露洁牙膏的白色贝壳在小槌的轻敲下塌陷了一侧，涂有高露洁牙膏的贝壳则坚硬无比。

购买牙膏是一种经过深思熟虑、反复比较才确定的理性消费，而不是随意性很大的感性消费。高露洁就产品对保护牙齿、保健口腔有无实效展开诉求，而不是偏离该卖点去追求虚幻的事物。广告简洁平实，却具有很强的说服力。

(二)信息翔实精确

04

理性诉求广告文案靠具体的事实来打动消费者，因此在广告文案中应该提供大量的事实，如果广告信息既能体现产品独有的特性又能满足消费者一定的需求，那么就能够区别于其他产品，同时打动消费者的内心。大卫·奥格威曾说过："像这种以事实所做的广告比过度虚张声势的广告更能助长销售。你告诉消费者的越多，你就销售的越多。"

信息详尽的同时还要注意信息的准确性。对于某一产品或服务来说，特点和优势可能有很多，但在信息选择上不能事无巨细地一一列举。因为广告的篇幅所限，只能传达有限的信息；受众的注意力和精力也决定他只能接收有限的信息。

过犹不及，信息量过大的广告反倒会让受众印象不深刻，直接而简单的文案往往会产生一针见血的效果。因此，在理性诉求的广告文案中，诉求应有重点，信息应有主次，在创意和构思过程中选择最有效的信息为诉求重点，辅以其他有价值的功能性信息构成广告文案的主体内容，发挥文案的最大效力。

【案例 4-3】

大卫·奥格威为劳斯莱斯汽车创作的广告文案

主标题：在时速 60 英里的时候，劳斯莱斯新车中最大的噪音来自电子钟

副标题：什么原因使得劳斯莱斯成为世界上最好的车子？一位知名的劳斯莱斯工程师说："说穿了，根本没有什么真正的戏法——不过是耐心地注意到细节。"

正文：

1.《行车技术》主编报告："在时速 60 英里时，最大闹声是来自电子钟。引擎出奇的宁静。三个消音装置把声音的频率从听觉中拔掉。"

2. 每个劳斯莱斯的引擎在安装前都要先以最大气门开足 7 小时，而每辆车子都在各种不同的路面试车数百英里。

3. 这款劳斯莱斯是为车主自己驾驶而设计的，它比国内制造的最大型车小 18 英寸。

4. 本车有机动方向盘、机动刹车及自动排挡，容易驾驶与停车，不需司机。

5. 除驾驶速度计之外，在车身与底盘之间，互相无金属衔接。整个车身都加以封闭绝缘。

6. 完成的车子要在最后测验室经过一个星期的精密调整，在这里分别受到 98 种严酷的考验。例如，工程师们要用听诊器来注意听轮轴所发的微弱声音。

7. 劳斯莱斯保用三年。已有了从东岸到西岸的经销网及零件站，在服务上不再有任何麻烦了。

8. 著名的劳斯莱斯引擎冷却器，除了亨利·莱斯在 1933 年死时，把红色的姓名第一个字母 RR 改为黑色外，从来没更改过。

9. 汽车车身之设计制造，在全部 14 层油漆完成之前，先涂 5 层底漆，然后每次都用人工磨光。

10. 移动在方向盘柱上的开关，你就能够调整减震器以适应道路状况。(驾驶不觉疲劳，是本车显著的特点)

11. 另外，后车窗除霜开关，控制着玻璃中由 1 360 条看不见的热线构成的热线网。备有两套通风系统，因而你坐在车内也可以随意关闭全部车窗调节空气以求舒适。

12. 座位垫面是由 8 张英国牛皮所制——足够制作 128 双软皮鞋。

13. 镶贴胡桃木的野餐桌可从仪表板下拉出。另外有两个可以从前座后面旋转出来。

案例解析

这则广告文案字数较多，但读起来却不费劲儿，这是因为奥格威在文案中向消费者提供了大量真实可信的事实，采用分点的方式从 13 个方面介绍劳斯莱斯汽车，段落间断，阅读起来没有视觉压力。

标题设置悬念，提供最主要的事实：在时速 60 英里的时候，劳斯莱斯新车中最大的噪音来自电子钟；内文在对标题进行承接和解释之后展开介绍产品的其他技术指标；运用大量数字，让文案内容显得真实可信。受众在阅读过程中，一步步地认同劳斯莱斯汽车的品质，自然而然地接受“劳斯莱斯是世界上最好的汽车”的概念。

(三)语言文字平实可信

理性诉求广告诉诸人的理性，摆事实、讲道理是最重要的，语言的修饰和润色则要适当运用，用不好会适得其反，使人对产品和广告产生浮夸和不信任的感觉。相比语言技巧，可信度更加重要。平实朴素的语言在理性诉求广告中比较适用，运用事实有效支撑广告所传达的理念和观点，并让消费者心悦诚服地接受。

04

【拓展知识】

理性诉求广告文案创作警示

在理性诉求广告文案中应尽量少用形容词，尤其是最高级形容词，避免使用一般化字眼和陈词滥调，多用数据和事实，用平实的语言凸显产品个性，增加可信度。

三、理性诉求文案的写作要点

理性诉求广告文案以理服人的特点，使其在传达信息时主要采取直接陈述、论证和比较等几种形式。

(一)直接陈述式

直接陈述式理性诉求广告文案，就是把要传达的信息正面地、准确地、精练地陈述出来。在陈述过程中可以利用精确的数据和可信的证言，让论据更加充分。直接陈述的表达方式可以准确传达广告的基本信息，使消费者建立起对企业和产品的准确认知。

【案例 4-4】

UPS 快递公司的企业形象广告文案

标题：无论包裹多大，世界依然很小

广告语：UPS：至上之选，至速之道。

正文：UPS 明白，您的包裹是独一无二的。无论大小，我们都秉承一贯宗旨：为您准时而高效地送达。即使每天为世界各地多达 790 万的客户，动用 152 500 辆专车、超过 600 架飞机，我们依然对包裹的行踪了如指掌。这一切，都源于 UPS 的技术设备优势和专业精神。因此，正如世界各地的 UPS 客户一样，不论包裹大小，您均可将重任交托给我们。

案例解析

这则广告文案以直接陈述的方式，正面直接地介绍了 UPS 的服务理念和服务优势，使消费者对 UPS 公司建立快捷、专业的形象：“准时而高效地送达”是 UPS 的服务宗旨；对包裹的行踪了如指掌证明了 UPS 的技术优势和管理经验的丰富；数字显示了 UPS 客户群的庞大以及专业力量的雄厚。短短 100 多字，让消费者对 UPS 产生了信任感和认同感。

在产品生命周期进入成熟期后，同类产品的营销和广告竞争十分激烈，理性诉求广告文案也可以采用直接陈述的方式，给消费者更多的服务、承诺和信心，以引导、稳定消费市场。

【案例 4-5】

春兰空调的广告文案

标题：365×“3 · 15”=?

副标题：春兰的终身服务

正文：好的产品还要有完善及时的售后服务，春兰不仅追求品质卓越、品格出众，售后服务同样力争尽善尽美。所以，我们不仅免费安装、免费测试、主机保修一年，而且，我们遍布全国的800多个服务中心，43个售后服务管理中心，近万人的安装、测试、维修队伍是您信心的保证，只要您接通春兰24小时无忧虑热线电话，我们就会在您约定的时间内上门提供满意的服务。百步之内必有春兰。如果您有什么要求，请立即致电告诉我们，这是对我们最大的帮助。

案例解析

这则广告文案以平实的语言，直接陈述了春兰空调的服务意识和承诺，通过量化数据，有力地说明了它的服务项目多样，服务范围广泛，服务人员众多而且专业、热情。而这些服务的承诺又与消费者权益日联系起来，在消费者最需要得到承诺时，给予他们承诺，更是切中了消费者选择产品的一个重要标准——是否提供完善的产品售后服务。

04

(二)论证式

论证式理性诉求广告文案，就是旗帜鲜明地提出某种观点，并且运用事实依据和合乎逻辑的因果关系，对所提出的观点进行充分论证，从而说服消费者接受或改变某种观念。

【案例 4-6】

台湾保护动物协会的一则“流浪动物之家”的广告文案

标题：生命不能RESET!

正文：

养宠物不能只有5分钟热度，毕竟，狗不是电子狗，当您弃养任由它自生自灭时，并不是可以按“RESET”就能让它复活。

台湾目前街头仍有数以千计的流浪狗，其中约有2000只被妥善安置在“保护动物协会流浪动物之家”，每一只都经过细心的呵护和医疗照顾，一直到为它们找到第二个家，继续在真正有爱心的主人领养下存活。

“流浪动物之家”正式立名已10年，多年来不断为流浪动物请命，并率先实施《动物保护法》，然而，我们希望的是大家都能尊重生命，养它、爱它、请不要遗弃它，因为生命是不能 RESET 的。

案例解析

这则公益广告文案是要说明一个“生命不能 RESET”的观念，呼吁公众保护动物，尊重生命。它采用论证式。首先指出当今社会上存在的不正确的养宠物的观念：把狗当做玩具而非生命。提出事实：目前有大量的流浪狗流落街头，保护动物协会动物之家为此做了大量的工作，在此基础上呼吁公众：尊重生命，养它、爱它、请不要遗弃它。

这种说理论证的方式可以有效地引导消费者，使消费者在充分的事实依据面前，在合乎逻辑的因果推导下，一步一步地接受广告所倡导的观念。

(三)比较式

比较式理性诉求广告文案就是拿自己的产品或服务与别的产品或服务作比较，以此来突出自己产品或服务的优势和特色。优势品牌通过比较可以显示自己的优势，劣势品牌也可以通过比较提升自己的地位或显示自己的特别之处。

比较可以有 3 种：第一种是和竞争对手作比较，让消费者在货比三家后作出自己的选择；第二种是与诉求对象熟悉且跟产品有相似或相反特性的事物作类比，生动形象而且准确地点出产品最重要的事实；第三种是产品使用前后的比较，使消费者对产品效果一目了然。

【案例 4-7】

美国两大出租汽车公司 Herfz 公司和 Avis 公司著名的比较性广告文案

Avis 公司不是美国最大的出租车公司，为了争取客户，它首先做了一个平面广告，称自己是“第二”，并声称自己因为是第二，所以才更努力(广告史上称为“第二位宣言”)。广告文案如下。

标题：在出租车业 Avis 只是第二，为什么你要租我们的车呢?

正文：因为我们更努力。(如果你不是最大的，你必须这么做)我们不会把脏乎乎的、烟灰缸里堆满烟头的、油箱半空的车租给顾客，也不会租出雨刷坏了、轮胎气压不足的车。甚至小到座椅调节器、加热和除霜装置，我们也一定让它保持正常。显然，我们的一切努力，都是为了追求完美，为了让你笑着开走一辆崭新的车，比如驾驶轻便、动力强劲的福特，并且指导当你开车旅行时，知道在德卢斯的哪家店铺可以买到烟熏牛肉三明治。

为什么要这么做? 因为我们从不把你选择我们视为理所当然。下一次租车时就来找我们。我们这儿的手续非常简单。

这个广告出来后对 Herfz 公司造成了很大的冲击，于是 Herfz 公司做了一系列广告与 Avis 公司针锋相对。其中一个节选如下。

标题：第二名说他们更努力，比谁?

正文：我们一刻也不想和老二争论。假如他说他更加勤奋努力，我们将根据他的话来对待他。惟一值得说的是，许多人想当然地认为，他们比我们更努力。这不是事实。我们还确

信老二会第一个表示赞同，尤其是鉴于以下各点：一部汽车在你需要它的任何地方……不能来我们这儿？我们就去你那里……

案例解析

美国两大出租汽车公司Herfz公司和Avis公司是竞争对手，它们的这两则广告文案就是通过比较来引起消费者的注意，通过比较提升自己的地位，显示自己的特别之处。

【案例4-8】

养生堂龟鳖丸的广告文案

正文：秋冬进补正合时，吃炖品好。

但生活、工作紧张，不能有太多的时间炖补品，怎么办?

龟鳖丸与原盅炖品相比，省时省力。

保留了龟鳖的精华，有效成分更多。

搭配更合理，吸收更容易，滋补效果更好。

养生堂龟鳖丸，随身带的原盅“炖品”。

案例解析

这则广告也是采用比较方式，但它不是与竞争对手相比较，而是与消费者在日常生活中很熟悉的、跟产品有相似特性的事物作类比，以此说明产品的优点和特色。

在这则广告文案里，用养生堂龟鳖丸与大众都熟悉的炖品相比较，两者都对健康有好处，但经过比较，养生堂龟鳖丸方便、营养价值更高、容易吸收等优点被生动地表现出来了。对于生活忙碌、工作紧张的人来说，这些优点正是他们选择养生堂龟鳖丸的依据。

又如，家护牙刷的一则平面广告，以其弹性弯头与日本人喜欢弯腰鞠躬的特点作类比。文案标题是：日本人很会弯腰，家护牙刷独特的弹性按摩弯颈比日本人更会弯腰。类比，使产品最重要的事实、最突出的特点得到生动准确的体现，道理也就不言而喻了。

除了以上两种比较方法之外，还有第三种较常用的比较方法，就是产品使用前后的比较，这种比较能较有效地显示产品的效能和使用效果，如一些减肥产品、美容产品、洗发水、沐浴露等常常采用这种形式的广告。

【拓展知识】

关于比较性广告的法律规定

我国《广告法》除了对药品、医疗器械之外并没有对比较广告作出明令的禁止或规制，只是规定了“广告不得含有虚假的内容，不得欺骗和误导消费者”的原则性条款。《广告审查标准》第四章专门对比较广告作了规定，明确地排除了直接比较方式，规定“广告中的比较性内容，不得涉及具体的产品或服务，或采用其他直接的比较方式”。对一般性同类产品或服务进行间接比较的广告，必须有科学的依据和证明。”《反不正当竞争法》第九条则规定了“经营者不得利用广告或者其他方法，对商品的质量、制作成分、性能、用途、生产者、有效期限、产地等作引人误解的虚假宣传。”

从上述规定可知，我国法律对比较广告基本持否定态度，除禁止直接比较广告外，对间接比较也采取严格标准，只要可能有误导性，无论是否真实均认定为侵权。

相比较而言，其他国家对比较广告持有更宽容的态度。美国联邦贸易委员会认为比较广告既能鼓励竞争又能给消费者提供更多的信息，因此鼓励企业使用比较广告；欧盟认为经过恰当管制的比较广告，是刺激竞争和改善消费者信息特别有用的手段；中国台湾、香港的法律也基本采取了有限制的允许规定。一般对比较广告的限制性要求主要是：比较应真实、全面、有比较的必要并可验证等。

第二节　感性诉求文案

一、感性诉求文案的概念

感性诉求广告文案，就是诉诸消费者的感性认知，通过表现与企业、产品、服务相关的情绪与情感因素，唤醒消费者内心的情感，使其与广告形成共鸣，最终达到心理上的某种满足和认同，从而影响其价值判断和行为方式。

人的情感是最丰富的，也是最容易激发的，商业广告的最终目的是要诱发人们的购买行为，而人们购买行为的发生往往是和情感活动联系在一起的。一般来说，情感活动越强烈，购买行为就越容易产生，甚至可以说在一些购买过程中，行动的产生就是取决于个人的情感，感性诉求广告就是在这样的条件下产生的。

感性诉求广告并不完全从商品本身固有的特点出发，而是更多地研究消费者的心理需求，运用合理的艺术表现手法进行广告创作，寻求最能够引发消费者情感共鸣的出发点，从而促使消费者在动情之中接受广告，激发购买。

感性诉求策略注重人的接受心理中的情感历程，强化广告材料中具有人的情感因素的成分，注意开发广告创意里的人性化的构想，以达到与目标受众的心灵和生命相沟通，从而使消费者被愉悦地传导甚至被说服。当人处于某种情绪状态之下时，感性的力量要大于理性，行为表现为“跟着感觉走”。

感性诉求一般应用于价格相对较低的产品，这类产品的功能和质量相仿，一般不需要太多的理性思考，可以完全凭着对产品和广告的感性印象。因此，感性诉求的广告文案较多地运用于日常生活消费品(如化妆品、日用品、食品、服装、家具及装饰陈列品等)或时尚型中小商品的广告中，此类产品常与消费者的日常生活和情感世界有着更为密切的必然联系，也较有可能使其为之动心。

【案例 4-9】

美国牛奶推广协会的公益广告文案

“got milk?”是美国牛奶推广协会(Body By Milk)发起的一项公益活动，该活动不断邀请一些有影响力的娱乐界、体育界的明星拍摄长了“牛奶胡子”的照片，向大众宣传喝牛奶的好处，如图 4-2 所示。

图 4-2　广告作品“牛奶胡子”

从美国明星在青少年中的知名度可以看他(她)是否拍过“got milk?”广告。从莱昂纳多·迪卡普里奥到姚明，从安吉丽娜·朱莉到成龙，从贝克汉姆到章子怡等诸多明星都曾经出现在这个广告里。就连可爱的皮卡丘、力大无比的绿巨人、加菲猫、蝙蝠侠也上了牛奶胡子广告。不论广告里换了哪一位明星的脸，明星唇上永远都有一抹牛奶小胡子，多年来一直不变。

在近十年的时间里让所有的美国人为之尖叫，被认为是有史以来最伟大的广告战役。“got milk?”正是借着绮丽变幻的明星阵营盛大演出，成功地做到了让美国人上瘾喝牛奶。

二、感性诉求文案的特点

感性诉求文案具有如下特点。

(一)满足人的心理需求

感性诉求广告文案的目的，是使消费者在情感上接受或认同广告中的企业、产品和服务，它针对消费者的情绪和感情因素进行诉求，因此在内容上，产品的质量、数量、性能、用途、价格等客观的功能性、实用性的信息显得并不重要，重要的是从产品中挖掘出最能引起共鸣人性、人情的因素，并把它表现出来。

情感诉求从消费者的心理着手，抓住消费者的情感需要，诉求产品能满足其需要，从而影响消费者对该产品的印象，产生巨大的感染力与影响力。因此，广告情感诉求应采用一些策略，以激发消费者的心理，实现购买行为。

【案例 4-10】

芝华士酒(CHIVAS REGAL)的广告文案

正文：

因为一辆红色的 RUDGE 自行车曾经使我成为街上最幸福的男孩
因为你允许我在草坪上玩蟋蟀
因为你的支票本在我的支持下总是很忙碌
因为我们的房子里总是充满书和笑声
因为你付出无数个星期六的早晨来看一个小男孩玩橄榄球
因为你坐在桌前工作而我躺在床上睡觉的无数个夜晚
因为你从不谈论鸟类和蜜蜂来使我难堪
因为我知道你的皮夹中有一张褪了色的关于我获得奖学金的剪报
因为你总是让我把鞋跟擦得和鞋尖一样亮
因为你已经 38 次记住了我的生日，甚至比 38 次更多
因为我们见面时你依然拥抱我
因为你依然为妈妈买花
因为你有比实际年龄更多的白发，而我知道是谁帮助它们生长出来的
因为你是一位了不起的爷爷
因为你让我的妻子感到她是这个家庭的一员
因为我上一次请你吃饭时你还是想去麦当劳
因为在我需要时，你总会在我的身边
因为你允许我犯自己的错误，而从没有一次说“让我告诉你怎么做”
因为你依然假装只在阅读时才需要眼镜
因为我没有像我应该的那样经常说谢谢你
因为今天是父亲节
因为假如你不值得送 CHIVAS REGAL 这样的礼物
还有谁值得

案例解析

这几个广告标题没有涉及任何的产品和服务的功能性信息，而是表现了由产品联想到的情感因素，以亲情、友情、爱情这些人之常情为诉求主题，去打动消费者，引起消费者的共鸣，从而建立起与消费者的情感联系。

【案例 4-11】

铁达时表平面广告文案

该广告文案运用感性诉求手法。

广告语：不在乎天长地久，只在乎曾经拥有

正文：一厢情愿

爱在世界的最边缘

梦难圆

咫尺天涯

不再回首

此生隐没在无爱的忧愁

(二)文字表达生动形象

感性诉求广告文案讲求以情动人，以情感人，要通过文字这种抽象的符号传达情感，必须使文字变成一种生动的、情绪化的符号，这样人们才能通过阅读文字生发丰富的联想，感受文字带来的情感。刻板的表达是无法传递丰富的情感的。

【案例 4-12】

Dr. Martens 休闲鞋系列杂志广告文案

系列一：

标题：没有什么比这种感觉更好

正文：我单身／我收集沙子／我看弗洛伊德／我穿 Dr.Martens……

广告语：自信·固执·永不妥协

系列二：

标题：不要告诉我做什么才是对的

正文：我逛二手店／我吃棒棒糖／我看 NBA／我穿 Dr.Martens……

广告语：自信·固执·永不妥协

系列三：

标题：只有你清楚你自己想要什么

正文：我走路／我听 Undergtound／我喝白开水／我穿 Dr.Martens……

广告语：自信·固执·永不妥协

案例解析

这则系列广告文案是以男性青年为目标消费者的，因此它以男性青年的口吻，以极具个性的语言描述他们的所做、所为和所想，表现他们的个性和追求，从而引起男性青年的注意和共鸣。

三、感性诉求文案的类型

感性诉求广告文案是以情感为内容，以满足消费者的心理需求为目的的。由于人的心理需求各有不同，多种多样，广告是要满足大多数人而不是一两个人的需要，所以广告只表现人们共同具有的心理需要。

根据美国心理学家马斯洛的需要层次理论，人的需要有 5 个层次，依次是生理需要、安全需要、爱和归属需要、尊重需要和自我实现的需要，它们是社会上正常人必然产生的心理，也是必然要寻求满足的需要。感性诉求文案就是从情感上打动消费者，满足消费者各个层次的需要。

(一)以生理需求和本能欲望为主题

人都有生理需求，这种必然存在的生理上的满足，如吃、喝、玩等都是一种难以抑制的本能欲望，满足这种正常需求的许诺，广告就能得到受众的注意和接受。

【案例 4-13】

黑松天霖水广告文案

挑逗的水(画面为香水)，
游戏的水(画面为游泳池中的水)，
补充的水(画面为输液的药水)，
冒险的水(画面为托起小船的海水)，
享乐的水(画面为酒)，
成长的水(画面为奶瓶中的奶水)，
发现一瓶好水——黑松天霖水。

案例解析

六种水铺排开来，每一种水都是人们的生活离不开的水，可游戏、可迷人、可治病、可娱乐、可享受、可成长，水的意象柔美绵长，直到最后说出来的仍是水，而且是一瓶好水——黑松天霖水。有以上诸多水的意境衬托出结尾高潮处的这种水，把受众余味未尽的美感结结实实地刹在了最好一种“好水”上。美感有了，好感也有了，这水究竟好在哪里，受众一定会带着好奇心付诸购买行动。

(二)以安全为主题

在文案中要展现接受产品或服务的利益和不接受产品或服务的危害时，往往可以利用恐惧主题，通过描述某些使人不安的事件或数据，让诉求对象受到感染而产生安全需求，从而使诉求对象对产品或服务产生关注。

【案例 4-14】

白兰氏鸡精杂志广告文案

标题：再怎样工作也死不了人?

副标题：不要心存侥幸，拼命工作，真的会拼掉你的命

正文：据日本统计，死于心脏病者，超过20%是过劳死，而且多半是年轻力壮的上班族。每天喝白兰氏鸡精，可促进新陈代谢16%，还能松弛压力，跟健康打好关系。

不想在成功前倒下？记得……每天存一点健康。

白兰氏鸡精

又例如：英国“脑膜炎信任”机构广告文案。

标题：脑膜炎不只会影响孩子

正文：成年人也一样受影响。警惕病状，保持活力。

如有以下病症：头痛、斜颈、呕吐、腹泻、皮疹、倦怠、精力减弱、头脑不清、关节痛、发热等症状，请致电“脑膜炎信任”机构。

(三)以爱和归属感为主题

1．以爱为主题

爱的范围包括爱情、亲情、友情，它是人类高层次的情感。每个人都有朋友、亲人和爱人，每个人都希望朋友之间、同事之间的关系融洽或保持友谊和忠诚，渴望得到完美的爱情，每个人都希望爱别人，也渴望接受别人的爱。表现这一主题，最能引起大众的共鸣。

1)　爱情主题

爱情主题是指在广告文案中满足人们对爱情的纯洁、真挚、永恒的渴望和向往，表现爱情带给人们的幸福、满足、思念等感受。

【案例 4-15】

石头记饰品的广告文案

石头记饰品的广告语：“世上只此一件，今生与你结缘”，“惟一的你，真实的心”。

石头记主要销售玉石饰品，玉本身就是纯洁的象征，广告语精妙地写出了石头记的特色，同时也暗示了爱情的惟一和永恒。

文字采用对仗，富有意境，笔法精妙，如图 4-3(a)、(b)所示。

(a)

(b)

图 4-3　石头记平面广告

【案例 4-16】

赛欧汽车的一则广告文案

该广告文案表现的是爱情给人们带来的幸福感受，而每个人都希望自己的爱人能生活得舒适愉快，赛欧汽车以可以提供这样的生活给相爱的人作为切入点，更能引起相爱的人们的兴趣。

广告语：优质新生活，就是与心爱的人分享生活中的每一份细腻。

正文：如果选择一件车罩都那么用心，那么，在选择自己的爱车时，又怎会不刻意精心？躺在赛欧s. Rv宽广的怀里，品上一杯卡布奇诺；在双色调内部优雅的情调中沉醉，在穿越天窗的阳光里徜徉；我爱随着音响大唱那首校园老歌，她爱将座椅调到可以看星星的角度……

一切，不是苛求精致，全因太爱生活！

2)　亲情主题

亲情主题是指广告中表现父爱、母爱，表现家庭观念、家庭成员之间的爱和关怀。亲情主题的广告文案唤起人们对亲人的感情，广告内容易与人产生共鸣。

【案例 4-17】

统一企业公关广告“母亲节篇”文案

统一企业公关广告“母亲节篇”，在母亲节推出颂扬母爱的宣传广告，表达了企业对天下母亲的关心，自然使天下的母亲心中有了一份感动。

广告正文：

只要真心付出，就是最大的快乐！

用妈妈的爱和关怀，连接屋檐下的每一颗心，

爱自己的家，也爱天空下的每一个家，

让妈妈的笑容更加灿烂！

统一企业提醒您，真心付出，把爱分享。

04

【案例 4-18】

孔府家酒电视广告文案

正文：

千万里，千万里我一定要回到我的家。

我的家，永生永世不能忘记。

孔府家酒，叫人想家。

案例解析

酒是最能寄托情感的东西，友情、爱情、怀旧，都能与之产生关联。朋友聚会要有酒；结婚喜宴不能没有酒；人若忧愁，酒来解愁。这则广告抓住了酒的文化内涵，同时突出家的表意，抒发游子的怀乡之情，从而把中国的传统文化中早已凝聚的这种情结激发起来，唤起消费者的情感共鸣。

【案例 4-19】

湖滨园电视广告文案

该广告文案道出了家的温馨，让消费者感觉买湖滨园是买回了家的温馨。

正文：

我等着你回来，

我等着你回来，

我等着你回来，

我等着你回来……

等你……听歌赏景，闲话家常；

等你……品茶欢聚，叙旧谈心；

等你……逗儿嬉戏，忘形笑话。

等你的是个家，不是一所房子。

【案例 4-20】

白兰氏的广告文案

广告语：迎考关头，孩子需要白兰氏！

正文：让白兰氏帮孩子赶走疲劳，提高效率，就是给他最实际的支持！为他赢得时间，赢得好成绩！

案例解析

广告的画面用越堆越高的课本来表示孩子面临的繁重学业压力，白兰氏鸡精出现了，它支撑着厚重的课本，文案则点出关心孩子的主题。孩子的前途是每个家长的心结，最关心孩子的莫过于父母，因此白兰氏的这则广告无疑赢得了家长们的共鸣。

3) 友情主题

友情主题用以表现朋友之间的友谊，人与人之间的互相关心、相互扶持的情感。

2．以归属感为主题

归属感主题体现并满足人们需要归属于一个集团或群体，希望成为其中一员并得到关心和照顾的情感。

【案例 4-21】

动感地带的系列广告文案

该广告通过激发年轻人强烈的归属感来达到宣传目的，如图 4-4 所示。

图 4-4　动感地带的平面广告

系列一：

标题：亮出特权身份 就在动感地带

正文：只要一张动感地带 SIM 卡，特权身份就是我的。除了基本的通话功能，还有四大特权任我享用：话费节约权——多种动感资费套餐供应，让我放下话费包袱，轻松饱尝沟通乐趣；喜新厌旧权——新我工具常有新款手机打包给我，旧的没去，新的已经来了；业务任选权——业务极大丰富，听的说的、看的玩的，都是我变着花样想要的；联盟优惠权——N 多厂商与我联络，吃穿玩用都有特殊待遇，别人的地盘，正在变成我的地盘。我爱这特权，爱这里的东西特别全。

"动感地带"(M-ZONE)——我的地盘，听我的！

系列二：

标题：别人的地盘 正在变成我的地盘

正文：不是吹牛，动感地带真的给了我特权——从麦当劳开始，N多厂商与我联盟，吃穿玩用每一个喜欢的牌子都可能给我特殊优惠，别人的地盘，我也要当做作主。还等什么，现在就加入动感地带，享受越来越多的联盟特权优惠吧！

"动感地带"(M-ZONE)——我的地盘，听我的！

系列三：

标题：换机狂热分子

正文：对手机，我有权利喜新厌旧。喜欢索尼爱立信T312，也喜欢西门子S57；喜欢诺基亚7250i，还喜欢厦新A8698和三星S208……只要是动感地带为我专门定制的新款手机，与各种新鲜业务打包，我就能得到"1+1小于2"的优惠。轻松换机的同时，享受彩信、GPRS上网、N多游戏下载和各种特色咨询等，话费也省下不少。旧的没去，新的已经来了。

"动感地带"(M-ZONE)——我的地盘，听我的！

案例解析

在这个系列广告中所要传达的主要信息是动感地带的多样化服务，它把年轻的、有个性的人划分为一个新的群体：动感地带人，用年轻人的潮流语言打动他们，向这些较为感性的消费者发出召唤，极易引起目标消费者的共鸣，引发强烈的归属感。

(四)以社会认同感为主题

每个人都希望自己的能力和成就得到社会的承认，希望自己名利双收，有稳定的社会地位，有自尊，同时也能得到别人的尊重。因此，广告文案可以在这个方面大做文章，以求引起诉求对象的共鸣。一般奢侈品或高档消费品采用这种主题形式比较普遍。

【案例4-22】

中国移动全球通的电视广告文案

中国移动全球通的电视广告选择地产业界精英王石作广告代言人，把登山和做人相互类比，寓意深刻。采用社会精英代言高端品牌，可以说是强强联合，更加强化了品牌的高端形象，广告内容也容易引起社会精英阶层的社会认同，如图4-5所示。

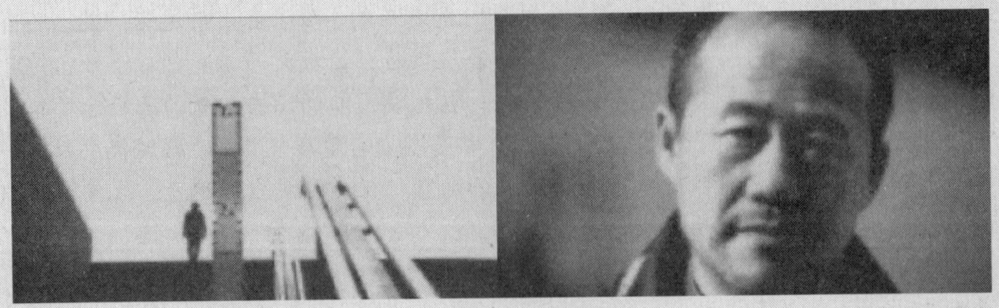

图4-5 全球通电视广告

图 4-5　全球通电视广告(续)

广告语：做最好的自己，我能。

正文：

每个人都是一座山，世界上最难攀登的山，其实是自己。

往上走，即便一小步，也有新高度。

做最好的自己，我能。

【案例 4-23】

欧米茄女表杂志广告文案

标题：莱·麦克弗森的选择

正文：现今时代女性的典范莱·麦克弗森，不单是国际超级模特儿，更是出色女演员及著名商业奇才。她在多方面表现成就非凡，全凭她聪慧机敏的个性、绰约迷人的美态与天赋的吸引力。无论在任何场合，她都选戴欧米茄，展现成功女士的风采！莱·麦克弗森说："信任你的选择，信任欧米茄。"

广告语：欧米茄——卓越的标志

(五)以自我实现为主题

现代生活中，人们特别是青年人都比较重视个性，向往个性的充分展现和自由张扬，并且以此为骄傲。因此，在广告文案中以诉求对象的自我观念和期许为主题，可以引起诉求对象的认同和共鸣。

【案例 4-24】

香港 Hard Rock 餐厅平面广告文案

标题：Hard Rock 只有一条穿衣规则：请勿遵守规则

正文：燕尾领带通通给我靠边站！这儿绝无限制，也欠虚伪。你大可纵情吃喝，跳个地暗天昏。只要你不怕出洋相，谁理你穿得怎么样？

四、感性诉求文案的写作原则

感性诉求文案的写作应遵循如下原则。

(一)抓住消费者的情感需要

情感诉求要从消费者的心理需要出发，紧紧围绕消费者的情感需要进行诉求，才能产生巨大的感染力和影响力。需要是情绪情感产生的直接基础，若消费者没有类似的需要，任何刺激也无法激发起他的这种情感，在情感广告中，广告刺激必须以消费者的需要为中介才能发挥作用。

广告要想打动消费者，必须针对消费者的需要进行诉求，同时，把产品与消费者的需要紧密联系，使消费者一出现类似需要就联想到该产品，这样才能取得良好的促销效果。情感诉求正是诉求产品能够满足消费者的某种需要，以达到使消费者产生共鸣的目的。

(二)增加产品的心理附加值

人类的需要具有多重性，就像上文所分析的，既有物质性需要，也有精神性需要，并且这两类需要常处于交融状态。一方面，物质需要的满足可以带来精神上的愉悦；另一方面，精神上的满足又可以强化物质需要的满足，甚至会代替物质需要的满足。

从这种意义上说，产品的质量是基础，附加值是超值。作为物质形态的产品或服务，本来并不具备心理附加值的功能，但适当的广告宣传，会给产品人为地赋予这种附加值，甚至使该产品成为某种意义或形象的象征——购买这类商品可以获得双重的满足，一是物质上的，一是精神上的，这对于有条件购买该产品的消费者会产生极大的吸引力。

例如，“派克钢笔”是身份的象征，“金利来”代表的是成功男人的形象，而“万宝路”则是独立、自由、粗犷、豪放的男子汉的象征。

关于消费者生活观念的调查

日本政府在1999年曾进行过一次民意调查，有58%的日本人声称“不想买什么东西了”。因为从使用价值角度看，他们已经应有尽有了。惟一诱使他们购物的因素，是商品的文化、精神附加值。

据2000年“新世纪中国消费调查报告”：中国人的消费习惯和生活方式正表现为温饱型日益被享受和自我发展型所取代。追求时尚与形象、展现个性与发展自我逐渐成为新一代消费者的愿望与需求。

(三)利用暗示倡导流行

消费者的购买动机是多种多样的，有时购买者并不一定是使用者，许多产品是用来馈赠亲友的，通过馈赠礼品，表达某种情感，如果某产品正好符合这种愿望，他们就会主动去购买，而较少考虑产品的质量、功效等具体属性。当厂商通过广告传播把购买这种产品变为一种时尚或风气后，消费者就会被这种时尚所牵引，从而去购买这种产品。

例如，“脑白金”广告被称为一种广告现象，“今年过节不收礼，收礼只收脑白金”的广告语被高频度播放后，几乎妇孺皆知，但该广告并没有引起人们的积极情感，甚至引起很多消费者的反感，2002 年被评为中国十大恶俗广告之首。但不可否认，通过暗示，引导消费，该广告在促进销售方面还是比较成功的。

第三节　情理结合的诉求文案

情理结合诉求的广告文案，就是将感性诉求和理性诉求两者有机地融合在一起的广告文案。情理结合诉求手法的基本思路是：采用理性诉求传达客观信息，又用感性诉求引发诉求对象的情感共鸣。

在情理结合诉求文案中，有的是以理性诉求为主，感性诉求为辅；有的是以感性诉求为主，理性诉求为辅。可以灵活运用理性诉求的各种手法，也可以加入感性诉求的各种情感内容。

情理结合诉求的广告文案既采用理性诉求的方式传达客观的信息，又使用感性诉求的方式引发受众的情感共鸣，将两者的优势结合起来，最大限度地加强广告信息的趣味性和说服力。

情理结合手法在广告文案的写作以及广告运作中更为常用，但前提是产品或服务的特性、功能、实际利益与情感内容有合理的关联。在选择广告诉求手法时，不必追求当前流行何种诉求方法，选择适合产品自身特点的最重要。坚持原则在广告诉求时也是一种原则。

【案例 4-25】

奥迪汽车的杂志广告文案

标题：跨越时代创想，以人性奏起跨世纪交响……奥迪 A8；奥迪，只因你敢于超前

正文：“音乐应从男人的心中烧出火来，从女人的眼中带出泪来。”贝多芬，以沸腾的热情感受生活，在人们内心深处奏起跨世纪的交响乐，开创并引领时代前行。

今天，一个技术开拓者冲破常规界限，令您现在就看到未来——奥迪 A8，以最自然的全铝合金构造新一代汽车的明天。强劲的 A8 引擎动力，令安全变得更为主动；极尽广泛的常规装备，前所未有的手动自动替换变速箱，让您现在就掌握豪华奔腾的驾驶乐趣。

广告语：突破科技 启迪未来

案例解析

这则文案在表达确实而客观的信息的同时，注重加强与受众情感及精神的沟通，激发其认知的欲望和产生行动的激情，体现了理性诉求与感性诉求相结合的广告诉求策略，给受众以实在、郑重、亲切而自然的感受。

一、情理结合的诉求文案的特点

情理结合的诉求文案具有如下特点。

(一)诉求内容全面

情理结合诉求广告文案既有人们进行理性分析所需要的有关企业、产品和服务的实用性、功能性的信息内容，又有能满足人们心理需求的情感内容，这就使人们在精神上和物质上都能得到满足。

【案例 4-26】

阳光金手链报纸广告文案

标题：足金阳光手链

副标题：足金闪耀恰如阳光笑意

正文：我喜欢“阳光之歌”手链，因为它凝聚了大自然的灵慧优美。我是一个不甘受束缚的人。我爱自由自在，我爱呼吸大自然的气息。我最爱阳光下的大自然，那份生机盎然的感受，那种金光闪耀的魅力，就如我手中的足金“阳光手链”，叫我一见倾心、难以抗拒，流露盈盈笑意。阳光里的天与地，万物纵横交错，全部镀上美丽的金色。

以此为灵感的“阳光之歌”手链，运用简单的线条、清新的设计，以闪烁黄金真情演绎，表现出大自然的纯真个性，配合由足金光面、磨砂面的不同处理，尽显精细工艺之余，更充分地流露出阳光下大自然的独特美态；全身投入阳光里的大自然，天地间最完美的事情莫过于此。

此刻，我感到格外自在与满足。佩戴着足金“阳光之歌”手链，令我充满自信，笑容也分外灿烂……

案例解析

在这则广告文案给消费者的信息中，既有手链的设计及工艺方面的理性诉求内容，也有佩戴手链所带来的心理满足的感性诉求内容。

(二)诉求表现情理并举

情理结合诉求广告文案在诉求表现上，既通过陈述、论证、比较等理性诉求的方式，把企业、产品和服务的信息尽可能清晰而详尽地给予消费者，也通过煽情的感性诉求的方式，调动消费者的情绪，激发他们的购买欲望。

【案例 4-27】

海飞丝洗发水的电视广告文案

在幼儿园，妈妈蹲下来亲吻自己的儿子，儿子发现母亲双肩上布满头皮屑，稚气地问母亲：为什么有那么多白点。母亲在大庭广众之下，耻于回答，不好意思地低下头。(海飞丝样品的特写)母亲开始使用海飞丝洗发水。

做着对比试验：一边头发用海飞丝，另一边头发用其他洗发水。用海飞丝那边头发光亮柔滑，没有头皮屑，而没有用海飞丝那边则还有不少白色的头皮屑。母亲又去抱儿子。儿子瞧瞧母亲的肩膀，开心地笑了。母亲骄傲地在人群中走着……(海飞丝样品特写)

案例解析

这则广告文案中，既采用了理性诉求广告文案中的比较方式，通过使用海飞丝前后的对比和使用两种不同产品(海飞丝和另一种洗发水)的对比，突出了海飞丝产品去头屑的功能信息；又采用了母子情的感性诉求方式，将因“头皮屑”带来的“难堪”表现出来，从而刺激消费者的认同心理。

04

(三)诉求语言庄谐并用

情理结合诉求广告文案的语言，既有理性诉求广告文案对企业、产品、服务实用性、功能性信息的严谨而平实的介绍，又采用感性诉求广告文案中形象生动、幽默风趣、富于情绪化的语言，让消费者感受到丰富的情感信息。

【案例 4-28】

杜老爷雪糕电视广告文案

最新鲜的水果在果园，好吃的雪糕在 Here。Look!! 100%的果汁和浓浓的 ice cream，还有新鲜的水果在里面。哇！这是哪一国的雪糕啊!

杜老爷果园心情雪糕，好吃的雪糕在果园里。

案例解析

这则广告文案既用了诸如“100%的果汁……还有新鲜的水果在里面”的较为平实的语言介绍杜老爷雪糕的配料特色，又以中英文混杂使用的形式，用夸张的语气来迎合时下青少年消费者的语言特点，引起他们的情感共鸣。

二、情理结合的诉求文案的写作策略

(一)理性为主、感性为辅的策略

用较多的篇幅叙述理性的部分，同时也不包含感性诉求的元素。

【案例 4-29】

长城葡萄酒的广告文案

该广告文案采用理性为主策略。

标题：三毫米的旅程——一颗好葡萄要走十年

正文：

三毫米，瓶壁外面到里面的距离，
一颗葡萄到一瓶好酒之间的距离。
不是每颗葡萄，都有资格踏上这三毫米的旅程。
它必是葡萄园里的贵族；
占据区区几平方公里的砂砾土地；
坡地的方位像为它精心计量过，刚好能迎上远道而来的季风。
它小时候，没遇到一场霜冻和冷雨；
旺盛的青春期，碰上十几年最好的太阳；
临近成熟，没有雨水冲淡它酝酿已久的糖分；
甚至山雀也从未打它的主意。
摘了三十五年葡萄的老工人，
耐心地等到酸度和糖分完全平衡的一刻，
才把它摘下；
酒庄里最德高望重的酿酒师，
每个环节都要亲手控制，小心翼翼。
而现在，一切光环都被隔绝在外。
黑暗潮湿的地窖里，
葡萄要完成最后三毫米的推进。
天堂并非遥不可及，再走十年而已。

案例解析

整篇文案叙述了一颗葡萄变成葡萄酒的历程，把葡萄酒的制作过程巧妙地展现给读者，通过事实的叙述表现了长城葡萄酒制作的精良和品质的优秀，同时，拟人的手法和文学化的语言运用又使得文案不枯燥，妙趣横生，易于接受，有一定感性的成分。

04

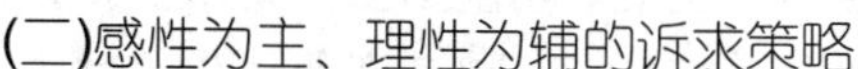

用较重的篇幅或色彩描述感性的部分，同时也不放弃对理性的诉求。往往感性的东西容易吸引人，可以使广告更受人注意；理性的东西则更能说服人，可以使广告更令人信服。广告诉求应该动之以情，晓之以理，双管齐下。广告诉求离不开朋友式的交谈，或以理服人，或以情动人，或情理齐用，以求获得最好的说服效果。

【案例 4-30】

一汽——大众汽车有限公司的宝来汽车广告

画面中宝来轿车上方是在蔚蓝色的天空中滑翔的运动员，正在冲浪及滑雪的运动员，他们的英姿令人振奋，强烈的动感给人以风驰电掣的感受。

正文：

动力 宝来

天地之间

总有动力助我们

翻腾纵跃 栩翔驰骋

尽享生命动感之美

宝来就是动力 动感与力量

浑然天成非凡驾驭

至高乐趣

驾驭动力

生命无限精彩

宝来，驾驶者之车。创新设计，引领全新驾驶观念，充分满足。

宝来 1.8T 已率先上市。

案例解析

很显然，这里突出的是宝来的动力，“动力”两字的多次重复起到了很好的强调作用。生命的动感之美用“翻腾纵跃，栩翔驰骋”凸显。文案与画面相映相谐，巧妙自然。理性与感性的融合给人以和谐之美。

1. 广告文案从诉求方式上来看可以分成三个基本类型，即理性诉求文案、感性诉求文案和情理结合的诉求文案。

2. 理性诉求文案是指诉诸消费者的理性，通过对企业、产品和服务等客观情况的传达，使消费者理智地做出符合广告传播者意图的决定。理性诉求文案以功能为主要诉求点，信息翔实精确，语言文字平实、可信。理性诉求广告文案以理服人的特点，使其在传达信息时主要采取直接陈述、论证和比较等几种形式。

3. 感性诉求广告文案，就是诉诸消费者的感性认知，通过表现与企业、产品、服务相关的情绪与情感因素，唤醒消费者内心的情感，使其与广告形成共鸣，最终达到心理上的某种满足和认同，从而影响其价值判断和行为方式。感性诉求文案满足人的心理需求，激发情感共鸣，文字表达生动、形象、情绪丰富。

感性诉求文案满足消费者各个层次的需要，表现主题也分多个层次，如以生理需求和本能欲望为主题、以安全为主题、以爱和归属感为主题、以社会认同感为主题、以自我实现为主题等。感性诉求文案的写作要抓住消费者的情感需要，增加产品的心理附加值，还可以利用暗示，倡导流行。

4. 情理结合诉求的广告文案，就是将感性诉求和理性诉求两者有机地融合在一起的广告文案，它是广告中最常用的一种诉求手法。情理结合的诉求文案有诉求内容全面、诉求表现情理并举、诉求语言庄谐并用的特点。情理结合的诉求文案的写作策略共有两种，分别为理性为主、感性为辅的策略和感性为主、理性为辅的诉求策略。

壳牌广告文案：壳牌赋能予人

2004 年我国国产品牌的崛起，不仅带给国外润滑油巨头竞争压力，更在垄断中低端润滑油市场的同时，逐步展开了高端润滑油市场的进入，润滑油品质、技术等条件均可与国外厂商相媲美。壳牌自然也迎来国内润滑油品牌的围攻，市场份额持续下滑，且时有负面新闻报道缠身，因此扭转企业品牌形象、加强品牌建设势在必行。

壳牌新系列的广告改变了宣传策略，在宣传主题上，壳牌修改宣传口径，一改以往着重宣传壳牌喜力润滑油的产品广告宣传，转向对可持续发展推广行动的延续宣传支持，充分展现出“壳牌赋能予人”的发展理念，进而形成独特的系列广告宣传主题策略。

乘法篇如图 4-6 所示。

标题：关于未来的发展，我们只选择一种计算方式：乘法。

正文：

“乘数效应”是中海壳牌南海石化项目正在实现的目标。

南海石化是大亚湾石化区的启动项目，也将是石化区的主体工程，不仅将为广东省提供急需的化工原料，减少对进口的依赖，降低成本，还将吸引更多的国际投资，带动下游制造业、服务业和物流的迅速发展。

大亚湾石化区将是世界级的石化区，并将成为惠州市经济、社会发展的驱动力，而中海壳牌的南海石化项目将是这个动力的引擎。

中海壳牌南海石化项目是中国海洋石油和壳牌的合资项目，位于广东惠州市大亚湾，总投资 43 亿美元，是迄今最大的中外合资项目之一。

图 4-6　壳牌喜力润滑油广告“乘法篇”

案例点评

“乘法篇”描绘的是 2005 年年底完工的中海壳牌石油化工有限公司诞生，中海壳牌南海石化项目的建设场景突出了其作为大亚湾石化区启动项目的意义，借助所谓的“乘数效应”带动一方经济发展，阐述壳牌所带来的巨大社会经济效益，强化壳牌所代表的社会人文性质。

太阳篇如图 4-7 所示。

图 4-7　壳牌喜力润滑油广告“太阳篇”

标题：如果骏马追不上太阳，我们就把太阳放在马背上。

正文：

山高水长，戈壁茫茫的新疆，夜幕之下不再只有星光点点——游牧人家的毡房里，有了明亮的太阳。马背上的生活不再是苍凉的寂寞，因为太阳的能量也能在夜晚感受；毡房里的歌声不再只有哈萨克一种旋律，收音机的电波送来世界艺术的风情。

通过政府的"光明工程"，壳牌把太阳能产品和技术带给新疆边远牧区的千家万户，把移动的电力带给草原。生活在马背上的哈萨克游牧民族，漫漫转场路已与以往有别——不但毡房里装上了电灯，而且走到哪里，就能亮到哪里！壳牌独立太阳能系统，正适合马背上的生活：轻巧坚固，不怕马背上的颠簸；可以直接用电，也可以把电能储进电池备用；安装只需五分钟，简单得如同骑马备鞍。

"刚听说那会儿，我就想，要赶快装一个！这下可好了！"提起他新装上的太阳能板，牧民哈帕斯就掩不住满面的兴奋之情。

夸父的远古梦想化作小小的太阳能收集板。人类走过了漫长的自然崇拜，才发现与其夸父追日，不如借日酬勤。让太阳的能量变成可持续的能源，伴我们生生不息，直到永远。

案例点评

太阳篇："如果骏马追不上太阳，我们就把太阳放在马背上。"这充满诗意的广告词句，是壳牌在中国西部推广"中国光明工程"活动的真实写照，结束了新疆广袤的牧场上 25 万户游牧家庭无电的生活。

未来篇如图 4-8 所示。

图 4-8　壳牌喜力润滑油广告"未来篇"

标题：刚刚还在梦想今天……今天，她已坚信：未来已不再是梦。

正文：

昨日的田野，近日的石化区，方寸待改，时空已变。

在搬迁村民张新娣看来，不做农民做工人，远不是放下锄头那么简单。

“你要积极主动，与大家合作，要从全局看待自己的工作，”她深有感触地对其他搬迁村民分享心得，“一切全靠自己的努力。做到最好，机会多得很，不怕没事做。”

张新娣通过正式招聘程序被中海壳牌南海石化项目录用，在办公大楼里做后勤支持工作。连年前拘谨羞涩的她，现在落落大方，充满自信，一应现代化办公设备她都操作自如，还学会了用电脑。

“培训很重要，”她说，“但关键还要靠自己用心努力。我跟孩子们一样，每天都在学习新东西！”

中海壳牌南海石化项目是中国海洋石油和壳牌的合资项目，位于广东惠州市大亚湾，总投资43亿美元，是迄今最大的中外合资项目之一。

案例点评

“未来篇”以中海壳牌南海石化项目所引起的村民搬迁及安置行动为背景，选出代表性人物展开报道，从而整体诠释出壳牌的“赋能予人”的理念，即在政府和项目企业的职责或义务范围之外，为移民提供了更多的培训、就业机会，为移民不断提高自己的劳动和生活水准赋予某种能力。如此一来，将壳牌的品牌形象再次提升一个新高度，强化壳牌的亲善大使形象。

壳牌喜力润滑油广告还有“F1篇”、“绿色篇”等系列平面广告，所传达的核心概念都是壳牌赋能予人，为中国的能源发展作出了贡献。文案平实可信，靠事实说话，在对壳牌各个项目的介绍中有大量理性的成分，以理服人；在语言叙述形式中又调动情感，讲述普通中国人的故事，以情感人。该篇文案树立了壳牌作为一个具有巨大影响力的公司担负社会责任的形象，是一篇成功的情理结合的诉求文案。

讨论题

在这一系列广告中，创作者是如何以理服人、以情感人的？又是如何把情理诉求有机结合的？

实训课堂

1. 什么是理性诉求文案？
2. 什么是感性诉求文案？
3. 什么是情理结合诉求文案？
4. 简述理性诉求文案的特点。
5. 简述感性诉求文案的类型。
6. 感性诉求文案的写作原则有哪些？
7. 情理结合的诉求文案有什么特点？
8. 情理结合的诉求文案有哪些写作策略？
9. 选择一个自己比较熟悉的品牌，撰写三则平面广告文案，分别采用理性诉求、感性诉求、情理结合3种诉求方式。

第五章

广告文案的语言与修辞

学习要点与目标

- 了解广告文案写作中语言的基本特征和要求。
- 掌握广告文案中语言技巧的运用，掌握广告文案写作中的修辞技巧。

核心概念

广告语言、修辞方式

引导案例

台湾中兴百货系列广告文案

系列一：

台湾中兴百货系列广告(1)如图 5-1 所示。

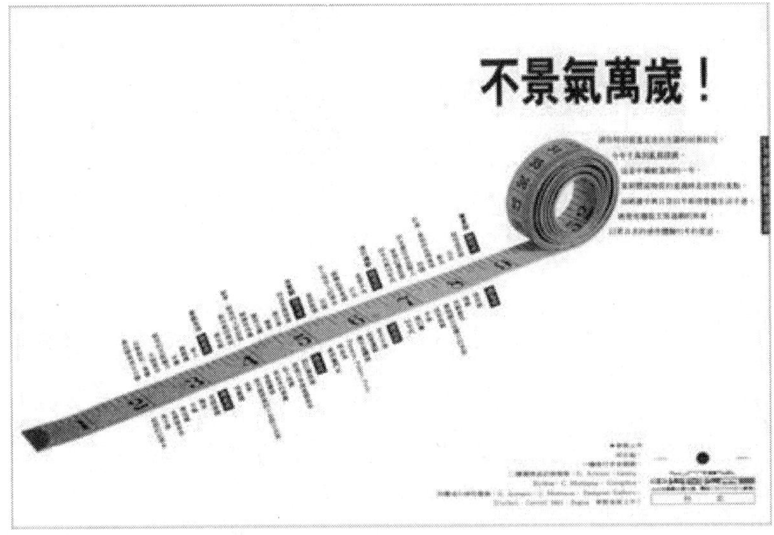

图 5-1　台湾中兴百货系列广告(1)

标题：不景气万岁！

内文：请你特别留意星座出生图的财务状况，今年千万别乱杀扑满，这是中药般温和的一年，重新体认物质的意义将是消费的重点，而研读中兴百货 91 年新消费观生活手册，将使你摆脱主张过剩的焦虑，以更自在地感性体验 91 年的质感。

系列二：

台湾中兴百货系列广告(2)如图 5-2 所示。

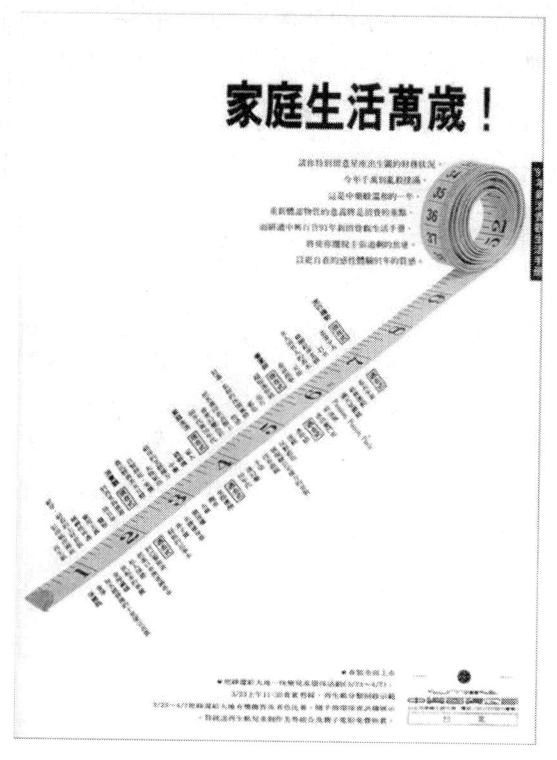

图 5-2　台湾中兴百货系列广告(2)

05

标题：家庭生活万岁！

内文：请你特别留意星座出生图的财务状况，今年千万别乱杀扑满，这是中药般温和的一年，重新体认物质的意义将是消费的重点，而研读中兴百货 91 年新消费观生活手册，将使你摆脱主张过剩的焦虑，以更自在地感性体验 91 年的质感。

案例解析

这一系列文案是台湾意识形态广告公司为中兴百货公司创作的，从中可以看出意识形态公司创作的独特风格，文案中的每一个词都经过精心挑选，每一个字都在传达着意识形态为中兴百货打造的个性。广告文案不同于其他文章，它要求广告用最大的努力抓住受众的注意力，用最少的文字传达最多的信息。这个时候就要求广告创作者对修辞学的牢固把握与合理运用。在上面这则文案中不难看出作者的良苦用心。

广告文案是以语言进行广告信息内容表现的形式。修辞，不仅是一种语言技巧，也是一种创意性的思维方式。只有掌握广告文案写作的语言要求和修辞的技巧，才能使广告文案写作更加生动、形象、丰富多彩。

第一节　广告文案的语言

广告是科学和艺术的结晶，但从广告语言的层面看，更多体现在广告是一种以劝服为主要方式的语言艺术。即广告文案通过对文字的艺术化处理，使得广告文案所蕴含的信息以一种诉求对象容易接受的方式接纳，而且通过某种艺术化的创造，有效达到对广告对象的说服效果。可以说，广告与语言有着密不可分的关系，语言在广告中应用得如何决定了广告的成败与否。

一、广告文案语言的基本特征

广告文案语言具有如下基本特征。

(一)广告语言的简明性

“简洁是才能的姊妹”，这句名言不仅适用于文学创作，也适用于广告文案的写作。任何多余的词语、啰嗦拖沓的表述，都是不能容许的广告文案语言。正如美国广告专家马克斯·萨克所说：“广告文案要简洁，要尽可能使你的句子缩短，千万不要用长句或复杂的句子。”

要做到简洁而又能突出主旨，就必须确定语言的指向。因此，广告文案中的每一句话、每一个词语都要有重点的方向，都要直接或间接地指向文案的主旨。广告语言的简洁性可以从以下两个方面来理解。

1. 从传播媒介的特征看

广告要在有限的时间内或有限的版面上传达出特定的信息，从而在有限的空间和时间内达到最大的传播效果。所以广告传播需要单一主题、创意构想单纯等，其实就是指广告语言的简明性。

2. 从受众的特征看

现今人们生活的快节奏，致使人们通常没有耐心看冗长的广告信息，从而更加倾向于对画面、视频等视觉形式的注目。因此，广告语言需要简洁凝练、直奔主题，使受众不经思考一看就懂，尽量消除受众在接收广告信息过程中的障碍。

【案例 5-1】

台湾三味矿泉水的广告文案

标题：四大皆空

正文：无色、无味、无菌、无尘。

案例解析

此广告借用佛教用语再现三味矿泉水的纯度和质量，使人莞尔一笑后便能记住它的特点。矿泉水虽是取自天然，却是经过严格处理的，没有细菌，没有尘粒，消费者可以没有任何顾虑地饮用。

文案巧妙地传达了矿泉水的四大特色，用佛家的行话来说即是“四大皆空”。概括形象，比喻恰当，传达简洁，让消费者乐于接受，容易记住。

广告大师的创作箴言

广告是语词的生涯。——大卫·奥格威

文字是我们这行的利器，文字在意念表达中注入热情和灵魂。——李奥·贝纳

(二)广告语言的人性化

广告最终是给特定目标受众看的，要让他(她)们看懂，并记住以及产生购买欲望。与人沟通的广告自然要在广告语言上注重人性化，在进行广告创作的过程中，就必须从消费者出发，关注消费者的真实感受。例如自然堂化妆品的广告语为“其实你本来就很美！”一语切中女性消费者的心声，可见广告语言的人性化魅力之所在。

(三)广告语言的思想性

广告创作者总是潜移默化地将自己的创作意图通过丰富的语言表达出来。好的广告语言要褒扬优秀的社会风气，提倡优良的文化传统，引导消费者产生积极健康的社会意识。例如：“敬老人用心开始”，“其实父母是孩子最好的老师”，“有健康才有将来——安利纽崔莱”，“迎奥运、讲文明、树新风”等。这些广告语言都起到了引导健康文化发展的作用，也充分体现了广告语言的思想性。

(四)广告语言的创新性

创新性是广告的生命力体现，作为一种艺术形式，广告要顺应时代的发展，迎合消费者的心理。广告的最终目的在于使目标受众注意、记住并认可它所宣传的商品，为了在众多同类商品中脱颖而出，广告人总是不断地创造新的表达方式和表现手法。

【案例 5-2】

黑松汽水广告的系列文案

系列一

标题：爱情灵药

正文：温柔心一颗；倾听二钱；敬重三分；谅解四味；不生气五两；以汽水服送之，不分次数，多多益善。

广告语：用心让明天更新！

系列二

标题：生活灵药

正文：水一杯，糖二三分，气泡随意，以喜欢心喝之，不拘时候，老少皆宜。

广告语：用心让明天更新！

系列三

标题：工作灵药

正文：热心一片，谦虚二钱，努力三分，学习四味，沟通五钱，以汽水服送，遇困境加倍用之。

广告语：用心让明天更新！

案例解析

这则系列广告用极简练的笔法给人们开出了爱情、生活和工作药方，构思奇特，充满新意。在广告策略的指导下，广告语言的创新有无限种可能，创意来源于广告创意文案人员的人生阅历和创造性的思考。

(五)广告语言的沟通性

广告强调从消费者出发，注重与消费者的沟通，广告创作者总是希望能够在消费者心底某个角落产生触动，乃至共鸣，从而实现良好的广告传播效果。这就要求广告文案写作过程中所运用语言具有效沟通性。

一般来说，人在瞬间能够看到和理解的字是10个。因此，语言必须有力度。

日本的山本良二在《大阪的文案》一文中说："我在大阪写了13年文案。我认为最重要的就是广告首先要好懂。也就是说，要看受众能不能明白商品具体好在哪里。而且，不只是用大脑明白，要用心明白，用皮肤明白，用身体感受。其次是明白的速度，也就是说广告必须让受众能够马上明白。"

文中还讲道："在处处可见的无数广告中，如何突出自己是关键"，"形式化的东西不容易深入人心。让人吓一跳也行，让人喉头哽噎也行。听了一次不会忘记，不愿意接受也堵在心头，我所追求的就是这种文案。"当然，通俗又能具有民族特色的语言最适合作为文案的语言。

【案例5-3】

CLUB MED度假村的广告文案

标题：在CLUB MED到处都松绑的七情六欲

正文：

松绑的心情

——快乐的遭遇简直应接不暇，大脑无法负荷，松绑的表情。

——笑的时候，后臼齿清晰可见，照片里常出现疯狂的特写，松绑的食欲。

——面对龙虾大餐、法国大餐、意大利菜、日本美食能不动口除非想让口水流干，松绑的运动细胞。

——旱鸭子变成游泳大队大队长，沙发马铃薯变成运动场赶场明星，松绑的睡眠，松绑的梦，松绑的每分每秒，人生难得松绑一回，现在就打电话到各大旅行社或CLUB MED度假村洽询详情。

广告语：CLUB MED，一种新的度假哲学。

案例解析

这一文案在洞悉现代都市社会人们生活压力大、节奏紧张的基础上，提出“松绑”的概念，让人对度假放松身心产生欲望。广告创意恰到好处，文案语言平实可信，与读者达成了良好的沟通。

无论广告采用何种创意，让人看懂都是首要要求。如果一则广告让人看了难以理解，不知所云，那么这个广告就基本上失去了与消费者继续沟通的机会。因为消费者不同于广告人，他们不可能花大把时间捧着广告一遍又一遍地琢磨其深意，消费者接收广告信息往往是被动的、随机的，留住他们的最好手段就是在短暂的接触时间内给他们最需要的信息。

二、广告文案语言的基本要求

广告文案语言的基本要求如下。

1．准确规范

准确，就是广告中用词、表达要准确，没有歧义；词语组合合乎逻辑，符合客观存在；避免不良的引申义；语句要围绕信息内容来准确无误地展开。出现歧义、不良引申义和远离广告信息本身的广告文案不仅不能准确地传达广告信息，而且会产生一些消极后果。准确规范是广告文案中最基本的要求。

(1)　广告文案中语言表达要规范完整，避免语法错误或表达残缺。

(2)　广告文案中所使用的语言要准确无误，避免产生歧义或误解。

(3)　广告文案中的语言要符合语言表达习惯，不可生搬硬套，自己创造众所不知的词汇。

(4)　广告文案中的语言要尽量通俗化、大众化，避免使用冷僻及过于专业化的词语。

【案例 5-4】

百度在纳斯达克上市的企业形象广告文案

标题：

在中文里，至少有38种表达“我”的方法，中文搜索是一件复杂繁琐的事情……

正文：

俺，孤，小生，本人……你可以罗列出多少种“我”的同义词呢？有问题，百度一下，让百度告诉你。至少38种。这个数字也许还在屈指可数的范围内，然而，这38个词语的背后映射出的却是百度发展成长的依托，是中国源远流长的根基——代代相传、历久弥新的文化底蕴。那古老的敦煌，独立孤漠，仰望长空；那坚毅的兵马俑，沉埋地宫，厮守岁月。千年来，中国的文化随着中国的历史一直摇曳于风中，动荡在雨里，却始终顽强地生存着，发展着。

正如这38个词语，如积木块一样，看似摇摇欲坠，却独立坚实地撑起了一片天空，开启了一片值得信赖和依靠的领域。百度，正是基于此，致力于去挖掘沉积在中国人血液深处那博大悠远的文化底蕴，那千百年的沧桑和过往；去抓住民族的根，民族的魂；去宣扬中国的包容，中国的仁义，中国那累积千载的精髓。朝代更替，斗转星移，从中国黄土地上生长出来的思想正在和世界上各种不同的思想撞击着，交融着。那么，现在百度以这种思想为依托，自豪地向全世界宣布：我，来了。

中国古老的文化创造出了中国神奇的语言——中文。这种象形文字自其诞生之日，就充盈了奇妙的色彩，孕育了诸多的内涵。在信息时代，对中文搜索处理的难度远远超过了仅有26个字母，且具有空格分割词汇的英文。在这一点上，百度用其热情和能力，用其对中国文化的思考，在努力还原着中文自身的奥妙和韵味。

“在中文里，至少有38种表达‘我’的方法，中文搜索是一件复杂繁琐的事情……”是的，百度骄傲地挺起胸膛展示自己的能力和才华，大声地说出自己的承允和诺言。中国本土的中文搜索已经可以撑起一片广阔的天空，捍卫中国的文化瑰宝。因为它生存在这块深沉博大的大地上，早已在潜移默化中将民族的烙印刻进了生命里，将民族的灵魂融进了血液中。

如果不是生于斯，长于斯，谁又能原原本本地表现出中文独有的灵气和魅力呢？而如果徘徊于中文之外，中国的文化，中华的灵魂又将何去何从呢？百度从文字中生长，也将随文字兴旺。

曾经有学者这样感叹：两千年前，中国是中国的中国；一千年前，中国是亚洲的中国；现在，中国是世界的中国。当百度公司以强劲的势头登陆美国时，我们可以再次印证这个观点。是的，中国的搜索，中国的文化，中国的底蕴，正波澜壮阔地在世界的面前演绎着历久弥新的传说。我，来了。站在美利坚合众国的土地上，站在世界的舞台上。

2．简明精练

广告文案在文字语言的使用上，要简明扼要、精练概括、言简意赅。要以尽可能少的语言和文字表达广告产品的精髓，实现有效的广告信息传播。简明精练的广告文案有助于吸引广告受众的注意力和迅速记忆下广告内容。要尽量使用简短的句子，以防止受众因繁长语句所带来的反感。精练，要求语言运用简洁、语义含量大，而不是啰嗦、累赘。

【案例 5-5】

立顿绿茶粉跳水篇广告文案

正文：

为了口感更好

我们决定拉柠檬下水！

3．生动形象

广告文案要求用生动的、具体的、形象性强的语言进行表现。因为富于这个特征的语言对应了受众的形象直觉感知的接受、接收特点，便于受众理解，便于受众记忆。受众不是有意识地阅读和观看广告作品，受众也不会有意识地去记忆和回忆广告文案，但如果在文案的语言特征中体现了使受众在最短的时间里就能理解及记忆和回忆的特性，就能使文案达到广告的传播和说服的目的。

广告文案中的生动形象能够吸引受众的注意，激发他们的兴趣。这就要求在进行文案创作时，采用生动活泼、新颖独特的语言的同时辅助以一定的图像来配合。

措词造句要做到含义隽永，新颖奇特、鲜明生动地突出该广告的主旨。比较好的方法就是形象化地强调，力求使每一句都自成一个意象，化神为形，以形传神，既突出产品的性能特点，也让受众真切地感受到该产品的形美与质美。

将广告信息进行诗意的表达，会产生深深的情感和平添更多的韵味，由此激发购买欲望。好诗不仅能增加广告的情韵，而且可以更真实地传达出商品的特点。

【案例 5-6】

NIKE 运动鞋的广告文案

标题：你决定自己穿什么

正文：

找出你的双脚，穿上它们，跑跑看、跳一跳……用你喜欢的方式走路，你会发现所有事物的空间都是你的领域。没有任何事物能阻止你独占蓝天。意外吗？你的双脚竟能改变你的世界。没错，因为走路是你的事，怎么走由你决定，当然，也由你决定自己穿什么！

4．动听流畅

广告文案是广告的整体构思，对于其中诉之于听觉的广告语言，要注意优美、流畅和动听，使其易识别、易记忆和易传播，从而突出广告定位，很好地表现出广告主题和广告创意，产生良好的广告效果。同时，也要避免过分追求语言和音韵美，而忽视广告主题，生搬硬套，牵强

附会，因文害意。低声细语、自言自语、大声叫喊、引发共鸣等表现形式，在广告中都能获得明显的表达效果。有时柔美的语言，也能深入人心。

用新奇优美的语言对应受众阅读和观看中的特殊心理，用符合受众习惯的语言方式来对应受众的语言运用习惯，用针对不同媒体的不同传播方式的语言构造和语言特色来有效地运用媒介的承载，这样才能写作有效的文案。因为柔美伴随着从容、伴随着缓缓地流动、伴随着潇洒和宁静，所以更具渗透力、更能打动受众。为了使文案的语言柔美，文案作者应尽量避免使用拗口、难懂的词语，特别是那些容易引起误会的同音字。

【案例 5-7】

怡宝纯净水的广告文案

正文：
空气在颤抖
仿佛天空在燃烧
心情超越思想
彩色世界
我有我自己
我有我渴望
广告语：
我渴·我的怡宝

三、广告文案语言的具体应用技巧

广告文案语言的具体应用技巧如下。

1．综合型

所谓综合型就是“同一化”，概括地表现企业。例如：××服务公司以“您的需求就是我们的追求”为广告词。

2．暗示型

所谓暗示型即不直接坦述，用间接语暗示。例如吉列刀片：“赠给你爽快的早晨。”

3．双关型

所谓双关型即一语双关，既道出产品，又别有深意。例如一家钟表店以“一表人才，一见钟情”为广告词，深得情侣喜爱。

4．警告型

所谓警告型即以“横断性”词语警告消费者，使其产生意想不到的惊讶。有一则护肤霜的广告词是“20 岁以后一定需要”；某奶粉的广告词是“不要让你的孩子输在起跑线上”。

5．比喻型

所谓比喻型即以某种情趣为比喻，产生亲切感。例如牙膏广告词：“每天两次，外加约会前一次。”

6．反语型

所谓反语型即利用反语，巧妙地道出产品特色，这样往往给人印象更加深刻。例如口腔诊所广告词：“以牙还牙，以假乱真”；打字广告：“不打不相识”。

7．经济型

所谓经济型即强调在时间或金钱方面较经济。“飞机的速度，卡车的价格”。如果你要乘飞机，当然会选择这家航空公司。“一倍的效果，一半的价格”，这样的清洁剂当然也会大受欢迎。

8．感情型

所谓感情型即以缠绵轻松的词语，向消费者倾诉。例如，“关爱老人用心开始”，“明天的明天你还会送我水晶之恋吗？”切中消费者心理，道出消费者的心声。

9．韵律型

所谓韵律型即如诗歌一般的韵律，易读好记。例如古井贡酒的广告词：“高朋满座喜相逢，酒逢知己古井贡”。

10．幽默型

所谓幽默型即用诙谐、幽默的句子做广告，使人们开心地接受产品。例如杀虫剂广告：“真正的谋杀者”；脚气药水广告：“使双脚不再‘气’”；电风扇广告：“我的名声是吹出来的”。

上述 10 种方式囊括了汉语全部有意识的言语行为。实际上，这些有意识的言语行为方式体现在各种不同语体风格的作品和日常的人际交往之中，广告文案的语言行为结构系统当然也不例外。灵活地运用这些方式，无疑对广告文案的语言行为方式起着十分重要的作用。

广告文案的语体表现形式十分多样，可以是诗歌体、对联体、曲艺体，也可以是故事体和影剧体。但从表达方式来说，无外乎叙述、描写、说明和议论。这 4 种基本表达方式，也正是以上 10 种语言技巧在具体表达中的运用。

第二节　广告文案的修辞

修辞是为了获得语言的修饰效果、更好地完成表达任务而调动语言的诸因素的种种手段。修辞，不仅是一种语言技巧，也是一种创意性的思维方式。只有掌握广告文案写作的语言要求和修辞技巧，才能使广告文案写作更加生动、形象、丰富多彩。修辞的范畴比较广泛，从大的方面可以将其分为选择词语、句式，调配韵律，运用修辞方法，以及合理创新等。

修辞可以分为消极修辞和积极修辞两类，这里主要指的是积极修辞，即积极地随情应景地运用各种表现方法，极尽语言的一切可能性，使所说所写呈现出形象性、具体性和体验性，呈现出新鲜活泼的动人力量。

下面介绍几种广告文案写作中常用的修辞方式。

一、比喻

比喻就是指通过某种相似点，把原来没有联系的事物联系在一起。在广告创作过程中要把复杂的产品或服务的特点直接表达清楚，会受到多方面因素的制约。通过比喻，可以使产品或服务的特点及所要表达的意思更加浅显化，使受众更易于理解。

比喻通常有3种类型。

1. 明喻

明喻是将本体、喻体用比喻词明显地连接在一起的句式，将比喻化抽象为形象的表达功能表现得较为突出。例如：

“鸽子牌香皂令你的肌肤如奶油般细腻。”(鸽子牌香皂)

“温暖如阳光，轻柔似浮云。”(托茨克床上用品)

“小心，它是活泼而调皮的小精灵！”(亚德里安香水)

2. 暗喻

暗喻是指在本体和喻体之间，不出现比喻词的比喻句式。例如：

“跟着领袖走吧！他的名字叫本田。”(本田公司)

3. 借喻

借喻是本体和比喻词都不出现，直接用喻体代替本体的比喻方式。例如：

“盒中自有花满谷，停不了的感动。”(富士彩色胶卷)

“一个面对世界的窗口。”(美国电视机制造公司)

“洒落在你双脚上的皎洁月光。”(铁衣牌长筒袜)

“美的使者。”(拉克地毯)

二、比拟

比拟是指用他物来比此物。通常有两种类型。

1. 拟人

拟人是指将物比成人。例如：

“舞步超越语言　跳出世界万千”(劳力士女表)

“维维豆奶　欢乐开怀”(维维豆奶)

“会呼吸的纸尿裤。”(帮宝适)

2. 拟物

拟物是指将人比成物。例如：

“有点野哦！”(生力啤酒)
“我们只售舒适。”(罗斯曼鞋业)

三、双关

双关是指利用语言具有多种含义的特点，故意使一个词在文案中有两种不同的含义，给人以丰富的联想空间的修辞方式。例如：

“款款‘神州’，万家追求。”(神州热水器)
“平时注入一滴水，难时拥有太平洋。”(太平洋保险)
“中华在我心中。”(中华牙膏)
“大众提供给你的是最纯洁的驾驶环境。”(大众汽车)

四、夸张

夸张修辞方式用于广告文案写作中主要是指把产品或服务的特性进行夸大或缩小，从而形成视觉或听觉上的冲击力。例如：

“隔壁千家醉，开坛十里香。”(濉溪口子酒)
“一机牵动万人心。”(飞鹰收音机)
“这是从天堂借来的钢琴。”(卡瓦伊牌钢琴)
“每一位拿笔的人都认识我们。”(标准制品公司)

五、对偶

所谓对偶，是指把字数相等、结构相同或相近的两个句子并列地排在一起。通过句式的对称、音韵的和谐、意义的相关，达到一种特殊的语言效果，从而增强感染力。这是广告文案写作过程中常用的一种修辞方式。例如：

“窗外地冻天寒，窗内春意盎然。”(全美取暖器)
“茅台一开，满室生香；茅台入口，全身舒畅。”(茅台酒)
“繁星般璀璨，星云般流动。”(德里恩洗发香波)
“古有千里马，今有日产车。”(日产车)

六、反复

在广告文案写作过程中，反复是指一个词语在文案中反复地出现，以突出其重要的程度，从而增强受众的记忆。例如：

“今年过年不收礼，不收礼，收礼只收脑白金。”(脑白金)

“黄金搭档送老人，腰好腿好精神好；黄金搭档送女士，细腻红润有光泽；黄金搭档送孩子，个子长高不感冒。”(黄金搭档)

“山，因势而动；水，因形而动；人，因您而动。”(江西电视台形象广告)

七、借代

借代是指借用与事物有密切关系的名称去代替该事物的修辞方式。例如：

“让芳香渗透你的全部生活。”(玛丽·切丝化妆品)

“佳洁士，健康自信，笑容传中国。”(佳洁士牙膏)
“一个球队，一个国家，十一头狮子。”(英格兰足球队)

八、回环

回环是指一个词语或句子逆向重复。在广告文案写作中，就是对广告信息进行有变化的重复。例如：

“中国平安，平安中国。”(平安保险)
“万家乐，乐万家。”(万家乐热水器)

九、顶针

广告文案中的顶针修辞方式，是指将前句中的最末一词或短语作为后一句的开头部分。例如：

“车到山前必有路，有路必有丰田车。”(丰田汽车)
“人生得意须饮酒，饮酒请用绍兴酒。”(浙江绍兴酒)

十、仿拟

仿拟是指创作主体仿照现成的歌词、诗词、谚语、成语等语句，创造出一种与原词句有关联的新句子的一种有趣的修辞方式。例如：

“众里寻她千百度，蓦然惊醒，杉杉却在，我心灵深处。”(杉杉西服)
“此景只应天上有，人间难得几回闻。”(某旅游景点)
“‘闲’妻良母。”(某洗衣机)
“特别的美属于特别的你。”(某化妆品)

广告面向受众，立足传播，因此广告文案的语言应注意规范。语言和文字是一个民族、一个国家的文明和进步程度的标志之一，广告语言的运用要反映先进的文明程度。从某种意义上说，广告文案就是驾驭语言的艺术，因此对以下问题应格外注意。

(1) 用语不可有霸气。
(2) 成语的仿拟不可太随意。
(3) 国产商品的品牌不可太洋化。
(4) 同音字不得乱用。

另外，在广告中要避免出现诸如使用错别字、不规范的简化字、繁体字、已经弃用的旧体字、滥用外来语及使用一些低俗词语的现象；广播、影视广告中的不标准读音、南腔北调，都需要注意和纠正。广告文案作者应该为祖国语言的规范化和纯洁性做出自己的努力。

1. 广告与语言有着密切的关系，语言在广告中应用得如何决定着广告的成败。广告中的语言具有简明性、人性化、思想性、创新性、沟通性等特征。

2. 对广告语言的撰写提出了相应的要求：准确规范、简明精练、生动形象、动听流畅。

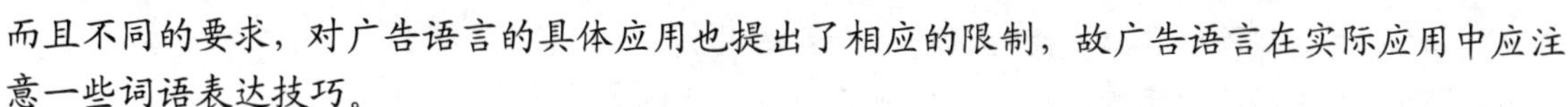

而且不同的要求，对广告语言的具体应用也提出了相应的限制，故广告语言在实际应用中应注意一些词语表达技巧。

3. 在广告语言的创作中，创作者广泛地运用修辞方式。广告语言中常用的修辞方式包括比喻、比拟、双关、借代、夸张、仿拟、顶针、回环、反复、对偶等。当然在实际广告语言的创作过程中，修辞方式还有很多，创作者须通过更多的案例去开发并加以利用。

乔治·路易斯广告作品的人性化

乔治·路易斯被称做麦迪逊大街上的广告疯子。他生性叛逆，轻蔑规则，无视权威；他的语言生气勃勃、离经叛道……然而就是这样一个反常规的广告人，他的作品却奇特眩目、出人意料，充满了人情味。

乔治·路易斯总是使广告更加人性化、新鲜、贴近消费者。他总能凭借天才的敏感抓住时代精神。他为著名的伏特加酒所做的平面系列广告其中有两个是这样的。一瓶伏特加对红番茄说："嗨，你这个正点的红番茄，若我们两个加在一起可以调成血腥玛利。我可是和别的家伙不同喔!"番茄说："我喜欢你，沃尔夫·史密特，你的确有品位。"

一个平放的伏特加瓶子对橘子说："甜心，我很欣赏你，我可很有品位，我要发掘你的'内在美'，亲一个。" 橘子回答："上个星期我看到的那个跟你在一起的骚货是谁？"接下来的还有柠檬、洋葱、橄榄等，它们都和沃尔夫·史密特说着带有暗示的双关语。这段对话将文字和视觉很好地融合在一起，让原本没有生命的产品充满了个性。

路易斯还为儿童抗感冒药 Coldene 设计了一系列广告，在当时完全打破了传统。其中有一幅画，没有产品、包装和标识，只有一个黑黑的卧室，上面是父母的对话，用白色表现出来，妻子说："孩子在咳嗽。"丈夫说："起来给他喂点 Coldene 吧。"

案例点评

在路易斯的大量作品中我们看到了一个共同的东西，那就是流动在他作品中的"人性化"。乔治自己也说过，"最有销售力的广告是最有人情味的广告"。路易斯认为广告中的一切因素都是为了更清晰地表达创意，信息要简化，交流要有力、清晰。有人说，乔治·路易斯的作品清楚地反映了 20 世纪 50—70 年代的美国。

讨论题

1. "有人情味"的广告与广告的商业属性是否冲突？为什么？
2. 语言和修辞的运用在广告中有何重要意义？

1. 广告语言的基本特征是什么？
2. 广告语言的基本要求有哪些？

3. 广告文案写作中有哪些修辞技巧，请具体说明。
4. 除了文中列举的修辞技巧外，你还能列举出其他的修辞方式吗？
5. 分析如下中国移动广告语言的运用特征及其中运用的修辞方式。

中国移动广告文案

(1)

广告标题：聆听，未来并不遥远，我们用心创造

广告正文：新世纪，新观念，新技术，我们面临前所未有的挑战。我们相信，只要用心，就能做好一切。为您提供最优质的个人通信服务。

广告口号："天涯若比邻"的梦想不再遥远。

(2)

广告标题：眼观，未来并不遥远，我们用心创造

广告正文：新世纪，新观念，新技术，我们面临前所未有的挑战。我们相信，只要用心，就能做好一切。为您提供最优质的个人通信服务。

广告口号："天涯若比邻"的梦想不再遥远。

(3)

广告标题：放声，未来并不遥远，我们用心创造

广告正文：新世纪，新观念，新技术，我们面临前所未有的挑战。我们相信，只要用心，就能做好一切。为您提供最优质的个人通信服务。

广告口号："天涯若比邻"的梦想不再遥远。

(4)

广告标题：心系，未来并不遥远，我们用心创造

广告正文：新的一年，会有新的希望，我们相信只要用心去开创，梦想才能成真。从今天到明天，从明天到未来。

广告口号：我们都会沟通从心开始……

第六章

报刊广告文案

学习要点与目标

- 报纸广告、杂志广告的媒介特点。
- 掌握报纸、杂志广告的构思技巧，深谙如何发挥广告的销售力。
- 结合报纸、杂志广告的设计规则掌握报纸、杂志广告的写作原则。

核心概念

报纸广告、杂志广告、软广告

引导案例

马爹利酒的一则报纸广告文案

(一)
凝视斜斜的又一瞥
你与我擦身而行
但我知道从第一眼开始
你已无法忘记
我们内心的约定
我是 Martell
今晚 我等着你
19:30　北京电视台一套
(二)
昨晚的浪漫 30″
短暂 意犹未尽
但我已被你彻底吸引
你就是我今生永远的记忆
深邃的内心 自由自在
超越平常的规矩
每时每刻都散发着个性的魅力
马爹利
今夜我想再一次见到你
与你共醉
享受更畅快的心灵

马爹利酒广告作品，如图 6-1、图 6-2 所示。

图 6-1　马爹利酒广告作品(1)

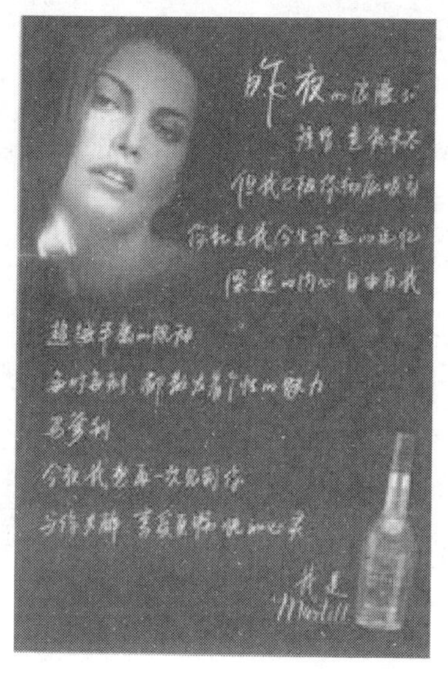

图 6-2　马爹利酒广告作品(2)

案例解析

此则广告以一种散文诗的形式进行文案创作，用一种拟人的口吻来传达 Martell 的魅力，把她比喻为一个妩媚动人的女子，有着惊鸿一瞥的醉人之处和自由高贵的灵魂，赋予了她十分迷人的形象。此广告意图用这种动人的形象来吸引消费者的注意，用这种附加价值获得更多消费者对 Martell 的认同。

报纸是历史上最悠久的大众传媒，目前是仅次于电视的第二大广告媒介。杂志的历史同样悠久，目前也是广告的四大传媒之一。报纸和杂志都是空间传播、供阅读的媒介，而且在内容、风格、读者对象等方面都具有细分化的特征。本章主要结合报纸和杂志的媒介特性来总结报纸广告和杂志广告文案的构思技巧及写作特点。

第一节　报纸广告文案

一、报纸广告

报纸是人们每日阅读的“热销印刷品”，事实上，许多读者把报纸当做获取各种促销信息的渠道，这使报纸成为一种行动型媒体。

(一)报纸广告的特点

报纸广告具有如下特点。

1．*覆盖面广*

报纸是人们了解社会、接收信息的主要渠道之一。报纸能在非常短的时间内迅速覆盖其全体受众，因此报纸广告与消费者接触面较大。

2．传播信息时效性强

报纸周期短，便于及时传达广告信息。当广告主想快捷地、直接地传达广告信息，以收到短期促销作用时，报纸这种时效特性就显得特别重要。从反面说，其劣势就是信息可保存性较差，影响时间短。

3．较强的读者选择性

报纸读者群较为稳定，在地域范围和阶层分化上有较灵活的选择空间，广告主可以有针对性地选择不同的报纸媒体，以实现相应的广告目标。但是一些综合性的、全国性的报纸，由于读者群体多样，其广告受众的选择缺乏针对性。

4．信息量较大

报纸版幅较大，印刷技术简易，较适合刊载信息容量较大、倾向理性诉求的广告，特别是随着报纸扩版、专业板块增多和印刷技术水平的提高，报纸在相当长的时间内仍是大量传播广告信息的强势媒体。

5．真实性和可信度较高

报纸在老百姓的心目中很有权威性，人们认为报纸上刊载的信息可信度是较高的，这就使报纸广告相对来说具有很强的信誉度和说服力。

6．费用低廉，制作简便

报纸的价格比较低，对于那些规模不大、资金不足的广告主最富吸引力。另外，在制作方面，报纸广告比较简单灵活，不需要复杂的工序和大量的人力、财力投入，与电视、杂志广告比较起来，其成本要低得多。但是，报纸广告印刷质量低、内容庞杂，使读者对广告注意度有很大影响。

(二)报纸广告的类型

报纸广告可分为以下类型。

1．公告/声明/启事

公告/声明/启事用于发布各类不以销售为目的的、商业或非商业的告知性信息，主要有公告、法律权利声明、个人启事等。

2．文章或故事型广告

实际上，文章或故事型广告可以称为“软广告”，其内容与风格看上去类似普通的报纸新闻，引导读者阅读；但另一方面，为了避免误导消费者，这类广告往往要在显要位置注明“广告”的字样。目前这类广告应用比较普遍，尤其是大型企业或医疗保健类产品多采用此类型广告。

3．分类广告

分类广告是报纸广告中常见的一种形式，通常采用以文字为主的小版面广告，用于发布简

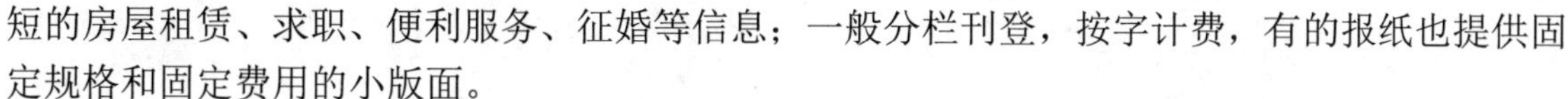

短的房屋租赁、求职、便利服务、征婚等信息；一般分栏刊登，按字计费，有的报纸也提供固定规格和固定费用的小版面。

4．插页广告

插页广告是随报发行的、独立印刷的“宣传单”；可以是单张，也可以是一本小册子。插页广告的文案创作可以按照一般商业广告来创作，不过因为插页广告要插入报纸版面之间，广告的画面比较醒目，制作比较精美，能够把读者的注意力从报纸转移到插页广告上。

5．其他一般商业广告

一般商业广告是报纸广告的主要类型，表现形式最具多样，创意十足，对于文案创作的要求也最高，不但能够准确传达广告信息，还要具有强大的吸引力。

(三)如何选择报纸类型

在现实生活中，报纸从高端到低端，从专业性到生活化，种类繁多。这就要针对报纸的销售效益、销售对象进行调查，以进行有的放矢的广告投入。

1．选择覆盖目标市场的报纸

在选择何种报纸做广告之前，必须对消费者和市场做大量的调查和研究，对市场位置做出精确分析。分析要宣传的商品属于哪种类型、哪个行业，分析该商品的消费者的所在地区、性别、年龄、兴趣和爱好情况，看商品是属于生产资料市场还是生活资料市场，是青年市场还是童年市场，是季节市场还是时令市场等；进而找出商品应该在哪种报纸、对哪个市场、向哪类消费者宣传。

2．比较发行量、受欢迎程度和广告费用

做报纸广告应选择发行量大的报纸。往往在同一专业中有许多报纸，要选择那些质量高、目标消费群体喜欢的报纸。

3．选择合适的报纸版面

按常规，报纸广告的版面大致可分为以下几类：跨版、整版、半版、双通栏、单通栏、半通栏、报眼、报花等。究竟选择哪种版面做广告，要根据企业的经济实力、产品生命周期和广告宣传情况而定。一般来说，首次登广告，新闻式、告知式宜选用较大版面，以引起读者注意；而后续广告，可选择提醒式、日常式，逐渐缩小版面，以强化消费者记忆。

二、报纸广告文案的写作

报纸是当今社会最广泛的大众媒体之一。在我国，报纸是仅次于电视的第二大广告媒体。报纸广告适宜于诉求指称对象的最新信息，以及许多构造和使用复杂、信息量大的产品，或者具有新闻价值的企业理念。

报纸广告可以充分运用语言文字来对指称对象进行说明和描述，通过艺术化的广告标题(包括正题、引题)，突出说明商品或服务的最新功能和其他新闻性特点，引起受众注目。但报纸广告文字也要注意言简意赅。撰写报纸广告文案要注意如下一些具体要求。

(一)标题——吸引力和冲击力

在现代报纸中，标题对于报纸广告来说，无疑是最重要的部分，因为它决定着读者读还是不读广告的正文部分。由于报纸广告的标题位置特殊，往往成为对广告受众影响最大、最为深刻的部分。所以报纸的标题要想吸引人，一定要有吸引力和冲击力。

大多数人阅读报纸是浏览式地阅读，碰到自己感兴趣的内容才会详细读下去。报纸广告的标题要做到在读者对版面的匆匆一瞥中引起他们的关注，就必须更有吸引力和冲击力。当广告中故事非常有趣而且确信消费者会喜欢去读的时候，广告中可以使用“长文案”。在以文案为主的广告中，创意点或是巧妙之处主要体现在标题中。

一般说来下列几种类型的标题更能引起读者的关注。

1．与读者利益密切相关的标题

与读者利益密切相关的标题即把产品所能给消费者带来的利益点放在标题中，或是以一个与消费者利益相联系的问题作标题，使消费者感觉这个广告与自己的切身利益相关，从而产生阅读正文的欲望。

【案例 6-1】

06

港龙航空公司的广告标题

港龙航空公司在《申江服务导报》、《周末画报》上所登广告的标题为：

全球旅客的欣然首选

美在真挚热忱

喜飞、便起飞

天空，更靠近

案例解析

港龙航空推出全新的品牌形象广告，旨为“美、好、旅途”，画面为中国当代著名的画家钟飙绘制的一套超现实主义的作品，分别取名为《你们》、《我们》、《每个人》和《每个地方》。此广告突出 4 点：港龙服务员的亲切态度与专业精神，无与伦比的飞航服务，往来上海及北京与香港的频密航班，以及带出港龙将这三地紧密地联系在一起。

画面大胆热情、个性强烈，用鲜艳的颜色表现物体，而人物则一律是采用黑白两色鲜明的对比，让作品极富现代感，给人留下深刻的印象。在这则广告中就是利用与消费者利益密切相关的问题作标题来引人眼球。

在此重点介绍《每个地方》，如图 6-3 所示，一对摆出相连姿态，身穿有港龙龙形标志旗袍的双生儿在北京、上海、香港的地标建筑物面前仰望长空，带出港龙航空将这三地连在一起，从此再没有距离；画中亦有一艘港龙航机划过半空，象征港龙飞遍中国天空。

图 6-3 港龙航空平面广告作品《每个地方》

2．能挑起人自负心理的标题

能挑起人自负心理的标题是广告文案中的“激将法”。有时四平八稳、平平淡淡的标题很容易“逃过”消费者的眼睛；但如果能以一种居高临下的自负姿态刺激消费者，反而会引起他们的注意。

【案例 6-2】

礼顿山平面系列广告文案

卖草地

画面：两名西方贵族打扮的小孩在追逐奔跑

字幕：贵族采用的地毯，并非只有红色。

卖建筑设计

画面：数名西方贵族在户外享用下午茶

字幕：贵族爱在这里茶叙，爱这里没有咖啡，没有冷气。

卖偌大舞池

画面：多对盛装男女在跳社交舞

字幕：我们有一个大舞池，你有多少个朋友？

卖特高楼顶

画面：古典欧陆建筑内之超高楼顶

字幕：高人一等的，不只是贵族的身份。

卖马场全景

画面：一对贵族情侣，在欧陆式露台眺望大草坪

字幕：听说贵族居住的地方，窗外总有一片大草地。

3．能引起读者好奇心的标题

好奇心是人类心理的一种共性，我们每个人都会受到“好奇心”的驱使来关注一些生活常规之外的事情。那么，在广告文案标题的创作中文案人员就可以采用一些新奇的手法来吸引消费者的注意，引发他们对产品的兴趣。如下面这两则广告的标题。

【案例 6-3】

06

“大声展”广告

该广告刊登在周末画报的整版上。

广告标题：一代人的粉墨登场，一次全方位的视觉大合唱。

案例解析

初见这则平面广告会以为是一张颇具视觉冲击力的平面插图，但其实它是一场视觉艺术与听觉艺术结合的个性生活创意盛会。“大声展”的平面广告，让观众产生视与听的通感。色彩是该平面广告的一大亮点，粉红与粉绿的组合，雅而不俗。

经典的黑与白鲜明而不张扬，细节的安排都与本次展出的主题紧密贴合，以一种出其不意的方式吸引了读者的注意。

4．富有新闻性的标题

所谓新闻式标题是指能够提供有关商品或服务的新信息。新信息包括新产品的推出、旧产品的改进、旧产品的新用途；以及产品的各种特点、产品的销售量、市场占有率等。由于这种标题给人们提供了更新的信息，所以潜在的顾客更容易接受。

广告大师的名言

大卫·奥格威说，具有新闻性的标题比没有新闻性的标题，会有多出 22%的人记住它。

新闻式标题常用的词语多是形容词、副词，如令人惊奇的、即将推出的、现在、突然、最新消息、隆重推出、先驱、再也不、第一、首次、最先、创新等。

新闻式标题的特点就是以新闻语言来达到令人惊奇、产生好奇的效果。例如，“有一种格调将冲击你的瞳孔，有一种力量将直达你的血脉，有一种精神将护卫你的身心，满载全球 193 个国家的荣耀，12 月 10 日瞩目登场，恭请期待。”这是一则汽车广告的标题，其所富含的新信息更容易唤起读者的注意，传达了新的信息内容，富有新闻价值。

(二)正文——趣味性和可读性

可读性的提法源于西方新闻理论，是对新闻表述形式的要求，我们把它作为广告正文形式上的要求；趣味性则是对广告正文内容上的要求。

趣味性要求文案写得生动、形象、可感、灵活多样，而并非只有干巴巴的介绍和说明；可读性要求文案的语言要多用短句，少用长句；多用单句，少用复句；要勤于分段，每段只表达一个中心意思。

例如下列这则耐克运动鞋的系列广告文案就充分体现了趣味性和可读性的统一。

【案例 6-4】

06

耐克(Nike)运动鞋系列广告文案

(一)女人为了男人穿鞋，男人教女人走路
为了用婀娜多姿讨好他，妳穿上了高跟鞋
妳含蓄地用欢迎鉴赏的态度在他目光可及之处来回游走
慢慢慢慢慢慢地走
走成了习惯、走成了行为、走成了思想……
走不出他的目光围栏
因为在妳穿上高跟鞋的时候，就收起了双脚
走路成了一件陌生的事
所以，走不出路来的女人
只好安分守己地等着
男人教女人走路
(二)妳决定自己穿什么
找出妳的双脚，穿上它们
跑跑看，跳一跳……用你喜欢的方式走路
妳会发现所有的空间都是妳的领域
没有任何事物能阻止妳独占蓝天
意外吗？妳的双脚竟能改变妳的世界
没错，因为走路是妳的事

怎么走由妳决定
当然，也由
妳决定自己穿什么
(三)男人决定女人的曲线
妳有没有发现
当男人对妳的身体说话时，妳也不经意地开始用身体回答
甚至妳要求自己以最奇怪的礼貌回答——用男人喜欢的数字
所以，妳开始忙着装潢你身体
直到妳可以用标准过度的曲线，优雅地招摇着
而男人也很合作地用视线封妳为王
为了独享臣民的眼光，你执著于那三个数字
于是，妳有了一个合成的身体
瞧！女人就是这样失去了自己的身体
因为女人让
男人决定女人的身体
(四)三围只是买衣服时的尺寸罢了
“标准三围”是男人窥视女人的借口
36、24、36则是男人虚荣程度的量化
男人就是这样用女人的身材布下陷阱
然后光明正大地骚扰你
别赞助男人好色！
把男人的观点从女人的曲线上驱逐干净；
因为，对女人而言，
三围只是买衣服时的尺寸罢了。

案例解析

文案从女性的视点出发来激发一种品牌的优越感，它着力于让女人从男性的审美观中释放出来，不要为了取悦于男性而执著于高跟鞋的魅力；而是要更随性一些，自己掌控自己的世界，自己决定自己穿什么。

文案虽然是为耐克鞋做广告，却充分地表现了耐克的自信，传达出一种自由不羁的思想，一种女性应从男性的审美中解放出来的思想。所以整则广告给人感觉韵味无穷，值得回味；在词语的运用上也比较铿锵有力，狂放不羁，恰到好处。文案虽长，但读起来不乏味，可读性和趣味性强，令人回味无穷。

(三)随文——驱动力

报纸广告的随文切忌被动地列出电话、地址等信息，而应主动强调产品的标志特点，告诉读者怎样行动。例如，“凡需要以上产品的用户，请您认准XX商标”，“我们还竭诚为您代为邮购业务，邮购地址：××××，联系人：×××”。

(四)正确处理篇幅和版面的关系

文案撰写者要善于根据版面的大小“量体裁衣”。版面大的广告，其文案篇幅可长一点；版面小的广告，其文案篇幅可短一些。但也有例外，有些整版的广告文案只有一两段或只有几行，但也能引起读者的注意。

报纸广告所占版面的大小，是广告主实力的体现，直接关系到广告的传播效果。实践证明，广告的版面越大，读者注意率越高，广告效果也就越好(当然不是绝对的)。

(五)要研究广告位置的排放

所谓研究广告位置，就是研究报纸广告放在哪一版，什么位置效果最好。除专页广告(整版全登广告)没有位置问题外，其他版面形式广告均有位置的排放问题。同一则广告，放在同一版面的不同位置，广告效果是大不一样的，原因在于广告版面的注意值不同。经科学研究验证，根据读者视线移动规律，报纸版面的注意值是左面比右面高，上面比下面高，中间比上下高；中缝广告处于两个版面之间，不易引起读者的注意。

(六)要讲究情境配合

报纸的每个版面，都有不同的内容和报道重点，如新闻版、经济版、法制版、文化教育版等。报纸广告应根据广告产品内容的不同，放在相应的版面中。比如各种企业或产品广告放于经济版；影视、图书、音像广告可放于文化教育版；同类产品广告应排在一起，便于消费者选择；各种分类小广告可放于经济版下方。

广告内容不同、版面不同、注意值不同、情境不同，广告文案撰写的角度、方式和手段均应做出适当的对应，力求扬长补短。

【案例 6-5】

安利(中国)公司报纸广告文案

主标题：一个待人以诚的真实故事

副标题：得了全世界的钱也未必快乐，看着别人一天一天好起来，心里却有着无限的满足。

正文：余先生夫妇加入安利已逾 10 年，是安利大家庭中的长辈，他们的长者风范温暖着每个人的心。最初，余太太加入安利当直销员，任职商行经理的余先生曾为此大表反对，认为不值得为那些“鸡毛蒜皮”的酬金而累坏了身子。但余太太的想法却不一样，她说加入安利不全为钱，能够帮助他人达成心中理想，才是最大报酬，目睹自己朋友的生活得以改善，心中的喜悦实在难以形容。

他们待人以诚也赢得了别人的爱戴：有陌生的安利朋友在滂沱大雨中递上雨伞；有家在别处的直销员特意登上他们搭乘的班车，为的只是短短车程的片刻交流……这些种种，都丰富着余先生夫妇的人生，更叫他们立志紧守安利的事业，10年如一日，永不放弃。

广告语：接触真诚，同享丰盛

案例解析

该广告以情感作为诉求点来宣传安利公司的企业文化和理念，并把自己的生活价值能够得以实现和安利公司相联系，体现了安利公司的服务价值。这种对消费者产生利益的诉求在平时的口述和故事叙说中得以体现，以一种平时朴素但真诚的语言吸引消费者，具有很强的可读性。

三、报纸广告文案的构思技巧

报纸广告文案应注意如下构思技巧。

(一)让消费者自己得出结论

在广告说服传播中，广告主应该对产品做出正面评价。这种评价一般由广告主直接表明，包括通过他人之口进行宣传；另外也可以让消费者根据广告内容作出推论。

心理学研究表明，由被试者自己分析得出结论与由别人给出结论相比较，前者更为被试者所相信，并且记忆更为持久。这就启发广告主，在做广告时应多去调动消费者的思维，不要一味地对自己产品加以赞誉，而要多提供一些与产品有关的信息，让消费者分析这些信息，自己得出结论来。

【案例 6-6】

波音飞机广告文案

标题：只需两人驾驶，但要24万人的劳动才能使它腾飞

正文：制造一架喷气式飞机不光需要技术，更需要人。就拿我们商用飞机部来说，就有6万员工，另外还得到公司内部其他部门好几千人的帮助。波音飞机在世界各地有4000多个供应商，每一个波音员工至少有3个供应厂商的人员和他合作。

这些承包商为波音公司的大量产品提供部件、元器件、材料及子系统等。更不用说日常营业所需要的其他东西，小到文件夹，大到精密机床，形形色色。你该明白一架喷气式飞机不仅仅是技术的纪念碑，更是人类合作的纪念碑。尽管坐在驾驶舱里的可能只有两人，而在他们的背后却有24万人!

案例解析

这则广告是由美国西雅图Cole&Weber广告公司设计的波音飞机公司的广告。

其闪光点之一在于媒体选择适当。大型精密产品——飞机，人们对其认识需要一个长期过程，因此要求能够详细说明产品的原理、功能等性质特征，使广告具有一定的可保存性，而报纸正具有这种优势。

闪光点之二就是广告图文并茂，相得益彰，动之以情，晓之以理，把一种安全、快速、舒适、豪华的概念传达给广告受众，极大地刺激了广告受众的购买欲望。

(二)对消费者施以小惠

消费者作为人，人都有爱贪小便宜的心理，如果消费者能从厂商那里获得免费赠送的商品，会欣然领用。针对这一心理状况，可以在广告中采用一些促销手段和方式来告知消费者可以获得哪些优惠，比如折扣、赠送之类，这样消费者就会对这类广告比较感兴趣。

(三)针对销售难题作诉求

销售难题指产品在销售过程中所遇到的阻力。有时候，厂商对产品设想得很好，预期能够畅销，但消费者却并不买账。例如美国当年生产一次性尿布，用后即丢，免除了年轻妈妈们洗尿布之苦。厂商料想，此项产品是传统婴儿抚养方式的一次革命，定会赢得消费者的热烈欢迎。然而事与愿违，那些年轻妈妈们购买一次性尿布的积极性却并不高。

原因何在？销售人员去做市场调查，结果发现年轻妈妈们觉得，购买一次性尿布会被人看做“偷懒”、“对婴儿不负责任”。了解到此销售难题之后，厂商在广告中强调一次性尿布能使婴儿“更干爽、更舒适”，才逐步打开销路。

(四)设置疑问以吸引消费者

从某种意义上讲，广告说服传播是一种语言表达的艺术。事实上，有些广告正是凭借其高超的语言表达技巧，从而说服消费者的。修辞学上有一种所谓“设问”的表达方式，指说话人明知事情缘故，却不先说出来，而是先向对方提问，待对方注意力被吸引过来之后，再道出事实，从而达到比较好的传播效果。

广告说服传播亦可采取此种方式，即先就商品某方面情况设置疑问，使消费者产生兴趣，引起一种探求问题答案的欲望。这时候，广告中最关键的信息就包含在答案之中，自然给消费者留下深刻印象。

(五)与消费者作精神沟通

现在越来越多的企业在广告中与消费者作精神方面的沟通，与消费者共同探讨一些精神层面上的问题，这在企业形象广告中比较常见。有的商品广告也采取此种方式。例如美国万宝路香烟的广告，所传达的就是一种男子汉气概，而可口可乐广告则宣传的是追求快乐的美国精神(其广告语为“挡不住的诱惑”)。此两种产品凭借其在精神上与消费者的沟通，在美国市场上产生了永久的魅力。

第二节　杂志广告文案

一、杂志广告

做广告的企业往往从传播范围大小的角度来选择广告媒介，把巨额的广告费诉诸电视、广播、报纸，但时常收效甚微。

06

小贴士

美国学者玛嘉丽特·赖尔对杂志、电视、广播、报纸、户外5种广告媒介在各种情况下的不同效果作了比较：

在目标传达方面，杂志优于报纸、户外，与电视、广播相同；

在创造情绪能力方面，杂志优于广播、报纸、户外，逊于电视；

在支配感觉方面，杂志逊于电视，与广播、报纸、户外相同；

在季节弹性方面，杂志优于电视，与广播、报纸、户外相同。

可见，杂志广告虽算不上广告之王，但在广告家族中却称得上是一个大家闺秀。

(一)杂志广告的特点

杂志与报纸一样，有普及性的，也有专业性的。但就整体而言，它比报纸针对性要强。它具有社会科学、自然科学、历史、地理、医疗卫生、农业、机械、文化教育等种类，还有针对不同年龄、不同性别的杂志，可以说是分门别类，非常丰富。杂志广告没有报纸那样的快速性、广泛性、经济性等优点，然而它有着自己的特点。

1．选择性

各类杂志不同的办刊宗旨和内容，使其拥有不同的读者群。通过杂志发布广告，能够有目的地针对市场目标和消费阶层，减少无目的性的浪费。

2．优质性

杂志广告可以刊登在封面、封底、封二、封三、中页版以及内文插页。以彩色画页为主，印刷和纸张都很精美，能最大限度地发挥彩色效果，具有很高的欣赏价值。杂志广告面积较大，可以独居一面，甚至可以连登几页，形式上不受其他内容的影响。尽情发挥，能够比较详细地作商品的内容介绍。

3．多样性

杂志广告设计的制约较少，表现形式多种多样，有的直接利用封面形象以及标题、广告语、目录为杂志自身做广告；有的独居一页、跨页或采用半页做广告；可连续登载；还可附上艺术欣赏性高的插页、明信片、贺年片、年历，甚至小唱片。

当读者接受这份情意，在领略艺术魅力的同时，潜移默化地接受了广告信息；并通过杂志的相互传阅，压在台板下、贴在墙上的插页经常被观摩，不断发挥广告的作用。图6-4所示为杂志的插页广告。

图 6-4　杂志插页广告

4．宣传效率高

杂志不像电视、广播、报纸对象那样杂而广，大抵都是对某一专业、某一专门领域感兴趣的读者，在杂志上做广告是有的放矢。可将广告同杂志读者的特定目的、意识和爱好、兴趣紧密联系起来，产生优于其他广告媒介的宣传效果。与报纸相比，杂志的保存时间更长，因为一本杂志经常会传阅到许多读者手中，这意味着同一则广告的读者也会加倍。

5．广告有效期长

杂志不像电视、广播那样瞬间即逝，也不像报纸那样隔日作废，杂志广告有效期短则半个月，长则可达半年和一年；而且订阅杂志的读者一般文化水平较高，对杂志的内容有专门研究，若是私人订阅则这个家庭还比较富裕，他们的消费潜力、识别能力都较强，对确有特色的商品，他们的反映是敏感和实在的。

6．可印彩色广告

杂志是最棒的图片再现媒体，尤其是色彩方面，能调动人的多种感情，吸引读者，较之黑白要强许多倍。此外，杂志广告能将产品的外观形象比较直接地表现出来，让读者对产品有直观的了解，这有利于直接刺激消费者的购买欲。

7．引人注目

杂志广告一般被安排在杂志的封面或中间插页，如图 6-5 所示，并且以突出的精美印刷区别于其他内容，因而易于吸引消费者的注意力。正因为杂志广告表现力丰富，读者阅读视觉距离短，可以长时间静心地阅读。所以杂志广告，无论其形式和内容上都要仔细推敲，以求艺术性较高、内容较为具体的画面出现，让读者能够被深入吸引到广告中去。

杂志内容有助于加强广告产品的销售，可以通过带有广告性质的编辑内容——在杂志的某篇文章中直接或间接地提到需要宣传的产品——来达到这种效果。

图 6-5　精美印刷的杂志广告作品

杂志广告可以做得非常细致，因为读者会花很多时间浏览杂志。杂志还是夹带优惠券和样品试用装的最佳媒体。杂志最大的问题是它需要较长的“前置时间”，即通常在杂志正式出版前好几个月就需要事先预订好广告版面。另外，杂志若达到它的全部受众，会需要更长的时间，因为大家翻阅一本杂志会花好几天的时间。

(二)杂志广告的类型

杂志广告可分为以下几类。

1. 图片式广告

报纸的印刷效果限制了它对精美图片的表现力，而杂志一般采用铜版纸等高级纸张来表现富于色彩变化的高精度图片，直接造就了杂志广告的一个重要类别——图片广告。

【案例 6-7】

一则沐浴露的杂志广告作品

标题：孩子怎样才能洗干净

广告代理公司：BBH

广告主：联合利华/Axe 沐浴露

目标：要让这新型 Axe 沐浴露信息渗透市场，以赢得至关重要的营业额。

效果：“脏孩子”广告获得了 Axe 沐浴露收益增长 6.7%，品牌认知度达到 70%，成为男用沐浴露的首位品牌，如图 6-6 所示。

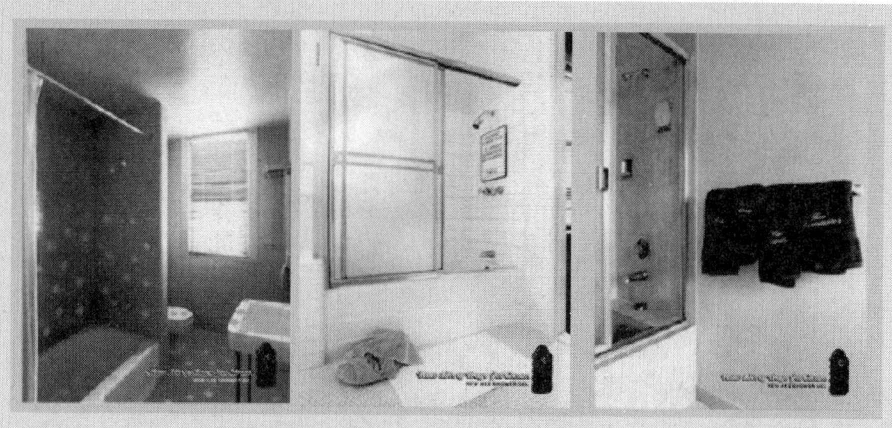

图 6-6 图片广告“脏孩子”

案例解析

该广告运用图片色彩表现优势，达到了较好的效果。图片广告一般适合名牌服装、皮具、名表、酒、化妆品等关注度高的产品，印刷精美的时尚杂志是服装、皮具的首选媒介；而以较高收入人群为读者对象的杂志，如财经类杂志、新闻类杂志，则是汽车、名表、酒等产品刊登广告的重要媒体。

2. 图文式广告

当需要传达更多的有关产品或服务的信息时，通常采用图文式杂志广告；与图片式广告相比较，图文式广告有机会对产品进一步地解释，更加适合产品属性比较复杂的产品，如汽车、电脑、化妆品、酒店、航空服务等。

图片和文字的混合排列，要求图文式广告更加强调创意性，不仅画面和文字需要突出创意，图片和文字的排版更要相得益彰，从而达到和谐统一的广告效果。

【案例 6-8】

一则禁烟的图文式广告作品

标题：摆事实

广告代理公司： 阿诺德环球、Crispin Porter Bogusky

广告主：美国遗产基金会

活动箭头正面文案：“香烟杀死的美国人，比交通事故、凶杀、艾滋病、吸毒和火灾死亡的总数还要多”，如图 6-7 所示。

活动箭头反面文案：“1986 年，在烟草公司广告代理公司抱怨报纸的文章中，对在其广告版面下方登讣告一事，说‘我们感到，这是对我们广告效果的嘲弄……’”

图6-7　美国遗产基金会的禁烟广告

目标：美国遗产基金会想以烟草业自我揭露的这一事实来阻止和减少年轻人吸烟。

效果：年轻人吸烟人数下降了39%，创近30年来的最低。

3．软性广告

06

杂志的软性广告应用比较普遍，特别是一些时尚类杂志，整个杂志或栏目都是在介绍某类产品的使用方法甚至渲染产品的使用感受。和报纸的软性广告相比，杂志的软性广告更为精致，不但画面精美，而且文字更加精雕细刻，与画面配合得天衣无缝。

这类广告虽然也是图文混排，但其最大的特点在于这类图文混排的版面既是杂志的内容，又是产品或服务的广告，二者合而为一。

软性广告概念

软性广告是一种基于委婉诉求的广告手段，它不是对产品利益点进行直接诉求，而是让品牌或者商品在媒体中的非广告时段、版面、镜头、画面上出现。

例如：以新闻报道的方式告知新商品上市、新楼宇封顶；以学术讨论、研究的方式让公众注意某个产品；在电影、电视剧里的某些镜头场面出现产品、商标等画面；以专家身份接受媒体采访，出现在媒体上面对公众发表自己的观点；以名人身份参加娱乐节目、活动；承包期刊，在期刊上传播商品或者公司；利用赞助晚会和在电视晚会上露面；利用热点事件，如诉讼、反应比较激烈的话题等使品牌、公司或者个人在媒体上出现等。

这些广告手段能够比较有效地避开受众对广告的抵触心理，使受众在潜移默化中接受宣传的信息。对于软性广告是否符合道德规范，营销界和学术界仍然有很大的争议。

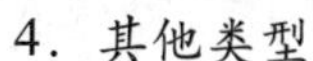
4．其他类型

在各种类型的杂志上，根据杂志本身情况的异同，广告的样式也日趋繁多。除了上面提到的主要类型以外，还有很多花样翻新的杂志广告形式。

例如，邮寄广告，这种类型通常将产品图片、产品卖点以及邮购方式作为广告的主要元素，其中尤其是文案对产品卖点的描述，往往采取夸大其词的方法，诱骗消费者上当。这不是我们所鼓励的，也是违反《广告法》有关规定的。

(三)如何选择杂志类型

我国的杂志出版发行工作近年来发展很快。全国平均每百人拥有的杂志数已由 1978 年的 79 册增加到 173 册。企业在这浩瀚的杂志海洋中应选择哪一种做广告呢?

1．结合商品种类选择覆盖目标市场的杂志

在选择何种杂志做广告之前，必须对消费者和市场做大量的调查和研究，对市场位置做出精确分析。分析要宣传的商品属于哪种类型、哪个行业，分析该商品的消费者所在地区、性别、年龄、兴趣和爱好情况，看商品是属于生产资料市场还是生活资料市场，是青年市场还是童年市场，是季节市场还是时令市场等；进而找出商品应该在哪种杂志、针对哪个市场、面向哪类消费者宣传。

2．比较杂志的发行量、读者喜爱程度和广告费用

我国杂志有 3415 种之多，既有全国和世界性的，也有地区性的，发行量相差悬殊，做广告应选择发行量大的杂志。往往在同一专业内有许多种杂志，这就要选择那些质量高、群众喜爱、有独到之处的杂志。杂志上的封面和封底广告效果大，封二、封三和插图的广告效果次之，但前者的费用要比后者多一半。印彩色广告很醒目，费用当然要高些。

3．规避杂志时效性不强的弱点

由于杂志不像电视、广播、报纸那样传播及时、反应迅速，对那些需要立即推销，时间性较强的商品不宜做杂志广告。由于杂志广告大量针对某一专门领域的消费者，对那些要在全社会普及的商品除做杂志广告外，还应大做其他传播面广、生动的广告。

由于杂志广告制作期长，在读者手中保存期也长，又可用彩色印刷，因此，杂志广告应宣传产品的商标、招牌，提高企业形象，以期永久占领市场。随着商品生产的发展，杂志广告日益成为市场竞争中的重要角色。

二、杂志广告文案的写作

杂志广告具有针对性强、精读率高、传阅率高、保存时间长等特点。正因为杂志广告具有这种得天独厚的条件，所以杂志广告越来越受到广告主和广告公司的重视。杂志广告文案写作要充分利用杂志的上述特点。

(一)语言要符合杂志读者的品位和文化素养

目前我国杂志可分为 3 种类型，即休闲性杂志、综合性杂志和专业性杂志。休闲性杂志的

阅读面较广，这类杂志或以热门话题吸引人，或以独特风格吸引人；在这类杂志上做广告语言要平易近人、通俗易懂。综合性杂志，涉及面较广，读者成分复杂；在这类杂志上做广告要考虑让不同层次的读者读懂文案，并善于把握不同读者的共同利益点。专业性杂志读者的知识水平和文化素养较高；在这类杂志上做广告，语言要典雅、庄重，具有一定的专业性，切忌庸俗、花哨、无文化。如 PC Home 的两则杂志广告文案都是专业性的。

【案例 6-9】

PC Home 系列广告文案

第一则：PC Home 不快乐篇

广告正文：

1999 年有个叫詹宏志的人，让我们很不快乐！

神情古怪的中年男子詹宏志阴魂不散让我活在大脑濒临爆裂、身心严重失调的资讯躁郁症中。

他阅读书籍的效率太高，让我不敢在 24 小时漫画屋泡妹妹。

他架设网站的速度太快，让我想毁了老是“当机”的 Win95。

他处理资讯的容量太大。我正打算移植人工智慧晶片。

他办杂志的数量惊人。害我没时间看小室哲哉的新八卦。

他就像一支超强的知识病毒，侵犯我不想用大脑的权利。真的受够了，难道要我变成人机合体他才罢休吗？

广告口号： PC home 杂志 学习者生存

广告“不快乐篇”如图 6-8 所示。

图 6-8 PC Home 广告“不快乐篇”

第二则：PC Home 睡觉篇

广告正文：

1999 年还不知道詹宏志是谁的人，可以去睡觉了！

这位看起来疑似不良中年男子的人，在原子时代与电子时代的撞击下发生了多重身份，讨厌被称为趋势专家的趋势专家。

每日大量阅读的 walking library 电脑家庭出版集团发行人，PC home、PC Gamer、PC Office、PC Shopper、Smart、Business Next…杂志发行人

网络家庭 PC Home Online Web

站台 http://www.Pchome.com

TW 的非虚拟真实主谋预示台湾电子文明的强大驱动程式。

不知道他是谁的人，生活却难逃他的影响力阴影，这样的人不只可以去睡觉，还应该被打屁股。

广告口号：PC home 杂志 学习者生存

广告“睡觉篇”如图 6-9 所示。

图 6-9 PC Home 广告“睡觉篇”

案例解析

PC Home 杂志广告“不快乐篇”获 2000 年时报广告文教金项奖，“睡觉篇”获 2000 年时报广告文教银项奖。两则广告主题一致，都是突出“学习者已有”、风格一致。前者标题是“1999 年有个叫詹宏志的人，让我们很不快乐”，后者标题是“1999 年还不知道詹宏志是谁的人，可以去睡觉了”。两则广告行文语气、句式十分相近，内容关联，都与詹宏志有关，都突出学习的重要性，但是在叙事的角度上各有侧重，同中有关，统一中又有变化。

同时两则广告在语言的运用上都比较专业，正与其杂志本身的特性及其针对的消费群体有很大的关联。

(二)内容详尽具体，讲求实效

由于杂志这一媒体与报纸相比，具有更高的精读率和传阅率。所以，一般而言，杂志广告在内容上比报纸广告更加详尽具体。但详尽具体不等于啰唆，要摒弃空话、废话和套话，把话说到点子上，最优化地传达广告信息。

【案例 6-10】

MONEY 杂志的广告文案特点

MONEY 是美国一家财务杂志。为了推销自己，它采用了与杂志内容本身密切相关的主题，力求处处表现"我是你的朋友"这样的信息，告诉读者如何理财、如何生财。

其中一则广告，画面上部坐着一个充满自信的收藏家，旁边是她收集的洋娃娃，下面的文字从左至右分别写着：

另一位收藏家宣称您必须付双倍的价钱。

137 页：如何和别人讨价还价。

一位商人说你绝对不可能再找到品质这么好的东西了。

135 页：美国十大跳蚤市场

现在他们两位都坚持您把东西卖给他们。

112 页：窃贼的光顾证实了您的家境。

我们认为您既不必付出太多，也不必让价，更不必失去您已拥有的。

MONEY 杂志，美国的财务顾问。

案例解析

在 MONEY 的广告中，温馨的家庭令读者不由自主地产生某种幸福感。广告的文案旁，总附有 Page×× 字样，以此引导读者阅读该杂志某期某页上刊登得更加充实、更详尽的内容。例如文案写道："另一位收藏家宣称您必须付双倍的价钱"，然后暗示在 MONEY 杂志第 137 页，有一篇教导你"如何和别人讨价还价"的专题。接着文案又说："一位商人说您绝对不可能再找到品质这么好的东西了"，随后暗示在 MONEY 杂志第 135 页有文章专门谈及现今美国十大跳蚤市场，里面会告诉你在哪里可以找到你满意的东西。

最后文案写道："我们认为您既不必付出太多，也不必让价，更不必失去您已拥有的。MONEY 杂志，美国的财务顾问。"这是一个用本身内容来加强自己详述且颇具说服力的例子。同时，广告的画面营造了一种温馨的家庭气氛，很容易让读者产生亲近感。把杂志内容与广告内容融为一体，使得整个杂志就像一个详细的文案，这正是该广告文案的成功之处。

如果说报纸广告文案更强调语言的新颖独特和冲击力的话，那么杂志广告文案则更强调语言的实在、具体。

(三)将理性诉求和感性诉求推向极致

杂志广告的文案有两种重要的策略，一是利用其精读率高、容易保存的特点，进行详尽的

叙述和论证，将理性诉求推向极致；二是利用其印刷精美的特点，以优美精致的画面抓住读者的眼球，并配以情绪化、个性化的文案，将感性诉求推向极致。

杂志广告文案的写作一般会根据位置的不同有着不同的撰写规则。总体而言，要注意以下几点：首先广告文案的结构不必拘泥于四要素(标题、正文、标语、随文)的固定结构，可以考虑用最简练的语言来表现丰富的广告内涵；其次，文案部分简明扼要，将吸引读者的任务交给图片去完成；再者，文案的版面布置也应该做适当的调整，配合画面吸引读者的阅读兴趣。

本章小结

1. 报刊是印刷媒介的主流，其首要特点是通过平面语言进行广告文案的传播。在传统的大众传播媒介中，报纸杂志的历史最为悠久，其所发布的广告也同样如此。即使在今天，作为广告媒体的报刊仍然保持着旺盛的活力，表现出经久不衰的强势劲头。因此报刊广告应当引起我们的高度重视。

2. 在报刊广告中，文案的功能和效果大于图形，报刊广告效果的获得，更多地倚重于文案部分。本章对报刊广告文案进行深入的研究，努力发现它们的创作规律和传播规律，无论是对于广告文案创作水平的提高，还是对于强化报刊广告效果，无疑有着十分重要的意义。

实训案例1

南方周末形象广告文案

静有所听
在这浮躁的年代，
静，也是一种责任。
在静中聆听最细微的声音，
在静中思想得到最真的感悟。
南方周末，思想人生，思想新闻
清有所见
在这精彩的世界
清，也是一种坚持
清，其实得以沉寂
清，思想得以纯粹
南方周末，思想人生，思想新闻
恒有所得
在这多变的未来
恒，也是一种信心。
曾经，多少次的妥协换回失落。

曾经，多少个梦想被遗忘。

思想守恒，只因希望在路上。

南方周末，思想人生，思想新闻

惑有所得

在这忙乱的生活

惑，也是一种自我

惑，必有所思

思，必有所惑

一惑一思

无言中，思想找到了理性的出口。

南方周末，思想人生，思想新闻

案例点评

《南方周末》系列形象广告是媒介广告里的优秀力作，系列广告创意了“静有所听”、“清有所见”、“恒有所得”、“惑有所思”四种传统文化辩证；画面将具有中国人文情趣的境界和《南方周末》的思想性定位相融合，突出了《南方周末》“思想人生，思想新闻”的独特主题。

中华航空公司广告文案

标题：天外有来客，比翼共遨游

正文：人与人相遇，物与物相聚，无非是缘分的牵引。在华航的天空中，我们深信——一次相逢，就是一次机缘。从踏进宽敞、舒适的广体机舱开始，您就会感受到华航的服务，体贴、周到、有如款待好友。也因为这份天定的机缘，更努力使之成为温馨、友善、令人难忘的飞航经验……华航珍惜机缘，更重视每一次为您服务的机会。

口号：相逢自是有缘，华航以客为尊

案例点评

这则杂志广告以人文文化为纽带，以中国人常用的“缘分”为感情诉求点，形成了航空公司与乘客之间心与心的沟通，“有缘千里来相会”，以平近的话语表达了华航全心全意为乘客服务的宗旨。这种企业形象广告使用杂志媒体，有利于广告信息的长期传达。

北京某广告公司的广告文案

标题：闻到酒香吗？

若无开坛人 岂能醉三家

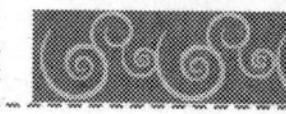

正文：您的企业，您的产品就像一坛好酒，您需要让人们知晓这坛酒的内在质量，不管它的包装如何华丽，不管它所标年代如何久远，人们要了解的是里面产品的实质。广告将是您的开坛启封人，让酒香袭人，满巷飘浓，让琼液佳酿斟于人们的杯中。

案例点评

这则杂志广告配图中是一个标有“一九零三年”字样的陈年老酒，古色古香，文案对白排列体现出东方民族风格。图文紧密结合，环环相扣，把企业比作这坛好酒，但是无论多么完美，也得需要开封人。把自己的广告公司广告比作开封人，比喻贴切，以理服人，充分说明了广告公司的职能与作用。文笔流畅，通俗易懂。

最后发出希望的感慨，真情表白广告公司对客户的热情欢迎，也诚恳地向广大客户承诺，具有很大的煽情性与号召力，有力地刺激了广大客户的欲望，拉近了广告公司与客户的关系，通过朴实的文字和形象具体的图画，有效地传递了广告信息。

讨论题

谈谈以上这三则杂志广告的共性，它们各自的卖点是什么，是如何通过文案体现出来的？

1. 报纸广告文案的构思技巧有哪些？
2. 简述报纸广告文案的写作原则。
3. 简述杂志广告文案的写作原则。
4. 谈谈报纸媒介和杂志媒介的区别，二者在文案撰写方面有什么区别？
5. 选择一日常用品，模拟撰写一则报纸软文广告，注意文体、产品利益的诉求方式以及其他写作要点。
6. 以一本杂志为例，搜集该杂志内的广告文案，分析其表现手法的优劣，提出自己的观点。
7. 分析下面这则杂志广告文案的构思技巧和撰写策略，并给予点评。

左岸咖啡文案

走出芙伊昂丁花园
我闻到他带着花香、果香
他说着：我们是花，是枝，是光
走进咖啡馆寻找一种灌溉
谁渴了，就来饮；谁倦了，就来沐浴其双翼...
他啜饮了一口芙朵奶茶
那浪漫的念头轻易地结束了古典主义
使他说出的字都溢着蓝莓味与蔷薇香
这种种气息与味觉都记忆在 1840 年的光影集里
他是雨果。我们都是旅人，相遇在左岸咖啡馆

(案例刊载于第 122 期台湾的《广告》杂志)

06

第七章

广播广告文案

学习要点与目标

- 掌握广播广告文案的特点，掌握广播广告文案的写作要求。
- 掌握并熟练运用广播广告文案的文体形式进行写作。

核心概念

广播、广播广告、广播广告脚本

引导案例

美国第六汽车旅馆广播广告文案

客户：美国第六汽车旅馆

时长：60 秒

内文：当你需要一个睡觉之处时，第六汽车旅馆是最好的选择。嗨，我是汤姆·博德特。你知道与亲戚一起好好休息一晚从来是一件很难保证的事，你们或许得通过“抓阄”来决定谁睡备用床，谁睡地板。狡猾的姐夫可能会把牌藏到袖子里，而姑妈露茜会倚老卖老地公开作弊，所以，你得到备用床的希望便近乎渺茫甚至没有。所以，为什么不来第六汽车旅馆度过一晚呢？保证你会拥有一个干净舒适的房间、免费的本地电话和免费的室内电影。

一切都是全国连锁店的最低价位，为你的钱包节省不少零花钱。而你的姐夫却最终发现，当住宿问题解决后，露茜姑妈很喜欢与他一起玩赌博游戏。我是第六汽车旅馆的汤姆·博德特，我们会留一盏灯等你。

案例解析

该广告是系列广播广告中的一篇，其播音员是美国当地听众非常熟悉的一位播音员。他以一种合适的语速播送，广告听起来很人性化，很亲切，并有竞争力。播音员缓慢的语调使广告平添了趣味，同样，小小的幽默感也会娱乐听众。这则广告让我们体会到广播广告语言的独特魅力，同时也对广播广告的制作技巧有所了解。

第一节　广播广告文案的类型和特点

广播广告是以广播为传播媒介，以语言、音乐及音响作为基本构成要素，诉诸受众听觉系统的广告传播形式。

广播广告文案是广播广告制作的依据。狭义的广播广告文案指广播广告中的语言文字部分，即人的语言，不包括音乐与其他音响音效。而广义的广播广告文案则指广播广告的“脚本”，是一则广播广告作品完整的文本描述(本书中除特别说明外，所提到的广播广告文案皆为广义的

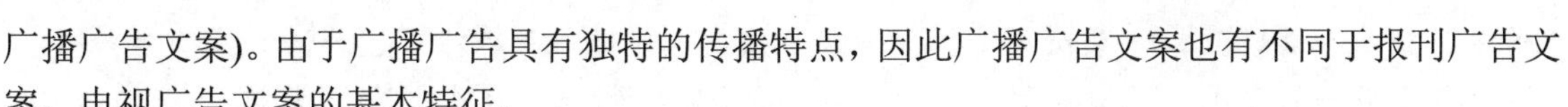

广播广告文案)。由于广播广告具有独特的传播特点，因此广播广告文案也有不同于报刊广告文案、电视广告文案的基本特征。

一、广播广告文案的类型

广播广告文案的表现形态多种多样，从不同的角度可以作出不同的分类。一般可以分为以下两大类。

(一)直陈式

直陈式广播广告文案是一种最为常见与基本的类别，它由播音员用直接陈述的方式朗读出来，没有任何太过夸张做作的语气语调，也没有任何特别的情境设置，惟一可能有的修饰就是简单的背景音乐与音效，非常类似于新闻播报。

因此，这类广播广告文案通常不采用特别的诉求技巧，总是将广告信息直接传达出来。它的优点是直截了当、简洁明了、诉求清晰，制作起来也较为容易，但缺点则是比较单调，不够活泼，不容易吸引听众注意。

【案例 7-1】

安徽省芜湖肥皂厂广播广告文案

安徽省芜湖肥皂厂是有 50 多年历史的老厂，产品有各种洗衣粉、肥皂、浆状洗涤剂、日用化妆品等近百个品种。其中神鱼牌洗衣粉、净灵牌加香酶洗衣粉、A 字洗衣粉在全国质量评比中均超过一类产品指标，神鱼洗衣粉居全国第二，获省优质产品称号。该厂产品质量优良，品种齐全，包装新颖，价廉物美，畅销全国 19 个省、市，深受用户好评。

芜湖肥皂厂厂址：芜湖中山南路 183 号。电话总机：3935、3934。

案例解析

这样的广播广告往往会成为广播节目的“闯入者”，令听众感到厌恶。但是如果能够通过合理的文字安排来增强语言的感染力，或者恰当地运用背景音乐与音响，直陈式的广播广告也会创造出好的广告效果，带给听众美的感受。

【案例 7-2】

谷歌广播广告文案

天阶小雨润如酥，草色遥看近却无。今天，就是这样一个日子，春意盎然、生机勃勃。在这个耕耘季节，搜索引擎 Google 扎根中国，取名“谷歌”。以谷为歌，是播种与期待之歌，也是收获与欢娱之歌。我们希望，“谷歌”能深深植根在这片土地上，为每一个人整合全球信息，让人人能获取，使人人都受益。一条条信息，就像一株株小草，鲜活而充满生命力，汇聚起来成一片星雨，无边无际。欢迎你到Google(谷歌)来，让我们为你搜索，给你收获！

案例解析

这则广告作品是2006年北京电台优秀广告商业类一等奖的获奖作品《Google(谷歌)》。作品以优美抒情的语言将广告信息直接传达出来，配以深沉舒缓的男声及沉静而充满生机的背景音乐，形式虽然简单，但却给人以春天到来、万物复苏、欣欣向荣的情绪感染，有效地传达了服务信息与品牌内涵，可谓直陈式广播广告中较为优秀的作品。

由此可以看出，直陈式的广播广告要想取得“先声夺人”的效果，广告语言写作中的凝练与修饰是关键。当然，广告录制时播音员对广告词的表现方式及背景音乐与音效的运用也是应该重点把握的要素。

根据直陈式广播广告中出现的人声数量，直陈式广播广告文案还可以分为单人播送式、双人播送式和多人播送式。一般来说，无论多少人播送，播音员通常为成年人，很少选取孩子或老人，这是由于直陈式广告很少设置特定的情境，因此不需要有明显身份特征的人声出现。

1．单人播送式

单人播送式即由一个播音员完成广告信息的播送，男女皆可，由广告制作本身的需要来决定，其表述方式多为叙述、抒情，也有一些作品采用议论的方式，例如 “舒尔麦克风”的广播广告文案。

【案例7-3】

“舒尔麦克风”的广播广告文案

(雷电巨响……)声音的震撼力，并不在于音量的高低(流水声……鸟鸣声……)，而是在于它是否真实、自然，长久地感动了你(帕瓦罗蒂“我的太阳” 前奏)。美国舒尔麦克风的名字，代表着纯粹自然的原音效果和异乎寻常的优质与耐用。这就是为什么世界优秀的表演艺术家及专业音响人士信赖舒尔产品长达 70 多年之久的缘故(帕瓦罗蒂原唱)。美国舒尔麦克风，崇尚科技，追求自然，在乎您的感受(爆炸声……)

案例解析

这则广播广告充分利用了广播媒介诉诸听觉的特点，采用叙、论结合的表述方式，巧妙地传达了产品的功用与特点。该广告获得第五届全国优秀广告作品展银奖。

2．双人播送式

双人播送式即由两位播音员来播送广告，通常为一男一女。在直陈式的广播广告中，双人播送的信息并不形成对话，其关系或并列或递进，在内容上互相呼应。相对于单人播送式，双人播送式的优点是可以通过男女声变化减弱直陈式广告的单调性，增强节奏感与层次感。

【案例 7-4】

一汽速腾汽车广播广告文案

(鼓声)男：新时代人类尊贵坐驾，一汽速腾全力出击。

(交响乐)女：群山因速腾而存在，都市因速腾而沉醉。领跑 2006，速腾风情万种，驿动你的心灵。

(车轮转动声)男：速腾，速度的精灵，令你倾身腾越。

(鼓声)女：SAGITAR，速腾，一汽大众，荣誉出品。

3．多人播送式

多人播送式的广播广告即由两位以上的播音员来播送的广告信息。这一类的直陈式的广播广告很少使用，只有在为了表现品牌磅礴的文化内涵、烘托一种宏大的氛围与气势或者有其他特殊需要时才会使用。

(二)文艺式

广播广告文案除了最为基本的直陈式广告之外，还经常采用各种各样的文学艺术形式来传达广告信息，形成了体例丰富多彩、诉求技巧新颖独特、感染鲜明强烈的广播广告文案写作方式。按照不同的文学艺术形式，文艺式广播广告文案可以分为以下几种。

1．剧情式

剧情式广播广告文案是指在广告中创造出一个特定的故事情境，通过剧中角色的对话与表演宣传产品、服务、品牌及观念。它的优点是能够通过叙事来吸引听众，同时提高广告的可记忆度，并形成较为良好的品牌印象。它的缺点是故事情境较难以被听众接受并认可，往往演员不够成熟的表演、叙事方面细节上的失误都会造成整体广告的失败，使得广告信息难以被听众信服，并让听众产生厌恶感。因此，写作一个好的故事内核及圆满的故事表现是剧情式广播广告文案成功的关键。具体来说，剧情式广告还可以分为两种。

1)　生活片段式

生活片段式的剧情式广播广告通过几个人的对话来展现一个故事片段，并通过这个故事片段来传播广告信息。这个故事片段多为日常生活的描写，广告一般由两个或两个以上人物采用一问一答或一唱一和的方式，或由一男一女各饰一个相关角色，形成象征性的买卖关系、同伴关系、邻居关系、同事关系等。总体来说，生活片段式广播广告文案由于贴近消费者生活，运用起来较为灵活，因此是最为常见的剧情式广播广告文案。

【案例 7-5】

PVC塑胶砖广播广告文案

女：哎呀！老张，你家的屋子装修得好漂亮呀！真是满屋生辉啊！

男：那还用说吗？我用的PVC塑胶砖。

女：什么？PVC塑胶砖？

男：对呀，这玩意儿美观大方，防腐、防燃，不怕磕磕碰碰，铺地好，贴墙妙，镶天棚也中啊！而且施工特别方便。

女：那价钱一定很贵吧？

男：不贵，不贵。一间屋子光铺地面，花上三百多元也就够了。

女：哪产的？

男：中外合资——沈阳天龙建筑装饰材料有限公司啊。

女：那现在能买到吗？

男：我刚与公司总经理通过电话，他说现在有现货。

女：那我马上就去。

男：对，马上就得去。

在生活片段式的广播广告中，还有一种较为常见的广告是套用小品的形式来传播广告信息。小品是这些年来逐渐兴起并广受大众欢迎的一种艺术形式，有很多经典小品都给受众留下了深刻的印象，无论是人物、语言还是剧情听众都耳熟能详，一听，就会唤起对那个小品的记忆。于是，很多广播广告就将经典小品中的经典情节或者台词套用在广告中，以吸引听众的注意，同时进行诉求。

【案例 7-6】

网通公司的广播广告文案

女：(模仿演员宋丹丹的声音)大哥，你咋不上网呢？

男：(模仿演员赵本山的声音)多少年都不打渔了，哪还有网了？

女：我说的是电脑，因特网。

男：那玩意儿高科技我也不会呀。

女：不会没关系，现在网通公司免费安装宽带，还帮你调试，我刚就安了。

男：是呀，那么好呢，那坏了我也不会弄呀。

女：别担心，坏了网通还帮你修。总之，全都能帮你弄。安了网就可以上网听戏、玩游戏、聊天了。

男：太好了，我这就安去。

案例解析

这则广告的开头就是套用了中央电视台春节联欢晚会的小品《钟点工》里面赵本山与宋丹丹的经典台词，通过大家熟悉的情节吸引听众的注意并博得听众会心地一笑。

2)　故事叙述式

故事叙述式广告是由一个人以第一人称或第三人称的口吻来讲述故事，通过故事情节来传播广告信息。

【案例 7-7】

台湾地区 PUMA(彪马)运动鞋广播广告文案

(男声)我是庸庸碌碌的上班族，不过在平淡的生活中，我倒有一样法宝——PUMA。

星期一，我喜欢走仁爱林荫道来公司，藉以平和我的“星期一忧郁症”。

星期二，故意挑公司后的小巷道，多绕些路，只为了听听附近住家起床号的声音。

星期三，我会从小学旁经过，看看年轻的生命活力，顺便感怀一下我自己消逝的天真童年。

星期四，我索性来一段慢跑。

(口白渐弱)

广告语：快乐的走路族——PUMA——彪马运动鞋。

案例解析

该广告以第一人称的口吻来表达消费者在生活中使用某产品产生美好的切身体验。

有的广告以第三人称口吻讲述，但采用了新闻播报的方式，同时广告中表明了这是对未来的一种遐想，创造出了一种独特的真实感，从而让听众认可广告的诉求理念。

【案例 7-8】

一则关于交通安全的广播广告文案

“今晨，9 点以前，有两名儿童被汽车撞倒。车主是一位驾车谨慎的人，他在市内的车速为每小时 50 公里，自认为已相当小心，不会发生任何意外。不过现在，在孩子们正走在上学路上的时候，每小时 50 公里的车速依然很快。市内行车，减速可减少危险。掌握车速，就能够让所有的孩子有幸继续走在上学的路上。

以上是公路安全组织的信息。”

在故事叙述式的广告中，还有一类较为常见的广告，即广播剧式的广告，或者也可以称为戏剧式的广播广告文案。

【案例 7-9】

杭州孔凤春珍珠霜广告文案

人物：

蒋加伦，中国海洋生物学家。

彼得·沙拉文，医生。

伯克，澳大利亚生物学家。

(狂风巨浪……音乐)

伯克：船要翻了，加伦，你看怎么办？

蒋加伦：快！扣紧救生圈，快跳海！

(狂风巨浪声、跳海声、游水声……)

解说：(直升机声)这是一个真实的故事。1983 年 2 月 3 日，国家海洋局第二海洋研究所助理研究员蒋加伦，同澳大利亚生物学家伯克驾驶一只小船在南极爱丽丝海峡考察。不幸遇难落水。

(混播：

直升机飞行员的呼号：戴维斯站，发现伯克和蒋加伦先生！发现伯克和蒋加伦先生！请指示！请指示！

地面：马上救人！马上救人！)

解说：他们冒着狂风在零下 15 摄氏度的水中搏斗了半个小时才爬上岸。他们在冰天雪地中等候了五个小时才被直升机搭救到戴维斯站医务室。

蒋加伦：(自语)怎么办？难道只有截去手指和脚趾这一条路可走吗？不！不！不能！我不能将我的手指、脚趾留在南极……哎，我出国前在杭州买了一瓶孔凤春珍珠霜，它的说明书上写着，能生肌润肤，促进皮肤的新陈代谢。

解说：蒋加伦每天坚持三次涂擦孔凤春珍珠霜。不久，他的手和脚有知觉了，皮肤也红润起来了，严重冻伤的手脚奇迹般地得到恢复。这真乐坏了这些在冰雪世界里孜孜追求事业的人们。

医生：奇迹！奇迹！(音乐)没想到杭州孔凤春珍珠霜有这么大的作用！

蒋加伦：我也没想到孔凤春珍珠霜能使我的手脚起死回生。以后我们再来南极，要多带些杭州孔凤春珍珠霜！

广播剧式的广告由于只诉诸受众的听觉，因此不宜设定过于复杂的故事情节，不宜表现人物众多的场面，要求故事线索清晰、人物集中、内容精练。

3) 剧情式广告文案撰写应注意的问题

剧情式广告文案撰写应注意以下问题。

(1) 文案中的故事情节必须和商品或服务特色紧密结合在一起，不能给人一点儿牵强附会的感觉，否则广告效果将大打折扣。

(2) 广告导演必须成功引导演员把握故事中的人物个性与语言特色，务必完美地执行广告创意脚本。

(3) 音效与音乐的运用是创造故事情境、渲染情绪的有效手段，一定要合理加以利用。

2．歌曲式

歌曲式的广播广告即将广告信息写成歌词，配上乐谱，由演员演唱出来的广告形式，也就是经常说的“广告歌”。“广告歌”不仅应用于广播广告，也可以用于电视广告。它的优点在于感染性强，流行度高，便于广告信息的广泛传播和记忆，有助于树立品牌与企业形象。

但歌曲式的广播广告常常不大容易听清歌词，易造成信息的误读，也难以充分地展开销售信息的宣传。因此，歌曲式广播广告文案在写作时要注意选用简洁明了的语言、朗朗上口的词句、充满韵律的节奏，突出主要信息，有效地利用反复吟唱来增加品牌传播频率，同时要求演员的演唱要做到字正腔圆。

【案例 7-10】

百合花电视机的广告文案

百合花，美丽的花，
百合花电视机贡献大。
草原上，高山下，
在城市，在农家。
接收灵敏音色好，
图像清晰美如画。
百合花，百合花，
愿为您增添一朵幸福花。

案例解析

这则歌曲式的广播广告充分体现了“广告歌”应该具备的特点。

除纯粹以歌曲来传播广告信息之外，还有一些广告是将歌曲与直陈式的人物对话相结合。

【案例 7-11】

纯粮大曲的广告文案

(电影《红高粱》插曲《酒神曲》起)

(唱)“九月九酿新酒，好酒出在咱的手，好酒——”

男：好酒，纯粮大曲！

女：纯粮大曲，好酒！

男：纯粮大曲 1985 年在江西白酒评比中名列第一。

女：纯粮大曲荣获1988年全国首届食品展览会金奖。

(唱)“喝了咱的酒，上下通气不咳嗽；喝了咱的酒，滋阴壮阳嘴不臭。”

男：纯粮大曲由江西修水恒丰酒厂生产。

女：纯粮大曲为千家万户喜庆节日助兴。

(唱)“喝了咱的酒，见了皇帝不磕头……”

男：酒，酒，酒，请喝纯粮大曲酒。

(唱)“好酒，好酒……”

案例解析

这是套用大家都很熟悉的《红高粱》电影插曲创作的歌曲式的广播广告文案，并采用双人播送的方式进行表现，唱白和谐，很有感染力。

3．诗歌散文式

诗歌与散文是最为传统的文学艺术形式，广播广告也可以将文案写成诗歌或者散文，创造优美含蓄的情绪氛围，带给听众以美的感受，有利于树立良好的品牌与企业形象。但是，诗歌散文式的广告文案在写作上具有一定难度，稍有不慎，就容易产生矫情、虚浮之感，有为文而文、堆砌辞藻之嫌。因而，在写作此类广告文案的时候一定要注入真情实感，切不可牵强附会、生拉硬扯。

07

【案例 7-12】

“深圳青青世界”的广播广告

“告别了城市的喧嚣，在静静的夜里，我的思绪已经飘到远方。眼前，又浮现出童年时的故乡。那葱茏的远山和青青草坡上打着滚的羔羊，慈祥的爷爷叼着烟袋在嗡嗡的蜜蜂声中看守着他的蜂场，耳边传来山涧流水的叮咚和微风流过树梢时的脆响，那是童年的青青世界啊！如今，到哪里去寻找？”

旁白：让每个人都可以在都市中找到这片纯正的青青世界。深圳青青世界。

案例解析

该广告采用散文的体例，通过诗一般的语言，创造出了一种意境，调动听众的情感参与。

【案例 7-13】

“顾家工艺”广告文案

音效：雨声

一次美丽邂逅源自一杯香浓咖啡；

我坐这边，她在那边。
音效：鸟鸣声
一段浪漫旅途始于一张幸福传票；
我倚左舷，她在身边。
音效：逐渐增响的背景音乐声。(钢琴曲)
一生美好时光，
一张温暖沙发。
有情、有爱、有顾家，
顾家工艺沙发，
因为顾家，所以爱家。

案例解析

“顾家工艺”广告获得第23届全国优秀广播广告作品二等奖，它恰当地运用诗的浪漫与惟美巧妙地传达了产品的特点与品牌形象，可以说是诗歌散文式广播广告的经典之作。

4．广播节目式

广播媒体有符合媒体自身特点的一些独特的节目样式，例如新闻节目、体育节目、音乐节目、评书节目等，故广播节目式的广播广告是以广播媒体某一节目形式出现。其中最为常见的就是现场报道式的广播广告。

【案例7-14】

沈阳红药的广播广告

辽宁人民广播电台，听众朋友们，现在我们在沈阳市人民体育场内向您转播辽营队同东宝队的足球比赛的实况。

现在比赛已经进入了关键时刻。辽营队18号断球，带球突破，过了一队员，又过了一队员，第三名队员上来阻截。东宝队9号队员倒地铲球。不好，18号队员摔倒了，看样子摔得不轻啊!

(旁白)不要着急，我们有部优产品——沈阳红药!

音乐节目是广播媒体中最为常见也最受欢迎的一种节目样式，因此，很多广播广告也以音乐会的样式宣传产品、服务及企业形象。

【案例7-15】

日本寿司饭店SANMRY威士忌酒的广播广告

解说：各位晚安，“百人音乐会”这个节目由制造洋酒具有60年历史的寿司饭店向您提供，欢迎收听。

音乐：肖邦作品，溪流，鸟鸣。

解说：人生短暂，艺术长久，优秀的作品经得起悠久岁月的考验。同样，发挥杰出创造力而生产的优秀威士忌，也经得起岁月的检验。具有60年传统的世界名酒SANMRY，是日本最适宜酿造洋酒的地方山崎出品的。这个在木桶内无声透明的东西夜以继日地沉睡着，10年、20年、30年，随着时间的流逝越陈越香。

音乐：清脆的开木樽声。

解说：朋友们，酒桶已经打开了，满室都飘荡着一股SANMRY的芳香。看！一滴滴像琥珀一样发出光芒。陈年的好酒，正像是古典音乐的馥郁。

音乐："咕咕"斟酒声，冰块落入杯中的"叮当"撞击声。带着田园色彩的舒缓乐曲轻轻飘荡。

解说：您现在最好的伴侣是一杯放有一块冰的世界名酒SANMRY和一首世界名曲，让自己完全沉浸在美妙的境界里。

【案例7-16】

旅游广播广告文案

(出本溪水洞赞歌——压混)

滴水叮咚奏仙乐，云雾缭绕舞彩带；

若在人间寻仙境，请到本溪水洞来。

裴晓云这优美动听的歌声，把我们带进了人间仙境——我省著名的游览胜地本溪水洞。

我们在银河码头登上游船。

(歌曲隐没，出实况汽船声)导游员解说：我们九曲银河洞的自然情况，分为五宫、三峡、九曲、二门等七十多景……现在游船进入银河宫……现在游船进入如容峡……

在将近五十分钟里，我们饱览了九曲银河的七十多个景点。这里微风拂面，四季如春，泛舟其中，真有梦幻仙境之感。游船回码头，我才如梦初醒。啊！真是"钟乳奇峰景万千，轻舟碧水诗画间。此景只应仙界有，人间独此一洞天"。

案例解析

这是一则采用游记形式进行制作的广播广告。

广播节目式的广告在制作的时候要拿捏好火候，要把自己想象成听众，感受一下听到这则广告时候的情绪是什么样的，要让听众觉得合情合理，能够接受，一定要防止文案给听众造成一种受欺骗感而产生厌弃心理。

5. 曲艺式

曲艺式广播广告文案即采用相声、评书、快板书、大鼓书等为人们所喜闻乐见的民间艺术形式来传播广告信息的广告形式。这类广播广告充分利用了广播媒体诉诸听觉的媒体特性，运

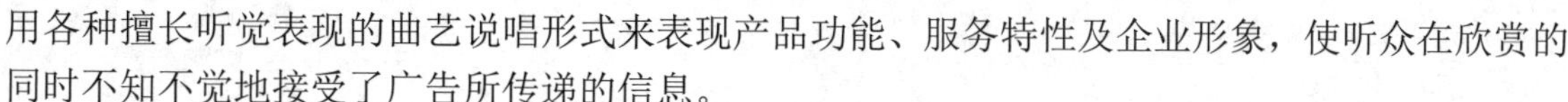

用各种擅长听觉表现的曲艺说唱形式来表现产品功能、服务特性及企业形象，使听众在欣赏的同时不知不觉地接受了广告所传递的信息。

在曲艺式的广播广告文案中，最为听众所熟悉的艺术形式是相声与快板，因此，采用这两种形式创作广告的作品也最多。

1)　相声

【案例 7-17】

黑劲风牌电吹风广播广告

甲：问您一个问题，您喜欢“吹”吗？

乙：您才喜欢吹呢！

甲：您算说对了，我的名气就是“吹”出来的。我能横着吹、竖着吹、正着吹、反着吹，能把直的吹成弯的，能把丑的吹成美的，能把老头吹成小伙，能把老太太吹成大姑娘。

乙：嚯，都吹玄了！

甲：我从广东开吹，吹过了大江南北，吹遍了长城内外。我不但在国内吹，我还要吹出亚洲，吹向世界！

乙：呵！您这么吹，人们烦不烦哪？

甲：不但不烦，还特别喜欢我，尤其是大姑娘、小媳妇抓住我就不撒手。

乙：好嘛，还是大众情人儿。请问您尊姓大名？

甲：我呀，黑劲风牌电吹风！

乙：嘿，绝了！

(掌声，拉下)

相声体广告文案写作的关键在于如何抖亮“包袱”，并将“包袱”与产品联系起来。这篇文案利用“吹”字的歧义性，有意诱导听众产生误会和悬念，通过大量的铺垫后再猛然抖开“包袱”——黑劲风牌电吹风，让人在意外中接受产品的信息。当人们的思维兴奋点集中于品牌名称时，其效果强于多次单调地重复。

2)　快板

快板是典型的民间艺术形式，节奏感强，朗朗上口。用这种形式制作广播广告也很奏效。

【案例 7-18】

啖啖正豆的广播广告

凉通天，新朋友，

带给你，新享受，

粒粒凉粉好爽口，
添牛奶又加豆豆，
红豆绿豆香味够，
清热降火好顺喉，
睇到之后难忍口，
开罐即食最顺手，
天然方便又潮流，
包你食罢返转头，
放入冰箱更可口，
透心感受从未有，
今个夏天食个够。
泰奇豆拌凉粉，
清凉爽口，啖啖正豆！

案例解析

这则广告快板形式，节奏明快、轻松，语言上采用广东方言，虽是叫卖式的播讲，但颇为得意，动了感情，把豆拌凉粉描述得令人流口水，具有一定的煽动作用。

07

写作快板广播广告，要注意以下两个方面的问题。

(1) 语句要合辙押韵。文案可以是偶韵，即逢双句押韵，首句可入韵也可不入韵；也可以采用排韵，即句句押韵；还可以采用随韵，即几句换一韵。句子可采用三言句和五言句。三言句、五言句最好能成双成对出现，才易朗读。有时也可根据需要加注旁白。

(2) 要牢牢把握住广告的核心内容。文案写作切忌信马由缰、不得要领，要善于抓住实质性问题加以发挥和演绎。

关于快板的知识

快板艺术灵活多样，丰富多彩。从表现形式看，有一个人说的快板书、两个人说的“数来宝”和三个人以上的“快板群”(也叫做“群口快板”)；从篇幅看，有只有几句的小快板，也有能说十几分钟的短段，还有像评书那样的可以连续说许多天的“蔓子活”；从方言看，有用普通话说的快板“数来宝”，也有用天津方言演唱的天津快板。

此外，一些地方还用当地方言演唱类似快板的说唱艺术形式，如陕西快板、四川金钱板、绍兴莲花落等；从内容看，既有以故事情节取胜的，也有一条线索贯穿若干小故事的所谓“多段叙事”的，还有完全没有故事的；从韵辙看，既有一韵到底的快板、快板书，也有经常变换辙韵的“数来宝”。

二、广播广告文案的特点

广播广告文案本身作为广告文本，应具备广告文本既有的根本性特点。同时，广播广告文案还要符合广播的媒体特性，按照广播媒体的传播规律进行写作，彰显不同于报刊广告、电视广告文案的独特性，才能获得好的广告效果。因此，在学习如何写作广播广告文案的时候，要首先掌握广播广告文案所具有的特点。

(一)通俗易懂

“通俗易懂”往往是我们对各类型广告文案的总体要求，但对于广播广告文案，则是最为根本性的要求。因为广播作为听觉媒体，它所传达的信息不能形成视觉化的印象，很容易让人一听而过，转瞬即忘，有时候还会造成听觉上的误读，因此，广播文本的写作必须做到口语化、生活化，让人一听就明白。广播广告追求信息的有效沟通，则更是如此。要做到通俗易懂，在写作文案的时候要把握以下几点。

1．多用口语词

在写作的时候要将已经习惯使用的书面语改为口头语。

【案例 7-19】

天津牌助听器的广播广告

售货员：大爷，您买啥？

大爷：啥，减肥茶？我这么瘦再减就没了。

售货员：……大爷，买什么您自己挑。

大爷：咋的，还得上秤约？

售货员：大爷，您老耳背，我给您介绍一个新伙伴儿。

大爷：啊？要给我介绍个老伴儿。不行喽，家里有一个啦。

售货员：大爷，我给您介绍这个，保证您满意。

大爷：啥，助听器？嘿，我就是来买助听器的。

男白：天津牌助听器，让聋人不再打岔。

案例解析

这则广告就使用了大量的口语，使得整个广告通俗、风趣。

2．多用双音节词

在汉语中，有很多意义既可以用单字来表示，也可以用双音节词来表示，为了让听众听懂，在广告中要尽量使用双音节词，以免造成误读，同时在听觉上也给人以匀称顺口的感觉。例如，“数”可以改成“数字”，“为”可以用“为了”。

3．少用术语

广告写作最忌讳在面向没有专业背景的消费者进行推销时使用专业术语，不但不能有效传达信息，有时还会给受众留下乱用“概念”、欺骗消费者的不良印象。因此，在广播广告中，更不应使用过于专业、生僻的术语，使得听众一头雾水。但在有些广告中，当我们不得不使用专业词汇的时候，可以通过上下文的联系来解释术语，帮助听众理解。

【案例 7-20】

金羚洗衣机的广播广告

主持人：“各位听众，请留意我们的问答游戏。中国第一个拿到美国 UL 认证的洗衣机是……”

听众：“金羚洗衣机。”

主持人：“好极了。美国 UL 认证连续无故障实验究竟做了多少次？”

听众：“5000 次。”

主持人：“5000 次，这是中国最高标准，金羚已经通过。我问的是美国 UL 认证标准。”

听众：“6000 次。”

主持人：“回答正确。请为金羚成功地通过 6000 次，再一次鼓掌。”

金羚洗衣机，中国第一个获得美国 UL 认证的洗衣机。

4. 少用代词

在语音信息传播中，我们常用的代词“你、我、他、她、它、这、那”等很难被区别和分辨，容易造成指代不明，因此在广播广告文案中，尽量不要使用代词，而要用事物名称的全称。这样做既可以避免文案指代不明，又可以多次重复产品、品牌及企业名称，提高其传播几率。

【案例 7-21】

仙曲 707 组合式双卡收录机广播广告文案

甲：欢迎选用××国营厂从日本引进的先进流水生产线为您提供的……

乙：仙曲 707 组合式双卡收录机。

甲：仙曲 707 组合式双卡收录机。

乙：小型便携式。

甲：仙曲 707 组合式双卡收录机。

乙：用发光二极管显示放电平。

甲：具有调频、调幅、立体声耳机插孔、转录五芯插座、睡眠定时、自动电平控制等功能。

乙：音质美、款式新！

案例解析

这则广告，商品名称重复出现了 3 遍而没有使用代词代替。

5．不用同音不同义的词

汉语中有很多同音却不同义的词，因此为了避免同音误听，在写作广播广告文案的时候，一定要注意回避这些词汇。例如“全部合格”与“全不合格”、“致癌”与“治癌”、“切记”与“切忌”等。

6．多用简单句，不用倒装句

在日常的口语表达中，我们很少使用复合句与倒装句，而是多用简单句表达，因此，简单句更符合口语化的表达，更容易被听众理解。

(二)新颖生动

一则广告只有新颖生动，才能在瞬息万变的声音世界给听众留下印象，才能产生好的广告效果，因此，有效地利用声音表现技巧、构造精彩的故事情境、创造新颖生动的诉求方式是广播广告文案成功的关键。具体而言，可以通过以下两种方式来做到这一点。

1．营造情境

广播广告文案要通过内容上的联系及生动的语言营造出立体化的情境，突出情绪氛围，将听众从日常的生活情景中拉出来，引入到传播者的叙事中来。广播广告营造情境，通常通过以下几种方式。

1)　运用修辞方式，使文案的语言生动

通过运用比喻、拟人、排比、对偶、夸张、仿词等常用的修辞方式，使文案更具表现力，更为生动。

07

【案例 7-22】

跃进牌汽车广播广告文案

男：春天的溪流，
女：夏日的海滩，
男：秋天的原野，
女：冬日的阳光，
男：跃进车以广阔的视野，
女：跃进车以新颖的造型，
男：跃进车以精湛的工艺，
女：跃进车以最低的油耗，
男：创造最高的效益，
女：追逐美好的时光，
男：跃进牌汽车。

案例解析

这则广告开头4个排比句，传达了跃进车视野的广阔；然后从工艺、造型、油耗等方面说明汽车的性能和利益点。

2) 注意语气词、象声词、叠音词的使用，增强广告的感染力

语气词可以表现人物的感情状态，同时使文案更具口语化的特点，比较常见的包括“呀、吧、哇、呢、啦、噢、唉”等。象声词可以使事物更形象化，在一定程度上弥补广播只诉诸听觉的不足。叠音词是一种非常简单的文辞修饰方式，既能够让语句变得生动活泼，同时也可避免文句过于复杂而听不懂。

3) 注意音乐、音效的配合运用，创造剧情效果

通过音乐和音效的使用，可使听众进入到一个特定的故事情境中。

【案例 7-23】

猎犬牌防盗报警器的广播广告文案

(音乐渲染出惊恐的气氛)
(沉缓地)一个寂静的深夜
(音乐继续，低沉的脚步声)
一个窃贼的身影
(音乐继续，突然响起警铃声)
一鸣惊人的警铃
(音乐继续，急促有力的脚步声)
一声威严的喝令：“住手!”
一名落网的惯犯。
“带走!”(一阵远去的脚步声)
一场落空的美梦。
防盗保险，请用猎犬牌防盗报警器。
猎犬牌防盗报警器保您的文件和财产防盗、安全!

案例解析

这篇文案运用语言、音乐和音响，营造出一个偷盗和抓贼的特定情境，尤其是音效和音乐，如低沉的脚步声和响亮的警铃声，使听众仿佛置身其中。

2．创造吸引人的“开头”

电子媒体的信息传播有一个被普遍认可的规律：信息如果不能在开头5秒钟内吸引受众注意，那么受众就会放弃对这个信息的关注。广播作为电子媒体，其信息传播也符合这个规律，而广播广告作为正常内容的“闯入者”则更是如此。因此，广播广告要想新颖生动，能被听众关注并接受，必须要有一个能吸引人的“开头”。

【案例 7-24】

中信国旅的广播广告文案

苍老而神秘的男声："阿拉丁，给你三个机会，为你的心上人选一次浪漫旅程吧！"

年轻的男声："我？我给中信国旅打个电话问问。"

苍老而神秘的男声：(愤怒吃惊)"什么？"

(轻快的音乐)

女声旁白："三种浪漫选择，一次私密之约，马上致电中信国旅，为心上人送上希腊、马尔代夫、西班牙等浪漫主题之旅。详情查询64489898、64489898。中信国旅，有你所想！"

案例解析

这则广告曾获2006年北京电台优秀广告商业类三等奖。它一开头就通过演员的声音表演将听众带入到了神话故事情境中，紧紧抓住听众的注意力；接下来则揭开谜底，让听众在期待中接受了广告所传播的信息。

新颖生动，是我们对所有类型广告作品的总体要求。广播广告要做到这一点，在制作观念上必须要深入地理解听觉媒体的特性与构成要素，并在具体的制作中完美自如地利用它的特点与所具备的要素。因此，如何做到新颖生动，并没有一定之规，我们在这里也只是提供一些常见的手段与方式，在实际的广告创作中，还是要通过天马行空的精彩创意来满足这一要求。

第二节 广播广告文案的撰写原则

广播广告文案的撰写要把握两个最根本的原则：一是我们在写"广告"，也就是说我们所写的文案必须要达到一则广告所要达到的目的；二是我们所写的文案必须符合广播的媒体特点，在广播中播出不会造成任何传播的障碍与困难。如果能严格地遵守以上两个根本性原则，那么在广播广告文案的具体创作中就可以把握住以下几点。

一、亲切可人

有人曾经说过，广播是最平民化、最贴近受众的一种大众媒体，它不要求受众具备较高的文化水平，也不需要受众为收听广播而付出昂贵的物质代价，它是真正属于老百姓的一种传播方式。因此，面向普通消费者的日常产品及服务在选择广播广告的时候应该充分地利用这一点，拉近同消费者之间的关系，并塑造平易近人的品牌形象。所以在写作广播广告文案的时候要有意识地营造出一种亲切可人的感觉，让听众在温暖、舒适的愉悦中接受广告信息。为了获得亲切可人的效果，广播广告在创意与文案写作的过程中要注意以下两个方面。

(一)语言要亲切感人

写作温暖质朴的语言，是使文案变得亲切可人的最为直接的方法，当然在很多作品中，语言的亲切感人也是要通过播音员的表演来共同完成的。

【案例 7-25】

保护环境、珍爱动物的公益广告

(火车车轮滚动的声音)

女声：各位旅客，欢迎乘坐北京西至拉萨的T27次特快列车，本车全程运行4064公里，(音乐混)沿途您将观赏到草原、荒漠、雪山、冰川以及雄奇的崇山峻岭。同时，您还可能看到藏羚羊、藏野驴、野牦牛、黄羊等野生动物……

男声：保护环境、珍爱动物，留住心中圣洁的净土，保护我们共同的家园。

案例解析

这则公益广告假拟了从北京开往拉萨的客运列车上列车播音员播音的内容与情境，号召大家共同保护环境。广告一开始，播音员就以亲切的称呼“各位旅客”拉近了与听众的距离，然后通过甜美的声音、诚恳的语言营造一种平缓自然的氛围，让人觉得舒服。

广播广告文案的写作除了特别的创意需要外，一般都要采用亲切、诚挚的话语，以使听众获得一种心理上的舒适感，从而对广告诉求产生情感上的认同。

(二)明确“传者”与“受者”的身份

在很多广播广告中，为了给人以真实亲切的感觉，往往采用“明确身份”的方式。具体来说就是在广告中要明确发布广告信息、售卖产品服务的是谁，产品及服务要售卖给谁。因为“传受”关系理顺了，受众的情感逻辑才能建立起来，目标群体才能认真地收听信息、接受诉求。

【案例 7-26】

北京交通广播的一则公益广告

男声：我是北京市公安局副局长。每年燃放烟花爆竹死伤很多，究其原因，基本上都是燃放了伪劣、超标的烟花爆竹。提醒市民啊，不买、不放伪劣超标的烟花爆竹，确保自己的人身和财产安全。

女声旁白：文明燃放，平安过年。北京交通广播。

案例解析

这则广告一开始，就明确了说话人的身份是“北京市公安局的副局长”，既增强了广告

信息的权威性，也使听众明确了信息接收者的范围——所有市民。这基本上是一则对“传者”与“受者”身份都做了规定的广告。还有一些广告只对传者的身份进行了规定，另外一些广告只对受者的身份做了规定。

【案例 7-27】

沈阳市大学生音乐节的广播广告

男声：各位同学们，你是否正在为无处展现才华而苦闷？你是否正在为无法结识音乐伙伴而忧虑？你是否正在为单调的学习生活而烦恼？

女声：现在不用愁了，沈阳市大学生音乐节，给你你想要的舞台！报名热线：88664457。

案例解析

这则广告明确地提出信息的传播对象是“各位同学们”，这种方式在广告写作中也被称为“呼唤消费者”，可以有效地引起目标消费群体的注意并带有共同群体的亲切感。

【案例 7-28】

07

开封日用化工厂“矛盾”牌系列洗衣粉的广播广告

旁白：听众朋友，我叫圆方，今天的广告节目仍然由我来主持。这次呢，我请大家听一小段小品，然后根据小品的含义，猜一地名和厂家的产品。

(音乐效果——)

卖者：各位父老乡亲，咱有钱的捧个钱场，没钱的捧个人场。

众人：……

卖者：我这盾坚固无比，世上无双，任何锋利的东西都刺不破它。

众人：……

卖者：来来来，大家再看看我这矛，是世界上最锋利的，没有它刺不破的。

众人：……

老者：用你的矛刺你的盾，怎么样啊？

卖者：这……

众人：哈……

旁白：听众朋友，听了“自相矛盾”这个小品，想必你已猜出地名和厂家的产品了。

众人：开封！矛盾牌洗衣粉。

旁白：对，地名是全国著名的矛盾城开封。开是开放的开，封是封闭的封。厂家的产品是开封日用化工厂以“矛盾”为商标的名牌系列洗衣粉。

案例解析

这则广告确定了“传者”的身份——广告节目的主持人，同样也具有一种亲切感。

二、悦耳动听

广播广告的悦耳动听包含两个层面。一是指广告中出现的所有声音都和谐悦耳，带给人听觉上的享受；二是指广告文案生动多彩，富于感染力，给人的思想与心灵带来快感。事实上，无论是哪个层面的“悦耳动听”都要通过广告整体的精彩创意以及成功的执行来实现。

当然，我们在这部分主要谈的是如何创造出文辞上的悦耳动听，这要求在文案的写作过程中，把握以下几种方式。

(一)掌握多种听觉艺术形式的制作方法

上文曾谈到广播广告文案的基本类型文艺式，即运用各种各样的文学艺术形式来传达广告信息，尤其是其中曲艺式的广播广告文案更是受到听众的欢迎。因此，为了增强广播广告的趣味性和吸引力，使其悦耳动听，文案撰写人员应该尽力掌握各种听觉艺术文本创作的基本方法，以便需要的时候可以应用在广播广告文案的写作上。

【案例 7-29】

建设银行自助用龙卡的广播广告

男声，语速快：什么叫有钱人？那就得是打开钱包一分钱没有，只有银行卡。拿出一张，上面写着四个大字——建设银行。在人面前一晃，倍儿有面子。但凡拿着龙卡就要想着法去找建行 ATM，不为别的，就为得奖。你说这奖品得值多少钱？怎么着也得 20 吧？20？那是参与奖，只要一月内成功交易五笔，那就得人手一份，这还不包括每月的抽奖，200、1000、5000。您还甭嫌多，所以我们的口号就是——开心交易，大家中奖。

(音乐混)

旁白：自助用龙卡，好礼等您拿，建设银行 95533。

案例解析

这则广告套用了电影《大腕》的经典台词，听起来觉得熟悉又能博得听众的会心一笑。

【拓展知识】

关于广播广告的语速

播音员的语速应该是多少？每分钟多少个字才会让人听着舒服？这没有固定的标准，以前是 180 字，后来是 200 字，现在有很多播音员每分钟能达到 220 字甚至 300 字。语速变快的原因是因为现在生活的节奏明显变快了。所以广播广告文案的播音速度要根据具体的作品要求来决定。

(二)语言要形象生动

广告文案语言的形象生动可以使得广告更为悦耳动听。要做到形象生动，就要尽力避免语言的抽象化、概念化，而要具体化、形象化，引发听众的想象，让听众获得一种视觉化的感受，让产品的形象在诉求对象的头脑中丰满起来。

语言的形象化，就是化抽象概念为具体的事物。例如“漂亮”就是一个很抽象的概念，在文案中可以使之形象化。

【案例 7-30】

一则羽绒衣的广播广告

冬天，银装素裹。大街小巷，游动着穿红白蓝黄各色羽绒服的人群。那红的，像华贵的牡丹；蓝的，像散发着幽香的兰花；黄的，像傲霜的秋菊。她们装扮着人们，给银色的大地增添了绚丽的色彩。

案例解析

通过这样的描写，听众对“漂亮”就有了更具体形象的理解，好像那满大街的“漂亮”景象就展现在自己面前。

07

(三)引入生动的人物角色

为了增强广告的形象感，文案撰写者可以将广告中的人物具体化为某一角色，使之真实、丰满、可信，为广告增添日常生活的味道，从而有效避免叫卖式推销的生硬、虚假与造作。

【案例 7-31】

蓝吉利刀片的广播广告

这是一种最为常见的“角色引入”，通过夫妻对话表现了日常生活的一个场景。

男：太太，我刮胡子的刀片呢？

女：丢掉了！

男：为什么？

女：昨天，隔壁何太太告诉我，姚先生每天都用蓝吉利刀片来刮胡子，剃得又光滑又舒服，而且蓝吉利刀片经济耐用，所以呀，我也买了一包蓝吉利刀片给你，试试看！

男：蓝吉利刀片真好！

女：唔，看起来好神气呦！

男：以后，我也要天天用蓝吉利刀片！蓝吉利刀片！

在此要注意的是，要清晰地区别广告的“角色引入”和上文谈到的“身份确定”。“角色引入”指的是在广告所设定的剧情中引入具体的人物角色，通过具体的人物形象来描绘出丰富多彩的现实生活，从而增添广告的生动性；而“身份确定”则是指在广告中确定“传者”或者“受者”大致的群体或者社会身份，以便建立一种对话关系，从而增强广告的真实性与亲切感。

“角色引入”通常引入的是具体的人物，但往往只涉及广告剧情中的人物，不会顾及听众的角色，而“身份确定”通常确定的是广义的或者职业化的身份，而且有时会特别强调听者的身份。在实际的广告写作中，不用刻意地去牢记二者的区别，只要遵循广播广告写作的根本原则，从具体的项目要求出发就可以很好地把握这两种写作方式。

在很多广播广告文案作品中，除了将广告中的人物具体化为某一角色外，还会将某种事物化为人物角色，即拟人，也是一种“引入人物角色”的方法。

【案例 7-32】

防雷二代插座的广播广告

甲：袭击那幢楼！

(巨大的雷声)

乙：(恐惧地)有避雷针！

甲：顺着电源线走！

乙：成功了！——那是什么？啊！快跑，有突破保镖！啊！

旁白：雷雨季节，谨防雷害。突破保镖，防雷二代插座，全新登场！咨询电话：62171731。

案例解析

这则广告将“雷害”拟人化，形象地说明了产品能有效防雷的特点。

三、简洁明了

简洁明了是广告写作的基本要求，广播广告要想在瞬间通过听觉给受众留下印象，更是要遵守这一写作原则。

(一)内容要集中精练

在广播广告文案的写作中，要尽量做到简单集中，让听众在短时间内理解广告信息并形成记忆。

【案例 7-33】

汉弥顿手表的广播广告

汉弥顿手表是美丽的象征，汉弥顿手表带给你高雅的气质。

您要买世上最薄的自动手表吗?
您要买防水最好的游泳表吗?
请选购汉弥顿!

案例解析

广告主要表现手表美丽、高雅、超薄、防水的品质，集中在这4个方面诉求，结构很简单，内容也很集中。

(二)突出产品或品牌名称

对于听众而言，广告信息的清晰明了一方面可以通过文案的简单集中来实现，另一方面也可以通过信息的多次重复来加深印象与准确性。因此，在广播广告文案的写作中要尽可能够多地重复产品或者品牌的名称，以增加核心信息的传播频率。

【案例 7-34】

三星照相机的广播广告

(男)老师读：S-A-M-S-U-N-G，SAMSUNG。
(女)学生译：三星。
(男)老师读：C-A-M-E-R-A，CAMERA。
(女)学生译：照相机。
(男)老师读：SAM-SUNG CAMERA。
(女)学生译：三星照相机。
(男)老师读：SAM-SUNG CAMERA IS VERY GOOD。
(男女)齐说：三星相机盖了帽了。
音乐起(厚重的男声)：SAM-SUNG CAMERA。

第三节　广播广告脚本撰写

广播广告脚本是广播广告创意的文本，是广播广告录制的依据。

一、广播广告脚本的格式

(一)广播广告脚本包含的内容

广播广告脚本一般包含如下内容。

(1) 客户名称。

(2) 产品名称。
(3) 投放媒体。
(4) 描述，包括广告的长度和广告的类型。
(5) 广告播出时间。
(6) 广告题目。
(7) 脚本陈述。

其中，前6项内容只是起到识别作用，脚本陈述才是广告脚本最为核心的内容。

(二)写作广播广告脚本要注意的问题

音效与音乐部分要在广告脚本中作出明确的描述，但不能和人的语言写在同一行内，要另起一行，并在文字下面画上横线，以提醒制作人员注意。

广告中出现的每一个人声都必须注明角色，包括旁白播音员，以方便录制的时候角色的分配与扮演。同时，要在演员的台词前注明角色的情绪状态及声音状态，是生气的、喜悦的、滑稽的还是惊恐的，是高声的还是低声的，等等。

二、广播广告脚本的实例

广播广告作品，最后是通过声音来播放出去，而不是像报刊广告那样能够预先制作成样稿。这样，为了给广播广告的制作提供指南，文案写作人员就要写出脚本。以下是一个标准的广播广告脚本。

【案例7-35】

广播合成广告

客户：北京新闻广播
产品：形象广告
媒介：北京电台
描述：35秒，合成
播出时间：周一至周五，班车时间
题目：北京的声音
音效：微弱的鸟鸣声，人声起
男声甲：(轻轻地)听，胡同的清晨！
音效：一两声自行车车铃声、隐约的广播播出新闻的声音、低缓的音乐，人声起
男声甲：(轻轻地)听，午夜的长安街！
音效：京剧的锣鼓声，人声起
男声甲：(轻轻地)听，戏！
音效：京剧收锣的声音、二弦声，人声起

老年相声演员男声唱：我看到此处是乱作一团……
音效：音乐起，人声起
男声乙：(浑厚地)北京的声音，北京新闻广播！

1. 广播是通过无线电波或金属导线，用电信号向受众传播信息、提供娱乐和服务的大众传播媒介。广播广告则是以广播为传播媒介，以语言、音乐及音响作为基本构成要素，诉诸受众听觉系统的广告传播形式。广播广告文案是广播广告制作的依据。狭义的广播广告文案指广播广告中的语言文字部分，广义的广播广告文案指广播广告的“脚本”。

2. 广播广告文案的类型分为直陈式和文艺式两大类。

3. 直陈式又分为单人播送式、双人播送式、多人播送式三类。

4. 文艺式又分为剧情式、歌曲式、诗歌散文式、广播节目式、曲艺式 5 类。剧情式广告还可以分为生活片段式与故事叙述式两类；曲艺式广播广告文案可以采用相声、快板等多种曲艺形式进行创作。

5. 广播广告文案具有通俗易懂的特点，多用口语词、双音节词，少用术语、代词，不用同音不同义的词，多用简单句，不用倒装句等方式可以实现这一特点；广播广告文案还具有新颖生动的特点，营造情景和创造一个吸引人的“开头”可以实现这一特点。

6. 广播广告文案的撰写要遵守亲切可人、悦耳动听、简洁明了的原则。文案语言要亲切感人，在文案中明确“传者”与“受者”的身份可以使文案亲切可人；文案撰写人员如能掌握多种听觉艺术形式的制作方法，增强文案语言的形象感与生动性，并在文案中引入生动的人物角色则可达到悦耳动听的目的；文案内容集中精练，并在文案中突出产品或品牌名称可以使文案简洁明了。

7. 在广播广告制作之前，文案写作人员要写出广播广告脚本。脚本一般包括客户名称、产品名称、投放媒体、描述、广告播出时间、广告题目、脚本陈述等内容。

“伸出手去，和某人联系”

美国电报电话公司曾经做过一条广告，主题是“伸出手去，和某人联系”，成为广播广告中的经典。

1974 年，在广告活动开始之前，美国电报电话公司所作的研究表明，提起长途电话，人们首先就想到收费。其实，收费还是比较合理的。但人们把打长途电话看成一种奢侈的行为，认为打一次电话要花不少的钱。

鉴于这种情况，该公司请查克·克劳尔在8年多的时间里，制作了一系列的广告，让听众有参与感，得到了人们情感上的回应。

下面是其中的一个广播广告文案。

卡西安尼：你好！

丹尼：哎，你好！你可能不记得我吧，在上次研讨会上，爱德华介绍我认识……

卡西安尼：啊，你是长着漂亮胡子的那个家伙。

丹尼：嗯，我不知道是不是漂亮……

卡西安尼：你的胡子真的很漂亮。

丹尼：谢谢你。哎，听我说，下周二我要进城去，我想，嗯，我想问问，我们能一起吃午餐吗？

卡西安尼：一起吃晚餐怎么样？

丹尼：一起吃晚餐？哦，这个主意不赖。你喜欢哪家餐馆，你来挑……

卡西安尼：上我这儿来怎么样。我能做一手好菜。

丹尼：是吗？那太好了，就去你那儿吧。

卡西安尼：真是太好了！我们一定会玩得开心的。

丹尼：我带上一瓶酒，怎么样？

卡西安尼：好啊，这下我可有酒喝了。

音效：两人大笑起来

丹尼：一言为定。那好，下周二见。

卡西安尼：下周二，我等着你。

丹尼：其实，我打电话是想问问你还好吗。那就周二见吧。

音效：挂上电话的声音

丹尼：(大叫)星期二，我要去见她喽。

(声音渐弱)

歌曲：伸出手去，伸出手去，和某人联系。

案例点评

实事求是的广告能让人产生好感，自然而然地对电话公司产生了好的印象。创作者克劳尔说："如果人们对你的东西产生了好感，不等在试用之前，他们就喜欢上了你的产品。他们想试一试你的产品。因为你采用了尽可能最佳的方式……用情感，去打动他们。"

"伸出手去，和某人联系"的宣传活动彻底改变了人们对长途电话的认识。长途电话成了人们和自己关切的人进行沟通的工具。

讨论题

1. 该则广告的诉求目的是什么？
2. 该则广告设计了什么主题来实现这一诉求目的？
3. 该则广告采用广播媒体进行投放的恰当性在哪里？
4. 结合该则广告谈谈广播广告文案写作应遵循哪些原则。

1．简答

(1) 广播广告文案的类型有哪些？
(2) 广播广告文案的特点有哪些？
(3) 通过哪些写作技巧可以体现出广播广告文案的特点？
(4) 广播广告文案的写作要遵守哪些原则？可以通过哪些具体的方法实现？
(5) 试述广播广告脚本的格式。

2．广播广告文案的写作

仔细阅读以下资料，根据策略单的内容撰写一则广播广告。

卡尼尔策略单

广告主：欧莱雅(中国)有限公司——卡尼尔品牌

广告主题：卡尼尔真采净白系列产品广告

传播目的：

提高卡尼尔品牌及卡尼尔真采净白系列的知名度。

通过传达卡尼尔真采净白系列的独特卖点和形象特征，建立和市面上其他美白产品的差异化，使卡尼尔真采净白系列成为有美白需求的消费者的首选。

传递卡尼尔“实证有效的植物能量，更好呵护你的肌肤”的品牌理念。

品牌介绍：

卡尼尔是源自欧洲、享誉世界105个国家和地区的天然美容领导品牌，具有百余年专业历史，始终致力于为全球女性开发创新产品以成就肌肤的自然健康之美。卡尼尔坚持以大自然为灵感，尽最大可能精选天然活性成分——经高科技萃取方式所得的LXE™天然活性液态精华，保留天然成分原有的质量和功效，将其和谐融入卡尼尔众多产品之中，并联合皮肤专家优化其功效及亲肤性，确保产品能被肌肤充分吸收并发挥作用，从而更好地呵护每一个人的肌肤。

卡尼尔自2006年5月正式在中国市场推出后，受到消费者喜爱，在现代流通领域(超市、大卖场、个人护理店等)取得很好的成绩。

卡尼尔品牌承诺：

实证有效的植物能量，更好呵护你的肌肤

高科技萃取天然活性成分

不堵塞毛孔，更亲近肌肤

经皮肤专家测试

专为亚洲肤质定制

产品介绍：

卡尼尔真采净白系列

特别针对亚洲肤质研制，富含三重天然美白成分，绽放白皙亮采。

纯柠檬LXE™天然活性液态精华——祛除黯沉，提亮肤色

龙胆根 LXE™ 天然活性液态精华——有效淡斑，净白肌肤

高效滋润成分 + 紫外线过滤成分——滋润防护

产品 USP:

有效的美白源于实证有效的植物能量，透白改变量得出！

卡尼尔真采净白系列蕴含从精选的天然植物原料中提取出来的柠檬和龙胆根 LXE™ 天然活性液态精华，有效祛除黯沉，提亮肤色，淡化色斑，净白肌肤。

配合专有的肌肤色度测量尺，让肌肤美白产品的效果变得真正可测量！它简单易用：使用前，用肌肤色度测量尺确定最接近您肤色的色度区间并记录下来；使用 28 天后，再用肌肤色度测量尺测量肤色，亲眼见证肤色的改变。

透白改变，量得出！28 天，肌肤美白改变两度。

产品定价：人民币 49～59 元

目标消费者： 18～35 岁，对美白有需求，收入中等的年轻女性(核心消费者为 20～35 岁的年轻女性)；她们有主见，积极向上，对生活有要求，对事业有追求，并且崇尚天然、自然的生活方式及护肤方式。

主要竞争者：旁氏亮采净白系列、旁氏无瑕淡斑系列、旁氏双重嫩白系列、玉兰油乳液嫩白系列、妮维雅多重美白系列。

传播调性： 天然，健康，美丽

建议列入事项：卡尼尔品牌 Logo、肌肤色度测量尺、柠檬及绿叶等天然成分元素、网站 www.garnierchina.com

第八章

电视广告文案

学习要点与目标

- 了解电视广告文案的特点和类型，掌握电视广告文案的撰写原则。
- 掌握电视广告文学脚本的写作手法。
- 掌握电视广告文案分镜头脚本的写作手法。

核心概念

电视广告文案、视听语言、蒙太奇、文学脚本、分镜头脚本

引导案例

微软企业形象电视广告

微软企业形象电视广告如图 8-1 所示。

图 8-1　微软企业形象电视广告

我们看到了一名医生(画面：一个男孩坐在教室里)
我们看到了一个母亲和一个 CEO(画面：一位母亲背着一个婴儿)
我们看到了一位海洋生物学家(画面：一个男性)
在微软，我们所看到的不是一个表象的世界(画面：几辆车行使在公路上)
我们所看到的不是一个表象的世界，而是一个将来的世界(一辆行驶的车)
我们看到潜力(画面为小女孩坐在课堂上)
我们看到人们彰显创意、施展才华、获得更多成就、享受前所未有的生活
我们看到工作人员自由、公开地分享信息
我们看到小企业在成长、大企业的运营变得更灵活

公司间建立起良好的合作关系
我们看到软件开发人员，开创出一个伟大的发现
在微软，我们乐于分享您的潜力
正是它，启发我们创造软件
助您不断发挥潜力
正是它，启发了我们所有的成就
因为最终，我们的成功
并非强大的软件，而是强大的您
您的潜力 微软的动力

案例解析

微软企业形象电视广告文案着力于从用人角度塑造企业形象，文案的诉求点在于微软为有潜能的人提供了一个良好的发展平台，是一个真正有理想、有抱负的人实现自己人生愿景的很好的舞台；体现了微软惜才的企业文化和不断追求卓越的企业理念。

第一节 电视广告文案的特点和类型

电视发明于1924年，正式播出始于1936年。电视是大众传播媒介中最晚出现的，但发展却最快。在今天的世界各地，电视已经成为覆盖面最广、最大众化、影响力最大的大众媒介，也是最有效力的广告媒介。

一、电视广告的创作特点

(一)视听兼备的媒介

电视广告文案主要以有声语言和字幕两种形式表现，以有声语言为主，因此使用适合“听”的语言是对文案的基本要求。

另外一个关键问题是，电视能够表现生动丰富的画面，电视媒介最吸引观众的地方也在画面，电视广告文案必须与画面紧密配合，互为补充。所以在创作时要注重综合的视听效果。

(二)瞬时性媒介

与广播不同，电视也是一种非持久性媒介，追求的是一种即时性的效果。电视广告文案要与画面配合，集中于重要信息，突出品牌和主要利益点，将信息一次传达到位，不能期待观众反复回味广告内容。

(三)告知性媒介

电视信息持久性差的特点决定了电视媒介传达复杂的解释性信息、做深度诉求的能力弱于报纸和杂志，是一种告知性媒介。但因为有画面的帮助，电视的解释能力又强于广播。因此电视广告在告知产品特性、承诺明确利益的同时，可以对广告信息进行简单解释，例如示范产品

的使用效果、比较两种产品的差异等。

(四)娱乐休闲性媒介

电视广告应该配合观众休息和娱乐的需求，做比较轻松宜人的表现，避免沉重、严肃、丑陋、低俗，引起观众的反感。观众一般在电视广告出现时，容易产生较强的抗拒心理，常以转换频道和做其他的事来转移注意力。

所以电视广告要想在第一时间抓住受众的注意力，就必须运用画面、语言、音效等一切可能手段，在第一时间抓住观众的注意力，或者至少不让观众反感到马上离开。这就需要电视充分发挥其娱乐休闲的特性。

二、电视广告文案的特点

电视广告文案是广告文案在电视广告中的特殊形式，是以画面语言和声音为表现手段的广告传播形式。电视广告主要由视觉部分(包括屏幕画面和字幕)和听觉部分(包括有声语言、音乐和音响)构成。

电视广告的各种构成要素主要包括素材、主题、艺术形式、表现手段以及解说词等，它们都是广告创意的重要组成部分。这一切都必须首先通过电视广告脚本的写作体现出来，从而使电视广告文案显示出有别于其他广告文案的特殊性。

(一)从文案的构成角度分析

1. 非独立性

电视广告文案与报刊平面广告文案的性质有明显的区别：它并不完全与受众见面，因为它不是广告作品的最后形式，只是形成电视广告作品的一个基础和前提。

电视广告文案的主要形式来源是文学写作，没有相当的文学修养和艺术素养，是很难进行电视广告文案创作的。电视广告文案从构思到创作不同于一般印刷广告文案写作和广播广告文案写作，电视广告文案本身是无法独立存在的，必须与其他表现手段相结合，相互配合使用，才能发挥电视广告传播的最大优势。

如果过于强调电视广告文案的独立性，则会造成文案与画面脱离，从而会破坏广告效果。所以，电视广告文案的创作者应该充分认识到广告文案非独立性的特点，写作时一定要围绕画面等因素的融合来进行构思。

2. 非完整性

电视广告文案的非独立性决定了广告内容的非完整性。电视广告的传播性与广播广告文案大致相同，即通过声音传播，以口耳相传的方式进行交流，其文案各部分之间的区别无法在听的过程中清楚地辨别，往往融为一体，而且电视广告的时间很短。

目前，电视广告片的各种常规时段有 5、10、15、30、60 秒等。我们在选择电视广告文案的表现形式时，不仅要依据广告策略、广告信息内容、广告目标受众等情况，而且还要与时段的选择产生对应。

一般来说，电视广告文案每秒不能超过 2 个字。如果在这么短的时间里还要严格区分正文、随文，势必将文案分割得支离破碎、杂乱无章。现在很多的电视广告都没有标题，有些正文也很简单，有的干脆将标题、随文都舍弃了(在电视广告文案中，较少出现随文，即使需要出现随文，也往往以字幕的形式出现，而不作过多的解说)。

单纯从文案上看，电视广告文案的表述是不完整的，但是，这也正是电视广告文案不同于其他广告文案的地方。它的主要特点在于，文案始终服务于看和听，人们在观看电视广告的时候，不可能完全专注于屏幕上的文案，也不会像广播广告的听众那样将注意力集中在听觉上，观众往往是边看边听。所以，电视广告文案的作者一定要注意观众“边看边听”的特点，使文案创作适应电视画面的需要。

请看下面这则电视广告。

画面：(全景)一辆汽车在画面中急速奔驰，(背景音乐)有节奏的“滴答滴答”电子钟声。

广告词：我们的汽车在奔驰时，除了电子钟的声音，别的声音都听不到。

这是福特汽车的广告。单纯从画面中看，这种汽车的质量究竟怎么样，无法做出判断，而只有配合文案“别的声音都听不到”，只能听到电子钟有节奏的“滴答滴答”声，来让我们充分领会到这种汽车的平衡舒适和安全快速，仿佛我们自己正置身于这种汽车的行驶之中。这正是该广告的高明之处。

从上述例子可以清楚地知道，电视广告文案与一般的广告文案不同，不能单独靠文案完成广告诉求的任务，只有与画面、音乐以及其他手段有机结合才能顺利完成广告诉求。

(二)从文案的语言特殊性角度分析

电视广告文案采用的是影视语言，电视广告的影视语言不仅是电视广告信息的传达手段，也是电视广告形象得以形成所必不可少的先决条件，因为它是电视广告的基础和生命。

1. 跳跃性

停顿和跳跃是电视广告语言独有的特点。一则电视广告，播放的时间一般不超过 60 秒，而声音部分占用的时间更短。因此电视广告文稿语言不能按部就班地表达，而应如影随形，随着画面的跳跃而跳跃，力求最大限度的简练。

电视广告文案是画面和声音交替、重叠出现的，跳跃性比较强，广告文案无法脱离其他因素而存在，其语言无法追求自身的完整性。因此在电视广告中，广告语言经常是非线性的。如果单独把广告语言剥离出来，有时不仅没有趣味性，也难以理解广告的内容。

2. 和谐性

由于电视广告语言是由画面语言、文学语言、音乐语言 3 种语言构成，所以在创作电视广告时，要注意文学语言与其他两种语言的和谐统一，不能有分裂感、不妥帖感。

图像部分即是画面语言，它和解说词相得益彰，再跟歌曲、音响效果配合默契，“起承转合”十分自然，有力地突出了广告形象和色彩逼真这一主题。

(三)从文案的语言特色角度分析

1. 形象性

形象性，就是要惟妙惟肖地再现事物的形象，使消费者如见其人，如闻其声，如触其物，如身临其境。怎样才能写出形象性的电视广告文稿语言，这就要求语言的意义要准确，具体地传达出事物的个性特征。

语言都是对事物的区别和概括，概括的范围越广，消费者的印象就越笼统，就越难以形成具体的感性印象。所以电视广告文稿语言不能限于传达事物的一般意义，而要表现特定事物的特殊性，即表现事物的特征。语言的形象性同特征性是紧密联系着的，只有表现出事物的具体特征，表现出某一具体事物同其他事物的不同之处，才能给消费者留下具体鲜明的印象。

2．新颖性

新颖性，指语言的新奇或反常特性。语言的新颖性与语言的“自动化”是相对立的。自动化语言是那种久用成“习惯”或习惯成自然的、缺乏原则性和新鲜感的语言，在日常语言中司空见惯；而要给消费者留下深刻的印象，带来新奇的感受，电视广告语言就要力求运用新鲜的或奇异的语言，去破除这种自动化语言的壁垒。

3．独特性

语言的独特性，实际上是指语言的个性化。这里所说的个性化，包含两个意思：一是指作者语言的独具特色，即语言能充分体现广告创作者的个性风格；二是指电视广告文稿语言与其他媒介语言相比，有自己的独到之处。

三、电视广告文案的类型

电视广告文案有许多表现形式，如以调查研究或科学论据的方式，证明某产品优于其他品牌；或将商品人格化；或为商品载歌载舞；或用文化名人推荐商品，或为商品创造出一种动人的意境和故事等。最主要的有以下几种表现形式。

(一)直接式

直接式就是请一个演员直视镜头(即特写镜头)，真诚热情地介绍产品或服务事宜。例如“蓝天六必治”牙膏电视广告：清晨，一位朴实的中年男子手持漱口杯具迎面向镜头走来，一面走一面向观众诉说着“我的牙，全托蓝天六必治的福了，一点毛病没有。牙好，嘿，胃口就好，身体倍儿棒，吃嘛嘛香。您瞅准了，蓝天六必治!”

(二)名人推荐式

名人推荐式即用名人爱用某种商品的镜头，或由名人直接出面推荐商品的镜头进行广告宣传，利用“名人效应”，以造成观众对产品的好感和信赖感。

【案例 8-1】

长虹电视广告

长虹电视广告请徐静蕾进行产品的推荐，如图 8-2 所示。

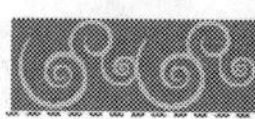

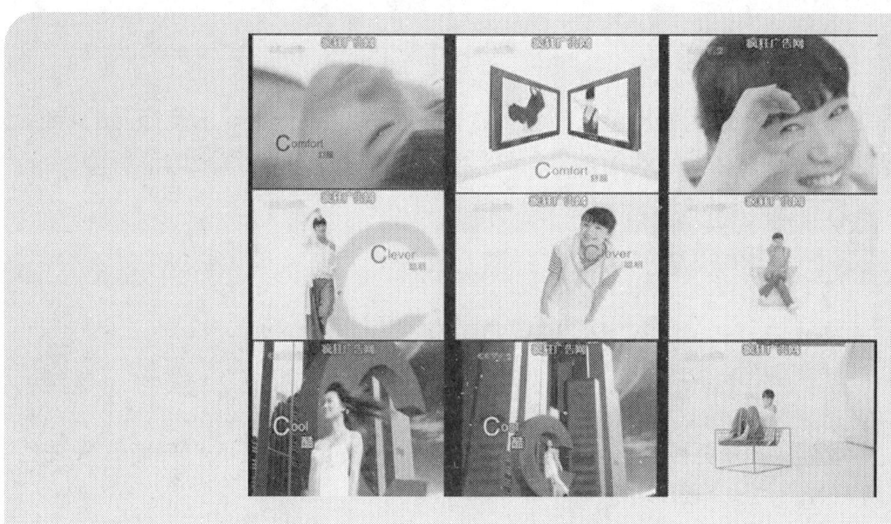

图 8-2　徐静蕾代言的长虹电视广告

(三)证言/代言人式

证言/代言人式即一般由广告中虚构的人物或者知名的代言人、虚构的代言人证实产品的特性、利益点等，并向诉求对象推荐产品。

(四)生活片段式

生活片段式即把广告场景置于人们的现实生活中，以人物的生活经验、境遇来影响其他消费者，或改变人们对某些产品的态度。

【案例 8-2】

菲利普灯泡的电视广告

菲利普节能灯泡广告创意来自多米诺骨牌。广告中主角小心地垒上了最后一块多米诺骨牌，终于可以松一口气了。踮着脚尖跨过长长的骨牌长队，打开 DV，准备拍下精彩一刻，享受多米诺骨牌瞬间的欢娱，谁知满心欢喜地推倒第一块骨牌的瞬间，灯泡却突然坏了，美妙的景象一下子变成了一团漆黑，让人措手不及，只剩下黑暗中骨牌倒下的声音。

接着画面上打出“菲利普照明，体验真正长久”的广告语。

案例解析

该广告表述简单诙谐，让人在轻松幽默中记住了产品，是一则不错的小品式广告。广告本身没有太多幽默成分，也不需要演员的夸张表演，而是全由一只灯泡来创造一种小插曲。故事来自生活，也使生活更有情趣。广告显得含而不露，让人轻松接受。

(五)解决问题式

解决问题式即先提出生活中遇到的问题，然后解决问题，在此过程中展示某商品的特性。此类广告往往以科学实验的形式，显示商品功能的科学性和可靠性，富有很强的说服力。

【案例 8-3】

海飞丝去头屑的电视广告

广告中提出了“头紧”、“头皮刺激”、“头痒”、“头屑”、“头皮发油”5 个问题，海飞丝具有去除这些问题的能力。广告如图 8-3 所示。

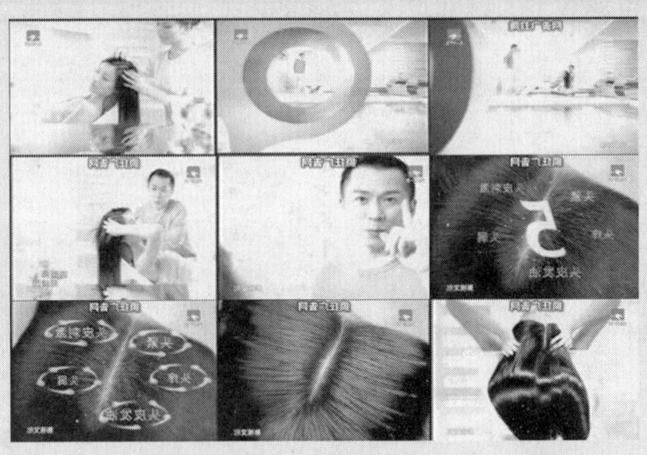

图 8-3　海飞丝去头屑的电视广告

(六)故事式

故事式的广告创意虽然放弃了从消费者利益点的角度进行陈述，但是这一类的广告创意表现的深度和广度远比理性诉求来得大，商品广告、企业形象和公益广告等各种类别的广告诉求都能够找到特定的情节去诠释主题。

从以情感人的动机出发，故事式的广告多以人间互助、关怀、家庭生活为题材，为了强化故事情节的感性和表现力，故事式广告往往结合着音乐型广告的表现形式来营造气氛，而且故事式的广告创意是可以由名人担纲主角的，可以充分利用名人效应。

以说故事的形式传递商品信息或劳务信息，它有人物，有人物的对话，有简单的情节，有动作和细节描写。

【案例 8-4】

美国 FELEVEN24 小时连锁店广告文案

年轻人：清晨 4 点，整个城市好像只有那个角落，让人觉得明亮且温暖。

店员：我记得那天冷冷的，还在下雨。他站在那里喝咖啡，心情好像很坏。

年轻人：只不过喝他一杯咖啡而已，他就像个老朋友一样陪我聊了很久。

店员：我只不过问问他是不是工作不顺心，他就像好久没跟人说过话似的，一说就说个不停。

年轻人：我好像第一次跟一个陌生人讲那么多话！也就在这个角落里，第一次感觉到许多人竟然那么单纯、那么认真地活着。

店员：嗨，刮刮胡子吧！常来哦，别忘了这个方便邻近的好邻居哦！

年轻人：那个早晨，觉得自己的脸那么清新，那个角落真的特别明亮，特别温暖。

案例解析

该文案通过年轻人和店员各自的内心独白，以回忆的方式，将年轻人到 FELEVEN24 小时连锁店喝咖啡时所遇到的友好招待，作了完整的描述：开始的心情，中间受到的友好招待，以怎样的心情离开的，最后的心情如何……这些通过两个人将各自所见所闻用独白的方式予以展示，可以连缀成一个完整的故事情节。而且年轻人和店员所叙述的语调都很朴实、亲切，丝毫不给人“做”广告的那种虚伪造作的感觉，也展示了该店亲切、友好而善解人意的人性化服务，令人确实有宾至如归的舒适与放松感。

(七)幽默式

幽默广告创意表现出创意主体的敏锐和巧思，将严肃的推销目的通过轻松诙谐的情节表现出来，使消费者在完全放松警惕的大笑中蓦然发觉商品的可爱，进而把它占为己有。这对于广告业和商家来说都有着革命性的贡献。

【案例 8-5】

ROLO 糖果的电视广告

小男孩在食用 ROLO 糖果的时候诱惑小象，小象欣喜地想食用时，小男孩却恶作剧般地把糖果放在了自己嘴里。小象被骗了。等小男孩长大后的某一天，他站在街边与别人齐贺欢乐节。长大后的小象认出了小男孩，给予其一击算是报复。广告运用幽默手法，让人捧腹不已，如图 8-4 所示。

图 8-4 ROLO 糖果的电视广告

(八)卡通动画式

卡通动画式即借用动画片的原理来制作广告。动画式广告包括迪斯尼式的卡通、各种图解。它的最大优势就是把幻想和现实紧紧地交织在一起，利用浪漫手法，表现商品特性，传达劳务信息。

例如：让动物享用商品，然后发出赞美声；让汽车、自行车在空中飞翔，让牙刷、牙膏、手表跳舞等。作为一种宣传手段，动画这种形式尤其在表现抽象的、内在的、摄影机难以拍摄清楚的那些产品和商标中，有独特的效果。

08

【案例 8-6】

可口可乐的一则电视广告

广告采用小熊作为广告表现的主要形象，非常可爱，如图 8-5 所示。

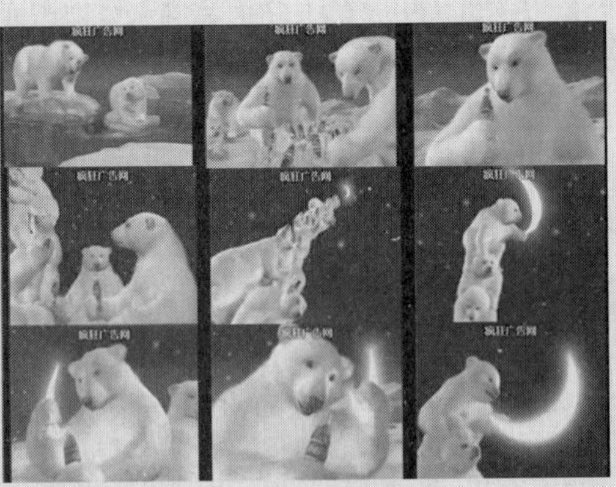

图 8-5 可口可乐的一则电视广告

(九)意境式

在电视广告中，不是去陈述产品的性能或编撰故事情节，而是致力于通过电视画面托物言志，咏景抒怀，为消费者营造一个优美动人的艺术境界，试图使他们在美感愉悦中牢牢记住广告产品。

【案例 8-7】

索尼摄像机的一则电视广告

画面：两个儿童一起拨弄拨浪鼓。

字幕：三秒钟，见证爱情萌芽

画面：两位老人相濡以沫紧握双手

字幕：三十年，刻画岁月容颜

画面：拍摄古典建筑

字幕：三世纪，珍藏永恒传统

画面：新人喜结连理，众人欢聚共祝

字幕：三分钟，分享刹那喜悦

三原色，构成大千世界

300 万像素，完美捕捉一切

案例解析

该广告在西藏拍摄，如同一幅充满着诗情画意的散文，让人留恋于整幅广告所营造的优雅、恬静、淳朴的生活状态，让人有一种世外桃源般的静谧享受；广告中没有对话和旁白，简单的音乐犹如天籁之音让人陶醉其中，画面所配的字幕更让人感叹时间的流逝与珍贵，每一分、每一秒都是创造奇迹的基点，都是构筑永恒的塔底。

索尼摄像机的一则电视广告如图 8-6 所示。

图 8-6　索尼摄像机的一则电视广告

广告所营造的意境让我们感受不到是给索尼摄像机做广告，而像是诉说着一个悠久的人类故事，只不过我们派去了一个见证人来见证那远离的淳朴与祥和。此番意境美，打动了无数的消费者，让消费者再次体会到了超然物外的宁静世界。

(十)产品演示式

产品演示式即在广告中充分展示产品的外形、构造、局部，或者示范产品的使用效果。文案集中于产品特性或使用利益。产品演示式广告中，产品是广告的主角，一般不出现人物，文案主要以画外音和字幕文字表现。要使产品对诉求对象产生足够的吸引力，广告需要拍摄得非常精美，产品演示也可以和其他方式结合使用。

【案例 8-8】

新奇士橙电视广告文案

你观察过店里的人吗？他们都自以为知道如何挑选最好的橙子。他们又挤、又拍、又摇，我们不明白他们在干吗。其实，他们只需要转动一下手腕，如果上面有“新奇士”几个字，就可以拿。嘿，别忘了看一下这个标签。

案例解析

广告的目的是展示“新奇士橙”的产品独特利益点，有“新奇士”标签的就是可以放心购买的橙子。这就是产品的利益点。简单而直接的创意，直截了当而幽默风趣的文案，一切都配合得恰到好处。

(十一)歌曲式

歌曲式也是电视广告经常运用的一种手法，无论是化妆品广告、奶制品广告，还是其他产品，都可以通过朗朗上口的歌曲形式表达产品的利益点。歌曲式广告的电视画面可以是产品演示、人物、故事或者生活片段；可以从头到尾全部使用广告歌，也可以在广告中插入画外音或者人物语言。

第二节　电视广告文案的撰写

一、电视广告文案的撰写原则

撰写电视广告文案应遵循如下原则。

(一)声音和画面的完美结合

电视广告由画面、声音两个要素组成。画面要素包括人物及其活动、场景及场景变化、静态产品图形、效果演示图形、卡通形象、字幕等；声音要素包括人声、音乐、音响。

在广告文案撰写中要注意声音和画面的完美结合。如果两者各行其道、相互游离，观众就不知道是应该看画面还是听声音，就会在烦乱中失去兴趣。另一方面，如果声音和画面自始至终相互说明，使观众重复地得到同样的信息，电视广告就会显得单调乏味。

广告大师李奥·贝纳指出，“从一段广告影片中把文案分离出来是一件困难的事，有时是完全不可能的事……你不可能没有思想及计划构想的顺序及整个效果，就创作出好的电视广告影片。如果没有创造画面气氛及动作(这几项对最后结果的重要性和在文字上是一样的)，也不会创作出好的电视广告影片。”

在开始写作文案前，创意小组应该形成作品的完整构思，确定电视广告总体的表现形式、画面表现、画面顺序，确定画外音、人物语言、屏幕文字或者广告歌出现的位置，并画出简单的故事版草图。这样，写作文案时就能够在头脑中反映出活动的、连续的画面，对文案与画面配合有直观感觉。

电视广告文案是为了弥补画面的不足，交代画面难以表达或表达不充分的东西。它不是画面的简单说明与解释，而是画面的延伸、扩展和深化。电视广告一定要留出空间让充满张力的画面延伸，而且没有旁白在耳边唠叨。“若是给戏剧性画面撰写广告词，应当更加小心翼翼才是；画面越是跌宕起伏，广告词越是要有所收敛……其实，电视广告的规律是：画面越有戏剧性，广告词越显得画蛇添足。”

这也就要求其在图像和音乐的运用上要有所推敲。图像善于表现具体、形象的信息，如外形、色彩、包装及运动状态，不善于介绍产品的抽象性方面，如成分、评价等；而音乐则在情绪上感染观众，渲染气氛，引起情感上的共鸣。

电视广告文案创作讲究声画互补，声画互补的具体内涵体现在声画两种因素相互补充、相互强化，以获取更优异的广告效果。声音可以强化、点名画面的意义，画面则对声音直观性较弱的一面予以补充或铺垫，二者应该处于一种相互作用、相得益彰的和谐关系之中。

声画互补不限于画外音与视觉画面，而且还大量表现在音响、音乐等与画面的相互作用。相互强化，其对于电视广告效果的提高，也有着不可忽视的重要意义。因此，既要充分发挥每一个表现手段的表现力，又要使各表现手段之间默契合作与有机搭配。

声音体现在电视广告文本中就是其中的人物对白、解说、画外音等文案部分，所以声画互补的关系体现在文字中就是文案与画面的关系。这就要求遵循以下几条原则。

1. 文案与画面互补

电视画面的表现力远远强于平面印刷的图形。电视广告中的动态画面长于写实地表现形象、场景、过程，写意地营造风格和氛围；文案则长于传达画面无法直接表现出的信息，描述无法具象化的情感和观念，必要时还可以对画面进行解释或补充说明，以使画面的内涵更为明确。

写作文案时，应注意文案与画面在功能上的互补，画面传达不明确之处，就由文案来传达，以免观众不知所云；画面已经明确表达出来的东西，文案就不要再做更多解释，以免画蛇添足。

2．以文案传达最重要的信息

画面可以做直观表现，但准确传达具体信息的能力不如语言文字。电视广告中最重要的信息，还应该由文案来明确表达。文案要以很少的文字，将重要信息符合逻辑地组织起来。

3．文案与画面进程一致

文案中信息的展开应该与画面进程保持同步，画外音、人物语言、字幕的含义要与画面所表达的含义相一致。画面说此而文案言彼，画面已经进展到下一步，文案却没有将画面内容说出来，都会影响画面与文案的协调。

4．文案尽量少而精

观众是边听边看，不可能非常专注地阅读长长的字幕，也不可能像听广播那样将注意力集中于较长久的人物对话，而且电视广告在短短的15秒或30秒内要转换多个画面，也不允许过长的字幕或者一个画面内过长的对话。所以电视广告文案中的字幕和人物语言应该少而精。

使用画外音传达的文案可以长于使用字幕和人物语言的文案，但也应该与画面节奏保持一致，不能显得匆匆忙忙。至于多长的文案才算适当，需要文案人员在头脑中模拟文案与画面配合，看能否在15秒或30秒内以实际表现要求的节奏完成。

一般来说，电视广告的文案每秒不能超过2个字。

(二)运用蒙太奇思维

1．蒙太奇的概念

蒙太奇是法文montage的音译，原系建筑学术语，本义为构成、装配。前苏联电影界首先将其借用到电影方面，意为电影(包括后来的电视)镜头的剪辑和组接。蒙太奇离不开剪辑，但蒙太奇又不是剪辑。

剪辑只是把镜头素材中的冗长、拖沓的部分剪掉，使影片更加集中，有强烈的戏剧效果；蒙太奇是一种美学原则，它贯穿在从编导的艺术构思到摄影、录音、剪辑等整个制片过程中，并且通过剪辑使上下镜头之间产生新的关系和意义。

2．蒙太奇的使用意义

影视广告文案利用蒙太奇电视结构手段，在镜头与镜头之间建立起新的意义和象征关系，表达单个镜头所没有或不够鲜明的情绪或观念。尽管前后分镜头的跳跃比较大，但观众能凭借自己的经验和思维自行连接镜头，并体会广告画面所表达的含义。

影视广告文案撰稿人应善于利用镜头与镜头的衔接，画面与声音的相应组合，来揭示商品的个性特征或企业的形象特点，创造广告艺术美的境界。

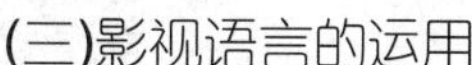

(三)影视语言的运用

电视广告文案写作除了撰写文案，更要注意各种要素的整体协调。德国著名广告人玄特纳认为，“电视广告创作员不是图像画家和文案作者，而是以影片为其工作重点的广告传播专家。他们的任务不是撰写影像过程，而是给某一主题寻找有能力应付广告交流的影片创意。”

文案写作人员的工作并不是有了创意就万事大吉了，那只是一个漫长过程的开始，整个电视广告的制作过程应该一直参与。例如，选择演员、布景、调光、剪辑、配乐等环节，虽然琐碎，却直接关系到创意的实现程度。一个出色的创意，常常会毁于制作过程中的一个小小环节。

从这个角度来说，为电视广告撰写广告词的人必须了解电视媒体。他必须知道这一媒体具有多大的表现空间，能够做什么，怎样去做。具体来说，他必须懂得视听语言，必须了解镜头的运动方式、场景的转换、景别的运用等。这也就意味着影视广告文案应着重解决抽象语向具象语的转化、其他形象向视觉形象的转化，运用蒙太奇手法，处理好画面的运动感和节奏感。

【拓展知识】

影视广告文案写作的技巧

在影视广告文案的撰写中常常要使不动的物体动起来，通常有两种途径。

一是画面内部物体和人本身的运动，即使是对不动的静物，也可以利用光影、水波等细微的变化使静物不“静”。

二是镜头的运动，即利用推、拉、摇、移、跟等拍摄方式增加物体的动感。除了运动感之外，还须具有节奏感。

几乎每一个电视广告都各有各的节奏基调，或热情奔放，或抒情委婉，或以跌宕起伏、张弛有度的镜头推进来带动受众的情绪变化产生共鸣，或以画面语言的呼应与反复来强化受众对品牌的认识和记忆。

(四)特殊创作原则

电视广告所独具的蒙太奇思维和影视语言，决定了电视广告文案(脚本)的写作既要遵循广告文案写作的一般规律，又必须掌握电视广告脚本创作的特殊规律。具体要求如下。

1．确定广告主题

电视广告文案的写作，必须首先分析研究相关资料，明确广告定位，确定广告主题。在主题的统率下，构思广告形象，确定表现形式和技巧。

2．考虑时间的限制

按镜头段落为序，运用语言文案描绘出一个个广告画面，必须时时考虑时间的限制。因为电视广告是以秒为计算单位的，每个画面的叙述都要有时间概念。镜头不能太多，必须在有限的时间内，传播出所要传达的内容。

3. 声音与画面的和谐

电视广告是以视觉形象为主，通过视听结合来传播信息内容的。因此，电视广告文案的写作必须做到声音与画面的和谐，即广告解说词与电视画面的“声画对位”。

4. 运用感性诉求方式

电视广告文案的写作，应充分运用感性诉求方式，调动受众的参与意识，引导受众产生正面的“连带效应”。为达到此目的，脚本必须写得生动、形象，以情感人，具有艺术感染力。这是电视广告成功的基础和关键。

5. 关注语言表达技法

电视广告开始时的第一句话或第一条字幕具有标题的性质，往往是由此提出问题或突出最重要的信息。广告中的人物对话要符合角色自身的特点。同样，结尾的口号是总结全片内容的画龙点睛之笔，要有回味的余地，千万不能虎头蛇尾。因此，电视广告文案虽然字数不多，但要反复推敲。

6. 关注观众的兴趣

在进行电视广告文案的创作时，要把自己想象为目标受众，要充分考虑到受众的兴趣所在，考虑广告是否可以在脑海里留下深刻的印象，是否将广告用通俗易懂的语言表述出来，是否使用了过于专业的术语和冗长的语句。

要达到满意的效果，可以在广告中采用设置悬念、营造意境、利用对比等手法来达到宣传效果。只有运用创造性的思维去创造新的表现手法，才能推陈出新，夺人眼球。当然，无论哪种新的表现手法，都必须符合广告产品的特点，符合媒体的传播特点。

针对电视广告不同的观众层面，要选用不同的画面语言。如果这条广告是做给农村消费者看的，广告要直接向他们诉求，不能转弯抹角，不能让他们费尽心思地去理解广告的文化内涵。

7. 主题必须十分鲜明突出

电视广告要在几十秒钟内表现一种诉求或传达思想、主题，不能出现旁枝末节。每一个画面的展现、人物的每句台词、画面中物体的运动，都是主题这株“树”上活生生的“枝叶”，绝不能出现多余的东西，更不能出现与主题背道而驰的东西。

二、常规时段对应的文案表现原则

(一)5 秒时段

通常情况下，5 秒时段的电视广告片，其目的通常是为了加深受众对广告信息的印象，强化受众对广告主体特定形象的记忆。因此，一般采用瞬间印象体的表现形式，且一闪而过，却具有某种冲击力的画面；与简洁凝练的广告语相结合，来表现企业形象或品牌个性。

(二)10 秒和 15 秒时段

10 秒和 15 秒时段的电视广告片，其广告目的是要在短时间内，对广告信息作单一的、富于特色的传播，突出企业形象或品牌个性或独具的“卖点”。因此，适合采用名人推荐体、动

画体、新闻体以及悬念体、简单的生活情景体等表现形式。

(三)30 秒时段

30 秒时段的电视广告片，可以从多角度表现消费品的功能、利益点。适于采用名人推荐体、消费者证言体、示范比较体、生活情景体以及简短的广告歌曲形式等。

(四)60 秒时段

60 秒时段的电视广告片，可以表现更丰富的广告内容；可以采用广告歌曲体、生活情景体、消费者证言体、示范比较体等较为完整的表现形式。

三、电视广告解说语的写作原则

电视广告解说语的构思与设计，将决定电视广告的成败。广告解说语的种类包括画外音、解说词、人物独白、人物之间的对话、歌曲和字幕等。

画外音指在画面场景中看不到声源的声音，常用来表现广告中人物的内心独白和不出自广告中人物之口的客观陈述。

人物语言包括电视广告中人物的对话和人物面向观众的发言。

字幕指电视画面上叠印的文字。字幕可以用来突出画外音、人物语言、广告歌中需要观众特别关注的信息，也可以说明画面场景发生的时间、地点、画面上人物的身份，或者对画面做补充说明。如果需要以“无声”来制造特殊效果，文案可以只以字母来表现。字幕应该力求简洁醒目，不能出现过多，以免将视听广告变成阅读广告。

广告歌是一种特殊形式，可以用画外音，也可以出自片中人物之口。

画外音、人物语言、字幕、广告歌各有其不同的适用性。对产品的客观评述，如果直接通过画面中的人物之口说出，会显得生硬、刻板；人物内心独白性的语言直接作为人物语言出现，也会令观众感觉极不自然；字幕往往需要人声的配合，以更加生动；广告歌则常常需要字幕的配合，以免观众听不清楚。

电视广告可以视需要选择以上任何一种方式作为表现文案的主要方式，也可以综合运用多种方式。写作文案时应该熟悉广告的总体构思，明确创意和表现的具体要求。具体写作原则如下。

(一)写好人物独白和对话

人物独白和对话的重要特征是偏重于“说”，要求生活化、朴素、自然、流畅，体现口头语言的特征。例如李丁所代言的哈药六厂的高钙片的广告独白：

这人要上了年纪，就容易缺钙。过去，我一直补钙，可是一天三遍地吃，麻烦。现在呀，有了新钙中钙高钙片，它含钙高，一片顶过去五片儿，方便。你看我，一口气儿上五楼，不费劲儿。高钙片，水果味，一天一片，效果不错还实惠。

(二)选择恰当的旁白或画外音解说

旁白和画外音解说可以是娓娓道来的叙说，或者抒情味较浓重的朗诵形式，也可以是逻辑严密、夹叙夹议的论述。

【案例 8-9】

中华汽车电视广告文案

(一)

如果你问我，这世界上最重要的一部车是什么？那绝不是你在路上能看到的。

30 年前，我 5 岁，那一夜，我发高烧，村里没有医院。爸爸背着我，走过山，越过水，从村里到医院。爸爸的汗水，湿遍了整个肩膀。我觉得，这世界上最重要的一部车是——爸爸的肩膀。

今天，我买了一部车，我第一个想说的是："阿爸，我载你来走走，好吗？"

广告语：中华汽车，永远向爸爸的肩膀靠齐。

(二)

印象中，爸爸的车子很多，大概七八十部吧。我爸爸没什么钱，他常说："买不起车，只好买假的。我这辈子只能玩这种车啰！"

经过多年努力，我告诉爸爸，从今天起，我们玩真的。爸爸看到车后，还是一样东摸摸、西摸摸，他居然对我说："我这辈子只能玩假，你却买真的！"

爸，你养我这么多年不是假的，我一直想给你最真的。

广告语：中华汽车，真情上路。

(三)以字幕形式出现的广告词要有美感

电视广告中的字幕要体现书面语言和文学语言的特征，并符合电视画面构图的美学原则，具备简洁、均衡、对仗、工整的特征。在电视广告中，字幕起着十分重要的作用：呈现产品的品牌并逐步强化，这是电视广告中常用的手法；标明生产厂家和联系方式、地址；在广告片中需要重点强调的地方，及时地打出字幕；参与画面的构图，而这恰恰是一直以来电视广告所忽略的。

【案例 8-10】

左岸咖啡馆的电视广告

左岸咖啡馆的电视广告如图 8-7 所示。

左岸咖啡馆广告中的字幕：

再见的味道

相聚的味道

自由的味道

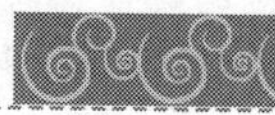

人生的味道

咖啡的味道

图 8-7 左岸咖啡馆广告

案例解析

此则广告以“味道”作为表现重心，通过简洁优美的字幕体现出来，同时字幕与画面配合得相得益彰，渲染了人生的几种况味。淡淡地优雅着，赋予“左岸咖啡馆”一种含蓄、一种气质、一种独特。

(四)着重写好广告语

广告语要尽量简短，具备容易记忆、流传、口语化及语言对仗、合辙押韵等特点。

08

【案例 8-11】

雀巢咖啡，味道好极了

雀巢咖啡这句广告语是人们最熟悉的一句广告语，也是人们最喜欢的广告语。简单而又意味深远，朗朗上口。因为发自内心的感受可以脱口而出，正是其经典之所在。以至雀巢以重金在全球征集新广告语时，发现没有一句比这句话更经典，所以就永久地保留了它。

【案例 8-12】

麦氏咖啡：滴滴香浓，意犹未尽

作为全球第二大咖啡品牌，麦氏的广告语堪称语言的经典。与雀巢不同，麦氏的感觉体验更胜一筹，虽然不如雀巢那么直白，但却符合品咖啡时的那种意境，同时又把麦氏咖啡的醇香与内心的感受紧紧结合起来，同样经得起考验。

【案例 8-13】

M&M 巧克力：只溶在口，不溶在手

M&M 巧克力的这句广告语是著名广告大师伯恩巴克的灵感之作，堪称经典，流传至今。它既反映了 M&M 巧克力糖衣包装的独特 USP，又暗示 M&M 巧克力口味好，以至我们不愿意使巧克力在手上停留片刻。

【案例 8-14】

德芙巧克力：牛奶香浓，丝般感受

德芙巧克力的这句广告语之所以够得上经典，在于那个“丝般感受”的心理体验。用丝绸来形容巧克力细腻滑润的感觉意境够高远，想象够丰富；充分利用联想感受，把语言的力量发挥到极致。

【案例 8-15】

永远的可口可乐，独一无二好味道

在碳酸饮料市场上可口可乐总是一副舍我其谁的姿态，似乎可乐就是可口。虽然可口可乐的广告语每几年就要换一次，而且也流传下来不少可以算得上经典的主题广告语，但还是这句用的时间最长，最能代表可口可乐的精神内涵。

【案例 8-16】

百事可乐：新一代的选择

在与可口可乐的竞争中，百事可乐终于找到突破口，它们从年轻人身上发现市场，把自己定位为新生代的可乐，邀请新生代喜欢的超级歌星作为自己的品牌代言人，终于赢得青年人的青睐。一句广告语明确地传达了品牌的定位，创造了一个市场。这句广告语居功至伟。

【案例 8-17】

大众甲克虫汽车：想想还是小的好

20 世纪 60 年代的美国汽车市场是大型车的天下，大众的甲克虫刚进入美国时根本就没有市场。伯恩巴克再次拯救了大众的甲克虫，提出 think small 的主张，运用广告的力量，改变了美国人的观念，使美国人认识到小型车的优点。从此，大众的小型汽车就稳执美国汽车市场之牛耳，直到日本汽车进入美国市场。

【案例 8-18】

just do it(要做就做)

耐克通过以 just do it 为主题的系列广告和篮球明星乔丹的明星效应，迅速成为体育用品的第一品牌，而这句广告语正符合青少年一代的心态，要做就做，只要与众不同，只要行动起来。然而，随着乔丹的退役，随着 just do it 改为 I dream，耐克的影响力逐渐减退。

【案例 8-19】

诺基亚：科技以人为本

“科技以人为本”似乎不是诺基亚最早提出的，但诺基亚把这句话的内涵发挥得淋漓尽致。事实证明，诺基亚能够从一个小品牌一跃为移动电话市场的第一品牌，正是尊崇了这一理念，从产品开发到人才管理，真正体现了以人为本的理念。因此，口号才喊得格外有力，因为言之有物。

【案例 8-20】

钻石恒久远，一颗永流传

事实证明，经典的广告语总是丰富的内涵和优美的语句的结合体。德比尔斯钻石的这句广告语，不仅道出了钻石的真正价值，而且也从另一个层面把爱情的价值提升到足够的高度，使人们很容易把钻石与爱情联系起来。这的确是最美妙的感觉。

【案例 8-21】

四海一家的解决之道

IBM 这一蓝色巨人经营处于低谷时，提出这一颇具煽动性的口号，希望它不仅成为一个名副其实的跨国企业，而且真正成为为高科技电子领域提供一条龙解决方案的企业。进入电子商务时代，IBM 正在将这一角色实现，扮演着电子商务解决方案的提供商角色。

第三节　电视广告脚本撰写

广告活动是通过广告作品的形式，把广告主的要求、意愿和产品信息，用艺术、情感和直观的方式呈现出来。广告作品的内容是策略性和信息性合二为一的，它包含着广告策略的运用和经济信息的传递。

【拓展知识】

电视广告脚本创作的 5 个要素

主题——主题是广告的灵魂和核心。一则广告必须有鲜明突出的广告主题，使观众看过之后，很容易理解这则广告要告诉他们什么，要求他们做些什么。

创意——创意是表现广告主题的构思，通过创新的意境，达到表现主题的目的。创意能否表现主题，关系到广告效果的成败。

语文——语文是广告传递经济信息必需的手段和工具。它包括语言和文字。语文运用的原则是，必须体现广告主题，用精练、准确、通俗易懂的词句结构表现广告的号召力。

形象——形象是展现广告主题的有效画面。形象生动别致，可以使广告更能引人注目，唤起消费者的信任感和好奇心。

宣衬——宣衬也是表现广告主题、营造气氛的一种方法。它可以根据剧情的设定，强化广告的感召力，提高广告的注意度和记忆度。

电视广告脚本是创意的书面表现形式，是对广告创意、创作意图的文字描述。在文案写作中，必须遵循广告所要表现的主题内容。

电视广告脚本主要有两个方面的功能：一是面对客户阐述创意剧本文案并取得客户认同，二是剧本文案可作为美术指导、导演、制片、摄影等制作人员实施拍摄的计划。另外，它也是制作人员将广告从文字剧本概念转化为视觉形象的一个依据。

电视广告脚本分为创意说明、文学脚本、分镜头脚本、故事版 4 类。

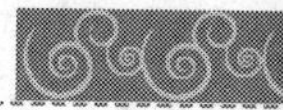

一、创意说明

创意说明是创意思维的感觉架构，是对商品的概念认知，它是电视广告文案必有的文字附件。广告创作人员要向客户说明自己的创意思想，单凭一纸文案和一份故事画板是不够的；撰写创意说明是对创意进行的自我论证，是一种自觉的工作规范。

创意说明具体有 3 个要点值得注意：广告定位说明，阐述所提出的广告口号理念的理由和怎样体现广告的主题；广告形式说明，指出广告形式的特点和运用的理由；广告形态效果说明，依据预测，有层次地分析广告发布将给消费者产生什么样的影响。

二、文学脚本

文学脚本是指以文字描述广告的场景、画面动作、对白、音效等，起到与客户沟通和表现剧情的作用。

文学脚本包括画面和解说词。写作时应首先明确广告定位与广告主题，然后构思广告形象，确定表现形式和技巧，最后按镜头顺序，运用语言文字描绘广告画面，写出解说词。

文学脚本要求在开头的几句就要抓住观众的注意力，然后逐步展开，正文内容具有对商品的描述和对消费者进行诱导，从而产生预期的广告宣传效果。文学脚本应包含必须体现的信息、设想、冲击力才能引发观众兴趣，使其产生购买冲动。在写作时，要善于运用蒙太奇思维，用画面镜头进行叙事，每个画面要有时间概念。例如一则 30 秒的影视广告，画面一般不超过十几个。

文学脚本的前面或后面可加上“创意说明”或“创意概要”加以提示。文学脚本写完后，必须征得广告主同意，才能投入摄制。为了争取客户，文字必须写得生动、形象，具有艺术感染力，才能打动客户，争取摄制权。

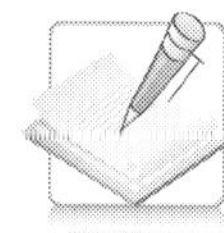

【案例 8-22】

雅克维生素糖果影视广告《跑步篇》30 秒影视广告脚本

雅克维生素糖果影视广告如图 8-8 所示。

图 8-8 雅克维生素糖果影视广告《跑步篇》

旁白：周迅边跑边说："爱吃的人越来越多，越来越多，知道为什么吗？"

画面：雅克 V9 的特写。9 字的动画色块闪动。印章　中国营养学会验证。

旁白：周迅手一挥，说着："想吃维生素糖果的，就快跟上吧！"

画面：周迅和众人一齐跑着，叠压"雅克 V9"的标版。

雅克的标版，字幕：中国奥委会赞助商。

旁白：雅克 V9，雅克。

三、分镜头脚本

电视广告构成的基本元素是画面、声音和文字。在具体摄像之前，总得有一个文字的稿本将画面需要表现的语言、声音表现的语言、文字表现的语言统一在一起，包括这几种语言的统一体如何在同一时刻出现，为电视广告的主题所要表现的诉求语言服务。要将画面、声音、文字这三种不同的艺术语言融合在一起，只有分镜头脚本才能承担此重任。分镜头脚本是将文字描述进行视觉化，以便向客户提案和向制作人员提供参考。

电视广告分镜头脚本的表现形式，总体来说与一般的电视片大体一致；其不同点在于要用文字把所要表现的画面详尽地表达清楚，使摄像、制作人员能准确地用镜头把画面语言尽可能完美地创作出来。

1．尽量在前三秒抓住观众

电视广告要在短短的几十秒钟内，把诸多信息表达出来，确实颇费心血。写作分镜头剧本，画面、声音、文字三条线平行发展，让摄像及后期制作人员在体会表现画面和音响的文字及语言配音文字中，发挥他们的创造性劳动，制作出能表现广告诉求主题的优美的电视广告片来。

2．突出产品而不是人物

相比那些无生命的产品来说，人们更愿意观看别人；尤其是使用名人或其他有魅力的人时，一定要使他们的表演有所节制，以免抢了产品的风头。要经常使用特写镜头，尽可能多地展示产品，尤其在广告结尾更是这样。

3．尽力表现关键动作

每一个电视广告都应该有一个核心画面，这个画面类似于报刊广告中的图案，涵盖了有关产品或服务的核心信息。每一种产品或服务的展示，也会有关键动作。例如，表现一种糖果怎样好吃的电视广告，其关键动作可能就是把糖果从女孩口中抢出来。

4．确保广告要有生动的视觉变化

如果连续画面在构图上没有变化，观众就会觉得单调。具体来说，可以在全景、中景、近景、特写之间，长镜头和短镜头之间进行切换，也可以使拍摄的视角和场景有适当的变化，或者也可以使用动画和电脑绘图。但是要注意，这些只不过是一种技术而不能算是创意。

5．注意制作环节加分的地方

影视广告分镜头脚本是在文学脚本的基础上利用蒙太奇思维和蒙太奇技巧进行脚本再创作，是导演对文学脚本所描述的广告内容，按拍摄要求进行镜头分切的文字说明。它是摄影师进行拍摄、剪辑师进行后期制作的依据和蓝图，也是演员和所有创作人员领会导演意图、理解广告内容、进行再创作的依据。

对于文字脚本来说，只是将影视广告的文体形式和表现类型编写出来，它好比设计图纸，不是具体拍摄的依据。而分镜头脚本如同施工图一样，它主要是为摄制组使用的；并且还可以将整个广告创意用文字固定下来，作为编辑的依据，与广告主签字后，可作为检查广告设置效果的依据和法律凭证。

分镜头脚本构成格式包括镜头序号、镜头运动、景别、镜头时间、画面内容、演员调度、场景设计、台词、解说词、广告口号、音乐、音效等。常见格式如下。

机号——两台以上摄影机拍摄时，给摄像机的编号。

技巧——摄像机拍摄时，镜头的运动技巧。

景别——有远景、全景、中景、近景、特写等。

镜长——镜头画面时间，以秒为标记。

画面——用文字描述的具体画面内容。

解说词——与画面密切配合的对应的一组镜头的解说。

音乐——著名音乐的内容以及起止的位置。

音效——在相应的镜头标明使用的效果声。

备注——方便导演记事以及记录拍摄时的特殊要求。

编写分镜头脚本时，镜头的长度要尽可能考虑时间因素，要在规定的短时间内充分表达广告信息内容。考虑镜头组接技巧要合乎逻辑，紧凑而有节奏感。解说与画面的配合要贴切和谐、恰如其分。音乐的配置要能充分渲染广告的艺术氛围。

08

【案例 8-23】

庄吉西服的电视广告

庄吉西服的电视广告如图 8-9 所示，其导演分镜头脚本如表 8-1 所示。

图 8-9 庄吉西服的电视广告

表 8-1　《庄吉西服》导演分镜头脚本

镜号	景别	技巧	场景	画面内容
1	近景	推移	内景	周华健难以掩饰地欣慰唱到《朋友》歌曲的高潮“朋友……”然后把话筒指向观众朋友
2	全景	斜降	内景	酒吧内的朋友们按捺不住激动的心情齐声接唱后半句：“……一生一起走”
3	中景	推移	外景	立交桥下，两个小朋友 4 只小手相互交织，两个小人头相互对顶着，谁也不让谁。周华健微笑着迎上前，将他们分开，劝说着……
4	特写	升起	外景	两只可爱的小脏手友好地握在一起，周华健微笑着将两个小男孩搂在怀里 歌词：那些日子不再有
5	中景	移	内景	着西装的周华健走进宽敞的写字间与身边的同仁们挥手击掌 歌词:一句话
6	中景	移	外景	周华健将西装披在休闲椅上熟睡着的白发老太太身上　歌词：一辈子
7	全景	长焦	外景	雨中，周华健一手撑着雨伞，一手抱着一个小女孩，左右旁边还领着两个略大点的小男孩，其中一个还披着一件西装 歌词：一生情
8	中景	移	外景	着西装的周华健与西藏喇嘛并肩走着、笑着 歌词：一杯酒
9	全景	移	内景	酒吧内，等待周华健的朋友们继续跟着电视中 MTV 画面：朋友不曾孤单过(注：电视屏幕放映周华健演唱同一句歌词的画面)
10	中景	移	内景	突然间，身着西装的周华健推开酒吧大门，接着朋友们的歌声，边走边唱：“一声朋友你会懂”
11	中景		内景	等待已久的朋友们听到周华健的歌声转头拥向周华健，周华健融入朋友的包围中，歌声变背景音乐
12	中景	升起	内景	朋友们举杯祝贺周华健演出成功，相互碰杯
13	近景		内景	着西装的周华健对着镜头说到：庄重一身，吉祥一生
14				企业 LOGO，企业名称

四、故事版

故事版也称为故事画纲或画面脚本，是为能充分反映创意，使文学形象转化为生动的视觉形象，制作广告片时，需要美工人员以画面的形式来将脚本视觉化、形象化，直观表白剧本内容，也就是广告创意效果图。它是影视广告过程中由策划创意阶段向实际拍摄制作阶段过渡的关键性环节。

故事版设计绘制的要点：设计并画好镜头最初 5 秒钟的画面是非常关键的，要画好心中的画面。在一则故事画板中，必须有两幅突出广告主题的中心画面，让人一看便知广告片的核心。

广告片的时间是以秒来计算的，镜头间的时间长度“秒”的分布是很重要的。解说词和音乐配音，要体现节奏切入，突出画面的视觉连续性。对镜头的挑选和组合，从开始——中间——结尾，直达预期的信息目标。电视广告剧本故事版一般应包含如下内容：客户名称、产品名称、广告时间(长度)、画面和声音的说明、镜头之间的组接方式、拍摄方法、创意提示、色调运用等。

(一)故事版的格式

在 16 开纸上纵向排列 3 个画格，画格为 4∶3(电视机屏)，左右留出空间作为画面与声音的注解。

在 4 开纸上分布 15 格 6cm×8cm 的画面。画面下方留出文字标注及画面的简要说明。广告公司常以这种图文并茂的形式向客户提案。

在一张纸上排列一些方格，每方格内简要勾勒出画面构图，包括演员动作和镜头走向，标出镜头长度、人物对白等。这是导演的案头工作，为现场实拍提供依据。

(二)故事版的表现形式

1．绘画式

绘画式又分为素描式和色彩式两种。素描式表现主要的形象特征和明暗层次，用于一般场景的表现；色彩式可按广告创意的要求，绘制成水彩连环画或在线描稿上涂淡彩，能更加清晰地表现出场景、人物、环境的色彩效果。可用于重点场景的表现，以烘托气氛。

2．照片式

照片式即按创意所要求的镜头画面事先拍摄成连续的照片，并在每幅照片下注明描述文字。这种表现方法可真实模拟拍摄效果，表现广告画面效果和创意，并可为导演和摄像师再创作提供参考方案。目前多用数码相机拍摄，效果快，制作方便。

3．电脑美术绘制式

电脑美术绘制式即通过电脑专用脚本绘制软件进行制作，快捷方便，可直接在人物库中选择合适的人物模型，并可旋转人物以适合拍摄视角和方位，人物运动可拉近推远。场景的制作不但可在图库中选择，还可将自己拍摄的图片运用到背景中，使之更加符合广告要求。

另外，通过软件可模拟拍摄的技巧和特技。目前先进的软件如 Powerproduction 公司出品的影视故事版软件 Storyboard Quick 和 Storyboard Artist、BadCompany 公司出品的 ShotMaster 绘制故事版软件等。

影视广告故事版绘制时，要注意与电视机高和宽的比例保持一致，画幅数量按分镜头脚本提供的镜头多少和长度而定。通常一个镜头画一幅画面，运动性长镜头画起幅和落幅画面。脚本的绘制突出产品，明确定位和广告主题。开头和核心画面要抓住观众注意力，引起观众的兴趣。

1. 在影视广告文案创作方面，分为开发创意、完成分镜头脚本和实施广告制作等过程。用简单的速写来说明广告内容的分镜头演出脚本，是创意被视觉化的广告制作原稿。这样完成的图像分镜头脚本，由广告创意制作的小组成员和广告主讨论几个回合，最终完善定稿付诸制作。

2. 文稿撰写人向广告主提出并说明的广告文稿计划可以是文字分镜头脚本，也可以是图像分镜头脚本。但是，一般以图像分镜头脚本的形式提出。撰写电视广告文案时，应同时画出分镜头脚本草图，并配置相应的音响效果。影视广告脚本运用画面表现的比重一般会大于声音效果。如果画面已经明了，不必过多使用解说或音效，以免混淆视听；广告词要用简单的日常用语。

广告里主题文字最好出现两次，或只出现在最后一个画面的定格。注意充分利用特写镜头，尽量避免远景，删除周边不必要的景物。另外，测试广告播出时间的长短，不可只靠读台词，而要实地去做，有时动作比语言需要更多时间。

3. 不论撰写何种广告文案，都应注意简练、紧凑，避免广告信息的冗长累赘。广告信息的内容必须真实，诉求特色尤其应经得住检验。为了展开想象，可充分利用已积累的有关经验，学习别人的经验，学会与生产商交谈，争取了解并发现产品广告的核心诉求点；回顾该产品以前所做的广告；研究竞争者的同类广告；研究顾客的消费心理；细心揣摩并解决可预见的各种问题，使文案构思多样化。

4. 电视广告脚本是体现广告创意和主题、塑造广告形象、传播广告信息内容的形式，也是摄制影视广告的基础和蓝图，是导演和摄制组及演员沟通的渠道，它不是广告作品的最后形式，而是影视广告作品形成的基础和前提。因此，对未来广告作品的质量和传播效果具有举足轻重的作用。

香港地区九龙城巴电视广告文案

广告画面表现一位中年男士带着小孩子走在路上。男子细心观察路面的凹凸、路口的情况，由小孩子用稚嫩的字体和简笔画记录下来。

画外音：

不知何时开始，我会刻意观察路面的事物。一些细微变化，一些预计不到的事情，都给我好多启发。其他人眼中可能觉得微不足道，但或有一日，这些观察可以帮我解决在路上的突变，要求不单只来自全车的人，还来自自己……而正在进步的，不止我一个。

第二画外音：九巴，一直致力提高车长水准，令服务与时并进。

字幕：九巴服务，日日进步

案例点评

九龙城巴是香港地区一家巴士公司，广告一直坚持人性化的风格。这部广告选择了一个很小的细节，但给“关注服务水准”这一诉求点提供了有力的支持。

马爹利酒电视广告“金燕子篇”文案

标题(字幕)：马爹利金燕传奇

正文(画外音)：

在法国近郊马爹利干邑世家一望无际的酒库上空，散发着一股醉人芳香，流传着一个动人故事。

每年，有超过一百万公升的上等干邑白兰地在漫长的酝酿过程中不断升华到空气中，成为

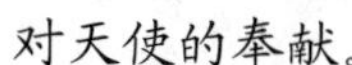

对天使的奉献。

大约三百年前，这种芳香，将一只燕子深深吸引，依恋不舍。最后，它终于化身黄金，超越平凡。

每年初春，数以千计的燕子都在这里悠然翱翔，而金燕子也依然不断出现在每一瓶马爹利干邑白兰地之上，标志着法国马爹利。

广告语：干邑世家，经典无价

案例点评

这篇文案，通过诗一般的语言、遥远的童话般的故事氛围，将酒的历史诠释得分外动人，同时也准确地表现了马爹利的典雅品位。

讨论题

对比实例 1 与实例 2 两则广告， 它们都是应用画外音的形式，但在文案写作手法上却有显著的差异，结合品牌指出各自的创作特色。这种特色对你的文案创作有什么样的帮助？

1. 蒙太奇原则在电视广告中有哪些应用？
2. 电视广告在创作时如何注意声画之间的结合？
3. 影视语言在电视广告中有哪些应用？
4. 电视广告文案有哪些特点？
5. 电视广告文案是如何进行分类的？
6. 电视广告文学脚本与分镜头脚本写作方式的差异是什么？
7. 在日常生活中，观看电视广告，并记录其旁白和文字部分，同时写出对该则电视广告的评析。
8. 撰写一则电视广告文案(自选一种产品)，分别从创意说明、文学脚本和分镜头脚本 3 个方向撰写。

第九章 其他媒体广告文案

学习要点与目标

- 了解网络等几种媒体的特性。
- 掌握各种媒体文案写作的基本要领。

核心概念

网络广告、户外广告、直邮广告、新媒体

引导案例

新浪最贵 Banner 上的神秘广告

2009 年 4 月初，新浪网站首页的醒目位置出现了一则神秘的广告，如图 9-1 所示。既没有产品信息，也没有品牌信息，只有一串数字和一个标题“世界就在你身边，4 月 16 日敬请期待”。

看过广告的人一头雾水，纷纷猜测这是哪家公司的大手笔，敢在新浪最贵的广告位上做悬念广告。在各个网站的论坛上也展开了与之相关的讨论，各式各样的帖子引发了网友们议论的热潮。

4 月 16 日，在一轮激烈的讨论之后，神秘广告终于揭开了面纱，广告中出现了明确的品牌名称和标识，如图 9-2 所示。原来是华为以 3G 终端商的身份为“中国 3G 体验行动”所作的广告。之前广告上面的数字所代表的原来是全世界范围内通过华为产品感触 3G 技术的人数。华为这一网络上的高调亮相让许多人印象深刻，也让人认识到网络广告的无限可能性。

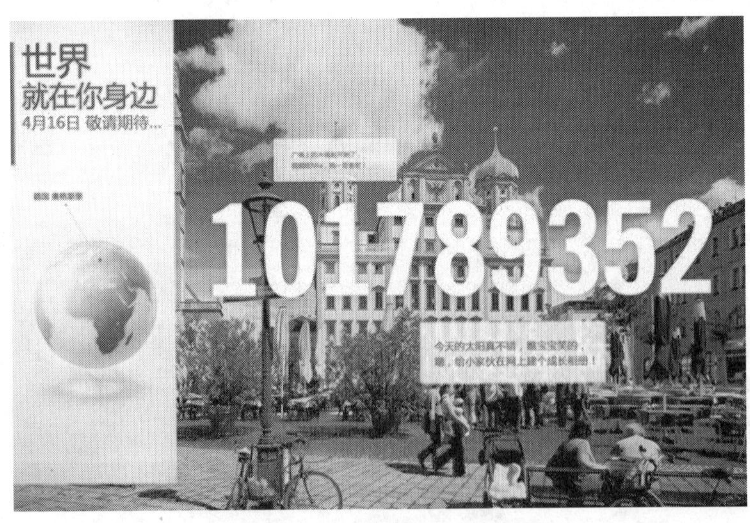

图 9-1　华为的网络广告(1)

图 9-2　华为的网络广告(2)

案例解析

随着上网人数的不断增加，中国已经成为全世界网民最多的国家，这就意味着网络媒体具备比从前更强大的辐射力，可以影响更多的人群。网络技术的发展也让网络广告的形式多样化，创新永无止境，广告创意人用各种新奇特的方式吸引人们的注意力。

华为此次的网络悬念广告投放就是在此背景下进行的，借助网络宣传即将普及的 3G 技术，利用奇特的表达方式引起受众持续的关注，引发网络和现实舆论的讨论，从而扩大信息的粘性和影响力，在吊足人们胃口之后揭晓答案。从传播效果来看，华为的此次广告活动非常成功，人为造成了万众瞩目的效应，实现了预期的目标。

第一节　网络媒体的广告文案

网络媒体是互联网应用于媒介或信息传播的产物。作为媒介或媒体机构，网络媒体具有新闻传播、宣传教化、商务广告、休闲娱乐等多种功能。网络广告，英文为 Net AD，就是指以互联网为媒体发布、传播的商业广告。

网络广告的载体基本上是多媒体、超文本格式文件，受众可以对感兴趣的产品了解更为详细的信息，使消费者能亲身体验产品、服务与品牌。这种以图、文、声、像的形式，传送多感官的信息，让顾客如身临其境般感受商品或服务，并能在网上预订、交易与结算，将更加增强网络广告的实效。本节将介绍网络广告媒体的优越性、网络广告的主要形式及网络广告文案的写作要点。

网络广告应是基于计算机、通信等多种网络技术和多媒体技术的广告形式，其具体操作方式包括注册独立域名，建立公司主页；在热门站点上做横幅广告及链接，并登录各大搜索引擎等。

中国网络及网民情况

近年来迅速崛起的互联网，被认为是一种适合于细分化市场营销趋势的新媒体。网络用户数量正在以史无前例的速度增长，截止到2008年12月31日，中国的网民规模已经达到了2.98亿人，较2007年增长41.9%，如图9-3所示。

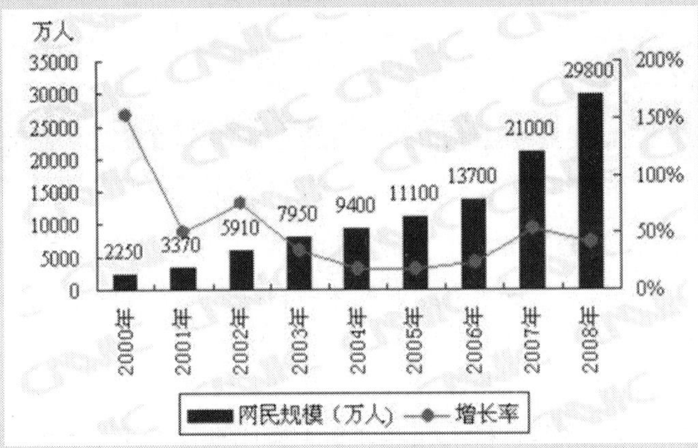

图9-3　2000—2008年中国网民规模与增长率

一、网络媒体的优越性

网络媒体具有如下优越性。

(一)互动性强

网络媒体的互动性极大地提高了消费者的参与度，可以与消费者进行双向沟通，更易于搜集市场资料和消费者调查。强互动性是网络区别于传统媒体的最大优势，同时也为广告主开展一对一的网络营销提供了更广阔的空间。

(二)传播范围广

借助于互联网的世界性特点，网络媒体的传播范围是传统媒体无法比拟的。一个网站的设立或一则信息的网络传播，从理论上看可以覆盖全球150多个国家和地区。这是传统媒体不可匹敌的。

(三)信息容量大

无论是报纸、广播媒体还是电视媒体，在单位节目时间内和单位版面内信息的传播数量都是一定的和有限的，而网络媒体所存储和发布的信息容量是巨大的，被形象地比喻为“海量”。

例如美国前总统克林顿绯闻报告长达 445 页，除了互联网，任何传统媒体都无法在瞬间将它全文播出。此外，网络媒体强大的信息存储和检索功能，也令传统媒体望尘莫及。

(四)传播速度快

网络媒体被称为最快的传播媒体，网络媒体的出现带来了信息传播速度的革命。目前，互联网可以用极高的速度传输文字、图像，且不受印刷、运输、发行等因素的限制，可以在瞬间将信息发送给用户，就信息传播技术的时效而言，可达到即时的水平。

中国互联网大事记

1987 年，北京计算机应用技术研究所向德国成功发出一封电子邮件。邮件内容：“Across the Great Wall we can reach every corner in the world.(越过长城，走向世界)”

1990 年，中国的顶级域名.CN 完成注册，从此在国际互联网上中国有了自己的身份标识。

1994 年，中国实现与 Internet 的全功能链接，从此中国被国际正式承认为真正拥有全功能 Internet 的国家。

1995 年，邮电部开始向社会提供 Internet 接入服务。

1996 年，我国开通了到美国的 2M 国际线路。同月，建立了中国内地到欧洲的第一个 Internet 连接。

2005 年，我国网民突破 1 亿，达到 1.03 亿人，宽带用户数首次超过网民用户的一半。

2008 年，中国网民数量以 2.98 亿的规模跃居世界第一。

二、网络广告的主要形式

随着科学技术的日益进步，网络广告的形式不断发展。到目前为止，网络广告的主要形式有如下几种。

(一)旗帜广告

旗帜广告又称横幅广告。1997 年美国管理局规定了旗帜广告的尺寸：468×60 像素。随着网络广告的日渐成熟，旗帜广告也不甘受像素的限制，产生了各种各样的变形旗帜广告。图 9-4、图 9-5 所示是两种常见的旗帜广告形式。

目前，在众多网络广告形式中，长横幅大尺寸广告以其尺寸大、曝光效果好的优势成为历年广告主最常采用的广告形式。但近几年，随着新兴网络广告形式的不断推出，长横幅大尺寸广告形式也将面临使用率上的挑战。

图 9-4　旗帜广告形式(1)

图 9-5　旗帜广告形式(2)

广告商一度认为，旗帜广告是百发百中的魔力子弹。这些水平放置的旗帜广告一般都出现在网页的顶端，当时曾让广告商大做美梦。最初，有 30%的上网用户单击这些旗帜广告，而传统邮件广告的回应率只有 1%～3%。然而，随着人们新奇感的消退，旗帜广告单击率急剧下降，现在只有 0.3%～0.5%，比传统邮件广告低得多。即便如此，旗帜广告仍是网上广告最主要的形式。

旗帜广告可以是动态的 GIF 图片，也可以是静止画面，还可以利用 Flash 技术制作互动广告。

【案例 9-1】

瑞星杀毒软件网络广告

该广告采用动态 GIF 图片的形式传播，如图 9-6 所示。

图 9-6　瑞星杀毒软件广告

案例解析

这则广告的主要信息在于瑞星杀毒半年免费。广告用利益来吸引消费者，采用针对性诉求告知人们免费的信息。瑞星打着免费赠送的旗号让大量的有需求的用户愿意来体验，半年后，那些体验用户也许可能因为半年时间习惯了瑞星这款杀毒软件，今后有很大可能愿意付费使用瑞星的产品！

【案例 9-2】

天龙八部网络游戏的旗帜广告

这则广告采用 Flash 技术制作，让画面绚丽生动，不断变幻，如图 9-7 所示。广告中表现的主要信息是：天龙八部对广大玩家，从打折到直接免费。这个信息对正在玩天龙八部的玩家会非常乐意地去参与，对没接触过天龙八部网络游戏的玩家而言也是比较有吸引力的，通过单击拿到免费的游戏账号，进一步培养玩家对天龙八部的兴趣。

图 9-7 天龙八部网络游戏旗帜广告

(二)按钮广告

按钮广告是规定尺寸比旗帜广告小，通常是一个连接着企业主页或站点的 Logo(企业标志)，并经常有“click me”的字样，在网页上好像按钮的广告。按钮广告属于纯提示性广告，一般是由一个标志性图案构成，常常是商标或品牌名称，形式比较单一。

(三)文本链接广告

文本链接广告是一种对浏览者干扰最少，但却比较有效果的网络广告形式。整个网络广告界都在寻找新的宽带广告形式，而有时候，最小带宽、最简单的广告形式效果却最好。

(四)电子邮件广告

电子邮件广告具有针对性强、费用低廉的特点，且广告内容不受限制。特别是针对性强的特点，它可以针对具体某一个人发送特定的广告。

(五)赞助

赞助式广告的形式多种多样，在传统的网幅广告之外，给予广告主更多的选择。有调查结果显示，在体育用品、女士服饰等广告领域中，以赞助商形式出现的网络广告最能获得网民们的认可。

(六)搜索引擎广告

搜索引擎相关的广告主要有两种形式：一种是竞价排名，通过付费使企业网站和广告信息在搜索引擎中排名靠前，获得更多的单击率；另一种是搜索引擎所主导的广告联盟，广告信息

由加盟网站放置在网页中，可根据浏览网页的信息显示相关的广告。

广告主可以购买某个关键词，一旦用户选择这个关键词进行搜索，广告主的广告信息就会在比较靠前的搜索结果中出现。百度、谷歌等网站的搜索引擎都“出售”关键词，如图 9-8 所示。

图 9-8 百度的搜索引擎广告

09

(七)植入式广告

植入式广告在网络中有更广阔的应用前景，包括网络游戏和 SNS 网站在内的创意媒体投放形式都很丰富。例如苏格兰政府为了向年轻人宣传不要酒后驾车的道理，支付一万英镑作为试验，购买多款 XBox360 游戏中的虚拟广告牌，包括《极品飞车：卡本峡谷》和《PGR4》两款赛车游戏以及《NBALive》。

另外，国内风靡一时的 SNS 网站校内网也开始发布植入式广告，在校内开心农场的游戏中，出现了乐事土豆的种子，游戏玩家购买了种子可以种出 100%乐事土豆，然后可以用虚拟货币购买土豆加工机把土豆加工成乐事薯片。在这种互动中，受众对乐事 100%天然的诉求印象深刻，品牌美誉度在年轻群体中提升。

世界和中国最早的网络广告

最早的网络广告出现于 1994 年 10 月 14 日，发布在美国著名的 Wired(连线)杂志网络版的主页上，首批投放的有 AT&T 等 14 个客户的广告横幅。

中国第一个网络广告出现于 1997 年 3 月，IBM、Intel 开始在 ChinaByte 上发布网上广告，IBM 为 AS400 的宣传付了 3000 美元。这一广告开创了中国互联网广告业的历史。

三、网络广告文案的写作要求

写作网络广告文案应注意如下要求。

(一)标题醒目

由于网络上信息繁杂，消费者只会选择真正感兴趣的网络广告进行浏览，这时，醒目而吸引人的标题是至关重要且必不可少的。通常，标题的撰写可以采取以下几种形式。

1．悬念式

网络广告的标题可以用设问等形式制造悬念，激起受众的兴趣和好奇心，从而去单击广告，希望从相关链接中寻找答案。例如清华同方的真爱X电脑广告，其标题“瘦，这是我要的瘦身？”配以一仪态万方的窈窕淑女图片，让受众顿起兴趣，欲一探究竟，到底是什么吸引力竟比该美女还大，最后谜底揭开，原来是瘦身电脑！

2．号召式

在标题中运用号召的语气可以使广告产生鼓动效果，从而提供广告的单击率。例如迪士尼冰上世界首次来华演出的冰舞表演《美女与野兽》推出的免费情侣套票，广告标题为“数量有限，快来抢啊！昙花一现，免费看演出机不可失！”相信看到的人一定会该出手时就出手的。

3．诱导式

诱导式的标题通常会明确指出产品为消费者提供的明显利益点，目标消费者在被这些利益点吸引后会主动单击广告。这种方式增强了广告信息传递的个人化，让每个接收广告信息的受众都感觉到这个产品是为其度身定做的，从而实现了传受双方之间的互动。例如必胜客在搜狐上做的二月促销广告标题“想拿60000元好礼吗？就来必胜客！”看了让人禁不住怦然心动。

(二)主旨明确，语言精练

与其他传统媒体广告的受众相比，网络广告的受众更加缺乏耐心，而且同时还要考虑上网的费用。如果诉求的重点不突出，语言拖沓，即使广告传达的信息是有价值的，也很难继续抓住受众的注意力。因此网络广告文案的撰写要注意主旨明确，“立片言以居要”，用精练简洁的语言传递完整全面的广告信息。至于更详细的产品信息可以通过吸引受众的单击后链接到企业的主页上来实现。

例如白加黑的网络广告，文案只有短短的3句话：

“白加黑表现就是这么好！白天服白片不瞌睡，晚上服黑片睡得香！”

精练而准确到位地把白加黑的疗效特点以及与其他感冒药的最大不同展现在受众面前。

(三)注意画面与语言的巧妙配合

和电视广告类似，网络广告也讲究图文的相互配合，而且由于动画形式比静态图形更吸引人，在网络广告中大量与商品有关的信息可以通过动态影像来诉诸受众，在这种情况下，文案

无需再画蛇添足地将信息重复，而应该服务于动态影像，有重点地进行阐释和补充，实现图文结合的完美效果。

(四)语言形式灵活多样

网络媒体有国际性和地方性之分，网络广告文案的语言也要根据其投放的站点不同而进行灵活的选择。如果选择国际性的网站投放广告，可以采用英语这一国际通用语言，或者根据目标消费者选择针对性强的语言，有时可并用两种语言。如果目标受众是国内人士，则通常只需用中文即可。

四、网络广告文案的写作

网络广告一般由两大部分组成：在网络媒体上投放的广告和企业自己建设的广告网站。由于受到网络媒体设计特点和投放资源等因素的限制，广告信息的传达不仅要用到媒体上投放的网络广告，还要利用自己的广告网站进一步传播信息。因此，网络广告通常分为两级传播。第一级是交互性、吸引力较强的动态或静态的广告，再单击就会弹出一个包含着详细内容的广告页面，方便感兴趣的受众进一步了解有关产品和品牌的信息。

(一)网幅广告条文案的写作

网络广告最常见的广告是网幅广告和文本链接条。一般大多数的网幅广告条都是用动画效果制作出来的。而文本链接式的广告条一般是静态的一句(或一段)话。

现在绝大多数的广告条是用 Flash 设计的，要掌握广告条的文案写作要领，必须了解 Flash 的设计原理。一般广告条由 2～8 画帧组成，每个画帧时长 1～2 秒(长短可根据需要来设定)，在没有人单击的情况下，循环播放。广告条利用有限的信息最大限度地吸引受众的注意力，诱发网民单击它，以链接到相关的广告网页。

1. 文字简洁，内容凝练

一般广告条的文案与帧数相对应，有几帧就有几句(段)广告词。

【案例 9-3】

智联招聘的一则网络广告文案

第一帧：这不是我要的工作！

第二帧：想要更好的工作吗？

第三帧：跟我来吧！

第四帧：好工作，上智联招聘　www.zhaopin.com

奥克斯空调的网络广告

第一帧：选！选！选！奥克斯超级 08 火炬手　巨奖评选　立刻参加

第二帧：选！选！选！

第三帧：传递健康 奔向北京 健康专家 奥克斯空调，如图 9-9 所示。

图 9-9　奥克斯空调广告

案例解析

这两则广告都采用了语言凝练、言简意赅的广告词，表述直接，突出了广告主题。

2．结构简单，直入正题

在广告条的文案中，一般有标题、正文和随文三部分。三部分的界限并不是很明显，它们一起表达一个完整的意思。

【案例 9-4】

尊驰汽车的网幅广告文案

标题：品质飞跃，尊驰领路

正文：驰跃成功新境界

3．吸引受众的注意力

如何吸引受众的眼球是文案人员要解决的重要问题，最好是文案的第一句话就深深吸引受众的眼球，致使受众单击，或继续浏览此广告信息。

【案例 9-5】

搜狐博客网络广告文案

正文：

有一种真情叫感动

有一种力量叫震撼
搜狐博客我们永远在一起

再如世纪佳缘网站网络广告：
21 世纪什么最宝贵?
爱情!
加入全国 1273 万白领找到爱情，幸福一生!
现在行动!

(二)文本链接广告文案的写作

文本链接广告的文案是一种纯文字形式的网络广告，通过新闻标题式的文字链接，吸引网民单击，进而链接到公司的网站或详细广告信息页面。文本链接广告是网络广告的最简单形式，与网络广告文案比，它更直截了当，通常就一句话。但是往往越是简单的广告文案创作越困难。

主要形式包括：新闻式，如：“女人祛斑新发现!”引导有相关问题和困惑的消费者单击；陈述式，如：“找对象上世纪佳缘！”；设问式，如“想找到好工作吗？——智联招聘”。

(三)定向传播广告文案的写作

定向传播是指对某些特定的目标受众进行有针对性的传播。

在互联网上，有些企业通过一些特定机构购买潜在消费者名单，利用电子邮件、电子新闻组等方式，向潜在消费者发布广告信息。这种做法与直邮广告比较相近。好处在于针对性强，广告投入较少浪费，但如果运用不当，极易引起受众的反感，招致大量抗议邮件，甚至导致企业声誉受损。因而，准确选择目标受众，把广告发给希望得到有关信息的人是这种广告策略成功的关键。

把生动的网络广告放在能吸引某些特定细分市场的站点上，对提高企业或品牌知名度非常有效。尽管网络广阔，但还是可以细分成很多部分，这些细分的受众有特殊的兴趣与需要，给定向传播提供了更精确的传播途径。比如，一则关于跑鞋的广告放在提供与跑步相关的网站上，化妆品的广告放在女性网站上，会有较精确的到达率。

(四)交互式广告文案的写作

互联网突破了传统媒体单向传播的局限，为受众与媒体间的双向交流提供了可能。受众不再是被动的接收者，他们也可以发布信息，可以主动寻找信息，对信息做出回应等。

在各娱乐性、综合性网站上发布的图标广告、旗帜广告以及其他广告形式，可采用设置悬念或诱导性、号召性语言与形式，引发访问者的单击与参与。很多广告主运用网络广告并不满足于仅仅提升品牌的知名度，传播品牌形象，还希望能吸引受众进行更深层次的接触，因而将广告与企业主页相链接，这就要求提高单击率。以此为目的的广告，在文案写作中就应注意设置悬念，不把信息说尽；或者设置参与性内容，引起访问者兴趣，拉近他们与品牌的关系。

有时，主动搜寻相关信息的受众会利用搜索引擎或门户网站的链接，到达企业的主页。对于这些访问者来说，由于有明确的目的性，深入而详细的信息会有较大的影响力。

五、网络广告文案的写作注意事项

写作网络广告文案应注意如下事项。

1. 语言要简洁生动

由于各网站对广告尺寸有一定限制，而且网络媒体也不适合长时间阅读，因而简洁、生动的网络广告文案才会有较高的注意率。至于深入的信息传播，可以通过吸引受众单击，链接到企业主页实现。

2. 注意语言与画面的配合

动画技术的运用为网络广告增强了不少吸引力，因而在一般的网络广告中，语言更应服务于画面，起到画龙点睛的作用。

3. 注意语言风格的适应性

由于网络可以根据不同兴趣爱好，把受众高度细分化，因而在针对目标受众诉求时，注意运用他们所熟悉的语气、词汇，会增强认同感。

4. 语言形式与投放的网站相符

虽然网络无国界，但受众还是会受到语言的限制，因而要根据企业的传播目标选择站点，决定运用何种语言。

第二节　户外媒体的广告文案

进入 21 世纪，当人们工作生活变得更为紧张的时候，他们停留在家里的时间会更少。因此，“建立起可选择性的与消费者的接触点，以代替传统的媒介(广播电视报纸等)，成为广告主今后争取消费者至关重要的战略”。户外广告市场正满足了这种需求。户外广告在实际运用中，具有重要地位。而且户外广告文案的写作也具有独特之处。

一、户外广告的定义及基本特点

(一)户外广告的定义

所谓“户外广告”就是存在于日常居住环境之外的广告形式，主要包括路牌、车身、灯箱、霓虹灯、墙体广告等形式，是以来往的步行者、司机等为对象的广告。

(二)户外广告的基本特点

户外广告具有如下基本特点。

1. 视觉冲击力强

很多户外广告都具有超大的面积，而且配上精心设计的文案和图片，往往形成极强的视觉冲击力。

2. 应用形式灵活

户外广告可以灵活组合，根据发布环境及设施的特点，可以调整形式，如候车室广告、路牌广告、灯箱广告、张贴海报、建筑物外立面、车身等。可依据不同的媒体，在实际运用中广泛使用。可以以运动的形式呈现，也可以以静止的形式呈现。

3. 广告信息通俗简洁

户外广告考虑到受众接收信息的特点，基本上在 3 秒钟内吸引受众的注意力，故要求户外广告信息必须简洁明了、通俗易懂。

二、户外广告的主要优势

户外广告主要具有如下优势。

(一)视觉冲击力强

一块设立在黄金地段的巨型广告牌，或处处碰面的候车亭，是任何想建立持久品牌形象的公司的必争之物。很多知名的户外广告牌，因为它的持久和突出，成为某个地区远近闻名的地标。

09

(二)24 小时全天候传播

很多户外媒体是持久地、全天候发布，每天 24 小时、每周 7 天伫立，传播时间最充分。网上媒体也有类似的优势，不过是在虚拟世界，受众需要一系列先决条件才能接近，而户外媒体，因为物理空间的惟一性，这种优势发挥得更为彻底。

(三)信息冲击力强

户外媒体可以调动多种现场表达手段，营造出综合的、丰富的感官刺激。形象、语句、三维物件、动感音效、环境等，都可以巧妙融合进来。

(四)创造理想传播频次

通过策略性的媒介安排和分布，户外媒体能创造出理想的到达率和频次。正确地选择时间、地点，加上使用正确的户外媒体，可实现在理想的范围、接触到几乎每个层面的人群，甚至可与受众的生活节奏配合得天衣无缝。

(五)无孔不入

不管是如单立柱、霓虹灯、墙体等类型的单一媒体，还是如候车亭、车身、地铁、机场和火车站等类型的网络化媒体，户外广告的不可替代之处，就在于往往能接触到其他媒体无法到达的受众。

三、户外广告文案的写作特点

户外广告文案应具有如下特点。

(一)简洁性

虽然户外广告具备比较大的信息传达空间，但是由于户外受众接收广告信息的短促性，决定了户外广告文案写作方面应注重文字的精练，强调信息的瞬间传达。

(二)吸引性

户外广告在吸引受众注意力方面要求广告信息在文案、图形、色彩、编排等方面能够瞬间抓住受众的眼球。要求文案的创作者，熟知产品特点以及户外媒体的特性，使文案能契合受众的心理，有效地吸引阅读。如图 9-10～图 9-12 所示。

图 9-10　户外楼体广告

图 9-11　户外路牌广告

图 9-12　户外墙体广告

(三)灵活性

户外广告文案写作的灵活性主要体现在文案的结构上，可以只有广告标题，没有广告正文，或者两者全无，只有企业标志信息。

(四)信息的整合性

在大多数情况下，户外广告是由多种广告信息元素组成的。通常，户外广告文案需要和广告画面进行配合，针对所要传达的信息要点进行整合。

第三节　直邮媒体的广告文案

直邮广告，是直接营销的一种手段。直接营销是指一种企业与目标消费者之间进行直接沟通促进销售的营销方式。直接营销的手段主要包括直接销售、直接邮寄、电子营销、电视直销等。

一、直邮广告的含义

DM 是英语 Direct Mai1 的缩写，就是通过邮政系统，以信函的方式直接邮寄给目标消费者的广告。其内容多用来介绍商品性能，劝说受众购买，或解答疑问等。它总是利用较少的文字，传递大量的信息。

直邮广告是直接完成销售的一种比较有效的方法。据统计，以广告费用支出计算，直邮是当今世界排名第三的广告媒介，全球广告主花在直邮上的广告费甚至高于杂志广告费和广播广告费。直邮广告媒介主要以邮寄印刷品的方式直接向目标受众传达广告信息。凡是应用于发布直邮广告信息的物质或中介，都可以视作直邮广告媒介。

直邮广告媒介类型

直邮广告媒介主要包含两种：一种是直接为了销售商品的媒介，包括奖购券、折扣券、打折信息、产品说明等；另一种是间接为了销售商品的媒介，包括商品目录、产品样本、广告信、纪念品等。

二、直邮广告的优点

直邮广告具有较为明显的优点：一是有的放矢，针对固定对象进行信息传递；二是便捷快速地拓展新的消费群体；三是可以详细地对产品或服务的各方面进行介绍；四是信息的传送和接收具有较大的灵活性；五是制作简便，费用低廉。

与传统印刷媒介广告相比，直邮广告更方便，它直接针对潜在消费者进行诉求，便于控制广告的发行量，能避免竞争对手广告的干扰，直接获得消费者回应并且能通过回应情况判断广告效果。直邮也有其不利之处：直邮的千人成本远远高于大众媒介；由于目前直邮广告的泛滥，许多消费者甚至将直邮广告视为“垃圾邮件”。

三、直邮广告文案的写作要点

报刊广告的写作形式，同样适合于直邮广告。同时，还要特别注意以下几点。

(一)语气亲切

由于直邮广告是针对具体的个人或单位的，具有“私人”的性质，可以令人产生亲切感，因此，给收件人的直邮广告可以采用感性诉求，对于收件人要持尊重的态度，不能用生硬或者命令的口气催促其购买，否则只能让人敬而远之。比如，在文案的开头使用尊称，如“尊敬的先生”、“亲爱的小姐”等。

(二)提供详尽的信息

邮件如果能被打开，说明收信人多少有些兴趣；收信人一旦开始阅读，就说明他有较大兴趣。所以直邮广告应该尽可能多地提供有用的信息，比如产品的尺寸、规格、售价等。要诚实地介绍产品，说明购买利益。

例如，汽车产品的目录，在提供产品图片和产品简介以及客观的评述文章后，会让收件人在对所销售的产品有一定了解的情况下，激发其购买欲望。

(三)注意趣味性

直邮广告应该尽可能采用风趣幽默、吸引人的方式来传达产品信息。没有人喜欢阅读生硬的推销说辞和枯燥的产品介绍。

(四)文案应该通俗易懂

使用读者熟悉的语言，不要过多地使用专业术语，不要让读者对阅读广告文案心生畏惧。

(五)不要怕长文案

一般来说，直邮广告可长可短，短的可以只有一句话、几个字，长的可以达到十几页。如果确实有丰富信息要提供给读者，并且找到了具有吸引读者的方式，就不要怕文案太长。提供的信息越具体、越细致，就越有可能达成销售或引发行动。比如一些贵重物品的直邮广告，读者就需要获得较多的信息来进行比较和判断。

(六)反复申明你所提供的服务或者利益

所提供的服务或者利益是最能吸引读者、引发行动的内容，所以应该明确提出来，并且在适当时机不断地重复强调。服务或者利益可以是对购买者的奖励、购买产品可以获得赠品、退换货便利、安全保证、权威机构的认定、其他消费者的赞许等。

(七)提供多种反馈途径

直邮广告能够有效地获得读者的反馈，可以比较直接地获取用户的相关信息，能够比较快速地调整今后的销售计划。反馈途径有许多种，比如电话订购、传真订购、800 免费咨询电话、鼓励读者使用含有订单的免邮资回邮信封等。这些反馈途径应该被编排在信函或者产品目录的醒目位置，并且加上一些鼓励行动的言辞。

(八)激发读者的行动意愿

直邮广告是促销色彩浓厚的广告形式，也是对广告文案写作人员挑战最大的广告形式。出色的直邮广告能够强烈地激发收件人做信函希望他去做的事情，让他觉得不这么做是一个损失。

关于直邮广告发展情况

来自 2008 DMA 统计报告书、USPS(美国邮政管理局)家庭日记以及 USPS/com Score 调查报告的最新数据表明：2007 年，营销企业在非目录型直邮和目录型直邮上的支出分别为 345 亿美元和 208 亿美元，总支出为 553 亿美元(数据来自相关报告)。

截止到 2012 年，美国企业在非目录型和目录型直邮上的支出将达到 617 亿美元，相比之下，这些企业对电邮和互联网等营销手段的投资仅 12 亿美元和 397 亿美元。

在 2012 年，27%的营销预算都将被分配到目录和非目录型直邮身上。在 2007 年期间，非目录型直邮和目录型直邮共为企业带来了 6867 亿美元的销售额。目前，有 81%的家庭会认真阅读或浏览自已收到的直邮信件。

第四节 新媒体的广告文案

新媒体是相对旧媒体的特征而言的，一般来说就是指互动式数字化复合媒体。与传统媒体相比较，新媒体具有如下特征。

(1) 它是一种以个性为指向的分众媒体而非大众媒体。

(2) 它是一种信息的发送者与接收者之间具有充分互动性的媒体。

(3) 它是一种复合媒体，新媒体的内容呈现方式可以根据需要，在文本、视频和音频之间任意转换或兼而有之。

(4) 它是一种跨越国界的全球化媒体，全球网络消除了国与国之间的界限，信息以最低的成本让无数人共享。

新媒体既超越了电视媒体的广度，又超越了印刷媒体的深度，而且由于其高度的互动性、个人性和感知方式的多样性，它具备了从前任何媒体都曾具备的传播力度。到目前为止，常见的新媒体主要包括网络媒体、移动媒体等。由于网络媒体的文案写作我们在前面已经详尽地介绍，这里主要介绍移动媒体广告文案写作。

一、手机短信广告及其优势

(一)手机短信广告的含义

所谓手机短信是手机的一项重要功能，指手机点对点收、发中英文短信息或者在手机上输入规定代码点播股票、航班、新闻、天气等信息。

(二)手机短信广告的优势

手机短信广告具有如下优势。

1. 速度快

手机短信广告的最大优势就是传播速度快，短信广告通过发送平台，一瞬间就传送到千万人的手机中。

2. 成本低廉

手机短信广告实际上还是建立在网络基础上，利用专用的网络平台可以一次性向成千上万的手机用户发送短信广告。与传统的广告媒体一次十几万元，甚至几十万元的广告投入相比较，手机短信广告一次广告投入只需要几千元钱，巨大的成本差价让商家不能不动心。

3. 目标准确

手机短信广告是标准的“一对一”的营销模式，能够精确锁定消费者，一般可以达到非常高的阅读率。

4. 发布形式灵活

手机短信广告发布形式灵活，只要手机持有者处于开机状态，白天晚上都可以发送。

二、手机短信广告文案的写作要点

手机短信广告文案的写作要点如下。

1．信息的简短性

手机短信的容量比较有限，一般每条短信只能容纳 140 个字符，约 70 个汉字。在这么简短的空间里更需要提炼语言，将最重要的名称、时间或者联系方式表达出来，犹如发电报一样，尽量将重要的信息有的放矢地表达出来。

例如：拇指传情，礼貌互敬；健康活泼，语言洁净；杜绝骚扰，流言勿行；规范服务，诚信经营；和谐自律，传递文明。

2．信息的有效性

手机短信广告不可能像一般印刷广告那样有完整的标题、广告语、正文、随文等结构，所以在创作手机短信广告的时候只要把重要的广告信息发送出去即可，不必过多注重形式。

【案例 9-6】

一则手机短信广告文案

如果失去了声音，我就会用手势告诉你；如果失去了眼睛，我就会用心灵来感应你；如果失去了生命，我就会在天堂守候你。因为，我爱你！别驻足，梦想要不停追逐；别认输，熬过黑夜才有日出；要记住，成功就在下一步；路很苦，汗水是最美的书；尽情欢呼，相约巅峰与您共舞！

3．语言的高度浓缩性

短短几十个字既要尽量完整地传送广告的诉求点，又要让接收者相信并采取行动，这种要求可以说是所有类型广告文案中要求最高的，这不仅仅体现在字数的浓缩方面，更体现在感染力的浓缩上，在极为有限的空间内，要能够劝服目标消费者。

本章小结

1. 网络广告，英文称为 Net AD，就是指以互联网为媒体发布、传播的商业广告。

2. 网络媒体互动性强、传播范围广、信息容量大、传播速度快。

3. 网络广告的形式多种多样，主要包括旗帜广告、按钮广告、文本链接广告、电子邮件广告、赞助、搜索引擎广告和植入式广告。

4. 网络广告文案的写作要求：标题醒目；主旨明确，语言精练；注意画面与语言的巧妙配合；运用灵活多样的语言形式。

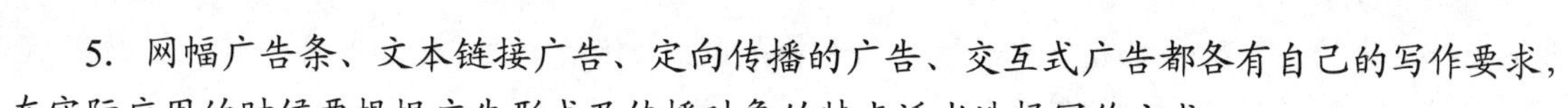

5. 网幅广告条、文本链接广告、定向传播的广告、交互式广告都各有自己的写作要求，在实际应用的时候要根据广告形式及传播对象的特点适当选择写作方式。

6. 网络广告文案的写作要注意几点事项：语言要简洁生动；注意语言与画面的配合；注意语言风格的适应性；语言形式与投放的网站相符。

7. 户外广告就是存在于日常居住环境之外的广告形式，主要包括路牌、车身、灯箱、霓虹灯、墙体广告等形式。户外广告具有视觉冲击力强、应用形式灵活、广告信息通俗简洁的基本特点。户外广告具有视觉冲击力强、24 小时全天候传播、信息冲击力强、创造理想传播频次、无孔不入等主要优势。户外广告文案的写作应遵循简洁性、吸引性、灵活性、信息的整合性等特点。

8. 直邮广告，就是通过邮政系统，以信函的方式直接邮寄给目标消费者的广告。与传统媒体相比，直邮广告具有较为明显的优点。直邮广告文案写作可以借鉴报刊广告的写作形式，同时，还要特别注意语气亲切，提供详尽的信息，注意趣味性，文案应该通俗易懂，适当运用长文案，反复申明你所提供的服务或者利益，提供给消费者多种反馈途径，激发读者的行动意愿。

9. 新媒体是相对旧媒体的特征而言的，一般来说就是指互动式数字化复合媒体。常见的新媒体主要包括网络媒体、移动媒体等。

10. 手机短信广告具有速度快、成本低廉、目标准确、发布形式灵活的优势，在写作时要注意信息的简短性、有效性和语言的高度浓缩性。

诺基亚 N96 手机的广告

2009 年初，网络上流传一个名为“李小龙双截棍打乒乓球”的视频，视频中一个酷似李小龙的人用双截棍与一个运动员对打乒乓球，视频采用黑白画面，镜头晃动，很像业余爱好者自行拍摄，亦真亦假，颇为精妙。

这段视频在网络上出现后迅速蹿红，在各大视频网站与社交网站上单击率与转载率都很高，在年轻人中间引起传阅。视频最后出现几秒钟字幕“向李小龙致敬”以及诺基亚 N96 手机的产品形象，观众才知道这是诺基亚为宣传 N96 手机李小龙纪念版所制作的广告视频。

在投放视频的同时，网络上也出现了 N96 的主题官方网站，网友在网站中可以和虚拟的李小龙形象互动，欣赏功夫的同时体会 N96 的出色功能。同时，各地的诺基亚专卖店开辟了类似电影场景的线下体验区，促使手机用户及李小龙爱好者参与互动，最终在全球引发了一轮抢购 N96 手机的热潮，使这一次传播突破了地域和网络的界限，受到国内外媒体的关注。

这一系列的互动广告是由 JWT 北京公司制作的，该广告摘取了 2009 One Show 互动金奖。这是整个亚太区在 One Show 互动奖项中惟一的金奖，同一系列的《手机篇》也获得了一支铜铅笔。

案例点评

这支广告视频的传播手段就是近几年出现的网络病毒式营销。病毒式营销是指制造一个能引起受众注意的信息，通过受众的人际、口碑等渠道主动传播，使信息像病毒一样传播和扩散，大批量复制，到达目标受众的信息传播方式。

N96 投放的病毒视频被传阅的对象大多为年轻人，喜爱李小龙等武打明星，好奇心强，而这些人恰恰与 N96 所定位的广告人群高度吻合。这段病毒视频看似无心，其实有意，把广告信息及所要传达的核心观念包含在一段有意思的视频中，借助网民的口碑和传阅，同时配合互动网站、线下体验等环节，不断扩大影响力，同时也节约了广告成本。

随着网络的发展，网民数量的迅速增加，病毒式营销已经成为网络营销最为独特的手段，被越来越多的商家和网站成功利用。

讨论题

1. 这个案例体现了网络媒体的哪些优越性？
2. 在新媒体日趋发达的今天，广告文案写作应该如何适应网络、手机等互动媒体的要求？

1. 分析下列网络广告案例，谈谈网络广告文案创作特色。

这则青岛啤酒网络广告发布在搜狐网新闻频道首页，以浮层为表现形式，整合了文字、图片、Flash 等特色，整体基调轻松活泼。广告的主色调为绿色，在炎热的夏季给人一种清爽的感觉。广告开始播放，网页中间被撕开并出现无数鼠标单击小手，纷纷指向“另一个奥运激情世界——青岛啤酒”，吸引观众单击这则网络广告。

在网页背景改版为宽频后，原有对联位置变窄，但互动通依旧巧妙运用此位置作为广告回收位，有效展示广告主品牌信息的同时，当单击则会变成正常状态并再次展示这则网络广告信息及重播按钮，吸引观众单击重新观看。

在浮层的左上角，青岛啤酒作为 2008 奥运合作伙伴的 Logo 一直得以展示，整个广告以奥运为主题。在广告的最后，多名奥运明星一起出现，共同为奥运干杯，阵容强大。网络广告的整体感觉符合当时奥运的大背景，成功地利用互动通成熟的富媒体技术完美地将青岛啤酒和奥运紧密结合在一起，依托奥运做了品牌宣传。青岛啤酒网络广告如图 9-13 所示。

图 9-13　青岛啤酒网络广告

2. 搜集一则直邮广告文案，并加以分析。

3. 谈谈给你印象最深刻的户外广告文案创作。

4. 模拟一款需要通过手机短信推销的产品或服务，变化不同的文体、修辞等文案写作技巧，创作出5则手机短信广告文案，字数不超过70字每则。

第十章

长文案和系列文案

学习要点与目标

- 熟悉长文案的表现手法，掌握长文案的写作要求。
- 熟悉系列广告文案的特征和表现形式，掌握系列文案的写作要求。

核心概念

长文案、系列文案

引导案例

北京三里屯 Village 广告文案

图 10-1 所示为北京三里屯 Village 的平面广告。

图 10-1　北京三里屯 Village 平面广告

正文：
这里是天堂，
这里是地狱。
如果你爱一个人，
你要带他去；
如果你恨一个人，
你要叫他来。
这里是潮流革命前线，
这里是修身持志后院。

这里有偶像出现，
这里有竹林七贤。
这里名牌四射，
这里素面朝天。
这里吃喝玩乐夫复何求，
这里悲欢离合天长地久。
这里是诗人的流放地，
这里是艺术的自留地。
这里什么都是，
这里什么都不是。
这里是三里屯 Village。

案例解析

北京三里屯是一个多元化的地区，艺术、音乐、使馆区交错在这个区域，不同国家、不同种族的人群都在这一个小范围里汇集，形成了三里屯独特的文化氛围。三里屯 Village 就是三里屯中的一个开放式购物区，由 19 栋建筑组成。三里屯 Village 汇聚了从时装到运动服饰，从美食到珠宝，从科技酷玩到儿童用品等众多潮流风尚品牌。这则长文案采用排比句的方式，把三里屯 Village 的独特之处展现在人们面前，唤起读者的好奇心与想象力。与三里屯的个性特征相同，三里屯 Village 的个性就是多元化，“这里什么都是，这里什么都不是”，这一主要诉求点在广告中得到了充分的表达。文案虽然字数较多，但是读起来却较为轻松，没有压力。

在广告宣传中，有些广告产品的信息特别适宜用长文案或系列广告文案的形式来表现，因为长文案和系列广告文案有着各自重要的作用。长文案以数百字的篇幅对广告产品作有说服力的深度诉求；系列广告文案则围绕着广告主题，通过 3 个以上单篇形成一种强大的宣传声势，使产品信息更能深入人心。

第一节 长文案的写作

一、长文案和短文案

广告文案的长短都是相对而言的，通常人们把数百字以上的文案视为长文案，把数十字以内的文案称为短文案。写广告究竟是采用长文案好还是短文案好呢？这个不能一概而论。短文案便于受众接收，阅读起来不易疲劳，但信息量较少；长文案读起来有一定压力，但可以达成与消费者的深度交流。

目前，报纸、杂志广告越登越多，但文案大多不超过 100 字，甚至更短。有人认为，现在是电波一统天下的时代，生活节奏加快了，人们不会像奥格威时代那样，有耐心阅读长文案了，人类社会已经进入了“读图时代”，是“眼球经济”主导的时代，影像比文字传播更有优势。

其实不然，现代社会固然生活节奏加快了，媒介也更加多元化了，这会对广告传播方式(包括文案的长短)带来一定影响，但不能由此判定短文案一定有效、适合，广告宣传应根据新情况作出相应的调整，以适应环境的变化，而不是轻易地否定或放弃长文案。

事实上，长文案和短文案各有特点，各有最合适使用的场合，两者各有特色，无法互相取代。总结起来，决定文案长短的有以下两个因素。

(一)媒体

各种媒体的特色各不相同，都有最适合的、相对应的文案形式。例如，一般对于电视广告来说，短文案比长文案更有效。因为在电视广告中，广告时间受到限定，可能只有 30 秒、15 秒甚至 5 秒钟的传播时间，篇幅的限制导致广告中传达信息的容量也受到限制。

另外，在电视广告中文字只是众多传播渠道的一种，产品的信息是由文字、画面和音响共同完成的，所以在这种情况下用短文案比较合适；而在印刷媒介中则较多地采用长文案，如报纸、杂志等媒体上的广告，因为印刷媒介主要是通过文字来表达主题的，对篇幅的限制也不那么严格，可以在有限的版面内刊登较多的文字内容，并且报刊媒介具有相对的稳定性，信息丰富的长文案可以保留下来并多次阅读，形成长时间的多次传播。

(二)产品

不同广告产品的性能及其在市场中所处的不同阶段决定着文案的长短。

1. 产品价格

一般来说，价格较为便宜的日常生活消费品，比如油盐酱醋、香皂、洗发水、毛巾等产品的广告，只需突出产品名称、主要特点等关键信息，阐明核心诉求即可，所以这些广告文案多采用短文案；而生产资料(如机器、工具等)、耐用消费品(如汽车、住房等)和较大的服务项目(如保险、旅游服务等)的广告一般需要用长文案，因为这些产品或服务都具有较高的价格，受众在花较多的钱购买这些产品前，总希望了解更丰富的产品信息。

此时，在广告正文中必须详细介绍广告产品与同类产品相比有哪些独特的品质，性能、价格、用途如何以及使用注意事项等，显然，对这些产品仅向受众提供一些结论是不够的，而必须提供充足的理由，才能使人信服并采取购买行动。只有长文案才能承担得起如此详细的介绍和深度的说服功能，给消费者提供一个购买产品的充足理由。

2. 产品的生命周期

产品所处的不同生命周期，也会影响到文案长短的使用。当产品刚问世，处于导入期的时候，广告文案就需要以较多的文字，较细致地向受众介绍新产品的基本信息，如性能、功效、型号、外观、价格、厂家地址、联系方式等；而当产品进入成熟期以后，就只需以较少的文字来做广告宣传，不断提醒消费者产品的信息，巩固受众对产品的良好印象，相比导入期，这一阶段所需的广告投入和每一则广告的信息量都有所减少，用短文案即可。

3. 产品的定位

当首次对产品定位时，只需用短文案，简明扼要地介绍该产品在市场上的定位。当面临给产品重新定位时，就需要先扭转消费者对于产品长时间形成的固有印象，然后再重新树立新的品牌形象，是一个先破后立的过程，这时就需要用长文案。

所以，应该尽量在首次定位的时候就准确找到产品的位置，一旦发现产品的文案定位不恰当、不准确时，就需要重新给产品定位，就要花费更大的力气。

重新定位时，如果文案只有三言两语，难以清除受众对以往广告定位的影响，无法纠正人们对广告产品先入为主的印象，这时就需要广告以较长的文案内容来详细陈述产品的新定位，使消费者读过之后能在更深层面达到新的认知。

二、长文案的表现手法

长文案的表现手法有如下几种。

(一)故事型

不少长文案采用故事型的表现手法，以使文案更吸引人、更有趣，从而使其广告产品、企业或服务等信息自然而然地被受众所接受，避免直接推销所带来的负面影响。故事型的长文案需要文案写作者有良好的构思能力和驾驭文字节奏的能力，要把一个虚构的故事描写得引人入胜，充满趣味。

【案例 10-1】

旅行者保险公司平面广告文案

这是一则故事体的长文案。

正文：当我 28 岁时，我认为今生今世我很可能不会结婚了。我的个子太高，双手及两条腿的不对头常常妨碍了我。衣服穿在我身上，也从来没有像穿到别的女郎身上那样好看。似乎绝不可能有一位护花使者会骑着他的白马来把我带走。

可是终于有一个男人陪伴我了。爱维·莱特并不是你在 16 岁时所梦想的那种练达事故的情人，而是一位羞怯并笨拙的人，也会手足无措。

他看上了我不自知的优点。我才开始感觉到不虚此生。事实上我俩当时都是如此。很快的，我们互相融洽无间，我们如不在一起就有怅然若失的感觉。所以我们认为这可能就是小说上所写的那类爱情故事，以后我们就结婚了。

那是在四月中的一天，苹果树的花盛开着，大地一片芬芳。那是近三十年前的事了，自从那一天之后，几乎每天都如此不变。

我们不能相信已经过了这许多岁月，岁月载着爱维·莱特和我静静地度过，就像驾着独木舟行驶在平静的河中，你感觉不到舟之移动。我们从来未曾去过欧洲，我们甚至还没去过加州。我认为我们并不需要去，因为家对我们已经够大的了。

我希望我们能生几个孩子，但是我们未能达成愿望。我很像《圣经》中的撒拉，只是上帝并未赏赐我们奇迹，也许上帝想我有了爱维·莱特已经够了。唉!爱维在两年前的四月中故去。安静地，含着微笑，就和他生前一样。苹果树的花仍在盛开，大地仍然充满了甜蜜的气息。而我则怅然若失，欲哭无泪。

当我弟弟来帮助我料理爱维的后事时，我发觉他在那么体贴地关心我，就和他往常的所作所为一样。在银行中并没有给我存了很多钱，但有一张照顾我余生全部生活费用的保险单。

就一个女人所诚心相爱的男人过世之后而论，我实在是和别的女人一样心满意足了。

案例解析

该故事体广告描写了一对相爱的恋人感人而充满深情的故事，把丈夫对妻子的爱与照顾凝聚在一张保险单上，让人在感动的同时感受到保险的重要性。

(二)陈述型

陈述型长文案是向受众详细叙述产品的特点、性能、用途以及它带给受众的利益，陈述型文案包罗了丰富的产品信息，使受众全面、完整地了解产品的全貌。

【案例 10-2】

“亮悠悠”无光污染纳米护眼灯的系列广告文案

系列 1：

标题：开学了！千万别让“狼外婆”伴读！

正文：当今不少孩子“身健体壮”却“两眼无神”。两年前，国家教育、卫生部门一项调查显示：“目前，我国学生的近视率已居世界第二位。”“我国青少年因近视致盲的人数已达三十万。”(摘自《新民晚报》2001-04-02)新华社在一电讯中强调：造成我国学生近视攀升迅速的头号元凶是“光污染”。我们把这偷偷吞噬视力的“光污染”称为“狼外婆”。

系列 2：

标题：“狼外婆”藏在台灯的光害中

正文：当今家长非常关心孩子的吃、穿、营养，却偏偏忽视了“狼外婆”对孩子的伤害。他们不知道台灯在发出可见光的同时，还发出大量损伤眼睛的有害光线。如有能杀伤视觉细胞的紫外线，能蒸发眼睛泪液造成晶状体变异的红外线及其他伤及视觉神经的刺眼眩光、频闪光等。有的以为已给孩子买了“护眼灯”就太平了，其实它并没有真正把“狼外婆”赶走。

如有的虽去掉了“频闪光”，但紫外光、红外光、刺眼光等都还存在，“狼外婆”还依然躲在里面害眼睛。

系列 3：

标题：“人性化绿色照明”才是真正护眼的“好外婆”

正文：为了让我国青少年学生彻底摆脱“光污染”对眼睛的伤害，上海绿荫高科技公司和中科院联手，开发了人性化绿色照明——“亮悠悠”无光污染纳米护眼灯。它才是真正护眼的“好外婆”。因为它运用纳米等高科技手段，消除了台灯的紫外线、红外线、频闪光、刺眼光，还使 13W 的灯相近于 100W 亮度，且布光均匀，光线柔和，既能保护视觉健康，又有助于大大提高学习和工作效率。

"亮悠悠"已被国家某权威部门确认为"国际先进"、市有关部门确认为A级高科技成果转化项目，并已获得与国际接轨的CCC认证，在法国欧博会、我国香港国际灯饰展上被誉为新理念灯具。"亮悠悠"还被列入国家采购首选目标产品，台台有防伪标志。

系列4：

标题：控制源头 恢复视力

正文："亮悠悠"在上海、北京等地已销售万台，有家长反映，用了"亮悠悠"后，孩子的视力从0.9上升到1.2。"亮悠悠"还能治眼吗？不，"亮悠悠"并不具备治疗的功能。但用了"亮悠悠"，从源头上消除了"狼外婆"对孩子眼睛的持续伤害，而孩子们正处于生长发育阶段，新陈代谢可以逐步恢复视力。

如不从源头上消灭"狼外婆"，即使用再好的药物或仪器治疗，甚至有了疗效，但仍然会在"狼外婆"新的伤害下复发。所以，控制源头是关键。多数孩子是假性近视，及时换灯，远离"光污染"，逐步恢复视力是大有希望的。

案例解析

该文案陈述了我国学生严重的近视现状，台灯"光污染"对孩子视力的严重损伤及"亮悠悠"无光污染纳米护眼灯的护眼作用等内容。受众从中可获得丰富详尽的信息。值得一提的是，撰写陈述型长文案，要尽量使用浅显易懂、饶有趣味的语言，避免写成枯燥乏味、生硬呆板的产品说明书。

10

(三)新闻型

如果广告信息与社会发展、公众生活有较大的联系时，可采用新闻的表达方式，即将文案写成新闻型的长文案。由于新闻涉及的是当下大众关心的内容，这就容易引起人们浓厚的兴趣和广泛的关注。并且，由于新闻所固有的客观、公正的特点，因而与之共同宣传的产品信息的真实性就会令人信服。这种新闻型的广告也被称做软广告。

【案例10-3】

伊利的一则软广告文案

标题："放心奶"现身超市，伊利等乳制品销量回升

正文：9月24日，记者在部分超市走访时看到，伊利等企业的安全乳品已经全线上架，并且都同时配以国家的质检报告，提示其产品已可放心食用。据卖场经理透露，随着国家的严厉整顿和企业的全力配合，目前市场上，伊利等品牌的乳制品已经通过国家检验，部分酸奶、纯牛奶产品的销量已开始回升。

在北京家乐福双井店，一位女性消费者正在选购伊利优品嘉人酸奶。她告诉记者，现在国家对奶源的控制很严格，她对这种酸奶很放心。该超市有关负责人介绍，目前市面上销售的液态奶都是经国家检测合格的产品，消费者可以放心购买。

据了解，中国乳品行业正在进行最大规模的安全整顿。作为多年的乳业龙头，伊利集团反应最为迅速。目前，该企业针对问题产品的“三清理”工作已经率先于 9 月 17 日全面结束，正在全力落实“三确保”措施，不让任何有问题的原奶进入生产环节；不让任何有问题的成品流出工厂。

专家表示，伊利率先采取的“三确保”措施是确保乳品安全、重树乳品市场信心的重要保障：只有更加严格地对原奶收购环节进行检测，才能从源头杜绝问题的产生；只有所有的产品全部经过企业自身和国家质检部门更加严格的检测后出厂，才能确保产品质量；只有加大投入来建设优质的奶源基地，提升奶农的生产方式，才能保障奶农的利益从而持续地保障广大消费者的利益。

据伊利介绍，为了进一步确保一线产品的安全，伊利集团的几位领导已经亲赴各地区，直接督促“三确保”措施的妥善落实。截至 9 月 23 日，伊利新采购的价值 1270 万元的专业检测设备已经全部到位，在全部 130 多家工厂内进行 24 小时不间断的检测控制。所有产品在进行严格检测的基础上，再请当地质检部门进行复检，合格一批，出厂一批，确保批批检验合格。

各乳制品企业全力保证产品安全的多项举措已初步得到了市场的良好回应。权威机构监测数据显示，目前国产乳制品销售量近日已出现较大回升。

案例解析

该广告文案发布于中国乳制品行业三聚氰胺事件之后，消费者对国产奶制品的质量严重缺乏信心。伊利用较为权威的新闻形式，以事实为依据，向消费者展现乳制品行业，尤其是伊利企业在确保乳品安全方面的措施和承诺，该广告本着客观公正的原则，把自我宣传、自我推销的痕迹降到了最低限度。

经过一系列广告的投放，市场对伊利的信誉度也开始稳步提升。

三、长文案的写作要求

阅读长文案需要长时间地集中注意力，这对文案的写作提出了较高的要求。能否使读者对长文案保持阅读兴趣，这是对文案写作者的考验。为此，写作时要精心安排文案结构，运用多种句式来使广告丰富的信息通过生动、活泼的文案较好地传递给受众。

在长文案的写作过程中，可以应用以下几个方面的技巧。

(一)多分段

长文案一般都在百字以上，如果数百字的内容统统放在一段中，那么读者就会无所适从，产生阅读压力，密密麻麻的信息只会让人晕头转向，严重影响阅读热情，甚至中途放弃。

因此，长文案要多分段，使受众阅读时有停顿、有喘息的机会。长文案的段落可由一句、几句组成，也可以由几十句组成，但较为可取的是多用短段落。历史上著名的长文案几乎都具备这样的特征。

(二)多用小标题

为了让读者阅读不枯燥，快速浏览也能了解文案大致意思，可以在长文案中设置一些小标题，以激起读者持久的阅读兴趣，引导受众进一步阅读感兴趣的正文。通常小标题要对长文案各个段落的内容作大致的概括，从而帮助受众更迅速地了解正文的内容，并根据需要选择段落阅读。

【案例 10-4】

“东方普罗旺斯”温榆河上层别墅的长文案

标题：统揽30公顷豪阔水域，234公顷疆域自成一脉

正文：

仿佛上天恩宠，赐予的无上福祉——温榆河上层别墅带核心地段，亚北与顺义中央别墅区的黄金分割点“东方普罗旺斯”，234公顷至美疆域之上，汇聚了京城诸多稀缺、珍贵的景观资源，成为一片天然的豪宅生长地。

北侧五星级拉斐特城堡酒店，以1∶1的比例复制再现了法国300年巴洛克经典名堡——拉斐特城堡。法式园林、喷泉雕塑、罗马柱廊广场等建筑艺术的完美呈现，散发出古老欧洲皇家贵族的神韵；气势恢弘的护城河，3.5公里环绕城堡，氤氲蔚然，勾勒出一个神秘而美丽的疆界。

京城罕有不冻河、最佳生态河流——温榆河、老河湾流经东侧，零距离接触天然水岸；与社区南边宽20米的护城河，形成三面环拥之势；悠长飘逸的水岸线，统揽着30公顷豪阔水景；宁静、清幽的河滨生态，绿树与蓝天掩映，白色水鸟，淡淡紫气的薰衣草花田，构成“东方普罗旺斯”铅华无染，一个具有异域风情的世外桃源。

走进这片旷美疆域，呼吸纯净与浪漫的空气，感受来自法国普罗旺斯那种奢侈时间、饕餮艺术、挥霍自由的淳朴与奢华，感受生活中灵犀相应的贵族气质与自然韵律。在这片自然与人文双重馈赠的土地之上，将前所未有地缔造一个崭新的富豪区。

标题：至美规划，千亩巨筑全景绽放

正文：

这样的一片区域，承载着太多的梦幻与理想：城堡、花田、绿野，河湖交错……古今如梦。这样的一片区域，完全吻合了开发商——耀江集团创建别墅伊始的理想构思，将别墅融于自然之中，成为景观的一部分。

“东方普罗旺斯”234公顷疆域之内，规划别墅用地仅66公顷，其余皆为天然河流、绿野及周边拉斐特城堡酒店及未来高尚生活配套设施的占地面积。耀江集团，积淀十余年地产专业之道，以一种富有理想主义精神和历史责任感的情怀，打造“东方普罗旺斯”，将以精工细作之名品精神成就千亩巨筑之大器风范。

对于“东方普罗旺斯”千亩巨筑的全盘规划，耀江集团一气呵成。以0.3超低容积率规划建设550座纯独栋别墅，分四期建设完成，并以四大独立水景观系统自然规划四期区域，以“提香源”、“馥罗湾”、“蝴蝶谷”、“映日泉”四大主题命名，空前展现浪漫惟美的豪宅形象。园区别墅布局，以“组团式”均衡考虑户型、景观、朝向等因素，将水、生态与景观渗透到社区每个角落。

50%面积滨水而设，零距离接触天然水系网脉，堪称京城罕有水景豪宅之作。道路组织规划沿承国际化理念，三级路网层次分明。主干道尺度豪阔，宽至 19 米，两侧 3～4.5 米的绿化带形成优雅绿荫通道，入户口均设置于次干道与支干道，从而保证私家庭院的尊崇感与私密性。

标题：河湖交错，水景庭院视野无限

正文：

世界规划设计之领袖企业，美国 EDSA 以“大景观”全新设计理念，构设“东方普罗旺斯”自然之美的世界。遵循天然水系网脉，形成了“东方普罗旺斯”别墅区内四大独立水景观系统，并汇聚综合至 2.4 万平方米中心湖。整个区域浸润于水的空灵与轻逸之中，在晨光熹微之际，踏出家门，无论从哪个府第，都可以让您轻易直达水畔，随时尽情抱拥悠然河湾。

园区地势北高南低，水随地势自然流动，形成叠水、溪流、湖泊、湾港等丰富主题水体形态。天然地势起伏绵延，创造性地形成坡地、半岛、河湾、湿地等多种形态，并充分利用河岸、绿地、湿地等自然优势，形成具有超级景观的“无边界”庭院。

标题：温榆河、老河湾、护城河，三水环拥，以水划疆

正文：

京城罕有不冻河、最佳生态河流——温榆河，流经“东方普罗旺斯”的东北，清丽而飘逸……夕阳西下，驻足远望，那是一道与天相接的风景线。

温婉秀美的老河湾，从项目东边的府第门前流过，零距离接触，感受大自然的四季与晨昏，把酒言欢，畅想古今文人雅士之豪情。

3.5 公里气势恢弘的护城河，环绕拉斐特城堡，氤氲蔚然中，恍若隔世的情缘再现；水边狂响的宴乐，金迷纸醉……

社区南边宽至 10 米的护城河，绿树与花草掩映，深藏起一片富贵与奢华的领域，其中的隐隐约约透析在阳光的光彩之中。

案例解析

该文案信息量较大，这些丰富的内容，如果不设小标题的话，读者面对一大堆信息就可能无所适从。在该文案中，作者设定了若干个小标题，分别安插于文案的段落之间。这些小标题各有特色，每一小标题都对下一段文案的内容作了提纲挈领的概述，它既让读者看到小标题后就对整个文案内容有个粗略的了解，又能激发读者兴趣，促使他们进一步阅读广告正文。

这几个小标题又给整个文案注入了活力，让文章的脉络更加清晰。还有，这几个小标题长短错落，句式参差变化，避免了长文案容易给人的沉闷、板滞的毛病，对于帮助读者阅读长文案的内容、引导他们进一步阅读正文、活跃长文案起到了积极的推进作用。

(三)多种句式错落

连续使用长句会使长文案显得缓慢、冗长，令读者感到乏味甚至疲倦，连续使用短句，又会使长文案的节奏过快，令人感到紧张。要使长文案的节奏有张有弛，可以交替使用长句和短

句，以保持文案明快而从容的节奏。同时，为了使长文案有起伏、更生动，写作时可以运用多种句式，形成错落有致、上下起伏的语言风格。

【案例 10-5】

《时代生活》杂志创刊伊始刊登的广告文案

标题：我们共同的生活

正文：当一个人开始正视自己的时候，他已经开始正视生活。轻松是因为我们不得不轻松，沉重是因为我们不得不沉重。如果你有一种真正的需要，那么这种需要同样也是我们每个人的需要，如果你不需要却装出需要的样子，那么所有人都会拒绝倾听你的声音。一条河流存在的理由，是因为它经历着所有河流共同的命运。

正是基于上述认识，亲爱的读者，我们大家在同一时刻看到了对方。就像一双眼睛看到了另一双眼睛，我们也发现别人的生活也早已包含了我们自己。活着，并且告诉别人我活着，活得难受，活得舒服，活得越来越不想活，活得越活越想出点儿格，这其实都不稀罕，时光消逝了，而我们留了下来。

在你手中的这本刊物里看到了别人或者让别人看看你，把心脏、肺、鼻子、舌头等换成方块字，换成这些带响的小巧符号，生活突然变得可以阅读，可以触摸，并且可以交换。

我们究竟可以看到什么？花了钱的朋友，你买这样的刊物就有权提这样的问题。

问得好！

女士们，你们好。你们忙完工作、忙完家，忙完里、忙完外，忙完孩子、忙完丈夫，忙完买菜做饭洗衣服，打开这本刊物，请你们看看，你们的快乐如果没有这样忙，还能不能称为快乐？而生活的幸福，好像早晨八九点钟的太阳：只有一两个小时。

先生们，你们好。你们天生向往纯正的精神生活，在天空飞翔却把自己的投影洒向大地。你们挑选有用的文章，而这一次你们不会失望，这本刊物使你们在生存竞争中找到另一种宁静……

一切平民的、大众的趣味都将得到尊重；一切真诚质朴的情感都将得到张扬；一切浮华的、庸俗的格调都将遭到唾弃；一切腐朽的、残酷的观念都将遭到痛击。

自由的生活完全仰仗生活的自由。

《时代生活》的愿望仅仅是：把话筒对准我们共同的生活。

案例解析

该文案长短句参差，最短的句子只有三个字，最长的句子几十个字。并且多种句式的运用使整个文案变化多端、生动活泼。以第七自然段为例，开头是简短的问候语，紧接着是由三个句子组成的排比句，制造出一种紧张匆忙的气氛，此时，插“请你们看看”的短句，节奏缓慢下来，而接下去的反问句、比喻句使文案又起波澜。

正是通过长短句的有效搭配、各种句式的灵活运用，该文案把《时代生活》杂志的性质、办刊的理念等很好地表达了出来。

10

(四)材料安排有条理

长文案由于包含众多的广告信息，如果文案条理不清楚，内容就可能乱作一团，从而干扰信息的良好传达，甚至使受众放弃阅读。因此，写作长文案前，要细心整理材料，并加以分类。值得一提的是，由于长文案包含较多的材料，不需要勉强地安排逻辑顺序，只要把所有材料分门别类后按照一定的条理列出即可。

【案例 10-6】

天下文化书坊广告文案

标题：我害怕阅读的人。

正文：

不知从何时开始，我害怕阅读的人。就像我们不知道冬天从哪天开始，只会感觉夜的黑越来越漫长。

我害怕阅读的人。一跟他们谈话，我就像一个透明的人，苍白的脑袋无法隐藏。我所拥有的内涵是什么？不就是人人能脱口而出，游荡在空气中最通俗的认知吗？像心脏在身体的左边。春天之后是夏天。美国总统是世界上最有权力的人。但阅读的人在知识里遨游，能从食谱论及管理学，八卦周刊讲到社会趋势，甚至空中跃下的猫，都能让他们对建筑防震理论侃侃而谈。相较之下，我只是一台在 MP3 时代的录音机；过气、无法调整。我最引以为傲的论述，恐怕只是他多年前书架上某本书里的某段文字，而且，还是不被荧光笔画线注记的那一段。

我害怕阅读的人。当他们阅读时，脸就藏匿在书后面。书一放下，就以贵族王者的形象在我面前闪耀。举手投足都是自在风采。让我明了，阅读不只是知识，更是魔力。他们是懂美学的牛顿，懂人类学的梵高，懂孙子兵法的甘地。血液里充满答案，越来越少的问题能让他们恐惧。仿佛站在巨人的肩膀上，习惯俯视一切。那自信从容，是这世上最好看的一张脸。

我害怕阅读的人。因为他们很幸运；当众人拥抱孤独、或被寂寞拥抱时，他们的生命却毫不封闭，不缺乏朋友的忠实、不缺少安慰者的温柔，甚至连互相较劲的对手，都不至匮乏。他们一翻开书，有时会因心有灵犀，而大声赞叹，有时又会因立场不同而陷入激辩，有时会获得劝导或慰藉。这一切毫无保留，又不带条件，是带亲情的爱情，是热恋中的友谊。一本一本的书，就像一节节的脊椎，稳稳地支持着阅读的人。你看，书一打开，就成为一个拥抱的姿势。这一切，不正是我们毕生苦苦找寻的？

我害怕阅读的人，他们总是不知足。有人说，女人学会阅读，世界上才冒出妇女问题，也因为她们开始有了问题，女人更加读书。就连爱因斯坦，这个世界上智者中的最聪明者，临终前都曾说："我看我自己，就像一个在海边玩耍的孩子，找到一块光滑的小石头，就觉得开心。后来我才知道自己面对的，还有一片真理的大海，那没有尽头。"读书人总是低头看书，忙着浇灌自己的饥渴，他们让自己是敞开的桶子，随时准备装入更多、更多、更多。

而我呢？手中抓住小石头，只为了无聊地打水漂而已。有个笑话这样说：人每天早上起床，只要强迫自己吞一只蟾蜍，不管发生什么，都不再害怕。我想，我快知道蟾蜍的味道。

我害怕阅读的人。我祈祷他们永远不知道我的不安，免得他们会更轻易击垮我，甚至连打败我的意愿都没有。我如此害怕阅读的人，因为他们的榜样是伟人，就算做不到，退一步也还是一个我远不及的成功者。我害怕阅读的人，他们知道“无知”在小孩身上才可爱，而我已经是一个成年的人。我害怕阅读的人，因为大家都喜欢有智慧的人。我害怕阅读的人，他们能避免我要经历的失败。我害怕阅读的人，他们懂得生命太短，人总是聪明得太迟。我害怕阅读的人，他们的一小时，就是我的一生。

我害怕阅读的人，尤其是，还在阅读的人。

案例解析

该文案长达一千多字，信息量很大，广告文案按照材料的各种属性归为几个段落，从几个方面阐述“我害怕阅读的人”的原因，并没有刻意追求段与段、小标题与小标题间的因果联系。广告文案不是论说文，只要把信息准确、生动地传递给受众即可。而人为地硬在广告材料中寻找逻辑顺序，有时不免牵强，甚至妨碍受众接受广告信息。

第二节　系列广告文案的写作

一、系列广告的含义

系列广告是指在内容上相互关联、风格上保持一致的一组广告，是在广告策划和创意的统筹之下，在广告战略与策略目标指引下创作的连续刊播的多篇广告文案。系列广告最突出的特征是整合统一的广告主题和统一的风格，各篇作品在画面、文案上有所变化，但它们之间却总有着一种或几种相统一的元素，各则广告既相对独立，又相互联系，有着分工明确、有效综合的特点。系列广告数量一般在三则或三则以上。

系列广告不是同一广告的简单重复，而是一组设计形式相同但内容有所变化、各有侧重的广告的有机组合。在各种媒体传播的广告作品中，都有为数不少的系列广告。在报刊广告、电视广告和广播广告中，系列广告尤为常见。

在广告大战愈演愈烈的今天，系列广告这一形式以其强大的宣传声势、良好的整体效果而受到越来越多广告人士的青睐。确实，相对于单个广告较为平弱的宣传效果，系列广告因其计划性强、持续时间长，故更容易强化消费者对产品的记忆；系列广告既能抓住相当多的“眼球”，却不会给人老调重弹的感觉。

除此之外，系列广告还是传递不同诉求的最佳载体。例如，要介绍某种产品的多种颜色和款式，就可以把它设计成系列广告，每篇确定一个诉求，即一种款式，就能把有关这一产品的多种信息全部、清晰地传达出来，这是单一广告很难实现的。

二、系列广告文案的特征

系列广告文案具有如下特征。

(一)内容的相关性

系列广告文案的内容大都是关于同一产品或服务的，有统一的定位。虽然也有一些系列广告文案是关于同一类产品的不同型号、不同款式的，但其内容总是有许多相同、相近或相关之处。系列广告内容上的相关性又是与其内容上的前后勾连、相互补充、环环相扣的有序性联系在一起的。

系列广告所有作品传达的广告信息都有一定的关联，或是以一个主题为中心，在不同的侧面展开；或是对相同的广告信息以不同的表现方法不断深化；也就是说，系列广告的设计、制作和发布，应按一定的逻辑顺序进行，或先总后分，或由浅入深，或从粗到细，或始隐终显。总之，应体现一种内在的必然联系，使消费者能够理解并适于接受。

(二)风格的一致性

系列广告还表现在风格的一致性上，其所有作品都保持一种统一的风格，呈现出一种鲜明的个性特点。不管是同一产品的系列广告，还是同一类产品的不同型号产品的系列广告，都要求在表现风格上做到和谐一致，体现出较强的整体感，使人一看就知道是一组系列广告。

系列广告最忌单兵作战、各自为政、缺乏整体性和凝聚力。广告文案的风格包括语体风格和除此以外的其他表现风格。语体风格包括书面语体风格和口语语体风格。广告文案的风格是多姿多彩的，或华丽或平实，或含蓄或明快，或庄重或幽默，或豪放或婉约。对于一组系列广告文案来说，保持风格上的一致性，才能容易为受众所识别。

(三)结构的相似性

系列广告文案的结构是相近、相似，甚至相同的。在一组系列广告文案中，如果其中的第一则是采用标题+正文+广告语+随文这样的格式成文的，那么，紧随其后的文案的文本结构，就应当与此大致相同。系列广告在结构上表现出一定的相似性，这是人们区分系列广告还是单篇广告的重要标志。

这种结构上的相似性具体表现在以下几个方面：一是文案标题句式的一致性，通常采用句式相同或相近的标题；二是文案正文结构的一致性，通常在篇幅、结构、行文方式上相同或相近；三是画面表现的一致性，往往选用在构图、色调等方面有某些共同特点的画面来表现。

(四)系列广告文案表现的变异性

系列广告的主题、风格虽然相同，但它们并不是同一则广告作品。除了广告信息方面的变化，系列广告作品之间最大的差异是广告表现的变化，包括画面的变化、标题的变化、文案正文的变化等。这种表现的变异性是与受众对广告的接受心理密切相关的。

受众一般只接受与他们以前得到的消息或经验有所比较的信息，任何新异事物都易成为其注意的目标，而刻板的、千篇一律的习惯性刺激却很难引起人们的注意。要使受众不至于对系列广告产生不适应感和厌烦感，想让系列广告吸引受众连续看下去，就必须避免雷同化，突出差异点，保持新鲜感，增强可读性。当然，系列广告的“异”是同中有异，这种“异”最集中地体现在文字技巧和艺术表现手段的变化上。

三、系列广告文案的主要类型

对系列广告的分类，人们有不同认识。有人按照系列广告的直观表现，将其分为相同正文重复出现的系列广告、相同标题重复出现的系列广告、连环画式的系列广告及同一模特重复出现的系列广告。

这种分类注重于系列广告表现方法方面的某些特征，但是并没有涉及各种类型的系列广告之间的更本质的区别。因此，我们以系列广告传达的广告信息为分类标准，将它分为以下 3 类。

(一)信息一致型

信息一致型系列广告即系列广告的所有作品都传达完全相同的信息，但采用不同的表现方法来表现，从而使受众对广告信息产生深刻印象。

【案例 10-7】

“505 神功药枕”报纸系列广告的文案

正文：505 神功药枕是中国医科院西安分院研究员、中国中医研究院名誉研究员来辉武先生根据中国传统保健养生和内病外治理论，运用现代科学技术研究成果，在大量临床实践的基础上，依据祖国医学四气五味、经络、穴位及阴阳、气血、脏腑关系原理精心研制而成的外用医疗保健品。505 神功药枕具有清肝明目、醒脑开窍、镇惊安神、芳香避秽等功效。

对高血压病、脑血管病、颈椎病、神经衰弱等病所致的头晕头痛、失眠、健忘、胸闷、心悸等症状有较好疗效，长期使用，可增强机体抵抗力和免疫功能，夏季和 505 神功元气袋配合使用疗效更佳。

三则广告的标题分别如下。

标题一：盛夏酷暑使我精力充沛、高考成功的是——505 神功药枕

标题二：盛夏酷暑使我保持平稳血压和愉快心境的是——505 神功药枕

标题三：盛夏酷暑使我免受失眠之苦的是——505 神功药枕

案例解析

标题中的“我”分别是青年学生、老年男子和中年妇女，并配有人物照片。三个标题都采用同样的句式，但内容有别，各自以不同年龄层次的消费者为诉求对象，然而宣传的却是同一产品的相同信息。

(二)信息并列型

部分系列广告将同一主信息分割成表现主信息不同侧面的分信息，通过系列的形式加以表现，从而使受众对广告信息的各个部分有全面的了解。这种类型的系列广告，常常由一则传达完整的广告信息的广告作品统领几则传达各侧面信息的广告作品。

【案例 10-8】

“润”牌护肤用品系列广告

系列一：

标题：情润女人心

正文：听我说一个美丽女人的故事，好么？

美丽的女人，成长经历的点点滴滴，凝聚着多少柔情似水的故事，

我也是一样。

真的，生命中，我难忘可亲可敬的润姐。

她那永恒的爱意，使我生活充满温馨及信心。

系列二：

标题：润肤无声　爱意永恒

正文：小时候的我，真不懂事，每天又哭又闹，爸爸整夜睡不好，妈妈急得直掉泪。我的皮肤上好像有许多小蚂蚁，是痛是痒，说不出，只好哭喽。唉，真的好怀念妈妈温暖滋润的身体。爸爸妈妈最疼我，找来润姐，听听她怎么说。

我才明白，滋润才会美丽……

润姐：“青春呵护不当，有害因素过多会造成肤色晦暗及肌肤老化，

保养肌肤，应当及早重视。”

润滋润日霜

润滋润日霜蕴含丰富天然成分、蛋白质及维他命E，补充水分养分；在肌肤表面形成微孔层，促进肌肤健康；独有抗衰老配方，改善肌肤脂质代谢。“润”诚意奉献日霜、晚霜经典套装，奉送整瓶卸妆乳液，配合使用，效果更佳。

系列三：

标题：润肤无声　爱意永恒

正文：成家后，最大的感觉就是：做女人真累，努力工作，照顾家庭，似乎白天总是属于别人的。夜深了，卸去残妆，洗个澡，用那百般呵护我的“润”护理一下肌肤，是我每天最大的享受。

润姐：“深夜肌肤，细胞活动达到高峰，最易吸收营养，卸妆不彻底，护理不当，极易失去青春靓丽的肌肤。抓住肌肤护理最佳时机；选用适当的卸妆乳液、营养晚霜，清洁肌肤，补充夜间水分、养分。夜间保养，马虎不得。”

润营养晚霜

润营养晚霜在肌肤表面形成含水保护膜；有效保温；蕴含角鲨烷、多种维他命，滋养肌肤，延缓衰老。润诚意奉献晚霜、日霜经典套装。奉送整瓶卸妆乳液，配合使用，效果更佳。

案例解析

这组系列广告将产品比作善解人意的“润姐”，用一个女孩子的成长历程自然地带出“润”牌系列护肤用品。广告形式别出心裁，颇有新意。

(三)信息递进型

部分系列广告传达彼此关联又层层递进的信息，即对广告主题的纵向分解，可以是悬念型的也可以是企业产品的发展历史，使受众对广告信息的理解不断深入。

【案例 10-9】

快雪胶囊的上市系列广告文案

系列一：

标题：还有 3 天，广州快下“雪”啦！

系列二：

标题：还有 2 天，广州快下“雪”啦！

系列三：

标题：还有 1 天，广州快下“雪”啦！

系列四：

标题：下“雪”了

副标题：新一代美容保健品隆重面世了！快雪胶囊，美容快餐。

市内健民、友邦、穗联等各大药房、公司均有发售。保持面容美丽，是现代女性的共同愿望。然而，由于现代生活紧张忙碌，职业女性们最渴望获得既有效果，又简便易行的美容手段。对此，“快雪”大胆提出“美容快餐”新概念。“快雪”是调节机体平衡、养阴润燥、标本兼顾的精品，适用于有蝴蝶斑、黄褐斑、皮肤黄黑、干燥粗糙的女性。采用胶囊形式，瞬间即可服食，“快雪”胶囊使现代女性的美容不再是烦琐的负担。

案例解析

在广州生活过的人都知道广州是不下雪的，现在报纸竟连续三天预告下“雪”，自然地引起读者的广泛关注，第四天的广告将谜底亮开，原来下“雪”是指“快雪”胶囊上市，受众自然很容易就记住了“快雪”这个品牌。

四、系列广告文案的表现形式

系列广告文案的表现形式有如下几种。

(一)标题或广告语不变，正文变化型

标题或广告语不变，正文变化型即在系列广告文案中用相同的标题配合变化的正文。例如苹果电脑公司报纸系列广告的文案，所有的标题都是“因为它得心应手，您当然随心所欲”，而正文则分别介绍苹果软件在商业应用、配合不同操作软件等方面的过人之处。

【案例 10-10】

伊利纯牛奶的系列广告文案

系列一：

标题：咕咚咕咚、呼噜呼噜、滋溜滋溜

正文：无论怎么喝，总是不一般香浓！这种不一般，你一喝便明显感到。伊利纯牛奶全乳固体含量高达 12.2%以上，这意味着伊利纯牛奶更香浓美味，营养成分更高！

广告语：青青大草原 自然好牛奶。

系列二：

标题：嘎嘣嘎嘣、咔嚓咔嚓、哎哟哎哟

正文：一天一包伊利纯牛奶，你的骨骼一辈子也不会发出这种声音。每 1100 毫升伊利纯牛奶中，含有高达 130 毫升的乳钙。别小看这个数字，从骨骼表现出来的会大大不同！

广告语：青青大草原 自然好牛奶。

系列三：

标题：哗啦啦、啾啾啾、哞哞哞

正文：饮着清澈的溪水，听着悦耳的鸟鸣，吃着丰美的青草，呼吸新鲜的空气。如此自在舒适的环境，伊利乳牛产出的牛奶自然品质不凡，营养更好！

广告语：青青大草原 自然好牛奶

案例解析

这一系列广告，通过象声词的运用，分别表现人们迫不及待地喝牛奶的声音；因缺钙而导致的骨骼碎烈的声音；以及乳牛在舒适的环境中惬意地吃草鸣叫的声音，调动受众想象力，正文又对画面作了形象的说明、注释和深化，说出了伊利纯牛奶浓香、营养的品质，非常有说服力。每一则广告采用不变的广告语和统一的版式为表现方法，内文分别针对产品的三种诉求，通过统一的版式安排把不同的广告主题内容用系列文案予以平行并列。

(二)标题变化正文不变型

标题变化正文不变型即在系列广告文案中用不同的标题配合相同的正文。例如来自瑞士的瑞泰人寿保险公司在中国台湾地区报纸刊登的系列招聘广告，四则广告正文完全相同，但是分别冠以“寻人”、“征人”、“找人”、“要人”的标题，虽然正文相同，但是多变的标题仍然有助于加深受众的印象。

(三)标题变化正文变化型

标题变化正文变化型即在系列广告文案中，每一则广告文案的标题和正文都有所变化。在这种情况下，一般都会以相同的图案或相同的音乐来保持系列广告的统一性、完整性。

(四)标题不变正文不变型

在有些系列广告中，标题和正文都没有变化，但是版面的编排发生了变化，与文案配合的画面也发生了变化。这种表现方法一般出现在以画面为中心的系列广告中。

五、系列广告文案的写作要求

系列广告文案具有与单篇广告文案不同的特点，故而在写作上也有不同的要求。具体表现在以下几方面。

(一)注意语言的相互呼应和风格的一致性

前面讲到系列广告的语言风格必须保持一致性，这是为了加强系列广告的有机联系，发挥系列广告文案的整体效应，在行文中要注意遣词造句乃至篇章结构的呼应。

【案例 10-11】

广东邮电企业形象的系列广告文案

该系列广告文案，在用词上都十分注重在统一中求变化，在变化中求统一。

系列一：

正文：多年来，我们遵循“人民邮电为人民”的精神，以充分满足社会各界和公众沟通需求为己任，不断拓展电信业务。

系列二：

正文：多年来，我们秉承“服务社会、服务万家”的信念，以充分满足社会各界对电信业务的需求为己任，不断开拓新业务，使电信业务更为丰富多彩。

系列三：

正文：多年来，我们力践“以发展求生存”的思想，锐意进取，不断超越。

案例解析

不难看出“遵循……精神”、“秉承……信念”、“力践……思想”是相呼应、相映衬的，虽然侧重点不同，但有着同样的力度和涵盖力。

(二)注意广告信息的完整性

写作系列广告文案之前，应根据广告信息的内在联系对它们进行分类，并且分类应尽量穷尽，不要遗漏任何一个重要的、可能和其他信息构成明显的并列或递进关系的信息。在写作系列广告文案时，应尽量一个单篇传递一类信息。

如果有 3 个并列或递进的广告信息需要传递，那么系列广告就应包括 3 个相对独立的单篇作品，必要时还可以以一个具有概括性的单篇总括和提示其他单篇的内容。

同时，对系列中的各单篇广告应“一视同仁”。写作系列广告时应给每一个单篇以同等的重视，并且在每一个单篇上花费大致相同的精力和笔墨，以保证系列广告整体的平衡。

【案例 10-12】

福特汽车的系列广告文案

系列一：

标题：听取您的意见是我们生产每一部福特汽车的必经之路

正文：“耳听八方”，以顾客的意见为本，设计出满足顾客需求的汽车，是福特公司 90 多年来不变的信念，也是令福特汽车在全球 200 多个国家及地区广受欢迎和在单类汽车品牌销量中卓然出众的原因。不仅如此，分布全球六大洲的福特汽车生产厂还能使我们根据各地的实际情况，不断积累经验和丰富自身的知识，更好地满足世界各国顾客的要求。

现在，我们来到中国，认真倾听顾客的心声，积极汲取炎黄文化的精华，并不断将它与我们丰富的造车经验相融合，制造适于中国的高水平汽车。

广告语：福特汽车　因为卓越，所以超越

(随文略)

系列二：

标题：关心备至是遍及全国各地的福特维修中心带给您的承诺

正文：作为世界汽车行业的领导者之一，我们不仅注重生产和销售汽车，更懂得如何让关心伴您一路驰骋。随着中国公路的不断延伸，我们的维修服务也在积极发展。

设立在全国各地的 40 多个福特维修中心，不仅拥有一批训练有素、技能出众的维修人员，还装备了先进的汽车检测和维修设备，而新一代汽车故障智能诊断仪更是出类拔萃，能够自动地为您的汽车进行准确的检查，以便及时提供妥善维修。

“无论车在何处，都能享受及时、妥善的服务”，这就是我们关心备至的体现，也是每一个福特维修中心对您的承诺。

广告语：福特汽车　因为卓越，所以超越

(随文略)

系列三：

标题：看重当地的实际情况是我们制造耐用汽车的重要途径

正文：“眼观六路”广泛了解中国各地的实际情况，继而制造出适合用户需求的耐用汽车，是福特公司所坚持的原则。

中国公路绵延复杂，道路千差万别，这对汽车是一种严峻的考验。所以，我们对每一辆福特汽车的耐用性都精益求精，确保它能够从容面对崎岖道路的挑战。

注重实际情况，并与福特丰富的造车经验相结合，这就是福特对自己的要求，也是福特汽车在全球 200 多个国家及地区广受欢迎的原因。

广告语：福特汽车　因为卓越，所以超越

(随文略)

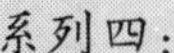

系列四：

标题：关心不仅仅局限于大问题也体现在小小的原厂配件上

正文：作为世界知名的汽车公司，我们不仅注重生产和销售汽车，更懂得如何去关心我们的每一位顾客。

在每一个福特维修中心，大问题固然难不倒经验丰富的维修人员，小小的原厂配件更是凝聚着我们的一片心意。全球统一的纯正原厂配件的库存标准确保您随时获得所需要的零配件，减少维修时间；严格设计的原厂配件，准确有效地使汽车持久耐用，表现骄人。

“无论大小，都为您考虑周到”，这样，您就能与世界200多个国家及地区的用户一样，在享受我们出色服务的同时，更能感受到我们无微不至的关心。

广告语：福特汽车　因为卓越，所以超越

(随文略)

系列五：

标题：关心是福特维修人员在高技术与高效率之外的特别奉献

正文：作为现代汽车工业的奠基者之一，我们不仅注重生产和销售汽车，而且还关心售后服务的质量和水平。在福特维修中心，每一位维修人员都必须经过严格的培训，不断完善自身技艺，熟练掌握和使用世界先进的检测和维修设备，提高维修技术与效率，从而为您在日益繁忙的商务活动中，节省下宝贵的时间。

不仅如此，我们的维修人员还继承福特优秀的服务传统，以关心用户、令顾客满意为己任，为您提供福特综合质量保证，让您称心如意地享受福特全球统一的标准服务。

这就是我们对遍及全国44个福特维修中心的要求，也是我们每一位维修人员对您的承诺。

广告语：福特汽车　因为卓越，所以超越

(随文略)

系列六：

标题：想象总是不断地激励着我们对现有汽车科技实现突破

正文：在福特，每一次汽车科技的进步都蕴含着想象的力量。想象使我们在认真考虑顾客实际需求的基础上，不断突破固有观念，努力探索更高科技。更加节省燃料，有效降低有害气体的污染，采用双能源系统……在生产福特汽车的每一个领域，我们都支持将尖端科技应用其中。今天，福特21世纪概念车——synergy2010已经诞生，它是无数造车精英的智慧凝聚，集中体现了福特汽车对先进科技的追求。

现在，我们来到中国，不遗余力地将世界先进科技运用于中国的汽车制造工业之中，让您在享受驾驶乐趣的同时，更能感受到我们锐意进取、积极突破的风采。

广告语：福特汽车　因为卓越，所以超越

(随文略)

案例解析

上述系列广告，有很强的整体意识。它们没有局限在产品性能的宣传上，而是提升到品牌形象的高度进行宣传的。产品的性能和服务的个性只是作为品牌形象的支撑点。不过，每一篇文案又各有侧重，主题不变，但重点有异。

第一篇侧重宣传企业以顾客为导向的经营理念；第二篇侧重宣传企业维修服务的普及性；第三篇侧重宣传企业注重当地实际情况的市场意识；第四篇以小见大，以零配件的完善，宣传企业的精益求精、无微不至的态度和精神；第五篇又以服务的质量和水平为宣传重点；

第六篇以产品不断超前的科技手段，表现企业的创造力和想象力。6 篇文案结构严密，环环相扣，将福特汽车的整体形象准确、有效地传递给消费者。

(三)选择适合产品或企业自身特点的表现方式

系列广告文案的展开要充分考虑产品或企业的特点，对新上市的产品可采用悬念吸引的方式展开；对功能多或优点多的产品可采用整体分解或化解难题等方法展开，将产品的功能、优点及解决难题的方案娓娓道来；对于适用对象较广的产品，可采用角色更换的展开方式。另一方面，还必须注意系列广告展开方式的多元性与开放性。

【案例 10-13】

绝对伏特加酒的系列平面广告

绝对伏特加酒的系列平面广告如图 10-2(a)、(b)、(c)所示。

(a)

(b)

图 10-2　绝对伏特加酒系列广告

(c)

图 10-2 绝对伏特加酒系列广告(续)

绝对伏特加酒(ABSOLUT VODKA)诞生于瑞典，虽然并非伏特加的原产地，但绝对伏特加还是走出了瑞典国门，而且非常成功地走向了世界。每年有超过 1 亿瓶绝对伏特加被运往全球 130 多个国家，而其玻璃酒瓶也成为 20 世纪最受认同的视觉符号之一。

绝对伏特加的平面广告绝大多数都以绝对伏特加酒瓶的轮廓特写为视觉符号，在不同国家、地区和场景下，画面中隐现绝对伏特加的独特酒瓶形状。酒瓶下方写着 2～3 个英文单词：第一个总是"绝对"，后面接着的单词展现了广告创意人员天马行空的想象力——其中有的是带有特殊含义的数字，有的是妇孺皆知的单词，有的则是只可意会，不可言传的生造概念。

这种广告创作手法凸显了与当时市场上其他品牌的差异，清晰反映了产品的独特个性，对"绝对"文字的巧妙处理则让消费者深深记住了这个名字，而且广告文案措辞的天马行空激发了人们丰富的想象力和好奇心。

【案例 10-14】

广东邮电系列广告文案

该广告是在 1998 年 5·17"世界电信日"期间推出的一套系列广告，其运用了这种展开方式。

系列一：

标题：每天前进一步，永远真诚服务

我们的业务每天都在延伸

我们的服务每天都求创新

我们的企业每天都在前进

广告语：跨越时空，连接未来

(正文略)

系列二：

标题：我们的业务每天都在延伸

网络在扩展，业务在扩展

广告语：跨越时空，连接未来

(正文略)

系列三：

标题：我们的服务每天都求创新

业务愈多样，服务愈多样

广告语：跨越时空，连接未来

(正文略)

系列四：

标题：我们的企业每天都在前进

需求无止境，发展无止境

广告语：跨越时空，连接未来

(正文略)

案例解析

可以看出，文案之一从总体上阐明了企业的前进步伐和服务精神，并以提要提示了企业发展的3个方面；之二侧重业务；之三侧重服务；之四侧重企业实力。4篇文案先总后分，条理清晰，相互辉映，气势恢弘。

除了上述介绍的方式以外，在系列广告文案写作的过程中，还必须善于创造新的方式。因为惟有创新，才能更有活力，才能更吸引受众的注意。

本章小结

1. 广告文案分为长文案和系列文案两种文案写作方式。通常人们把数百字以上的文案视为长文案，把数十字以内的文案称为短文案。

2. 长文案的表现手法包括故事型、陈述型和新闻型三种类型。在长文案写作过程中，为了保持读者的阅读兴趣，可以采用多分段、设置小标题、长短句搭配和有条理地安排材料等手段。

3. 系列广告是指在内容上相互关联、风格上保持一致的一组广告。系列广告文案的特征包括内容的相关性、风格的一致性、结构的相似性和系列广告文案表现的变异性。根据系列广告之间信息的关系，可以把系列广告分成信息一致型、信息并列型和信息递进型三种类型。在系列广告中，可通过标题、广告语和正文的丰富变化来构成不同的系列表达方式。

4. 在系列广告写作过程中，应注意语言的相互呼应和风格的一致性，注意广告信息的完整性，并选择适合产品或企业自身特点的表现方式。

芝华士“活出骑士风范”系列广告文案

系列一：

标题：一怀肝胆见赤诚

正文：生逢知己可遇不可求，相知如镜更难能可贵。真正的知己犹如杯中香茗，甘绵醇厚，回味悠长。穿行在纷繁复乱的红尘中，生活在生硬冰冷的城市森林里，真正的肝胆好友落地即兄弟，不求赴汤蹈火，两肋插刀，但求掬捧一片真心，风雨同舟，患难与共，双手紧握，超越世俗间的距离。志趣相投，真性真情，情义之深有如手足，千杯万盏只为共谱一曲高山流水！

系列二：

标题：人生若只如初见

正文：初见人艳美，再见若等闲。世间万物，浮生如斯。时光匆匆，那些经不起考验的美，终将被时间沉淀，归于红尘。然后，有一种流行，可以让你心醉神迷，穿越重重时空，仍然令人心驰神往。初见惊艳，再见依然。这就是经典。

说到绅士风度，你也许会对简·奥斯汀的《傲慢与偏见》里那些出身名门的富家子弟印象深刻。也许那些老派的礼数和眼花缭乱的谦谦君子的世界早已随风而逝，但那英伦绅士般的翩翩风度却永远都不会过时。

分享成功、阅历与快乐，伸出援手，随时随地。不事张扬，不为炫耀，却收获友情、信任与尊敬。绅士风度，作为一个时代和一个精神内涵的代名词，经历了岁月的传承与酝酿，最终被奉为永恒的经典。

系列三：

标题：一片冰心在玉壶

正文：荣耀、光环、名望，纸醉金迷的世界，光怪陆离的城市，让你眼花缭乱，喧嚣取代了内心的平静，嘈杂掩盖了真我的呼唤。其实，每个人都在探寻内心的声音，而你，是否也在这条路上跌跌撞撞？

坚持心中所想，不为世俗所动，在这惟我主义的时代，有一条迥然不同的路。“大隐隐于市”，才是智者之道。面对现实的纷繁复乱，只淡然一笑，坚守自己的原则，留取一片冰心，换得心灵的澄净。

光明磊落，成就非凡，这就是对当代骑士风范的最好诠释。

系列四：

标题：策马扬鞭任驰骋

正文：骑士挥鞭，一骑绝尘，风卷残云，笑逐而去。壮志豪迈，所向披靡，荡气回肠间，一路艰难险阻，只化为樯橹飞灰。

你也曾经有过梦想，你也怀抱过那份年少轻狂的誓言，纵使岁月变迁，信念却不曾磨灭。用积极进取的心去造就每一次超越，挥洒汗水，只为镌刻人生的下一个里程碑。心中无畏，满怀信心，勇往直前，敢承担，敢抗争，更敢成功，熊熊烈火方能甄验出真金的灼灼光耀。在追寻梦想的道路上，你就是下一个勇气！这就是英勇气概，这就是骑士风范！

案例点评

芝华士是世界著名的苏格兰威士忌品牌。2008年，芝华士在中国乃至全球发起了一场以“活出骑士风范”为主题的全新广告战役，新广告面向芝华士一贯的目标消费人群：男性社会精英人群，广告语“活出骑士风范”是对此前宣扬的“这就是芝华士人生”这一品牌文化的进一步诠释，芝华士通过荣耀、绅士风度、勇气、手足情义四个方面充分演绎了骑士风范。

这一系列广告通过华丽的文字、激昂顿挫的话语，阐释了骑士风范的方方面面。广告中虽没有直接宣传芝华士的具体可感的功能与利益，但却从情感层面找到了与目标消费者沟通的桥梁。芝华士希望通过这一新的品牌形象，在这个物质主义至上的时代中，让传统的骑士美德与价值观念再度荣耀回归。系列文案语言简洁，气势磅礴，华丽动人，充分体现了该产品的定位。

讨论题

1. 系列广告文案在创作中如何形成容易识别的统一风格？
2. 长文案和系列文案分别适合表现哪些产品和诉求？

1. 长文案的表现手法都有什么？
2. 长文案有哪些写作要求？
3. 系列文案的表现形式有哪些？
4. 系列文案的写作要求有哪些？
5. 有人说“长文案有效”，有人说“短文案有效”，谈谈你的认识。
6. 举例说明系列广告表现形式中广告标题、正文的变化。
7. 系列广告是否比单个广告更能吸引消费者的注意力？为什么？

第十一章

不同信息主体的广告文案

学习要点与目标

- 掌握不同信息主体广告的特点，掌握不同信息主体广告文案的写作要求。
- 熟练运用所学知识写作不同信息主体广告文案。

核心概念

产品广告、服务广告、企业广告、公益广告

引导案例

哈药集团制药六厂的影视公益广告《爱心传递(洗脚篇)》

2001年哈药集团制药六厂向外界宣布斥巨资开展声势浩大的公益广告运动。在其制作的多则广告中，《爱心传递(洗脚篇)》如图11-1所示，给观众留下了深刻的印象。

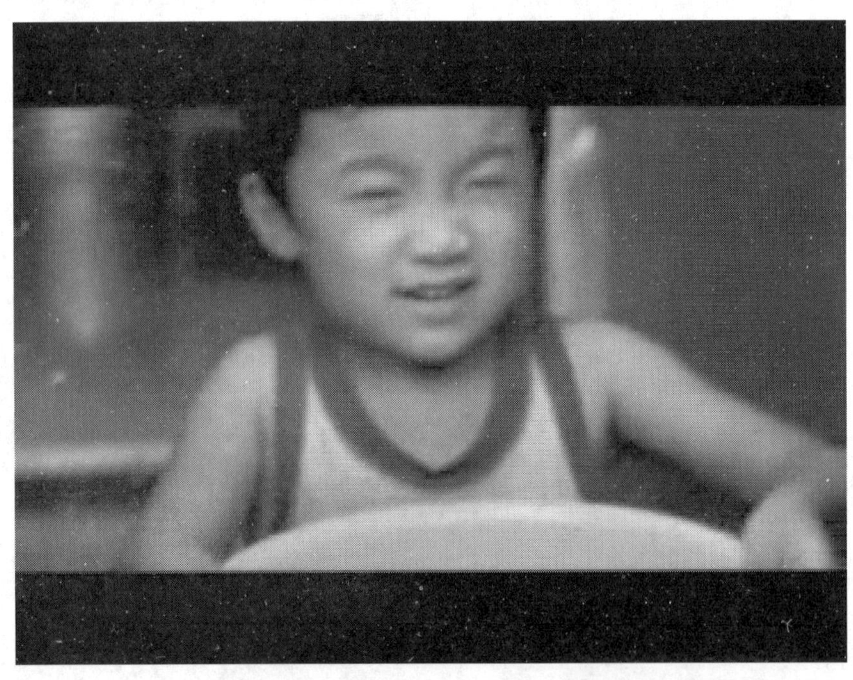

图11-1　哈药集团制药六厂的影视公益广告作品《爱心传递(洗脚篇)》

在这则广告中，温柔漂亮的妈妈在给孩子洗脚，边洗边讲着“小鸭子游啊游……”的故事；孩子上床后，妈妈又去为老人洗脚。慈祥的老人爱怜地说：“你也忙了一天啦！”“妈，我不累。”妈妈微笑答道。当她回房看孩子时，孩子却不见了。

随即，这则片子的高潮出现，只见尤浩然小朋友饰演的孩子端着脚盆、步态蹒跚地边走

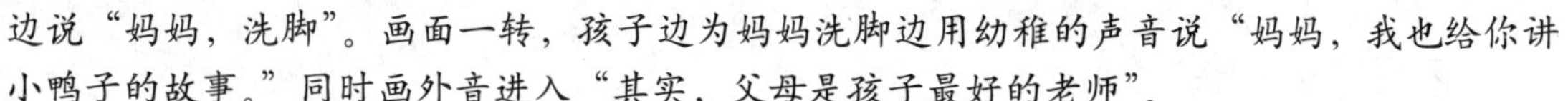

边说“妈妈，洗脚”。画面一转，孩子边为妈妈洗脚边用幼稚的声音说“妈妈，我也给你讲小鸭子的故事。”同时画外音进入“其实，父母是孩子最好的老师”。

案例解析

哈药集团制药六厂始建于 1977 年 3 月，它是以生产化学药品及中成药为主的综合制药企业。2001 年哈药集团制药六厂向外界宣布斥巨资开展声势浩大的公益广告运动的时候，标志着其改善自身形象、提高美誉度、建构品牌等新的战略理念的实施。

这则公益广告虽然没有宏大的场面、跌宕的情节、精良的 3D，然而其近乎白描的手法、宛若邻家的风格，却演绎了一番人间最为美好的真情实感，看后让人深深感动。该则公益广告带来好评如潮，大大地提高了哈药集团制药六厂的美誉度，在塑造良好的企业形象的同时，创造了极其深入人心的、独有的品牌价值，并体现了企业对社会的责任，也让企业获得了巨大的市场竞争力。

第一节　产品广告文案

一、产品及产品广告的概念

(一)产品的概念

菲利普·科特勒在《市场营销管理——分析、规划、执行和控制》一书中称：“凡是能够提供给市场，以引起人们的注意、获取、使用或消费，从而满足某种欲望或需要的东西”，都可以称为产品。产品包括实体产品和无形产品。实体产品通常直接称为产品，无形产品称为服务。

本节所称的产品即为实体产品，关于无形产品广告文案将在第二节中做专门的论述与介绍。

营销大师菲利普·科特勒

菲利普·科特勒(Philip Kotler)博士生于 1931 年，是现代营销集大成者，被誉为“现代营销学之父”，他一直致力于营销战略与规划、营销组织、国际市场营销及社会营销的研究。他的最新研究领域包括高科技市场营销，城市、地区及国家的竞争优势研究等。

他创造的一些概念，如“反向营销”和“社会营销”等，被人们广泛应用和实践。科特勒博士著作众多，许多都被翻译为 20 多种语言，被 58 个国家的营销人士视为营销宝典。其中，《营销管理》一书更是被奉为营销学的圣经。

(二)产品广告的概念

所谓产品广告即在各种广告媒体上投放的各类实体产品的广告，包括消费品广告和工业产品广告，按照产品耐用程度的不同也可以分为耐用品广告及非耐用品广告。其中非耐用的日常消费品广告所占数量较大，是最为常见的产品广告，主要有食品、饮料、酒类、服装、化妆品、药品等产品。

二、产品广告的诉求点

产品广告的诉求点通常围绕消费者的需求进行设计，往往在产品特性、产品优势、消费利益、消费理由、消费保证、品牌形象与附加价值等要素中作出选择。典型的诉求点包括以下几个方面。

(一)产品的用途

诉求点设为产品用途的广告，主要强调产品具有某种特殊用途或者用途更为广泛。

【案例 11-1】

红牛饮料广告文案

广告语：轻松能量，来自红牛。

标题：还在用这种方法提神？

副题：迅速抗疲劳，激活脑细胞。

正文：都新世纪了，还在用这一杯苦咖啡来提神？你知道吗？还有更好的方式来帮助你唤起精神。全新上市的强化型红牛功能饮料富含氨基酸、维生素等多种营养成分，更添加了8倍牛磺酸，能有效激活脑细胞，缓解视觉疲劳。不仅可以提神醒脑，更能加倍呵护你的身体，令你随时拥有敏锐的判断力，提高工作效率。

附文：www.redbull.com.cn

案例解析

该文案强调了红牛饮料所具有的特殊用途，即解除疲劳、提神醒脑，是典型的以产品用途为诉求点的产品广告。

(二)产品的功能

诉求点设置为产品功能的广告往往强调产品相较于同类产品功能更多，或者功能更强，具有其他产品都不具备的新功能。这种诉求点的设计在新产品发布广告与竞争型产品广告中更为多见。

【案例 11-2】

西门子洗衣机的广告文案

标题：西门子洗衣机

给你想要的天气 风雨变幻，总是晴空万里

正文：雨季来了，衣物洗完后两三天都不干，怎么办？西门子洗衣干衣机，能令你洗完的衣物天天面对灿烂的阳光。

不要小看洗衣和干衣的结合，这可是一项复杂的合成。没有可靠的技术，很难令两者的程序都稳定运行。西门子洗衣干衣机采用德国尖端科技，它的加热器经过专门设计，烘干效率特别高；加上独有的旋钮式脱水式调速装置，令干衣的速度也特别快。衣物洗完了，同时也就晒干了，不必说雨季，就是在平时，也能省去多少烦心事啊……

案例解析

这则广告主要以理性诉求的方式传达了西门子洗衣干衣机所具有的独特功能，能快速烘干衣物。这则广告对于有这方面需求的消费者肯定具有很大的吸引力。

(三)产品的成分

强调产品成分的产品广告与强调产品材质的广告完全相同，主要涉及特别成分、新成分、天然成分的增加以及某些有害成分被取代等。

【案例 11-3】

避尔咳特效化痰露的广告文案

痰何容易——避尔咳特效化痰露

要彻底化痰止咳，惟有避尔咳。它所含的特效化痰素，迅速化解积聚气管内的顽痰，药效强劲。不含麻醉成分，安全可靠。避尔咳特效化痰露对各种因支气管炎、过敏及伤风感冒引起的咳嗽同样有效。有避尔咳，化痰止咳就像说话一样容易。

广告语：话未完就止咳。

案例解析

该广告对止咳化痰产品进行售卖，强调了产品的特殊成分：特效化痰素，并说明该产品不含麻醉成分，更有效，更安全。

(四)产品的品质

以产品的品质为诉求点的广告往往强调对高品质的追求，通过品质检验、权威认可、消费者认可等方式向受众保证产品的品质。

【案例 11-4】

水井坊的广告文案

风雅颂。

传世风雅，美酒之颂。

曲水流觞，气蕴芳华，把酒临风，岁月优哉。

六百年传世风雅，成就水井坊酒道之大德与至美!

正直而恭俭、廉而谦者，宜唱“风”，豪饮;

广大而静疏、达而信者，宜咏“雅”，大饮;

宽而好礼、柔而正者，宜歌“颂”，盛饮!

水井坊之泱泱酒道，共君齐品风雅颂尔!

11 水井坊，世界上最古老的酿酒作坊之一，全国重点文物保护单位。水井坊酒，活文物原址酿造，始于元末，历经明清，六百余年不间断岁月磨砺，造就出此等陈香飘逸、甘润幽雅之绝卓酒品。

颂曰：水井坊，中国白酒第一坊!

(五)产品的生产技术

以产品的技术为诉求点的广告主要强调产品采用了哪些新的生产技术或者采用了哪些独特的技术，也有一些产品在广告中强调自己的生产工艺完全采用传统工艺，更具传统特色。

【案例 11-5】

福斯汽车的一则广告文案

比如说，福斯汽车的涂装多过一般的要求标准。车身的三重涂装，是用喷漆方式处理。首先，将车体浸入漆液之中，使得喷漆所涂装不到的内侧部分也可以处理到。然后再仔细地以喷漆处理，以便防锈。(只有少数两三种高级车用同样的处理方式)

案例解析

该广告为 1959 年由 DDB 广告公司为福斯汽车所制作的经典长文案的第五部分，广告重点描述了福斯汽车严格的涂装工艺。

(六)生产产品的人才

以生产产品的人才为诉求点的广告通常强调产品的生产、设计、评估、销售与服务都由专业权威的人士与认真负责的工作人员来执行完成。

【案例 11-6】

肯德基的一则广告文案

李淑媛(女)：5 年以前就有肯德基找到了我，他们要成立一个健康咨询委员会，当时我就特别地犹豫。后来一想，与其在外面批评它，不如进去改造它。5 年以来，他们确确实实，对我们专家委员会的意见特别重视，特别是新产品的开发，他始终坚持的是“合理营养搭配”。所以对他们的这些做法非常地感动。

标版：肯德基，为中国而改变，全力打造新快餐。

案例解析

肯德基为了改善在中国“垃圾食品”的形象，特意制作了这则广告。在这则广告中，肯德基通过自己所聘请的专业食品与营养咨询师李淑媛教授的话，道明了肯德基在几年来对食品营养所做出的改善。

(七)产品的产地

在一些广告中，为了强调产品正宗或者具有某种独特的特质，往往会借助产品的产地来证明，比如宣扬产品为原装进口、名厂生产或者来自著名的产地。

【案例 11-7】

农夫果园《番茄汁香味篇》电视广告文案

女：哈……喝完还能闻到香味的番茄汁，一定是新疆的番茄汁，每天日照 16 小时，才会有这种特别的香味。农夫果园的番茄汁。

(八)产品的历史

以产品的历史为诉求点的广告通常强调产品的生产历史悠久、生产经验丰富、生产工艺成熟等，以证明产品的优良品质。

【案例 11-8】

波旁酒的广告文案

第一瓶波旁酒问世时别的波旁酒只有一半高。第一瓶波旁酒问世时美国的历史才开始上演。第一瓶波旁酒问世时美国的历史还只被当做时事事件。第一瓶波旁酒问世时肯塔基还被称为西部。比那些年轻而又傲慢的波旁酒更顺口。

1796 年，我们的波旁酒是最好的“中央热力设备”。我们的配方从 1796 年沿用至今，千万不要把它和冰镇薄荷酒等同视之。写信来，我们将免费告诉你如何使用冰镇酒桶。从 1796 年开始一直如此(包括 19 世纪 20 年代那段短暂的不愉快)。如果你一时想不起它的名字，请问问查斯特·亚瑟当总统时问世的第一瓶酒吧。都 110 岁了，还天天被关着。

如果我们能够更“落伍”更“陈旧”，我们会想办法的。我们“落伍”了吗？遥远的过去吹来一阵疾风。给父亲一些比他那条裤子还早的东西。第一瓶波旁酒面世时，户外看板尚未面世。这瓶特酿的波旁酒是由牛拉着开始铺货的。上市 50 年才有冰块!

案例解析

11

酒有一个非常特别之处，其存世越久，价值就越高。因此，很多酒产品的广告都以产品所拥有的悠久历史作为诉求，这则文案就是典型的作品。文案一直在将波旁酒同美国历史相比较，强调它问世的时候世界上很多东西还没有发明，意在说明其高贵的价值。

(九)产品的可信性

可信性，也可以成为产品广告重点强调的内容。例如有些广告会列举出权威机构的认证说明自己的产品是绝对环保的产品或者质量上乘。

【案例 11-9】

泛亚电话的广告文案

镜头一：一中年男性坐在小饭馆里，拿着一张报纸边看边念：“电信总局行动电话品质推介，泛亚第一。”饭馆老板端着一盘食物朝他走来，中年男人看到老板，抬起头说：“哎，你看，这两个字念什么？这报纸存心不给人看呀”老板不屑地拿过报纸说：“拜托！你是作官的竟不识字？”

镜头二：特写报纸。“行动电话品质推介，泛亚蝉联第一名，蝉联呀”。

镜头三：中年男人面部特写，露出尴尬的表情。

镜头四：远处两个女客人看见这一幕，偷偷发笑。

标版：电信评鉴，连年第一，泛亚电信。

案例解析

这则广告借用了小酒馆里发生的故事表现了泛亚移动电话高品质的可信性。广告通过报纸上的一则新闻，点明在中国台湾电信总局对移动电话进行的质量评介中，泛亚电话蝉联了第一名，借用了新闻媒体与中国台湾电信总局的权威性证明了泛亚电话产品的质量可信。该广告获得第23届台湾广告金像奖。

(十)产品的消费利益

有很多产品广告会在广告中详细介绍产品可以解决哪些问题，可以帮助消费者避免哪些伤害、改善哪些生活状况进而提高生活品质。

【案例 11-10】

花唛植物牛油的广告文案

标题：要一个人对你痴心，先不要令他痴肥

正文：世界上最美妙的事情莫过于看着心爱的人把自己亲手炮制的好饭一啖一啖送入口中。

可是你是否想过，一番心意可能会变成危害他心脏的凶手？当你为他烹制一桌子丰富的美食，期望把他养得肥肥白白的同时，你必须想到你是否也正在把大量胆固醇及脂肪送入他的体内。当人体内积聚了过多的胆固醇后，便会造成冠状动脉阻塞，从而增加患上心脏病的机会。

要解决这个问题，只要你把早、午、晚的爱心餐内容，以大量蔬菜、谷麦代替肉食(尤其是肥肉)、奶制品及其他高动物脂肪食品便可。更要提醒大家的一点就是，一般而言，中国的传统食谱比西式食谱来得健康。

含于肉类和奶制品之内的动物性脂肪除可令人发胖外，更会于体内转变成胆固醇，而含于蔬菜谷麦类之内的多元不饱和脂肪则不会造成此危机。因此我们在选择牛油时亦应以植物提炼的植物牛油为首选。

花唛植物牛油，由葵花籽油制成，含多元不饱和脂肪，不含胆固醇，而且甘香美味，适合烹调食物及涂抹面包用。

用花唛植物牛油表达你的爱心，绝不危害他的心脏健康。见你如此细心，他自然会对你一片痴心。

案例解析

这则广告售卖的是一种低脂肪、低胆固醇的食用油——花唛植物牛油，很显然，这种食用油的好处是可以减少患上心脏病的几率。

三、产品广告的基本思路

产品广告文案的写作思路事实上与其他信息主体广告文案的写作思路基本一致，只不过在

具体内容方面需要做一些独特的考虑。

(一)产品广告的诉求对象是谁

产品广告包括工业产品广告与消费品广告。由于工业产品的使用者通常为专业的组织与个体，因而较少在全国性、综合性的大众媒体上刊播广告，所以我们平常看到的产品广告多为日常消费品的广告。日常消费品的消费者主要是个人与家庭，但在实际的消费生活中往往充满了复杂、多变的消费方式与消费行为。

例如，儿童食品广告通常都以打动儿童为主要目的，但在实际生活中，对儿童食品具有购买决定权的却是儿童家长。

(二)产品广告的诉求策略是什么

由于产品的不同、诉求对象的不同，广告的诉求策略也会有所不同，最为基本的区别即诉诸理性与诉诸感性之分。诉诸理性的产品广告更强调产品品质的优良，在创意中常出现家居生活的场景，很多作品还会特意营造出一种平易近人的风格；而诉诸感性的产品广告则更强调产品可以给消费者带来的某种主观感受：尊贵、自信、成功、幸福等。

有时候在广告中也会出现生活化的场景，但多是中产阶级的优越生活或者所谓上流社会的生活场景。总之，要用什么样的创意完全取决于产品广告的诉求策略是什么，具体问题具体分析。

(三)产品广告的使用周期有多久

今天是一个快速变化的时代，消费流行每时每刻都在发生着改变，这些改变深深地影响着人们的消费抉择与审美情趣。所以今天的产品广告也要紧跟流行生活经常更新。

例如，可口可乐、百事可乐等较为成熟的品牌每隔一段时间就会重新制作自己的产品广告以保持一种新鲜感，因而一则产品广告的使用周期已经越来越短。那么当我们要写作一则产品广告文案的时候，就需要了解这则作品的使用周期是多久，能涵盖这个时间跨度的创意可以运用多少时新的元素，这些元素在广告使用期内会不会很快就显得不合时宜；还有非常重要的一点，只要产品的营销策略没有发生重大根本性的改变，我们就要使自己的作品和该品牌之前的作品保持一种连贯性，主要是品牌风格与创意风格的连贯性，这既可以保证消费者对该产品有一种统一的认知，又不会很快对产品发生厌弃，拥有一种常新的感觉。

四、常见产品类别广告文案写作

(一)饮食

在制作饮食广告方面，广告大师奥格威曾经提出过非常重要的建议，他认为："要以食欲为诉求中心来创作广告；如果可能，就在广告中提供一些菜谱或者食用方法，家庭主妇总是在寻找新的烹调方法来调剂家人的饮食；不要把烹调方法写进广告的正文里，要把它独立出来，要突出，要引人注目；要严肃，不要用幽默和幻想，不要耍小聪明，对绝大部分家庭主妇来说，操持家人膳食是一件很严肃的事情；示范如何使用你的新产品；只要不牵强就用自问自答的方法；只要可能，就拿出新闻来。"

这些建议非常具体，但非常有效，今天我们在写作饮食类广告文案的时候，依然要遵循奥格威所创立的原则。

当然，不同的饮食由于食用者的不同、消费价值的不同，消费方式也有所不同，因而相对的产品广告的诉求主题与诉求策略也不尽相同。大致包含以下几种类型。

1．营养健康

营养健康一直都是我们对饮食的重要要求，在现代社会尤其如此，人们甚至把健康饮食看做时尚生活的一个必备内容，“绿色”、“纯天然”、“无污染”、“素食”成了环保主义者最时尚的标签。当然，对于普通的老百姓而言，吃得安全、符合科学养生原则也越来越受到重视，所以“售卖健康”成了现代饮食产品最为常见的诉求主题。

【案例 11-11】

娃哈哈营养快线《梦想篇》广告文案

女：营养快线、营养快线、营养快线。纯正果汁、香浓牛奶，15 种营养素一步到位。早餐喝一瓶，精神一上午。娃哈哈营养快线。

2．味道鲜美

中国饮食对美味有着特别的注重，“味道鲜美”对于中国消费者来说绝不是简单的口腹之欲，而是已经上升到文化审美层面的民族心理。因此在中国人看来，饮食的“鲜美”比其他任何要素都打动人心。

电视广告在表现食物的“色、器、形”方面有着独特的优势，可以通过视觉充分刺激人们的食欲，但优秀的文字也可以把饮食描写得绘声绘色。

【案例 11-12】

草帽披萨饼的广告文案

让我们开始这则广告。首先请闭上眼睛。现在，想象一下一张美味无比的披萨饼带给你的快感。那是草帽比萨饼，这么浓郁的芳香，这么甜软的口感，上面覆盖着一层新鲜的奶油。这么鲜美。现在，请睁大眼睛。嘿！你梦见的草帽比萨。你能想象的最美味的比萨——草帽比萨。

3．食用方便

快餐食品是现代社会的一大产物，它符合人们对快节奏生活的要求。因而一些饮食产品的广告常常表现食用快餐食品给消费者省却了多少麻烦、节省了多少时间。

4．价格便宜

对于家庭主妇来说，除了饮食的健康之外，她们最关心的就是价格了。因此量多、质优而价廉也是很多饮食广告的重要售卖点。

5．获得体验

在当今社会，“吃”已经不再仅仅是为了填饱肚子、获取营养，而是成为一种更为复杂与多义的消费行为，它可以让我们获得更多的体验：通过吃，表达情感、彰显品位、感受历史、学习文化、追赶时尚等。也就是说，人们通过付费所购买的并不是食品，而是由食品所带来的一种体验，这种体验就是广告赋予产品的一种意义。

例如，“哈根达斯”冰淇淋，就是通过浪漫的“爱她就请她吃哈根达斯”的广告策划塑造出了一种“美丽而昂贵的形象”而在中国卖出了高价，但在美国完全同样的冰淇淋其价格还不到中国的1/3，只是一个很普通的品牌。

所以今天要售卖一种食品并且希望食用它能成为一种潮流，那么最行之有效的策略就是通过广告宣称该食品具有一种独特的象征，能为消费者带来一种迷人的体验。

(二)饮品

随着经济的发展，饮品的消费量在逐渐增大，饮品广告的投放量也在相应增大。饮品一般分为酒精类饮料与非酒精类饮料，这两类饮料的广告营销有着非常明显的区别。

1．酒精类饮料

有学者认为，“历史与文化、品位与个性、寄托情感”是酒类广告恒久不衰的主题。从实际情况看，的确如此，因此我们也从这几方面来归纳酒类产品广告文案写作的要点。

1) 历史与文化

上文谈过，酒是一种很特殊的产品，其存世越久，产品价值越高，因此品牌的悠久历史与丰富的文化底蕴都能给产品增加魅力。例如，沱牌曲酒的电视广告中没有出现大量的文案，只有广为传诵的广告歌吟唱着经典的广告语：

悠悠岁月久，一滴沱牌曲。

2) 品位与个性

喝什么样的酒，代表着消费者的品位与个性，是消费者身份认同、自我实现等价值观念的外化体现。所以越来越多的酒类广告侧重于表现中产阶级生活方式，将产品与社会地位、社会成功等要素联系在一起，这其中又以洋酒居多。

【案例11-13】

尊尼获加(johnnie walker)威士忌酒的电视广告

该广告展现了几个好朋友共同创业成功后鼓励其中一个同伴退出共创的建筑设计公司追求自己梦想去当电影导演的故事。广告中出现了中产阶级典型的职业生活场景：专用的停

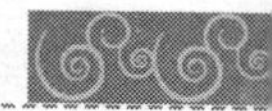

车位、具有后现代装饰特色的办公环境、西装革履但又轻松随意的装束，其中的人物对话更是将中产阶级对梦想、成功的执著态度表露无遗。

甲："怎么回事呀？"

乙："先坐下来！你还记得这个约定吗？"

丙："三年了。"

丁："你已经帮我们成为顶尖的建筑设计公司，你做到了。"

乙："所以，你被开除了！是时候追求你自己的梦想了。你不是一直想成为世界级的导演吗？你有远大的未来，就算离开这里，也不会自己去面对。WALK！"

丙："KEEP WALK！"

3) 寄托情感

在中国文化中，酒象征着一种深厚的感情，无论是亲情还是友情，都可以通过"把酒共饮"加深升华，所以，情感也是酒类广告中最常出现的创意主题。

【案例 11-14】

贵州洞藏青酒的广告

"真情总是藏在深处，需要用心才能领悟。朋友一如珍藏多年的酒，越久越醉心。喝杯青酒、交个朋友！贵州洞藏青酒。"

2. 非酒精类饮料

非酒精类饮料也就是软饮料，产品分为很多类别，其常见的广告诉求有较大的差别。

1) 饮用水

饮用水主要分为纯净水与矿泉水两种。纯净水广告多强调水质的纯净与天然，矿泉水广告多强调所含矿物质种类丰富，也有的强调水源为天下名水。

【案例 11-15】

农夫山泉矿泉水的广告文案

这两杯水一样吗？放入 pH 试纸，1 分钟后，我们就能看到两杯水的差别。黄色是酸性，绿色是碱性。为了健康，你应该测一测你喝的水。健康的生命需要弱碱性的水。农夫山泉矿泉水！

案例解析

该广告是通过实验的方法来证明农夫山泉矿泉水更有益于人体健康。

2) 牛奶

过去，中国人认为只有处于成长期的儿童才应该喝牛奶，成年人则不需要。但随着近些年健康科学饮食的推广与倡导，牛奶逐渐成为一种全民饮品，产量与销售量激增，产品竞争与广告竞争也日趋激烈，甚至出现了市场细分。

【案例 11-16】

伊利牛奶的广告

刘翔：你看见了吗？强与弱都是相对的！

潘刚(伊利集团董事长总裁)：我们希望每一个中国人都像你一样强！

伊利，北京 2008 年奥运会惟一指定乳制品。

案例解析

该广告以强调奶质新鲜无污染、营养健康、强壮身体为主。

3) 果汁饮料

果汁饮料都是通过榨取水果汁制成，深受年轻女性的喜爱。不同的果汁产品经常被消费者拿来比较的要素就是口味及源自哪种水果，所以我们看到的大多数果汁广告都在告诉我们这种果汁产品里面含有哪些水果，它的口味有多么美妙。

例如，“农夫果园”在 2007 年推出的产品广告中就表现了一个女孩品尝了“农夫果园”新口味后的甜美感受。其广告文案说道：“眼睛会骗你，耳朵也会骗你，嘴巴呢？用味觉感知天然。农夫果园，新口味！”

4) 碳酸类饮料

碳酸类饮料是中国人俗称的“汽水”，随着可口可乐、百事可乐逐渐成为当代中国人的日常饮品，“汽水”的消费量也在增加，并且渐渐地成为主流饮品。由于这种饮品的口感略微刺激，因此消费者多为年轻人，尤其是那些生性活泼、好动的少年更是碳酸类饮料的忠实消费者。因而大多碳酸类饮料的广告也把目光瞄向了这一群体，揣度他们的心理，将青少年追求的个性、特立独行作为产品品牌的象征意义以打动他们。

除此之外，在夏季，碳酸类饮料还喜欢强调自己有强力解渴的功能，能带来无与伦比的清凉。

5) 茶饮料

茶是中国的特产，但目前在市场上大量销售的瓶装茶饮料有别于中国人喜欢饮用的传统热茶，是某种茶泡制好后加糖及其他添加剂配置的复合型饮品，尽管有着茶的味道，但和传统茶饮料已相去甚远，完全是现代工业制品。瓶装茶饮料的消费者也以年轻人居多，他们喜欢它的独特气味与消暑解渴的特点。因此当我们要制作茶饮料的广告的时候，也可以多从此方面入手。当然，也有一些广告从年轻人的个性入手，表现茶饮料消费群体青春、创意无限的性格特色。例如，统一冰红茶的广告聘请了流行歌手孙燕姿做代言人，演唱了这样一首广告歌：

阳光闪耀天空，照亮我们的梦。你说，生活好像偶尔也要来点不同，一个微笑心灵相通。从不曾放弃过，超越了是什么，期待新的发现，年轻就是无极限。炫出你，年轻的色彩，自信满满，创意无边界，梦想的翅膀会带我飞。

6)　咖啡

瓶装咖啡将咖啡这种代表悠闲生活的饮品变为了快捷饮料，但相对于其他饮料，还是显示出了高贵、成熟的特质，因此咖啡的消费群体年龄偏大而且范围较小，通常是有着独特品位但生活又较为忙碌的上班族。所以除了强调口味外，咖啡饮料也较喜欢在广告中强调一种生活态度。

台湾曼仕德咖啡的广告表现了一群人在广场上挥汗如雨地绘制地画，结果一幅“蒙娜丽莎”刚刚完成，倾盆大雨就下了起来，把地上的画作冲洗成一团彩色的泥浆。但这群绘画者却不恼怒抱怨，而是悠闲地坐在台阶上喝着曼仕德咖啡观起雨来。随即广告语出现：生命就该浪费在美好的事物上！

【案例 11-17】

台湾统一企业出品的产品“左岸咖啡”的广告文案(1)

标题：她又要离开巴黎了

正文：她又要离开巴黎了，人们说：女子不宜独身旅行。她带着一本未完成的书，独坐在咖啡馆中。那是一种阴性气质的书写。她喝着拿铁……咖啡与奶，1 : 1，甜美地证明着第二性不存在。那香味不断地从她流向我，绝不只有咖啡香。

这是 1908 年中的一天，女性成为一个主要性别。她是西蒙·波娃，我们都是旅人，相遇在左岸咖啡馆，如图 11-2 所示。

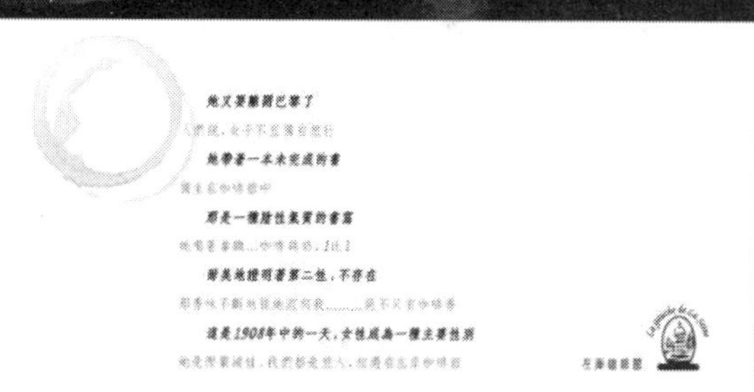

图 11-2　台湾左岸咖啡馆形象广告《她又要离开巴黎了》

案例解析

“左岸咖啡”是一种杯装便利咖啡，但价格却比同类产品贵。为了能顺利出售，台湾奥美广告公司对其进行了精心策划，将其塑造为与法国巴黎左岸咖啡馆相关联的咖啡。

法国巴黎左岸即塞纳河左岸，是巴黎的文化中心，上百年来都是欧洲人文学者、艺术家的聚集地，因此充满了引人遐思的浪漫人文气息。左岸咖啡的系列广告通过带有日本文学风格的忧伤、敏感的笔触描绘了巴黎的种种，带给人一种独特的欧洲文化的体验。

以上这篇文案描写了想象之中的西蒙·波娃来到巴黎与“自己”相遇的情景，充满了奇妙而感伤的意蕴。

【案例 11-18】

台湾统一企业出品的产品“左岸咖啡”的广告文案(2)

标题：我在左岸咖啡馆，也在去左岸咖啡馆的路上

正文：飞往巴黎的长荣左岸飞机，空服员优雅地为每个人端上热咖啡。四周的景致与空气中的咖啡香，让人宛如登身左岸咖啡馆，如图 11-3 所示。

11

图 11-3　台湾左岸咖啡馆形象广告《我在左岸咖啡馆，也在去左岸咖啡馆的路上》

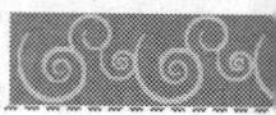

7)　功能类饮料

功能类饮料是一种特殊的、能够补充人体所需元素的饮料，以前只有专业运动员才喝这种饮品，所以也叫运动型饮料。因为具有明确的功能与作用，所以这类饮品的广告更多强调产品的有效性。同时，功能类饮料的口味大多比较怪异，只有容易接受新事物的年轻人愿意饮用它，而且只有年轻人运动量较大，需要尽快补充体能，所以，功能性饮料广告把目标群体主要锁定在年轻男性身上，在广告中多强调个性与活力。

尽管如此，仍然只有少数人能接受并喜爱这种饮品。近几年，随着这类饮料大众消费者的大量减少，此类产品的生产与销售都处于下降趋势，广告也越来越少见。

软饮料的概念

所谓软饮料指酒精含量低于 0.5%(质量比)的天然的或人工配制的饮料，又称清凉饮料、无醇饮料。所含酒精限指溶解香精、香料、色素等用的乙醇溶剂或乳酸饮料生产过程的副产物。软饮料的主要原料是饮用水或矿泉水，果汁、蔬菜汁或植物的根、茎、叶、花和果实的抽提液。

11

(三)服装与化妆品

服装与化妆品的共性是都以年轻女性为主要消费者，因此这两类产品的广告有的强调产品的功能性利益；有的则强调产品能增加女性的女性价值，即良好的外观形象、时尚独特的个性气质及由此而带来的幸福生活。随着品牌竞争的加剧，唤起女性良好的自我感觉成了这两类产品最主要的广告策略。

【案例 11-19】

力士洗发护发乳的广告文案

莫文蔚：我的声音很热，我的眼神很热，我的温度 98 度，我爱热，连我的头发也爱上热，因为我用 LUX 护发洗发乳。

(男)：湿湿的头发用热热的吹风机一吹，热感应的营养就跑进头发里了。

(莫)：我喜欢热，越热越美丽。

(四)药品

药品是直接关乎人民生命健康的特殊产品，因此医药广告要严肃认真、实事求是，遵守国家相关法律法规，绝不能随意夸张甚至造假。因而，药品广告应以理性诉求为主，将产品的相关信息如实地传达给消费者。当然，恰当的感性诉求与恐惧诉求也可以被消费者接受，只要是心怀真情实感，就可以获得良好的效果。

【案例 11-20】

邦迪创可贴的两则平面广告

邦迪产品广告如图 11-4 和图 11-5 所示。

图 11-4　邦迪产品广告《成长难免有创伤》(1)

图 11-5　邦迪产品广告《成长难免有创伤》(2)

案例解析

两则平面广告中的一则画面为小男孩来找小女孩，结果发现小女孩已经和别的小男孩在一起玩了；另一则的画面则是男孩心爱的小汽车撞到了路灯。两则广告的文案均为“成长难免有创伤”。

(五)家用电器

家用电器广告没有特别一定的诉求策略，理性诉求可以以产品的功能、效用、价格、售后服务等要素为广告主题，感性诉求则重点表现产品可以缔造幸福生活，可以带给我们更多的欢乐与闲暇。但由于家用电器多为耐用消费品，男性通常具有消费主导权，因而也有一些广告人认为似乎采用理性诉求对男性消费者更有说服力，广告效果会更好。

(六)房地产

住房对于中国人来说是“百年大计”，一套房子可能凝结着一个家庭几代人的心血与梦想，它与土地都是中国人的生存根本，因此对于中国人来说有着非常重要的意义。

房地产的购买是一个绝对理性的行为，需要消费者投入大量的精力，反复调查、论证、研究、咨询，而广告在其中能起到的关键作用事实上是微乎其微的，它的主要功能是告之信息，因为消费者绝不会仅凭一则广告就购买一处房产，说服他、打动他的肯定是房产本身所具备的特质。

11

所以当我们要制作房产广告的时候，最应该采用的广告策略是尽可能详细地将该房产的相关信息告知消费者，并重点强调其所具有的优势以吸引消费者。

目前，在中国的很多城市，还出现了将目标群体定位于少数成功人士的高端房产项目，这类房产项目整体售价动辄几百万元人民币，多则上千万，其硬件情况基本无可挑剔，它最吸引人的是房产所附加的一种地位感、尊贵感与成就感。

【案例 11-21】

万科兰乔圣菲别墅的广告文案

题目：没有一定高度,不会如此低调

正文：低坡屋顶下,那种平和淡泊的心境氛围，只有真正的名仕巨富才能心领神会、视为知己。由南加州 RANCHO SANTA FE 建筑风格演绎而来的兰乔圣菲别墅，不像古典式豪宅那样繁复与张扬，没有任何刻意与炫耀的形式，惟有质朴纯粹、充满手工与时间痕迹的建筑语汇，仿佛在平静中述说一段悠长久远的历史，一个意味深长的传奇，一种阅尽辉煌的人生。

案例解析

该文案明确地讲明“只有真正的名仕巨富”才能买得起这样的房子，也只有他们才有审美品位能欣赏建筑的美。所以这类广告说明房子不仅仅是用来住的，它还是“一段悠长久远的历史，一个意味深长的传奇，一种阅尽辉煌的人生”。

(七)汽车

汽车这一昂贵的产品，近几年才成为中国普通家庭与个人的消费品，所以汽车广告的投放量正处于快速增长期，广告策略与广告表现也经常会有比较大的变化。但总体来说，性能诉求与个性身份诉求还是最为常见的广告主题。中低档汽车多采用性能诉求，高档汽车多采用个性身份诉求；平面广告多采用性能诉求，影视广告多采用个性身份诉求。

广告界一直有这样的认识，汽车广告的创意是最具创作难度的，因此如何写好汽车广告的文案还需紧密结合汽车生产销售的实际进行更多、更深入的研究。

第二节　服务广告文案

一、服务广告的概念

(一)服务的概念

菲利普·科特勒在其《营销管理》一书中称：“一项服务是一方能够向另一方提供的任何一项活动或利益，它本质上是无形的，并且不产生对任何东西的所有权问题。它的生产可以与实际产品有关，也可以无关。”广义的服务包括营利性服务与公共事务性服务。本节所提到的服务均为营利性服务。

(二)服务的特性

服务与产品相比有着鲜明的区别，这些特性对其广告文案的写作都有着深刻的影响。

1. 服务的无形性

服务不是物体，它是无形的。在消费者接受服务之前，消费者是感受不到服务的好坏的。因此在服务的营销中，消费者的口碑是非常重要的，它的影响力要远远超过广告。

2. 服务的同步性

同步性是指服务的生产与消费是同步的，生产者与消费者往往要发生面对面的接触，这和产品在工厂里生产好然后再通过各种销售渠道卖给消费者就有了巨大的区别。在人与人的接触中，有很多因素是难以控制与预测的，会出现各种复杂与多变的情况，这也给服务的销售与提供提出了更高的挑战。

(三)服务广告的概念

所谓服务广告，即指在各种广告媒体上投放的各类营利性服务的广告，大致包括餐饮服务、交通服务、通信服务与金融服务等，我们也将重点介绍这几类服务的广告文案写作方式。

二、服务广告的诉求点

服务广告的诉求点与产品广告相类似，同样可以围绕消费者的需求来进行设计，在服务特

性、服务优势、消费利益、消费理由、消费保证、品牌形象与附加价值等要素中作出选择。典型的诉求点包括以下几个方面。

(一)服务项目的多少

有很多服务广告经常强调要比同行提供更多的项目，或者是一些同行所没有的新项目、特色项目、个性化项目，可以满足消费者的特别需要。

【案例 11-22】

UPS 的电视广告文案

从前，有一位新的物流主管，上任后发现：怎么大家老在查询货物的动向。所以,他找上UPS。现在大家寄件都会收到 E-mail 通知：瞧，您的货物正在运送。客户也收到 E-mail，您的货物已通关，您的货物已于 10 点 28 分送达。现在，你接到的不是邮件，而是总经理夸奖的电话。UPS，让您的商务整合同步化！

案例解析

UPS 是全球著名的快递公司，它的广告创意一直非常理性而具体，总是认真地告诉消费者他们为什么能做到那么快，而不是像其他快递公司的广告只一味地说自己快。这则作品则告诉消费者 UPS 会向消费者提供寄件发送情况的即时通知，而这是其他快递公司不具备的服务项目。

(二)服务的效果与质量

服务的效果与质量是消费者最为关注的要素，是否令人满意、是否能超越预期、是否达到国家验证评估的标准都可以在广告中加以表现。尽管消费者很难通过广告切实感受到服务效果与服务质量的好坏，但我们可以通过各种方式例如做试验让服务的效果与质量更直观。

【案例 11-23】

国宝生前契约殡葬公司电视广告文案

画面：一个女孩突然接到父亲去世的消息，国宝生前契约殡葬公司接到消息后立即派人赶到，安慰逝者亲人，筹划葬礼相关事宜。葬礼期间，工作人员积极工作，认真联络协调使得逝者的后事得到亲人的满意。

文案：老爸，陪我走过人生每一个重要的时刻，包括他最后一份贴心的礼物。人生最温柔、最豁达的承诺，国宝生前契约。

案例解析

国宝生前契约是中国台湾的一种殡葬服务，它与当事人在生前签订去世后提供相应殡葬服务的协定。这则广告通过画面表现了殡葬公司提供的全面、周到、体贴人心的服务，让消费者切实感受到良好的服务效果，既了却死者的后顾之忧，又是对生者的宽容与安慰。

(三)服务的态度

在人与人的交往中，最容易征服他人的是诚挚与友善。因此，在很多时候我们会发现，即使服务水平低一些、服务效果差一些，只要服务人员有着亲切的态度与甜美的笑容，服务一样会赢得消费者。所以，重视服务态度是提高服务业绩最节省成本的办法。广告也可以着重在此方面进行表现。

【案例 11-24】

新加坡航空公司的一则广告文案

她将一缕温馨的柔情带给全世界，和蔼的空中服务员，身着一袭纱笼裙，当她和您相逢，一绽迷人的笑容，一缕温馨的柔情。晴空万里，朵朵白云，你们相逢在舒适的747B、707或737波音机群上，她将以最殷勤的方式招待您。我们的女郎，是新加坡航空公司的灵魂。

(四)服务场所与环境

提供服务的场所如果优雅、舒适，或者有一些特别的布置，也可以吸引消费者，所以餐饮服务的广告有时候也会以此为卖点。

(五)技术设备

良好的服务质量、服务效果通常都来源于先进技术与先进设备的采用，所以能在广告中列举自己的服务都运用了哪些先进技术与设备，会增强消费者对服务效果的信心。

(六)提供服务的人员

提供服务的人员是否为此类服务的专家、是否经过正规培训、是否具有专业素质，都能影响消费者对服务质量与服务效果的判断，因而在广告中强调提供服务的人员具备较高的专业素质能增强消费者对服务的信心，从而促进消费。

(七)提供服务的经验

提供服务的机构是否经验丰富、是否具有成功经验也可以成为广告的诉求主题，同样能吸引消费者，有效地促进消费。

(八)消费利益

服务与产品类似，都可以在广告中承诺服务能解决问题、避免伤害、改善状况、提高生活品质等。

【案例 11-25】

台湾第一银行的广告文案

第一代的卡，要付好多利息。你应该用一次设定就自动分期的卡。第一银行第二代信用卡，量身打造，自动分期。第一银行信用卡。

(九)促销

为了促进消费，各种服务经常会举行促销活动，于是相应地就出现了宣传促销活动的广告，具体的内容包括赠送礼品、价格优惠、消费奖励等。

【案例 11-26】

台新银行 YOUBE 现今卡电视广告《日本泡汤篇》

女：要是有酸辣日本泡汤吃帝黄蟹该有多好呀；天气那么冷，好想去泡汤呀！

男：现在动用台新银行 YOUBE 现金卡，就有机会到日本泡汤呢！周周还送 25 对，一人中奖还可以两人同行！想带谁是你的自由哦！现在办卡还有零利率呢！

标版：每次动用都有中奖机会！YOUBE！YOUBE！

案例解析

这是一则台湾广告。在中国台湾，人们把泡温泉称为泡汤，日本的温泉在台湾非常有名，因此冬天去日本泡汤是台湾非常流行的休闲活动。台湾的台新银行为推广 YOUBE 现金卡，特推出刷卡中奖去日本泡汤的活动，这则广告就是为了宣传该活动而制作播出的。

(十)服务的品牌地位

服务与产品一样具有品牌，因而服务广告同样可以强调品牌所处的地位及品牌的形象。例如是否为著名品牌，是否为传统品牌，是否为外国品牌，是否为著名机构或活动指定品牌，是否有名人推荐等。

【案例 11-27】

《南方周末》的品牌形象系列广告

《南方周末》品牌形象广告，如图 11-6～图 11-8 所示。

广告标题：老百姓心中有杆秤。

图 11-6 《南方周末》品牌形象广告《老百姓心中有杆秤》

广告标题：老百姓心中有面镜。

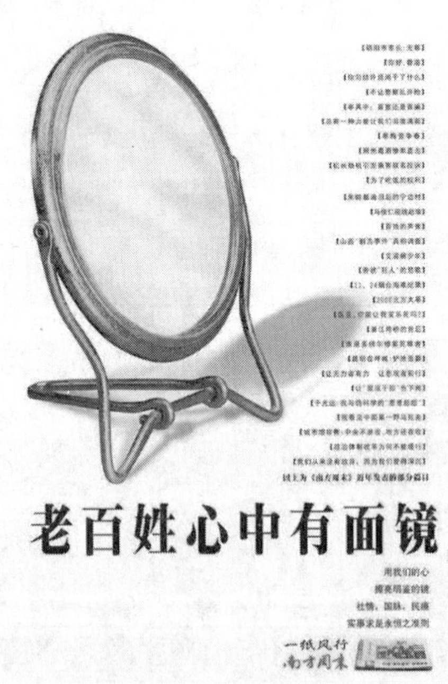

图 11-7 《南方周末》品牌形象广告《老百姓心中有面镜》

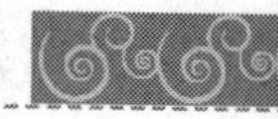

广告标题：老百姓心中有盏灯。

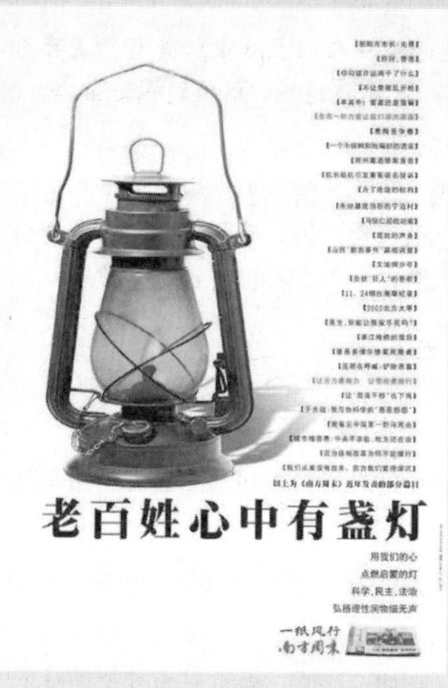

图 11-8　《南方周末》品牌形象广告《老百姓心中有盏灯》

案例解析

《南方周末》尽管是有形的报纸，但事实上售卖的是新闻信息服务，是当代一份追求真实、深度等新闻自由主义思想的报纸，在中、高端读者尤其是知识分子中有着非常好的口碑，这一系列广告文案恰恰表明了其品牌形象的内在含义：以冷静独特的视角审视社会，以弘扬理性、启蒙民智、维护公理、实事求是为己任。

(十一)服务的个性与形象

任何一类服务都可以塑造出独特的品牌形象，而这种品牌形象对于消费者来说可能具有不一般的象征意义，代表着群体认同、他人尊重、自身成就感、满足感、个性、品位、完美等主观感受。

【案例 11-28】

MTV 音乐频道的电视广告

画面内容：两个好朋友在排练 hip-pop 街舞，跳得异常卖力，充满韵律与动感。但当音乐停止两人开始交流的时候才知道两人都是聋哑人，除了舞蹈之外其他的交流只能通过手势来进行。

文案：听不见声音，只听见音乐。音乐与我同在，MTV 无可取代。

案例解析

这则广告想要说明的是音乐在人们生活中所具有的重要影响，它是人类心灵深处的声响，是人类心灵沟通的工具，是能超越一切语言的深刻话语。而 MTV 就等同于音乐，它就是我们彼此沟通、表达自我的重要工具。

服务广告的基本思路是为“服务”做广告，与做实体产品广告并没有本质的不同。其基本思路都是要明确服务广告的诉求对象是谁，服务广告的诉求策略是什么，服务广告的使用周期有多久，而且从内在规定性上来说，与产品广告也是一致的。

三、常见服务类别广告文案写作

(一)餐饮服务

餐饮服务的广告是近些年地方性媒体上投放量最大的服务类广告，其常见的诉求主题主要是两个方面：口味与格调。

1．口味

口味一直都是人们外出就餐时所考虑的第一要素，正因为在家里自己无法烹制出这种“好吃的”，所以才到饭店来吃。因而“好吃”或者有着独特的味道是餐饮业经营的根本，在此方面有着绝对优势的餐饮企业当然愿意在广告中重点表现这一内容。

2．格调

环境、氛围、格调越来越受到食客的重视，有些时候我们会发现一些消费者宁可忍受差一些的口味，也愿意去有着独特装修风格的饭店就餐，原因就在于此。当前许多大城市都开有所谓主题式餐厅，例如武侠餐厅、监狱餐厅等，其实都是将销售重点放在了格调上。也就是说吃什么并不重要，关键是怎么吃，去饭店消费的不单是食物，还包括一种感受、一种体验。因此，很多餐饮广告的诉求主题都是对饭店氛围与环境的强调。

(二)交通服务

交通服务包括公共汽车、出租汽车、地铁、城市轻轨、铁路客运、航空客运等。一般而言，地面交通服务的广告主题都比较具体，主要说明服务的安全、舒适、快捷等特性，也有的以服务态度的“人情味”作为诉求重点。空中交通服务由于比较昂贵，因此性能与品位都是常见的诉求主题。

【案例 11-29】

航空公司的一则广告文案

厨师：为什么每一位旅游者都喜欢从德尔塔飞往佛罗里达度假？因为一日三餐都可以尝

到我做的多汁牛排……

侍者：哈，他们从德尔塔飞往佛罗里达度假，是为了我的香槟美酒。

厨师：是这样吗？

侍者：当然是这样。因为这种美酒在所有直达飞机上，日夜都有供应。

厨师：好，那你先尝尝我的多汁牛排……任你挑选，这是薄片烤牛排。

案例解析

这则广告虽然在售卖航空服务中的其他额外服务，但多汁牛排与香槟酒却是西方上流社会最喜欢的饮食，代表着特定的品位与格调，而飞往佛罗里达度假更是上流社会生活的代表性内容，所以，这则广告的重点还是在售卖一种品位与格调。

(三)通信服务

通信服务是指向人们提供信息交流的服务项目，在当代社会主要包括邮政、电报、电话、网络、卫星等。通信服务的广告主题主要包括两类：功能性主题与情感性主题。功能性主题主要宣传服务的功能、质量、价格、效果等；情感性主题则主要讲述通信服务如何传递与沟通人与人之间的感情。

【案例 11-30】

中国移动神州行卡广告

葛优：我认识很多用神州行的人。他们说；咋算咋合算，就是实惠。他们说：省钱还得省心，才叫实惠。他们还说：自个儿觉得实惠那是真实惠。这小实惠里，还真有大道理。我呐，还是相信群众。神州行，我看行。

【案例 11-31】

中国移动“动感地带”广告

画面：教师的办公室里，两个男生站在哪里沮丧地说：“老师，没有呀！”“您没看错吧，老师？”这时周杰伦扮演的另外一名学生走进办公室来到老师身边。老师问道：“你看见他们传纸条了吗？”周杰伦一脸酷酷地说：“没有呀！”然后将眼睛望向天花板说：“他们发短信。”

标版：动感地带

最后一个画面：作弊的两名男生一边在走廊里走，一边理直气壮地打电话说：“没错，我就是 M-ZONE 人！”(M-ZONE，动感地带的英文简称)

“动感地带”的移动电话业务的目标市场为 15～25 岁的年轻人，因此，尽管每一则动感地带的广告都介绍了其推出的一项业务，但却将重点放在了表现年轻人我行我素的个性上。

(四)金融服务

金融服务是由各种金融机构向个人或者组织提供的服务，它与货币金钱有着直接的关联，关系到人们生活的富裕与稳定。因此消费者在选择金融服务的时候都会抱着理性、谨慎的态度进行甄别与研究。那么在金融服务类广告中，最能说服消费者的就是“利益”，也就是说只有让消费者切实感受到有利可图，消费者才会选择消费。

当然“利益”并不仅指金钱，也包括获取服务的便利性、额外配套服务等切实好处。

【案例 11-32】

台湾联邦银行零利率国民现金服务的广告文案

画面：在各种场合下疲惫沉睡的人，有公车乘客、公车司机、音像店的顾客、电梯里的妇女、电视里的主持人、电视观众、乘扶梯的男性，甚至正在小便的男人等，人们在各种不应该也不可能熟睡的场合熟睡。

文案：90%的国民有账单压力，应该好好休息。零利率，量身为您定做；国民现金，全面休止利息。休息，才能放松身心。国民现金。

案例解析

该广告采用了非常夸张的方式表现了零利率给负债的民众带来的轻松之感。虽然采用了感性诉求的方式，但却表现了一个极其理性的主题，重点依然在用实际的优惠争取消费者。

第三节　企业广告文案

一、企业广告的概念

所谓企业广告，就是不推销任何特定的产品或服务，而是致力于塑造与改善企业形象，对某一社会事件或公益事业表明立场，甚至直接参与的广告形式。

具体来说，企业广告可以涉及企业理念、经营方针、业务范围、企业历史、企业规模、技术研究能力、对社会的贡献等基本信息；也可以塑造一种高尚的企业形象，传达一种生活认知或者生活态度；还可以对一些公益性主题表达自己的看法。根据具体内容的不同，企业广告可以分为不同的类别。

二、不同类别企业广告文案写作

(一)企业认知广告

企业认知广告以建立诉求对象对企业的准确认知为目标，主要向潜在个人消费者、潜在机

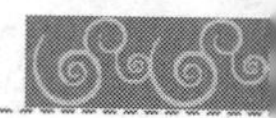

构客户或者其他相关个人和机构传达关于企业的基本信息，包括企业的历史、现状、规模、人才、技术、产品、品牌、理念等。

【案例 11-33】

容声冰箱的报纸广告文案

1991—1997 年，容声冰箱连续 7 年居中国冰箱行业的产销量冠军，市场领导地位无人可以动摇。7 年来，容声秉承专业化生产的宗旨，始终保持科技创新的强大推动力，产销量一路攀升，年年操执行业牛耳，深受广大消费者信任和爱护。

案例解析

这则广告主要传达的信息是关于企业实力的，即容声冰箱的市场优势。

(二)企业危机公关广告

企业危机公关广告是为了对不利于自己的政策、事件、舆论或新闻报道作出及时反应，阐明企业的观点和立场，让社会各界理解它的苦衷，以化解危机。这类广告在近几年逐渐增多，这和很多企业都遭遇了危机事件或者公众信任危机有关，例如 SKII 事件等，因此关于危机公关的研究也逐渐热门起来。

【案例 11-34】

美国联合航空公司的危机公关广告

致尊贵客户的重要信息：

在过去的 18 个月，“9·11”恐怖袭击事件和全球经济疲软给美国联合航空公司，乃至整个航空业带来了巨大的变化。美联航在应对所面临的挑战方面取得了显著的成效，但是最近的情况表明，为了未来的健康发展，公司必须另辟蹊径，采取其他措施来把握公司未来。

在本周早些时候，美国联合航空公司决定根据美国有关法律申请破产保护，对公司进行重组。美国《破产法》第 11 章允许公司在对公司的财务进行重组，对业务进行必要的改革以保持公司竞争力的同时，继续正常运营。公司在中国、美国和世界各地的业务不会受到重组的影响。

在公司重组期间：

美联航世界各地的航班继续运行。

安全、可靠和高质量的服务仍是公司的首要目标。

预订、购票和退款一切照常。

“前程万里”特惠计划会员可以继续照常累计里程和换取奖励。

"红地毯俱乐部"、"头等舱休息厅"和接机服务继续开放，随时为客户提供服务。

美联航仍是"星空联盟"的成员，为客户提供全球航线网络、最便捷的航班、最优质的综合服务。

美联航货运公司将继续在全球运营，为客户提供可靠的、值得信赖的服务。

您可以继续充满信心地预订美联航的航班。

我们希望公司能够通过重组重振雄风，为您提供更好的服务，在新运营环境中更有效率地开展竞争。公司致力为客户提供全方位的服务，让乘客享受美联航和"星空联盟"遍布全球的航线网络、方便快捷的航班和一流的机上服务，让您的旅途更愉快。公司重组最终会让公司提高运营效率和赢利水平，为您提供更好的服务。

我们理解您在旅行的时候有很多选择，我谨代表美联航世界各地的员工由衷地感谢您对我们的一贯支持。

案例解析

该广告是在美国联合航空公司破产重组时，为了消除中国消费者的顾虑而在《北京晚报》上所做的企业危机公关广告。

(三)企业公益广告

企业公益广告是企业投资制作的纯粹的公益广告，主要探讨与表现与企业没有直接关系的公益性主题，从而树立一种热心公益、热心慈善、以天下为己任的良好形象。这类广告往往只有非常有实力的企业才能制作，因为要花费巨额广告费却没有宣传企业的任何产品、服务或者企业的基本信息，营销效果非常不明显。但事实上，这类广告对塑造企业形象有非常长远的帮助，特别有利于提高企业的知名度与美誉度。

例如，在本章的引导案例中曾提到的哈尔滨制药六厂制作的电视公益广告，该广告表现了一位母亲照顾完孩子后又不辞辛劳地给自己的母亲洗脚，孩子看到后模仿妈妈也端来了一盆水给自己的妈妈洗脚，广告语是"其实，父母是孩子最好的老师！"这则广告虽然和哈尔滨制药六厂没有任何直接的关系，但却让人产生了长久的回味与感动，从而改善了之前哈药六厂过于商业与功利的企业形象。

第四节　公益广告文案

一、公益广告的概念

公益广告是社会公共机构、公益性社会团体向公众传达有教育意义和行为指导意义的非商业性广告，旨在保障社会公共利益，促进社会精神文明建设。

公益广告宣传，可以倡导正确的社会意识和生活观念，提出事关公共利益的问题引起广泛关注，对那些有损公众利益的思想和行为提出警示和诫勉，以净化社会环境，创造美好生活。

一些企业为了表现认同并乐于承担社会责任，也会投资制作公益广告，这类作品我们在上一节已经介绍过了。这一节主要介绍由公共机构投资制作的公益广告。

二、公益广告的特性

与商业广告相比，公益广告具有以下特性。

(一)公益性

公益广告的根本特性是公益性。也就是说它不带有任何的商业目的。由企业赞助的公益广告不能出现企业名称，出现企业名称的广告都不是真正的公益广告，只能叫做企业公益广告。也就是说，广告主在制作投放公益广告的时候，是不图任何商业性回报的。

(二)社会性

公益广告的诉求对象是广泛的社会大众，因此公益广告的主题应具有普遍的社会性与代表性，只有公共性的话题才能成为公益广告的主题，过于个人化的、私密性的话题都不适合作为公益广告的主题。

(三)观念性

如果一定要说公益广告是在售卖什么的话，公益广告售卖的就是理念与观念。我们要说服人们接受一个观念，就可能要改变人们之前已经固有的一些观念，所以具有说服力是公益广告创作的难点。

11

(四)自由性

虽然创作有说服力的公益广告非常难，但相比商业广告的创作，公益广告的创作还是相当自由的。不必像商业广告那样遵循大量、详细、严格的策略规定，不必采用固定的诉求方式，只要表达规定的主题，公益广告就可以尽情地展现创作者的艺术才华与奇思妙想。所以我们会发现公益广告要比商业广告更具观赏性与可读性，广告人也更愿意创作公益广告。

三、公益广告的诉求点

(一)卫生健康

健康长寿是人类的根本福祉，所以有大量的公益广告是以推广健康生活方式、养成良好卫生习惯为目标的。目前比较常见的主题是树立正确的性观念、防治传染病等。

【案例 11-35】

全球同抗艾滋病运动电视广告

(以歌唱形式)艾滋病病人最需要爱，我们都在，请走过来。谁躲在背后糊涂瞎猜，只因为不明白，才大惊小怪。不敢明白，那才是最悲哀。

(二)环境保护

由于世界环境的急剧恶化，环境保护成为当前整个国际社会的重要议题，大量的公益广告都是以此为主题的。具体包括节约资源、保护森林、保护动物、保护水资源、保护城市环境等。

【案例 11-36】

保护江河资源的广告

题目：保护江河源

正文：几千年来，长江、黄河哺育了无数华夏儿女，创造了独具魅力的华夏文明；几千年来，凡是长江、黄河流经的地方，都有绿色的秧苗、金色的麦浪、恬美的水乡……黄河，发源于我们青海省中南部的巴颜喀拉山北麓的卡日曲；我们的子孙后代，依然要喝长江水，依旧要做龙的传人；保护哺育我们的江河水，让我们从源头做起！

11

(三)生活常识

还有一些公益广告是传播生活常识的，例如火警、急救、匪警的电话与报警方法，应急自救的方式等。

【案例 11-37】

反腐败电视广告《吊索篇》

题目：一群“热线”人，终结了他的犯罪生涯

正文：发现违法行为，我们有义务进行举报。拨打举报热线，资料绝对保密。快速提供线索，将罪犯绳之以法！请随时拨打114，查询当地各类举报热线。

广告语：及时准确举报，发挥热线威力。

(四)社会公德

传统的公益广告多以宣扬社会公德为主题，例如尊老爱幼、尊师重教、见义勇为、文明礼貌等。

【案例 11-38】

公益广告《一分钱》

音效：闹市。

孩子：妈，一分钱！

旁白：如果你的孩子在马路上捡到了一分钱，你会怎么跟他说？

甲：这么脏，快扔了！

乙：现在一分钱谁还要啊！

丙：把它交给警察叔叔吧！

音效：儿歌声起。(《我在马路边捡到一分钱》)

旁白：也许我们该记得的不只是一支歌，也许我们该捡起的不仅仅是一分钱。

(五)弱势人群保护

保护弱势群体是人类现代化的重要标志，所以保护未成年人、保护妇女、保护特殊群体是衡量一个社会文明与否的重要指标。很多公益广告常以此为主题呼吁人们对弱势群体给予帮助。

【案例 11-39】

公益广告《身残志坚(听太阳篇)》

(海浪声，舒缓的音乐起)

女生旁白：凌晨，一个快要失明的少女来到海边，想要最后看一眼海上日出。一位伫立在礁石上的老人出现在她模糊的视线里。

少女：老爷爷，您也是来看日出吗？

老人(温和地)：我是来听日出的。

少女：听日出？

老人：我的眼睛三十年前就看不见了。

少女：可日出怎么能听得见呢？

老人(充满激情地)：你听，(音乐转为激昂)太阳出来时大海对她欢呼着。我虽然看不见，但我的心却感觉到了。

(乐声渐强，随着男声结束达到高潮)

少女(兴奋地)：老爷爷，我听见了，我听见了，太阳走过来了！

男声旁白：只要我们心中拥有太阳，生活就永远充满希望！

(六)慈善救助

慈善救助也是公益广告的常见主题，具体来说包括义务献血、救助失学儿童、帮助残疾人、救助灾民等。

【案例 11-40】

门诺医院慈善广告

标题：帮门诺医院撑下去！

副标题：来自台湾后山的呼救，声音很微弱，你可能听不到。

正文：五十年来，我们第一次打破沉默，希望你能听见我们的声音。很少人听过门诺医院。事实上，在东部，我们已经默默地付出了五十年。

五十年，门诺医院一直把贫病无依的东台湾同胞当做自己的兄弟姐妹一样照顾。特别是台湾原住民、慢性病人和意外伤患，我们每年诊治超过三十万名病患，更成立了脑外伤防治中心救人无数。

11

现在，医院老了，病床旧了，需要照顾的病人却越来越多。为了他们，门诺正在扩建病房；为了他们，门诺必须撑下去。此刻，我们需要你伸出援手，帮助门诺撑下去，不要让它被遗忘在这个角落。

(七)交通安全

酒后驾车是一种屡禁不止的现象，而且随着私家车拥有量的增多有愈演愈烈的趋势，所以大多数以交通安全为主题的公益广告都是号召人们不要酒后驾车。除此之外，还有一些广告号召大家遵守交通规则、文明驾车、系好安全带等。

【案例 11-41】

香港政府新闻处禁止酒后驾车平面广告

画面：一杯酒放在一堆废铁的背景上

标题：奇效无穷！饮用少量，足令最安全的汽车变成废铁。

广告语：酒精害人，开车前勿饮！

四、公益广告的诉求方式

(一)正面倡导

正面倡导型的公益广告是以正面引导的方式直接灌输公益观念，不批评、不讽刺、不恐吓，而是直接提倡某种理念或某种行为。这种诉求方式是最为基本的诉求方式，它主要靠文辞的深刻、真挚打动受众，不轻佻、不哗众取宠、不追求形式，但也容易因此而损失感染力与说服力。

【案例 11-42】

义务献血的公益广告

题目：无偿献血

正文：据世界卫生组织统计，献血人次数占全国人口总数的4%，就可以满足这个国家临床用血的需要。中国目前还不能达到这个标准，而同是发展中国家的阿尔及利亚、尼泊尔、缅甸、新加坡却早已实现临床用血全部来自无偿捐献。是爱、是勇气、是关怀。无偿献血，从我做起。

从这篇作品可以看出，写作正面倡导型的广告文案，一定要找到可以说服人的关键点，就像写作一篇议论文一样，一定要找到能够证明论点的论据，观点才能成立。当然这种“论据”在广告中可以是理性的事实、数据、专业论断等，也可以是一种情感的需求与表达。

(二)反面恐吓

所谓反面恐吓指的就是恐惧诉求，也就是以敲警钟的方式告诫受众如果不接受某一观点、不采取相应行为会有什么严重后果，其本质就是“恐吓”。当然，由于恐惧诉求程度的不同，“恐吓”可以是委婉的告诫，也可以是严厉的警告。从多数实验效果来看，过于严厉的警告会招致受众的反感，所以以这种诉求形式来创作公益广告，需要注意的就是不要虚张声势、小题大做，提出适当的警示就足以引起受众的注意了。

在以环保为主题的公益广告中，多采用这种方式来传达信息，其目的是为了向公众展示环境继续恶化的后果，因而也较具有说服力。例如《海的女儿》环保公益广告展现的就是“海的女儿”的雕像伫立在茫茫沙漠边。众所周知，丹麦的“海的女儿”位于丹麦的海边，将海换为沙漠意味着水的流失。

(三)讽刺批评

讽刺批评型的公益广告是以各种讽刺批评方式对不良现象进行揭露和鞭笞，使这些不良现象得以改善。采用这种诉求方式，文案要写得一针见血、鞭辟入里，要让受众确实感受到广告所抨击的“假、恶、丑”如眼中钉、肉中刺，不除不快。

【案例 11-43】

全国反腐倡廉公益广告作品大赛获奖作品

标题：腐败四软

正文：吃了嘴软、玩了心软、拿了手软、判了腿软。

全国反腐倡廉公益广告大赛作品如图 11-9 所示。

图 11-9　全国反腐倡廉公益广告大赛作品《反腐四软》

五、公益广告文案写作要点

相对于商业广告而言，公益广告的创作较为自由，不会设定太多的策略要求，但是公益广告的创意与写作依然有一些需要注意的问题，要避免一些创作误区。

(一)尽力增强作品的艺术感染力

公益广告要运用各种艺术手法表现主题，增强感染力，从人们心灵深处打动受众，要让人们真的有所动容，而不是简单地图解主题，表现得空洞无力，那样无法唤起人们情感的共鸣，作品只能成为无聊的叫喊，让受众觉得创作者自身都没有真正认同广告所提倡的观念。

(二)真挚恳切、平易近人

广告创作者在创作公益广告的时候，要抱有一种真挚的情感，以关切的态度去打动消费者，而绝不能把自己当做救世主、训导师，以高高在上的姿态进行无聊的说教，那样只能招致受众的反感。

【案例 11-44】

纪念抗美援朝胜利50周年的公益广告

题目：孩子，你有没有爱过？

正文：伟大的爱不是儿女情长，而是对国家、对民族的“大我之爱”。也许，你曾对电影、电视中的英雄人物崇拜过、感动过，也曾为自己在演讲或球赛中取得的荣誉兴奋不已。但，孩子——真正的胜利并非一纸奖状和一枚勋章所能涵盖，而是当祖国最需要的时刻，毅然把自己的全部忠诚和挚爱献给祖国。今天，重温半个世纪的尘封记忆，孩子，它会告诉你，什么是真正的爱，伟大的爱……

案例解析

这篇作品尽管解读了抗美援朝的爱国主义意义，但并没有很好地结合当前社会生活说明爱国在当下所具有的意义，或者在这个时代我们如何做一个平凡的爱国者，而只是一味拔高爱国的标准与内涵、空对空地说教，既缺少逻辑说服力，也缺少艺术感染力，是一篇假、大、空的老生常谈。

(三)说服适度，避免引起逆反心理

公益广告的劝服既要“说透”，又不能“说过”，要把握好这之间的度，就需要作者下点苦工夫。首先要求自己真正树立正确的观念，才有可能打动说服别人，也才有可能把握好善意的劝诫与沽名钓誉之间的差别。

例如一则下岗再就业的电视广告，画面是用线拉着一个木偶向前走，线一松，木偶就爬不起来了。广告词是“疾风知劲草”。其实，中国的下岗问题非常复杂，有相当一部分职工是因为国家产业结构的调整而下岗，而不是因为自身的不努力。因此，简单地把他们描述成不能自食其力的人，是难以让他们接受的。

(四)情理结合，含蓄深刻

面向中国大众创作公益广告的时候，要把握中国大众的普遍心理，中国人是情感丰富、但不会过于外露的民族，中国人的处世哲学是一种中庸主义，中国人的审美是一种含蓄蕴藉的审美原则，排斥那些过于外露直白的表达。所以，中国广告比较恰当的策略是晓之以理、动之以情，含蓄幽默，蕴藉深远。

本章小结

1. 不同信息主体的广告文案主要分为 4 类：产品广告文案、服务广告文案、企业广告文案、公益广告文案。

2. 产品广告即在各种广告媒体上投放的各类实体产品的广告，包括消费品广告和工业产品广告。按照产品耐用程度的不同也可以分为耐用品广告及非耐用品广告。产品广告的基本思路是弄清产品广告的诉求对象是谁、产品广告的诉求策略是什么、产品广告的使用周期有多久。产品广告文案的写作要掌握常见产品类别广告文案写作的方式，具体包括饮食、饮品、服装与化妆品、药品、家用电器、房地产、汽车等产品。

3. 服务广告，即指在各种广告媒体上投放的各类营利性服务的广告，大致包括餐饮服务、交通服务、通信服务与金融服务等。我们重点介绍了这几类服务的广告文案写作方式。服务广告文案写作的基本思路都是要明确服务广告的诉求对象是谁，服务广告的诉求策略是什么，服务广告的使用周期有多久。服务广告文案的写作要掌握常见服务类别广告文案写作的方式，具体包括餐饮、交通服务、通信服务、金融服务等。

4. 企业广告，就是不推销任何特定的产品或服务，而是致力于塑造与改善企业形象，对某一社会事件或公益事业表明立场，甚至直接参与的广告形式。不同类别企业广告文案写作需要掌握企业认知广告、企业危机公关广告、企业公益广告的文案写作。

5. 公益广告是社会公共机构、公益性社会团体向公众传达有教育意义和行为指导意义的非商业性广告，旨在保障社会公共利益、促进社会精神文明建设。公益广告的特性包括公益性、社会性、观念性、自由性。公益广告的诉求点包括卫生健康、环境保护、生活常识、社会公德、弱势人群保护、慈善救助、交通安全等。公益广告的诉求方式包括正面倡导、反面恐吓、讽刺批评。公益广告写作要点包括尽力增强作品的艺术感染力；真挚恳切，平易近人；说服适度，避免引起逆反心理；情理结合，含蓄深刻等。

日本的一则节约纸张的公益广告

该广告通过一堆废纸所堆成的“人”拖着沉重的步子上台演讲的形式号召大家珍惜纸张。

字幕 1：废纸的主张

字幕 2：我们也是有梦想的——古纸野 古纸男

啊，啊！

如各位所看到的，我是被回收的一堆废纸。我身上的有一部分是来自办公室回收纸，也有些是来自曾让大家看得哈哈大笑的漫画书。现在我正要展开另一段新的人生呢。但是，各位朋友，你们会想“那不过是堆废纸罢了”吗？如果是的话，那我就难过啦。

像这卷卫生纸就是由东京 23 区内所回收的旧纸所再生而制成的。你看她这又白又柔的肤色，比起那处女纸浆做成的一点都不逊色呢。而且印起彩色来也是很有看头呢！啊，我好想变成偶像的写真集，让大家看得两眼发呆呀。这就是我的梦想。我们只要被再回收，就可以再度复活起来。但是我一想到没有被回收的弟兄们的命运，我就……

在东京约有 1/3 的垃圾是纸张，因此利用再生纸就等于为垃圾减量。

啊，时间到了。我们一定还会在那里见面吧！那么，再会啦！

字幕3：请多利用再生物品。

讨论题

1. 该则公益广告的主题是什么？
2. 该则公益广告是从哪几个方面、采用哪些方法来论证主题的？
3. 该则公益广告的创意采用了拟人的方法，这种方法的好处是什么？

一则下岗再就业的公益广告

该广告通过最为日常的生活故事传达了一些耐人寻味、引人思索的主题。

画面：清早，李淑芬像往常一样忙碌着，边忙边对屋子里的妈妈说："中午饭给你准备好了，鱼一热就行了，我上……"此时，她才意识到自己已经下岗了，不需要上班了，神情沮丧了起来。

字幕：李淑芬，35岁，××厂连续6年被评为劳动模范。今天她下岗第一天……

画外音：(母亲的声音)淑芬啊，要不……你帮帮我……其实呀，要是有个事做，人就不瞎想了。

画面：李淑芬开始帮母亲卖馄饨，虽然忙碌但心情依然低落，也不好意思抬头看人。突然，她发现了以前的老主任，委屈、悲哀都化作了尴尬。"老主任，我……"

主任：(微笑)来碗馄饨。

听见主任这么说，淑芬情绪有些好转，这时周围的顾客开始夸赞这个小馄饨摊"在家门口可就方便多了"。这时，一个小女孩来到淑芬面前，"阿姨，我买碗馄饨"。淑芬蹲下身，疼爱地给孩子端上馄饨。此时画面由之前的灰色转变为了彩色。

字幕：如果我是一滴水，如果我是一颗螺丝钉。

案例点评

"公益广告一定要有说服力。因为公益广告的真正目的，是说服或告诉消费者一件事情。创意的目的不是为了得奖，是要引起注意，增加记忆度，但是不能影响广告本身的目的。"

广告应该做到4个方面：引起行动、增加行动、减少行动、阻止行动。

所有广告的出发点，都应该从目的着眼。

真的要改变一个人的看法，应该从认知来切入。有效的广告大部分是在改变观众的认知。我们每个人的习惯看事物方式的第一个观点，永远是自己的，很难从别人的观点来看事物。很多习惯都会影响我们的思考。

思考时会有很多陷阱，我们通常是依据自己的习惯来看事物，这是一种认知的错误。几乎所有的问题都有习惯和认知上的问题，包括看问题和想问题。想创意时不需要灵感，要想问题：为什么？因为，闯红灯的人不见得都是流氓。

广告和创意应该是看到的东西越多越好，有越多的想法越好。但是判断也要非常精准。

讨论题

1. 该则公益广告的主题是什么？

2. 该则公益广告是否具有艺术感染力，它是通过什么手段实现的？

3. 你是否认为该则广告论述了一个深刻的生活道理，它是什么？

4. 结合该则广告谈谈公益广告创作中“诉诸理性”与“诉诸感性”之间的关系。

实训课堂

1. 仔细阅读以下材料，根据策略单中的内容创作一篇电视广告文案，要求有分镜头脚本和工作台本，并有创作思路描述。

牛头牌沙茶酱系列商品广告

广告主：好帝一食品股份有限公司

主　题：牛头牌沙茶酱系列商品广告

传播/营销目的：与其他竞争品牌作形象上的区隔，继续延伸产品多使用“蘸、炒、卤、拌、烤”的烹调行为，成为家庭的最佳的调味料。

产品说明：牛头牌沙茶酱有三种口味，原味沙茶酱、素食沙茶酱、麻辣沙茶酱。

牛头牌沙茶酱是 50 年来的好味道，以鳊鱼、赤尾青制作，所有的原料皆为天然食品，无人工添加物，坚持质量，所以不断在研发与生产技术上提升，投入庞大的资金、人力，强化产品制程、质量管理与卫生管理，经过严谨的生产过程制造以满足每一位消费者。

牛头牌沙茶酱在使用时机上是吃“火锅”就一定少不了酱料，适合节庆、假日，家人朋友欢聚用餐的时刻使用，更是过年、端午、中秋等三大节庆时最好的伴手礼。

市场状况：牛头牌沙茶酱在 2008 年迈入 50 周年，为台湾地区市场的第一品牌。

牛头牌沙茶酱目前是台湾地区市场的领导品牌，在家用市场(一般消费者)占有率约达 88%，但近来低价产品(未通过卫生法规)频频以低价积极抢占家用及食品加工市场，造成极大的威胁。

牛头牌沙茶酱是台湾地区惟一通过 GMP、HACCP、ISO9001 认证的沙茶酱生产制造的厂商。

主要竞争者：市场所有低价产品。例如量贩店的自有品牌等。

目标对象：主要目标 34 岁以下的一般消费者，次要目标 34 岁以上。

品牌个性/形象：50 周年“台湾味、沙茶味”，台湾人都喜爱的地道家乡美味。产品天然原料制成，无添加人工调味料，应用“蘸、炒、卤、拌、烤”，料理样样都美味。

沟通调性：活泼、热情、快乐、分享、健康

建议列入事项：

基本文字：“台湾味、沙茶味”、“蘸、炒、卤、拌、烤”、“通过 GMP、HACCP、ISO9001”、50 周年 Logo、企业 Logo、产品图、网站 http://www.e-bullhead.url.tw/

2. 仔细阅读以下资料，根据策略单内容创作一则广播广告文案。

雅虎中国

主题：雅虎站长天下之形象广告

传播目的：让互联网网民知道：“雅虎站长天下”是什么？好在哪？怎么玩？

产品介绍：雅虎站长天下

(1) 它是简单易用的建站工具，不需用技术，不需要费用，让你轻松拥有属于自己的个人网站。域名、存储空间、技术服务皆有雅虎强力保证。

(2) 它帮你来展现你的兴趣、分享你的快乐、交流你的思想、团聚你的朋友，成为你生活中密不可缺的一部分。

(3) 它是面向全体网民的电子商务平台，通过该平台，可以将你的个人网站流量转化为广告收入，更可以通过该平台实现买卖交易，让需要的人找到你，轻松实现在家创业！

(4) 它是互联网的新媒体形式——个人传播系统。

目标对象：

(1) 全体互联网用户——想于、敢于、乐于秀出自己的人。

(2) 重点人群

① 对互联网应用有一定基础的人，如大学生/老网民/网站站长/论坛版主等。

② 对电子商务有一定需求的用户，如希望尝试通过互联网传播信息或通过互联网挣钱的人(包括个人和传统中小企业等)。

传播调性：

(1) 简单易懂：反对唧唧歪歪，反对长篇大论，反对故作深沉。

(2) 夸张有趣：反对陈词老调，反对一本正经，反对八股文。

(3) 打破常规：妄想无罪，颠覆有理。要激情，要碰撞，要不一样，要秀出你自己。

必须列入事项：

(4) 中国雅虎“站长天下”LOGO。

(5) 雅虎站长天下网址：http://zhan.cn.yahoo.com。

3. 请详细阅读以下资料，根据策略单内容创作一则电视公益广告。

广告主：东方广告股份有限公司

主题：公益广告(不限主题)

传播/营销目的：让我们的世界更美好、更和谐

广告目的：通过传播一个理念，提升人与人、人与自然之间的相互关怀、支持、友善、尊重。

为促进人类生活的美满和谐而努力，推动整个人类的发展进步事业。公益广告是为了推动社会公众利益，唤起众人认同而进行的沟通，更是倡导一个正确的生活态度。公益广告议题不限，如捐血、防癌、戒烟、养老、两性关系、弱势团体照顾，防治艾滋病、动物保护、雨林保护、全球暖化、环保，救灾、宇宙责任感……同学可自由选择或创新。

市场概况：

身为世界的公民，我们有责任及义务为促进人类生活的美满和谐而努力！透过一个公益概念，一句Slogan，一组画面，传达我们对这个世界的爱心与期待！

公益广告是为了推动社会公众利益，唤起众人认同而进行的宣传沟通，是传达一份关怀。公益广告是告知一个与全民福祉有关的讯息，是传达一个助人、健康的活动，是传播一个共识、理念，以取得大众的认同，更是教导一个正确的生活方式或观念。

公益广告的议题很多也很广，请同学自行选择发挥，它可以是捐血、防癌、戒烟、养老、

两性关系或是弱势团体照顾，也可以是全球性的，例如防治艾滋病、动物保护、雨林保护、全球暖化等环保议题，或者是有别现有公益广告议题，创新一个全新的公益关怀。

目标对象：关心公益、关怀世界的人

品牌个性/形象：有想法，坚持自己的信念，热心亦热情地去沟通与实践。

沟通调性：肯定的、分享的、创意的。

第十二章

广告文案测试

学习要点与目标

- 了解文案测试的必要性和测试的类型。
- 知道影响广告文案测试准确度和可信度的因素。
- 掌握事前、事中广告文案测试的主要方法及各自的操作流程。
- 学会广告经济效果测定及广告社会效果测试的方法。

核心概念

文案测试、事前测试、事中测试、事后测试、经济效果测试、社会效果测试

引导案例

这不是肯德基——肯德基广告文案的测试

肯德基电视广告，如图 12-1 所示。

图 12-1　肯德基电视广告“这不是肯德基”

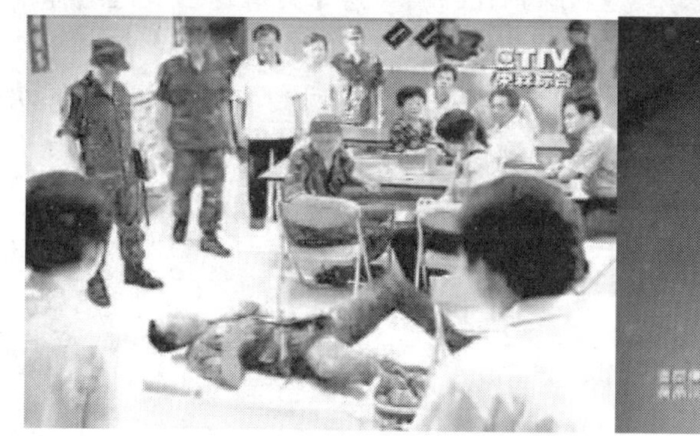

图 12-1 肯德基电视广告“这不是肯德基”(续)

2004 年 5 月底到 2005 年 5 月，肯德基在台湾地区投放的系列广告引起了巨大的社会反响。广告片中夸张搞怪的情节让人印象深刻，广告语“这不是肯德基”一时间成为社会流行语，通过人际传播渗透到更大范围的人群，取得了意想不到的效果。

在其中一篇广告中，如图 12-1 所示，一个初入军营的大头兵，好不容易盼到探亲假，父母带来一盒他最爱的炸鸡，没想到就在入口的一瞬间，感觉不一样，大头兵像孩子一样在地上扭曲打滚，大声叫喊“这不是肯德基！这不是肯德基！”就是要吃肯德基炸鸡。

制作这支广告的正是全球四大广告传播集团之一的法国阳狮集团(Publicis Groupe)，包括这支广告在内的一系列“这不是肯德基”的广告，让肯德基又重回台湾消费者快餐选择前茅，好感度与销售率都大幅上升。

在策划这个系列广告之前，肯德基(KFC)先针对竞争对手各快餐业者做了详细的市场调研。调查显示，对全台约有 110 家连锁店的肯德基来说，重点不是商品没有竞争力，而是凸显产品的特色。据此肯德基选择脆皮炸鸡的炸鸡桶(LPC)为主力商品，以 18～29 岁的年轻族群为目标受众，确定广告走轻松幽默路线，采用的广告演员也都不是明星级的俊男美女，以求拉近和消费者的距离，广告目标是强化“吃炸鸡就要肯德基”的概念。

“好创意的出现不是灵机一动、天马行空的乱枪打鸟”，阳狮广告创意副总监陈建豪表示，而是“包装在严谨的科学下，由一群人画出的精密地图，用多种凭证来证明我们是对的。”创意最困难的部分就是定位“消费者认知”，也就是顾客最有共鸣的方向。“现在光靠产品功能来打动消费者已经不可能，除非你有别人没有的东西，否则没有寡占的优势。”

肯德基在半年内拍了 10 个片子，平均每个月都有两支广告在进行。阳狮原先并非要做系列广告。第一个广告《电影院篇》中，表现一个小朋友在电影院中因为吃的不是 KFC 而大哭，在片尾后半段还有炸鸡的制作流程。这一个广告引起的回响虽不是很大，但是小朋友哭着说“这不是肯德基”的情节，却成为广告测试中消费者印象最深刻的一句话。

在消费者调查中发现，肯德基的炸鸡好不好吃和制作过程已经众所皆知，反而可以强调“在什么时候一定要吃”、“就是要吃肯德基”这两个主轴。因此就将其概念更予精简，省略了炸鸡的流程示范，衍生了接下来的《监狱篇》、《会客篇》、《三太子篇》，到最后的《剃度篇》。

《监狱篇》以一个死刑犯的最后一餐的幽默创意，相当引人注意。“这是你要的，最后

一餐"的对白，强化了在某个时刻非要吃肯德基炸鸡的主轴。"这不是肯德基"这句标语也很快变成流行语。自此，以这句话为主轴的系列广告就正式成形。

每个广告制作中，KFC都会请市调公司进行广告事前测试，以问卷询问消费者最喜欢哪些快餐品牌、对该广告的接受度和喜好度、印象最深刻的关键语，并且模拟消费者实际看到的电视广告情境，随意地安排广告影片给对照组观看，来测知消费者最喜欢哪一个广告。广告播出后会进行广告后测试，就其播出的频率、消费者印象、对肯德基的喜好度等问题做分析，而这些都会影响到媒体策略。

(资料来源：《经理人月刊》9月号)

案例解析

广告文案是广告策略和广告创意的文字表达。好的广告必须有好的广告文案。为此，我们必须了解在广告文案制作中，如何使文案更好地为沟通服务；在广告的投放中，如何检测广告文案效果以便作必要的修正，在广告投放结束后应如何对广告文案效果进行跟踪测试，为今后的广告活动总结经验。以上问题，实际上就是如何在不同时期对广告文案进行有效测试的问题。广告文案测试与广告测试的原理和方法相同。"广告文案测试"和"广告测试"在本章中将交互使用。

第一节　广告文案测试概述

一、广告文案测试的必要性

广告主往往愿意花上千万元购买媒体，而在广告测试上则非常轻视，觉得没必要。广告公司也往往嫌麻烦，认为测试广告效果就像将果冻钉入墙内那样困难，而不愿意进行广告测试，没有广告测试也就没有广告文案测试这一活动。这一现象目前在我国还有一定的普遍性。殊不知，当今是策略至上的年代，如果你因为怕困难而放弃测试与评估，那你投入的巨额金钱多半会被蒸发得无影无踪。

在策略对路的情况下，还需稳健经营。对广告文案测试，实际上就是确保广告文案、广告活动能为企业的营销策略服务，使之不偏离广告企业的营销策略。所以开展广告文案测试非常有必要。具体说来，有以下几个主要理由。

1. 能化解广告投放的风险

广告制作好后，目标受众能否接受，其实广告公司、广告主往往没有多大把握。速溶咖啡起初在美国、德国的遭遇，就是其诉求"速溶"给人较大的负面联想——买速溶咖啡的人是偷懒的，不会安排生活的。后来通过投影技法了解到这一情况并对其宣传作了调整，结果速溶咖啡大受欢迎。如果速溶咖啡广告在投放前进行相关的测试，也许就可少走这些弯路。

凡事预则立，不预则废。要使广告投放有效，事先预防是最重要的，损失往往也是最小的。投放后发现问题要调整难度就要大得多，所以这一章用了较大的篇幅介绍广告文案事前测试的方法。

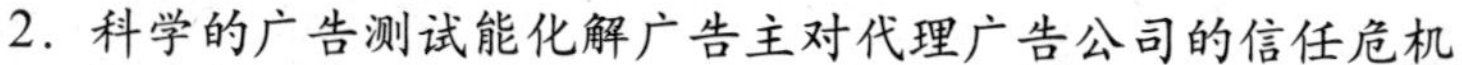

2．科学的广告测试能化解广告主对代理广告公司的信任危机

由于目前我国广告公司良莠不齐，在社会上造成不少负面影响。受众不信广告，广告主的产品销不出去，广告主无法聘用优秀的广告公司，优秀的广告公司无广告主支撑而难以生存，优秀的广告公司越来越少，优秀的广告越来越少，产品越来越难以销售出去，经济最终也上不去。

解决这一恶性循环的根本是要重新树立公众对广告的信任、广告主对广告公司的信任。打铁需要自身硬，广告公司必须坚持诚信，能对其广告作品的投放效果进行科学的测试，某一时期广告活动结束之后，能客观地测定广告效果，检查广告目标与企业目标、目标市场、营销目标的吻合程度，以便广告主正确把握下一阶段的广告活动。

这样，广告公司的运作水平就能让广告主信服，广告主就会全心全意地支持广告策略的实施，最终就有可能重新赢得受众、广告主的信任。

3．广告效果测定是整个广告活动经验的总结

广告效果测定是检验广告计划、广告活动合理与否的有效途径。在测定过程中，要求计划方案设计的广告目标与实际效果进行对比，衡量其实现的程度，从中总结经验，吸取教训，为下阶段的广告活动打下良好基础。

4．促进企业改进广告的设计与制作

通过广告效果的测定，可以了解消费者对广告作品的接受程度，鉴定广告主题是否突出，广告形象是否富有艺术感染力，广告语言是否简洁、鲜明、生动，是否符合消费者的心理需求，是否收到良好的心理效果等。这些都为企业未来的广告活动提供了参考依据，并有助于企业改进广告的设计和制作，使广告宣传的内容和表现形式的结合日臻完美，从而使广告的诉求更加有力。

5．促进整体营销目标与计划的实现

广告效果测定能够比较客观地肯定广告活动所取得的效益，也可以找到除广告宣传因素外影响企业产品销售的原因，如产品的款式、包装、质量、价格等问题。企业可据此调整生产经营结构，开发新产品，生产适销对路的产品，实现经营目标，取得良好的经济效益。

6．广告测试的书面结果能为广告公司竞标、中标助一臂之力

大的广告业务一般都是通过公开招标选拔广告公司。广告公司竞争力之一就是以往的业绩。以往成功的广告活动的科学完整的测试结果在竞标中能很好地体现广告公司的实力，增加中标的筹码。

二、广告文案测试的分类

广告文案测试分类的关键是选择合适的观察点，使分类有可操作性和意义。广告文案测试的分类方法通常有如下几种。

(一)按消费者的行为规律分类

消费者从看到广告到购买商品，其心理动态依次经历以下 9 种情形。

(1) 看到某一广告，看到的方式是读或者是听(广告认知)。

(2) 了解一广告，明白其意义(理解)。

(3) 记忆该广告，记忆该广告的全体或部分。

(4) 对该广告商品产生某种品牌印象(品牌印象)。

(5) 对该广告产生各种反应和评价(广告评价)。

(6) 相信该广告所主张的内容(确信)。

(7) 接受其主张(说服)。

(8) 打算购买所广告的商品品牌(购买意图)。

(9) 按广告中的建议，采取某种行动，譬如索取目录、样品等(行动)。

【拓展知识】

由以上消费者行为的规律可以相应地测试受众对广告的认知、理解、记忆、品牌印象、广告评价、确信、说服、购买意图、行动等指标内容。其中比较常规的测试指标是广告受众对广告的知晓度、了解度和偏好度。

广告知晓是指广告受众了解某则广告的比率和程度。广告了解度是指此则广告受众对于广告宣传的内容有较深入的了解的比率和程度。广告偏好度则是指对广告内容有较深入了解的受众中对广告有好感的比率和程度。其计算公式分别如下：

知晓度=被访者中知道某则广告的人数/被访者总人数×100%

了解度=被访者中对广告宣传的内容有较深入了解的人数/知晓此则广告的人数×100%

偏好度=被访者中对广告的内容有喜好的人数/了解此则广告的人数×100%

(二)按测试的效果分类

1．广告文案沟通效果测试

广告文案沟通效果测试即广告心理效果测试，目的是为了了解广告在知晓、认知和偏好等方面的效果。

2．广告文案经济效果测试

广告文案经济效果测试就是测试在广告刊播之后，所引起产品销售额与利润的变化状况。这是广告主最关注的。

3．广告文案社会效果测试

广告文案社会效果测试即测试广告刊播后对社会某些方面的影响。这种影响既包括正面的影响，也包括负面的影响。

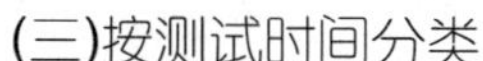

1．事前测试

在广告文案投放前进行测试，也称预测试，用来评估广告文案的优缺点，以便修正缺点，完善方案。

2．事中测试

在广告文案投放中进行测试，用来评估广告的突出性及信息被了解记忆的程度。

3．事后测试

在广告停播后的测试，目的在于评价广告效果、发现问题、总结经验教训。

三、广告文案测试的准确度和可信度

广告文案测试，它真的能检测广告的有效性吗？测试值能真实地度量一个广告吗?测试可信吗？要保证广告文案测试的准确度和可信度，必须综合考虑各种影响因素和坚持科学测试的原则。

(一)影响广告文案测试准确度和可信度的因素

1．文案测试必有一个运行目标

文案测试必有一个运行目标，需要一个代表该目标的可度量的、有用的度数，从广告中搜索出明确的广告运行目标，并在方案测试中检验出来。文案测试的准确度取决于广告期望激起何种反应，在有些评价中，说服力和改变态度是关键，而吸引受众的注意力则不重要；有时候传递信息是关键，说服力的强弱进行主观判断就足够了；有的时候是强调运作可能存在的消极因素。每种测试方法有各自的优缺点及适用对象。通常选择测试方法的依据如下。

(1) 期望产生识别效果的广告不能采用强调即时行为反应的测试方法。

(2) 试图创造一种形象或酿造一种温馨氛围的广告可能需要反复播放的评价方法和比较细致的评价方法。

(3) 必须结合广告决策的风险性，一个全新的广告活动涉及高风险的战略决策，需要对上述所有方面进行评价。

(4) 检验广告是否会使观众产生某种对抗性反应也很重要。

(5) 广告评价的经费。

2．目标市场

如果大致知道目标市场的大小，那么受测试者们就应代表这个目标市场。最好是进行随机抽样，并且抽样人数要具有统计意义。

以下因素会影响测试的准确度和可信度：人们在回答问题、参与实验和参加心理测试时，倾向很不相同；那些不愿参加测试的人与那些欢迎测试的人的回答也会截然不同；在购物中心采访只能遇见购物者，电话采访会漏掉那些没有电话的人；在一个城市甚至三四个城市抽样能否代表整个目标市场也值得考虑。

3．反应

受测试者对测试环境和检测手段的反应差别较大。受测试者愿意或者能够如实回答吗？研究表明，那些希望接受广告回忆或认知效果测试的消费者比没有这种愿望的消费者表现更好，这种不同的反应会歪曲测试结果。

测试方式在不同的测试环境中其表现不一样，而任何广告测试的主要目的就是测量受测试者是否做出他们应有的反应；因此应尽量避免对测试专业户进行测试。

如何减少这种偏见效果呢？一种是不让受测试者知道实验的真实目的，只告诉他们：他正在评价一个电视节目而不是其中的广告。然而，这种方法，也不能完全消除所有的偏见反应，而且，在涉及伦理和道德问题时，未经受测试者同意，能够这样欺骗他们吗？另一种方法是采用非反应的测量。受测试者可以不受情绪干扰而做出回答。直接邮寄测试就可以避免偏见反应的干扰。

4．广告初稿与成稿

关于一个初步的广告能否成功地预测一个最终完成的广告的效果，有的专家认为，广告初型与最终广告的测试结果高度相关。

要认识这一问题，首先要了解广告初稿模型和最终广告有何不同，以及这些差异对受众反应的影响。例如，在初型广告形式下，很难测试幽默感、情绪反应及对整体广告的喜好程度。从另一方面看，动画类的初型广告适合测试对文案要点的理解程度，因而可用于战略测试中。

5．广告展示次数

广告展示次数即反应的频率。文案测试如何预测在广告展示了几十次甚至上百次后受众的反应？一次性展示能提供有意义的结果吗？是不是至少应让受测试者看两三次呢？另一个值得探讨的问题是，测试广告应置于什么样的背景环境中。最好的办法是在一个节目或一本杂志中安插许多广告，但这无疑使测试变得复杂，还有可能干扰实验结果。

6．自然观看和强迫观看

诸如剧院测试这样的方法被称做强迫观看的测试方法，包括实验室测试、模拟自然环境测试。这是因为环境是人为地制造出来的，并且要求受测试者观看广告。人为的测试环境可能会影响到测试结果的准确性。

7．最佳测试方法的选择

针对各个目标采取哪种文案测试的方法最好呢？可以参考美国广告研究基金会的研究结果。

(1) 测试说服力的最佳方法是采用从最差到最好品牌的排列，这通常在广告展示后获得。

(2) 测试文案特色的最佳方法是无辅助认知情况下首先提到被测品牌的次数。

(3) 测试广告沟通(信息传递)能力的最佳方法是考虑这样一个问题：“除了劝你买这种产品外，广告还告诉你什么了？”

(4) 销量的最佳预测是根据对“这则广告是最近我见过的广告中最好的一个”这句话同意

和不同意的数量比。

(5) 如果广告给人的印象是“告诉我很多关于产品如何工作的知识”或是“这个广告很有趣、很聪明”，那么产品销量就会增加；如果广告给人的印象是“我觉得这是个很有艺术性的广告”，或是“这个广告没有提供任何信息，只是创造了一个形象”，那么这个广告对销售不起任何作用。

(二)广告文案测试应遵循的原则

为确保广告效果测定得科学、准确，在测定过程中必须遵循以下原则。

1. 针对性原则

针对性原则是指测定广告效果时必须有明确而具体的目标。只有确定了具体的测定目标，才能选择相应的手段与方法，测定的结果也才准确、可信。

2. 可靠性原则

在测定广告效果的过程中，要求抽取的调查样本有代表意义；调查表的设计要合理，汇总分析的方法要科学、先进；考虑的影响因素要全面；测试要多次进行，反复验证。只有这样，才有可能取得可靠的测试结果。

3. 综合性原则

影响广告效果的因素多种多样，既有可控性因素，也有不可控因素。对于不可控因素，可通过有控制组的前后测试，剔除这些额外变量带来的影响。在测定广告效果时，除了要对影响因素进行综合性分析外，还要考虑到媒体使用的并列以及广告播放时间的交叉性。

4. 经常性原则

由于广告效果有时间上的滞后性、积累性以及间接性等特征，因此就不能抱有临时性或一次性测定的态度。本期的广告效果也许并不是本期广告宣传的结果，而是上期或者过去一段时间内企业广告促销活动的共同结果。因此，在测定广告效果时就必须坚持经常性原则，要定期或不定期地测定。

5. 经济性原则

进行广告效果测定，所选取的样本数量、测定模式、地点、方法以及相关指标等，既要有利于测定工作的展开，同时又要从广告主的经济实力出发，考虑测定费的额度，充分利用有限的资源为广告主多办事、办好事，否则就会成为广告主的一种负担或者是一种资源浪费。

四、广告文案测试的程序

广告文案测试的原理和方法与市场调查类似，大体上要经历以下程序。

1. 明确定义测试问题

明确定义测试问题，主要是根据广告目标，确定相应的指标，并拆分成不同的测试内容。

2．搜集有关信息

在搜集有关信息阶段，应明确如何选择有代表性的被测试对象，这可依适用抽样的有关原理进行科学的抽样测试；然后将要了解的信息设计成能使测试者愿意回答和能够回答的调查问卷；最后是挑选合适的测试人员采用合适的方法收集所需的信息。

3．整理分析资料

收集上来的资料往往比较散乱，因此应按一定的要求进行归类、整理，然后再对这些整理的信息进行解读，即用信息说明广告文案、广告的效果。

4．撰写分析报告

将测试结果书面化，并传递给有关决策人员。

第二节　广告文案测试方法

一、广告文案事前测试的方法

广告是联系广告主与受众的桥梁。为使“天堑”变通途，广告主会尽量委托优秀的广告公司，广告公司也会尽力撰写优秀的广告文案。但往往当局者迷。所以广告人除应具备专业素质外，最好能在广告文案使用前进行测试。

在广告作品尚未正式刊播之前，邀请有关广告专家和消费者团体进行现场观摩，审查广告作品存在的问题，或进行各种试验(在实验室运用各种仪器来测定人们的各种心理活动效应)，以对广告作品可能获得的成效进行评价。

根据测定的结果，及时调整广告促销策略，修正广告作品，突出广告的诉求点，提高广告的成功率。事前测定常用的具体方法主要有以下几种。

(一)专家意见综合法

专家意见综合法是在广告文案设计完成之后，邀请有关广告专家、心理学家和营销专家进行评价。多方面、多层次地对广告文案及媒体组合方式将会产生的效果做出预测，然后综合所有专家的意见，作为预测效果的基础。

运用此法事前要向专家提供一些必要的资料，包括设计的广告方案、广告产品的特点、广告主生产经营活动的现状及背景资料等。

选择专家应注意两个问题：请到的专家必须具有全面性和权威性，费用能够承受得起(专家收费一般较高)；邀请到专家后，可采用德尔菲法或小组座谈法，这两种方法是互补的。

德尔菲法可突破时空的限制，尤其在目前可通过电子邮件，专家参与起来就方便多了，不足之处是难以形成思想火花的碰撞。小组座谈法可以互相启发、发现新问题、提出新的解决方法，不足之处是组织专家同时参加座谈难度较大。

(二)意见测试法

公司对同一种商品，大多做出很多幅广告文案，这些广告文案，在标题、插图、人物照片或布局方面，或多或少皆不相同。到底哪一种好，不容易判断。此种情形往往由广告公司的高级经营人员、AE或广告主的广告负责人决定。

但广告文案是由广告专家们创造出来的，而广告所诉求的对象，是消费者而非广告专家，专家认为妥当的广告，消费者不一定认为是妥当的。因此，最好按诉求对象，征求消费者意见，以判断该广告文案是否得当。这种征求消费者意见的测验称为“意见测试”。

意见测试的实施过程如下。

把几幅广告表现不同但广告的商品相同的广告稿交给被测验者和目标消费者看，作如下询问：

“请问你对哪一幅广告感到最有趣味?”

“你最喜欢哪一幅广告?”

“你认为这幅广告是诉求什么的?”

这种询问方式，可以测验出哪一幅广告最富趣味性，哪一张的插图最令人喜爱，广告的意图是否正确，从而判断消费者赞成什么，反对什么。据此修正广告文案，以适应目标受众的胃口，达到沟通的目的。

(三)直接测试法

直接测试法是把供选择的广告展露给一组消费者，并请他们对这些广告进行评比打分。这种评比用于评估消费者对广告的注意力、认知、情绪和行动等方面的强度，以测试广告心理效果为主。虽然这种测定广告实际效果的方法还不够完善，但一则广告如果得分较高，也可说明该广告可能是有效的。

本方法简单易行，便于企业内部操作，测定人员请被测试者对广告的一些重要部分进行打分，各方面的得分总和就是该广告的实际效果。

(四)组群测试法

组群测试法是让一组消费者观看或收听一组广告，对时间不加限制，然后要求他们回忆所看到(或听到)的全部广告以及内容，广告策划者可给予帮助或不给予帮助。他们的回忆水平表明广告的突出性以及信息被了解或记忆的程度。

在组群测试中，必须用完整的广告以便能做出系统的评估。组群测试一次可以测试5～10则广告。在调查中，通常询问的问题主要有以下几个：

“您对哪几则广告感兴趣?”

“您喜欢哪一则广告?”

“这则广告宣传的是什么?您明白了吗?”

“您觉得广告中的文字和图案是否有需要改进的地方?”

“您看过广告后，最深刻的印象是什么?”

“看了广告后，您有没有产生进一步了解广告产品的兴趣，或者近期购买产品的打算?”

组群测试法与意见测试法有相似之处，在测试时，可取长补短，形成一定的创新。

(五)仪器测试法

在广告领域，作为一种辅助手段，借助仪器测试广告作品效果的做法越来越常见。目前采用的方法主要有以下几种。

1．视向测验法

人们的视线一般总是停留在关心与有兴趣的地方，越关心、越感兴趣，视线驻留时间就越长。视向测验器，是记录媒体受众观看广告文案各部分时的视线顺序以及驻留时间长短的一种仪器。根据测知的视线移动图和各部位注目时间长短的比例，可以预知：

(1) 广告文案文字字体的易读性如何，从而适当安排文字的排列。

(2) 视线顺序是否符合广告策划者的意图，有无被人忽视或不留意的部分。

(3) 广告画面中最突出或最吸引人的部分，是否符合设计者的意图。

仪器测试也有不少缺点：①视线运动是根据眼球移动确定的，但不能确保视线运动与眼球移动完全一致。②注目时间的长短，并不能完全说明消费者兴趣的大小。一目了然的事物，注视的时间自然短；费解的图文，往往要花费较多的时间去琢磨。③测验费用高。

2．皮肤测试法

皮肤测试法主要利用皮肤反射测验器来测量媒体受众的心理感受。运用此法的理论根据是：在受到诸如兴奋、感动、紧张等情绪起伏的冲击后，人体的出汗情况会随之发生变化，可测定其感性的波动。

皮肤测试法主要用于对电视广告效果的测定，其次是对广播广告的测定。根据测试的结果，大体上可以确知最能激起媒体受众情感起伏的地方，以此检查此处“高潮”是否符合广告策划者的意图。

皮肤测试法的缺点是：每个人的内分泌的情况各不相同，情绪反应也有快有慢，因此必须事先加以测定，再根据实际反应情况进行修正，但工作程序非常繁琐；情绪的波动，内心的冲动，每个人的情况各不相同，较难把握；情绪的波动，有的可能是积极的，有的则是消极的。因此，必须辅助其他的方法，进行全面的分析，才能得出正确的结果。

3．瞬间显露测验法

瞬间显露测验法是利用电源的不断刺激，在短时间内(1/2 秒或 1/10 秒内)呈现并测定广告各要素的注目程度。瞬间显露仪的种类有文度式、振子式、道奇式和哈佛式等，常用的是哈佛式。

哈佛式的作用与用途是：测试印刷品广告中各要素的显眼程度；测试各种构图的位置效果，以决定标题、图样、文案、广告主名称的适当位置。利用实验与统计的方法，可将艺术计量化，并可在某些情况下，区分出艺术效果与广告效果，以便在二者中有所调整和取舍。例如，标题的功能，一般应是既抢眼又悦耳，但悦耳应从属于抢眼。在两者不可兼得的情况下，艺术效果应服从广告效果的需要。本法可测试文案的易读程度、品牌的识别程度，以便使广告整体设计具有最佳效果，使人一目了然。

4．记忆鼓测试法

记忆鼓是现代心理试验常用的一种仪器。在广告测试中，专用来研究在一定时间内，人们对广告作品的记忆程度。该方法是：被调查者在一定时间内，经由显示窗看完一则广告后，支持测试者立即用再确认法，测验被调查者对广告文案的记忆，从而评估出品牌名称、广告主名称、广告文案的主要内容等易于记忆的程度。

这种测试法所测结果与被测验者的精神状态和记忆力的强弱有着直接的关系。而这两者又很难分辨。

5．瞳孔计测试法

瞳孔受到明亮光线的刺激会缩小，在黑暗中会张大。对感兴趣的事物长时间地凝视，瞳孔亦会张大。瞳孔计测验法，就是根据这个道理，用有关设备将瞳孔伸缩情况记录下来，以测定瞳孔伸缩与媒体受众兴趣反应之间的关系。

这种方法多用于电视广告效果的测定。但对所取得的测试结果也不能过分相信，因为瞳孔放大这种生理反应到底掺杂着多少感性和心理方面的因素是难以确定的。而每个人不同的情感、心理作用的差异都是无法忽视的。

仪器法的共同缺点是相关的仪器设备比较昂贵，且需专人操作。因此，一般的广告公司也许不具备这些条件而无法使用仪器测试法。

什么是 OAT？

OAT，英文 off air test(广告脚本测试)的单词缩写。这是国际企业和市场研究公司长期研究积累形成的电视广告效果测定方法。OAT 技术，专门用来事前测试哪一个广告脚本更符合消费者的喜好，哪一个广告更能产生强大的市场影响力和市场销售量，因此，也是广告主事前决定投放哪一个广告脚本的实验方法。

二、常用的广告文案事中测试方法

广告文案的事中测试是在广告已开始刊播后进行的。事中测试可以直接了解媒体受众在日常生活中对广告的反应，得出的结论也更加准确可靠。通过这种测试结果可对进行中的广告具体方式、方法进行局部的调整和修补。

(一)市场试验法

市场试验法即先选定一两个试验地区刊播已设计好的广告，同时观察试验地区与尚未推出广告的地区(这两类地区一定要有可比性)，根据媒体受众的反应情况，比较试验区与一般地区之间的差异，就可以对广告促销活动的心理效果做出测定。本测试的具体步骤如图 12-2 所示。

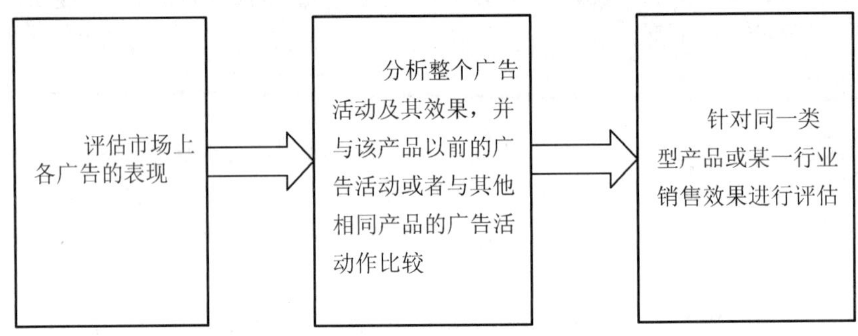

图 12-2　市场试验法的步骤

测试人员不事先告诉媒体受众测试的内容，同时要求被调查者不要在访问的当天阅读有关杂志。电话访问时，首先询问被调查者在某杂志的所有广告中，记得哪几则广告，以便确定这些广告的阅读率。媒体受众指出所记得的广告后，就可以问他们以下问题：

- 那则广告是什么模样？内容是什么？
- 当您读到该广告时，有何心理反应？
- 您从该广告中获得了哪些信息？
- 该广告的销售重点是什么？
- 您看完该广告后，购买该产品的欲望是增加了还是减少了？
- 该广告中，什么因素影响您购买该品牌产品的欲望？
- 您最近购买此种产品的品牌是什么？

广告测试者通过将上述问题的答案汇总、整理、分析、综合以后，就可以衡量出该则广告的以下效果。

(1) 读者记住(或想起)某则广告的能力(proved name registration，PNR)。

(2) 受众对该广告的心理反应，或对广告销售重点的了解程度(idea communication)。

(3) 广告说服媒体受众购买产品的能力(persuasion)，即媒体受众看了该广告后，购买该产品的欲望受影响的程度。

市场试验法通常采用以下方法。

1) 家中测试

家中测试即将一个小型屏幕放映机安置在具有代表性的目标消费者家中，让这些消费者观看电视广告节目。这种方法可使被调查者的注意力集中，但人为地制造了一种勉强观看电视广告的环境。

2)　汽车拖车测试

为了更接近消费者做出决策的实际情况，可在商业区安置汽车拖车，将车厢布置得与购物环境一样，以作为临时的工作试验室进行试验。在此模拟的购买环境中，向消费者展示测试的产品并给他们选择一系列品牌的机会，然后请消费者观看一系列电视广告片，发给他们一些购买商品的赠券。测试者根据收回赠券数量的多少，判断广告片对被测试者购买行为的影响力。

3)　剧场测试

被调查者被邀请到剧场观看尚未公开播放的电影片，同时插播一些广告片。在放映之前，请被调查者在不同类型的商品中选择他们喜欢的品牌；在放映后再请被调查者在不同类型的商品中选择他们喜欢的品牌。被调查者偏好如有改变，则可表明电视广告片有效果。

4)　播放测试

播放测试是在普通的甚高频(VHF)电视或有线电视节目频道中进行的。广告策划者将被调查者召集在一起观看播放的节目，其中包括观看被测试的广告片。在广告播放后，测试者与被调查者接触，并向其提出问题，询问他们能够回忆起多少广告片中的内容。

市场试验法是实验法的一种。为了使市场法的测试结果准确、可靠，必须保证市场试验的内部有效性和外部有效性。所谓内部有效性是指在同等实验条件下测试结果应相同；外部有效性是指实验室结果能有效推广到实际环境中去。为了保证市场试验的内部有效性和外部有效性，必须坚持以下准则：

(1)　随机选择城市、地区或商店，以区别开广告及其他因素对销售等的影响。

(2)　使用“历史”数据及“未来”数据，这实际上是瞻前顾后，即纵向比较法。

(3)　广告费用的差别大一些较好。广告投入变动性可在50%～100%之间。

(4)　既要测试增加广告的效果，又要测试减少广告的效果。

(5)　控制监测可能影响实验结果的变量。

(6)　保证试验在足够长的时间里进行。

(二)函询法

函询法一般采用调查问卷的形式进行。函询法一般要给回函者一定报酬，以鼓励他们积极回函反馈信息。为确保回收率，可采用固定样本连续调查的形式进行。调查问卷通常以不记名的方式，要求被调查者将自己的年龄、职业、文化层次、家庭住址、家庭年人均收入等基本情况填在问卷上。

调查表中要尽可能详细地列出调查问题，以便对广告的心理效果进行测试。

常见的调查问题如下。

(1)　您看过或听过有关某品牌产品的广告吗？

(2)　您通过什么媒体接触到某品牌产品的广告？

(3)　该广告的主要内容是什么？

(4)　您认为该广告有特色吗？

(5) 您认为该广告的构图如何？

(6) 您认为该广告的缺点是什么？

(7) 您经常购买什么品牌的产品？

三、广告文案事后测试方法

广告文案的事后测试主要是从效果上进行测试。广告文案的事后测试虽然不能直接对已经完成的广告宣传进行修改或补充，却可以全面、准确地对已做的广告活动的效果进行评估。因此，事后测定的结论，一方面可以用来衡量本次广告活动的业绩；另一方面可以用来评价企业广告策划的得失，积累经验，总结教训，以指导以后的广告活动。

广告沟通效果的事后测定有两层含义：第一，一则广告刊播过程一结束，就立刻对其效果进行测定；第二，一则广告宣传活动结束后过一段时间，再对其效果进行测试。

广告文案的事后测试除可以采用前面介绍的直接测试法、函询法外，常见的还有经济效果和社会效果测试、心理效果等方法。心理效果的测定可参见直接测试法。

(一)广告经济效果测试方法

广告经济效果测试，就是测试在投入一定广告费及广告刊播之后，所引起的产品销售额与利润的变化状况。

需要明确的是“产品销售额与利润的变化状况”包含两层含义：一是指一定时期的广告促销所导致的广告产品销售额以及利润额的绝对增加量，这是一种最直观的衡量标准；二是指一定时期的广告促销活动所引起相对量的变化，它是广告投入与产出结果的比较，是一种更深入、更全面了解广告效果的指标，这种投入产出指标对提高企业经济效益有着重大的意义。

广告的销售效果一般比沟通效果难以测定，销售除了受广告促销的影响外，还受其他许多因素的影响，诸如产品特色、价格、售后服务、购买难易程度以及竞争者的行动等。这些因素越少以及可控制的程度越高，广告对产品销售量的影响就越容易测定。

常用的测试广告经济效果的方法有如下几种。

1. 广告费用比率法

为了测定每百元销售额所支付的广告费用，可以采用广告费用比率这一相对指标，它表明广告费支出与销售额之间的对比关系。其计算公式如下：

广告费用率=本期广告费用总额/本期广告后销售总额×100%

广告费用应与广告效果成反比。广告费用率的倒数可以称为单位广告费用销售率，它表明每支出一单位的广告费用所能实现的销售额，与广告效果成正比。其计算公式为：

单位广告费用销售率=本期广告后销售总额/本期广告费用总额×100%

2. 单位广告费用销售增加率法

单位广告费用销售增加率的计算公式为：

单位广告费用销售增加率=(本期广告后的销售额－本期广告前的销售额)/本期广告费用总额×100%

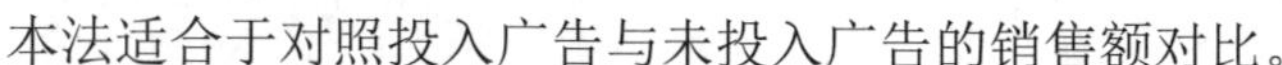

本法适合于对照投入广告与未投入广告的销售额对比。

3．广告效果比率法

广告效果比率的计算公式如下：

广告销售利润效果比率=本期销售利润增长率/本期广告费用增长率×100%

它反映同期销售利润增长率与广告费用增长率的关系。如果广告销售利润效果比率大于或等于 1，说明销售利润增速大于或等于广告费用增速，广告效果明显；反之，则销售利润增速小于广告费用增速，说明广告效果在弱化，甚至无效。

4．费用利润率、单位费用利润率和单位费用利润增加率法

费用利润率、单位费用利润率和单位费用利润增加率法是一种综合方法。具体的计算公式为：

广告费用利润率=本期广告费用总额/本期广告后利润总额×100%

单位广告费用利润率=本期广告后利润总额/本期广告费用总额×100%

单位广告费用利润增加率=(本期广告后利润总额－本期广告前利润总额)/本期广告费用总额×100%

5．广告效果测定指数法

广告效果测定指数法是假定其他因素对广告产品的销售没有影响，只有广告促销与产品销售有着密切的关系。具体做法是在广告刊播以后，测试者对部分媒体受众进行调查。

调查的问题是：“是否看过某则广告？”“是否购买了广告宣传中的产品？”假定调查结果如表 12-1 所示。

表 12-1　假定调查结果统计表

项　目	看过某则广告	未看过某则广告	合计人数
购买广告产品人数	a	b	$a+b$
未购买广告产品人数	c	d	$c+d$
合　计	$a+c$	$b+d$	N

注：a 看过广告且购买广告产品的人数；b 未看过广告但购买广告产品的人数；c 看过广告但未购买广告产品的人数；d 未看过广告且又未购买广告产品的人数；N 被调查的总人数。

从表 12-1 中可以看出，即使在未看过广告的被调查者中，也有 $b/(b+d)$的比例购买了广告产品。因此要从看过广告而购买产品的人中减去因受广告以外因素影响而购买广告产品的$(a+c)\times b/(b+d)$人，才能得出真正因为广告而唤起的购买效果。用这个人数除以被调查者总人数，所得的值就是广告效果指数(advertising effectiveness index，AEI)。

AEI 计算公式为

$$AEI=1/N\times[a-(a+c)\times b/(b+d)]\times 100\%$$

(二)广告文案的社会效果测试思路

广告人本质上是欲望和梦想的制造家。随着现代资讯的发达，广告已渗透到我们生活的方方面面。广告的社会影响十分深远，美国历史学家大卫•波特曾指出："现在广告的社会影响力可以与具有悠久传统的教会及学校相匹敌。广告主宰着宣传工具，它在公众标准形成中起着巨大的作用。"广告宣传的社会效果的影响不同于广告的心理效果或经济效果。广告的社会效果具体体现在以下几方面。

1．是否有利于树立正确的价值观念

广告涉及社会伦理道德、风俗习惯、宗教信仰等意识形态领域。例如在衡量广告的社会效果时，广告是否会扶持物质论？所谓物质论(materialism)是指过于重视物质的兴趣，而对非物质兴趣，如爱、自由、知识追求等不够重视。由于电视广告的传播速度快、范围广，在支持物质论上更明显。电视广告的诉求在本质上是物质化的。

广告信息的主旨是这样一个假设前提，只要我们得到某种东西，就能满足我们的内在要求和渴望，一个人面临的种种难题会因一种外在力量而立刻消失，只要你使用某种产品!生活中的疑难杂症全都依赖外部力量来医治。我们无需任何努力，无需任何技巧和负担，光靠物质方法就能解决所有问题。由于受广告宣传所导致的物质论的影响，许多人不愿意努力，不愿意吃苦甚至不愿意认真地思考。这些无疑会弱化人的潜力。

2．是否有利于树立正确的消费观念

正确的消费观念是宏观经济健康发展的思想基础，也是确保正常经济秩序的基础。广告的反复宣传，使部分受众产生从众心理，盲目地购买自己不需要的东西。如地处热带的新加坡，由于受广告宣传的影响，不少妇女纷纷购买貂皮大衣，以示高贵，所以有人指责广告会在一定程度上左右人们的行为。

3．是否有利于培育良好的社会风气

任何广告的刊播都会给社会带来或大或小的影响。如由周润发、吴倩莲联袂出演的铁达时手表广告中"不在乎天长地久，只在乎曾经拥有"的广告语，使得一部分人对美好的感情产生了消极颓废的心理。而众多保健品的送礼定位，在一定程度上助长了社会的不正之风。"今年不收礼，收礼还是脑白金"遭到不少受众的反感，以致这类广告一出现就立刻换频道。同样，众多补肾、补脑产品广告的登场，让我们觉得国民是不是太放纵自己了，身体素质到了弱不禁风的地步。

广告主都希望自己的广告能给社会带来积极的效果，这样有利于树立公司的品牌形象。但也有的广告文案创意过头，不符合人们的价值观和伦理道德而招非议。这无疑会影响广告主的社会形象。

4．是否有欺骗消费者的嫌疑

下面几种情况会有欺骗消费者的嫌疑。

(1) 夸大差异。本来微乎其微的差别说成是差别较大。

(2) 虚假的产品示范。在广告文案中，利用虚假的产品示范、图片、实验或测试，证明其产品的一种特性或证明其产品优于其他产品。例如，一些美容减肥产品的广告中，采用绝对化的语言，宣传产品的神奇功效，“彻底祛除色斑”，“20天减掉30斤”等不科学的语言出现在广告中，有的采用名人虚假示范的方式，佐证产品的功效。这些过度夸张的广告，不恰当的产品示范也容易对消费者产生误导。

(3) 使用模棱两可的、易造成误会的广告语。如“政府支持”这种说法可理解为“政府批准”，因而被人们质疑。“国际名牌”、“世界名牌”也是一个没有被严格定义的概念，容易误导消费者。

(4) 暗示一种并不存在或只是部分存在的利益。如通用电器公司被指责谎报了其耗电量少的灯泡所能发出的光亮度，以致最后通用电器公司不得不告诉消费者，这种灯泡的光亮度小于与之对比的其他灯泡。

(5) 遗漏了必要条件。如保健品、药品都有适用范围，并不对谁都有效。

(6) 提供没有证明的诉求。在涉及安全性、有效性质量、性能的广告诉求中，必须有足够的证据。

(7) 不正确地暗示某人使用并支持该品牌。不少产品都说得到某某协会推荐，经查为子虚乌有。

(8) 夸张。例如“今年二十，明年十八”，大家认为这样的夸张还是能被接受。但如果将产品描绘成能包治百病，则纯属欺骗。

当然，各国的法律和文化背景不同，以上表现，在有些国家会被指责为违法，而在另外一些国家则是合法的。

【拓展知识】

为使广告宣传起到良好的社会效果，在广告投放前最好向律师咨询，确认是否触犯法律，即使在法律上是合法的，也要对消费者的反应有一定预见，不要触犯“众怒”，以避免带来恶劣的负面影响，影响品牌形象。

本章小结

1. 广告文案测试很有必要。有效的广告文案测试能化解广告投放的风险和对代理广告公司的信任危机，也是整个广告活动经验的总结；能促进企业改进广告的设计与制作，促进整体营销目标与计划的实现；同时，广告测试的书面结果能为广告公司竞标、中标助一臂之力。

2. 广告文案测试可按内容、效果和广告投放时间等划分；也可以按其他方式划分。

3. 要保证广告文案测试效果，测试必须准确、可信，并坚持针对性、可靠性、综合性、经常性和经济性原则。

4. 测试是一个流程，广告文案测试的程序为：明确定义测试问题—收集有关信息—整理分析资料—撰写分析报告。

5. 广告文案事前测试可起把关作用。广告文案事前测试的主要方法有：专家意见综合法、意见测试法、直接测试法、组群测试法和仪器测试法等。

6. 广告文案事中测试可以起承上启下的作用。可据测试结果进行局部的调整和修改。广告文案事中测试常见的方法有市场试验法和函询法等。

7. 广告文案事后测试包括对心理效果、经济效果和社会效果进行测试。

8. 每种测试方法都有各自的特定要求及优缺点，在选择具体的测试方法时，必须结合自身条件和测试目的进行取舍。

科龙空调广告语测试定量分析报告

一、研究背景

广东科龙集团为制订科龙空调 2001 年度传播计划，需要了解目标消费群对科龙空调的广告语的评价，以便为广告创意提供依据。

12

二、研究目的与内容

(一)研究目的

1.了解目标消费者对科龙空调广告语的看法与喜好程度。

2.为科龙空调的广告宣传提供参考。

(二)研究内容

1.目标消费者对科龙空调广告语的评价与喜好程度。

2.目标消费者对广告语喜好与不喜好的具体原因。

3.目标消费者的基本情况。

三、研究基本情况

1.研究方法：街头拦截访问

2.调查城市：北京

3.样本量：N=100

4.执行日期: 2000 年 10 月 11 日

5.样本条件

(1) 北京市居民。

(2) 近一年内预购空调者。

(3) 年龄在 25～45 岁之间

(4) 性别配额如表 12-2 所示。

表 12-2　性别比例

总样本量	男	女
100	80	20

四、重要结论

科龙空调广告语中，消费者最喜欢“让科技与生活更贴近”这条广告语；最不喜欢“科技阐释生活新主张”(不喜欢人数最多)及“创造科技生活新概念”(得分最低)。

五、主要发现

(一)最喜欢的广告语

1. 消费者喜欢的科龙空调广告语的比例如图 12-3 所示。

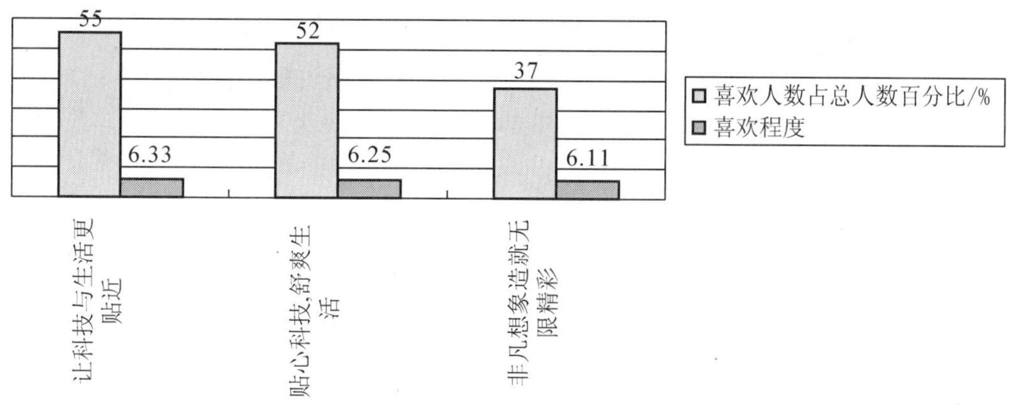

图 12-3　消费者喜欢的科龙广告语比例

注：喜欢程度中 7 分表示最喜欢，1 分表示最不喜欢

由图中可以看出，消费者对于“让科技与生活更贴近”喜爱程度最高。

2. 消费者喜欢科龙广告语的原因如表 12-3 所示。

表 12-3　消费者对科龙广告语喜欢的原因

广 告 语	得 票 数	喜欢原因	喜欢人数比例/%
让科技与生活更贴近	55	生活化，大众化，亲切朴实	45.5
		符合实际	16.4
贴心科技，舒爽生活	52	听着舒服，放心	25.0
		顺口，读起来朗朗上口	13.5
		生活化，大众化，亲切朴实	11.5
非凡想象造就无限精彩	37	顺口，读起来朗朗上口	13.5
		生活化，大众化，亲切朴实	10.8
		简洁明了	10.8

(二)最不喜欢的广告语

1. 消费者不喜欢的科龙空调广告语的比例如图 12-4 所示。

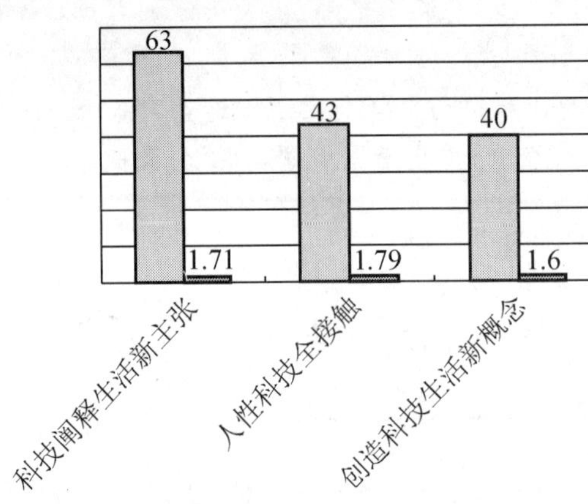

图 12-4　消费者不喜欢的科龙广告语比例

2. 消费者不喜欢科龙广告语的原因如表 12-4 所示。

表 12-4　消费者不喜欢科龙广告语的原因

广告语	得票数	不喜欢原因	不喜欢人数比例/%
科技阐释生活新主张	63	言语不顺，用词不当，不顺口	29.7
		听不懂，不好理解，语意太深	17.2
		有些专业化、标准化、广告化、书面化	15.6
人性科技全接触	43	听不懂，不好理解，语意太深	18.2
		听着不舒服，不顺耳，感觉不好，别扭	15.9
		言语不顺，用词不当，不顺口	13.6
创造科技生活新概念	40	俗气	22.5
		言语不顺，用词不当，不顺口	17.5
		听不懂，不好理解，语意太深	10.0

由表 12-4 可以看出，消费者不喜欢听不懂、念着不顺口的广告语。

六、背景资料

1. 被访者年龄细分如表 12-5 所示。

表 12-5　被访消费年龄比例

25～30 岁	31～35 岁	36～40 岁
58%	12%	19%

2. 被访者职业细分如表 12-6 所示。

表 12-6　被访者职业比例

专业技术人员/教师/医生	11.7%
机关/事业单位管理人员	7.4%
机关 /事业单位一般人员	10.6%

续表

企业管理人员	14.9%
企业一般人员	31.9%
个体户/商人	12.8%
退休/离休	1.1%
家庭主妇	3.2%

3. 被访者受教育程度细分如表 12-7 所示。

表 12-7　被访者受教育程度比例

初中	3%
高中	18%
中专/技校	4%
大专	33%
大学本科及以上	42%

4. 被访者个人收入细分如表 12-8 所示。

表 12-8　被访者个人收入比例

500 元以下	3%
500～1000 元	10%
1001～1500 元	24%
1501～2000 元	18%
2001～2500 元	18%
2501～3000 元	6%
3001～3500 元	10%
3501～4000 元	3%
4000 元以上	2%

案例点评

这是一个典型的广告语效果测试研究，属于广告文案的事前测试。在案例中，调研人员采用意见测试法，在街头拦截访问调查科龙空调的潜在消费者，了解被测试者对几条不同广告语的态度。

调研结果用量化的方式明确指示出受众最喜欢的和最不喜欢的广告语，并且总结出目标消费者年龄、职业、受教育程度等人口统计学特征，为企业制定广告策略，选择更有效的广告文案提供了重要依据。

讨论题

1. 广告文案测试中进行街头拦截访问的时候应该注意哪些问题？
2. 在调查中各环节应该如何控制才能使调查结果更接近真实情况？

1. 为什么要开展广告文案测试？

2. 事前广告文案测试的目的是什么?有哪些测试方法？

3. 简述市场试验法的操作方法。

4. 如何衡量广告的经济效果？

5. 广告的社会效果主要体现在哪些方面？

6. 挑选一则电视广告，播放给其他人观看，然后用下面的调查问卷做广告文案事中调查，并对问卷调查的结果进行统计分析。

调查问卷样本

1．请问您刚才看到的广告片是什么品牌的广告？

2．当您正在看这个广告片时，您心中想到的是什么？或者有什么感觉？（请自由表达）

3．您记得刚才所观看广告片的哪些内容？（请将记得的部分告诉我）

4．您觉得这个广告片最主要是想告诉您什么？

5．您对这个广告的整体感觉如何？（请选择一项）

①很不喜欢 ②不喜欢 ③一般 ④喜欢 ⑤很喜欢

6．这个广告片中有什么地方是您喜欢的？（任何情节、话语）

7．这个广告片中有什么地方是您不喜欢的？（任何情节、话语）

附　录

广告文案大师简介

一、大卫·奥格威

(一)个人简介

大卫·奥格威(David Ogilvy，1911—1999)被称为“广告教皇”，在全球广告界负有盛名。他创办的奥美广告公司已成为全球著名的跨国广告公司，他 1963 年出版的《一个广告人的自白》一书对世界广告界颇有影响，他还发表了《奥格威谈广告》，他被列为 20 世纪 60 年代美国广告“创意革命”的三大旗手之一，是“最伟大的广告撰稿人”。

1945 年，广告业并不是一个十分受人尊敬的职业，对于雄心壮志的奥格威来说，这种选择本身就是一种胆略，一种对生活的挑战。一旦决定，奥格威立刻行动。他向几家广告公司写了自荐信，声称自己“完全不懂行销，也不曾写过任何广告文案”，但是，有志于广告，希望在这一行闯出一番事业，并且也准备接受一年 5000 美金的薪水。这样一封“自荐信”，也许没有哪家广告公司会感兴趣。但是，伦敦一家广告公司却录用了他。这家公司做梦也没想到，这一录用造就了现代广告的教皇。

1948 年，踏入广告界仅三年的奥格威成了世界上最有名的广告撰文者。独特的个性和内心的志向，使他感到在别人的公司里很难充分表现自己，他渴望拥有一块完全属于自己的天地。他辞退工作，创办了自己的公司——奥美广告公司。当时，恐怕连他自己也不会想到，这个小小的雏儿会成为世界排名第十的广告公司。

创业之始，困难重重，他没有过多地去考虑种种难题，他所做的就是为他心爱的奥美奠定一个普通而又非常崇高的管理原则——奥美最宝贵的资产，就是赢得客户以及所有商业团体的尊敬。靠什么赢得尊敬，奥格威回答：是坦诚，是人格。在今天，广告公司显然不能单凭专业才能，就能受到外界的尊敬。的确，大型广告公司彼此之间所呈现的专业能力，并没有明显的差异。造成差异的是什么？造成差异的是广告公司的所有人员，在代表公司与客户、同业们相处时，所显露的人格气质。

怎么做到这一点？首先，公司里的主管人员必须令人钦佩、备受推崇，这种尊敬也许来自现有客户，也许来自潜在客户。这样，奥美的业务通常就会蒸蒸日上。这一原则一直是奥美的基本品质，也是它成功的基础。其次，奥美在伦敦、纽约以及所有国家里，都必须拥有一群“有大脑”的正人君子。那种因为短期性的利益而违背了人格原则的做法，对奥美一点好处也没有。

在这里，奥格威提出了他那著名的比喻，奥美是一所医院——一所教学医院。著名的医院会做两件事，一为照顾病人，二为教导浅资历的医生。奥美也在做两件事，一为照顾客户，二为教导年轻的广告人。

在奥格威眼里，一个前途无量的人，应当具有五大特征。

(1) 有野心。

(2) 富于竞争，且乐此不倦。

(3) 头脑灵活，不拘传统，善于创新。

(4) 与人相处融洽愉快。

(5) 尊重创意。

奥格威对人们的警告是：千万不要在重要职位上，雇用和你有同样缺点的人，从而更加加深了你自己的缺点。1982 年，印度的《周日》杂志评出当年的新闻人物，第一位是刚上台的苏联总书记安德罗波夫，第二位是统治了苏联几十年之久的勃列日列夫，第三位就是大卫·奥格威，第四位是教皇保罗二世。

当年的《扩张》杂志(EXPANSION)特别对工业革命作了回顾，在列出的 11 位对工业革命具有影响的人中，第一位是发明家爱迪生，第二位是科学家爱因斯坦。大卫·奥格威名列第七位，在他之前是列宁和马克思；他名字后的注解是：现代广告教皇。

(二)大卫·奥格威广告文案写作的经验

大卫·奥格威广告文案写作的经验如下。

(1) 不要旁敲侧击，要直截了当。避免“差不多、也可以”等含糊不清的语言。

(2) 不要用最高级形容词、一般化字眼和陈词滥调。要有所指，要实事求是，要热忱、友善并且使人难以忘怀。别惹人厌烦。讲事实，但是要把事实讲得引人入胜。

(3) 应该常在文案中用用户经验谈问题。比起不知名的撰稿人的话，读者更易于相信消费者的现身说法。知名人士现身佐证吸引的读者特别多。如果证词写得很诚实，也不会引起怀疑。名人的知名度越高，能吸引的读者也越多。

(4) 另外一种很有利的窍门是向读者提供有用的咨询或服务。以这种办法写成的文案可以比单纯讲产品本身的文案多招 75%的读者。

(5) 我从未欣赏过文学派的广告……我一直觉得这类广告很无聊，连一点事实也没有提供给读者。我很同意劳德·霍普金斯的观点，高雅的文字对广告是明显的不利因素。精雕细刻的笔法也如此。它们喧宾夺主，把对广告主题的注意力攫取掉了。

(6) 避免唱高调。……自吹自擂、自炫都应该避免，但是完美的操行却应该广大发扬。

(7) 除非有特别的原因要在广告中使用严肃、庄重的字，通常应该使用顾客在日常交谈中用的通俗语言写文案。

(8) 不要贪图写那种获奖文案。

(9) 优秀的撰稿人，从不会从文字娱乐读者的角度去写广告文案，衡量他们成就的标准是看他们使多少产品在市场上腾飞。

二、威廉·伯恩巴克

(一)个人简介

威廉·伯恩巴克(William Bernbach，1911—1982)毕业于纽约大学英国文学系，曾专为社会名流起草讲演稿，其优美的文笔颇获好评，后进入广告公司，曾在格雷广告公司任创意总监。1949 年，他与道尔及戴恩创办 DDB(即恒美广告公司)，任总经理。伯恩巴克是国际广告界所公认的一流大师，与大卫·奥格威、李奥·贝纳并称为美国广告“创意革命”时代的三大旗手。1967 年，接任董事长，后又任执行主席。

在他去世后，美国著名的《哈泼斯》杂志这样告诉读者：他的去世在美国所引起的震惊，超过了《哈泼斯》在过去 133 年里所介绍过的所有杰出艺术家和作家，对美国的文化具有极大的冲击力。在美国《广告时代》所评选的 20 世纪最具有影响力的广告人中，威廉·伯恩巴克排名第一，也是被叙述得最翔实的一位。伯恩巴克在纽约大学主修文学时，就展露出了优秀的文字功底和艺术表现力。毕业后，伯恩巴克凭借着一支笔，敲开了广告界的大门。

(二)代表作品

伯恩巴克为德国大众的甲壳虫汽车撰写的系列广告，轰动了整个广告界，被当时的广告专家公认为是第二次世界大战以来的最佳作品，对大众汽车打入美国市场居功至伟。而 DDB 可以接受德国大众汽车作为广告客户，本身就是一件令人震惊的事。

DDB 的雇员有 2/3 都是犹太人，包括伯恩巴克自己，而他们却要为一家由德国纳粹一手扶植起来的汽车集团工作，为一部曾经被希特勒鼓吹为“纳粹时代的辉煌象征”的车子做宣传，这不得不让人深感难以思议。

事实上，伯恩巴克并没有因为自己的特殊身份，而影响了在广告创作上的专业判断，以致日后人们在提到甲壳虫的时候，最先想到的是那一系列想象力非凡的广告，而这一段背景，便作为插曲淹没不传，从中也可以看出伯恩巴克作为一个广告大师的胸襟与伟大之处。

1. 暴露缺点却使它看上去更优秀

按照常理，商品广告都是以自夸居多，即便是提到缺点也是点到为止，很少有人敢于直言不足，尤其在大字标题上，那样等于是自断生路。甲壳虫和当时流行于美国的大型豪华轿车相比，既小又丑陋，呆头呆脑的样子，并不讨人喜欢，再加之德国纳粹给甲壳虫带来的政治心理障碍，使它在一定程度上遭到厌弃。

鉴于此，美国人把它丢弃于角落不予理睬，就真如同看到了一只甲壳虫一样平常与默然。而为这样“一只甲壳虫”改头换面、塑造形象，想来就好像是一场噩梦。在美国俗语中，人们把不中用的东西或是废品叫做“柠檬”，而把优异的、十全十美的东西称作“李子”。伯恩巴克就顺应了当时普遍的想法，把广告上的甲壳虫命名为“柠檬”。

标题：柠檬

文案：这辆甲壳虫没赶上装船起运。仪器板上放置杂物处的镀层有些损伤，这是一定要更换的。你或许难以注意到，但是检查员克朗诺注意到了。在我们设在沃尔夫斯堡的工厂中有 3389 名工作人员，其惟一的任务就是：在生产过程中的每一阶段都去检查甲壳虫(每天生产 3000 辆甲壳虫，而检查员比生产的车还要多)。每辆车的避震器都要测验(绝不作抽查)，每辆车的挡风玻璃也经过详细的检查。

大众汽车经常会因肉眼所看不出的表面擦痕而无法通过。最后的检查实在了不起！大众的检查员们把每辆车像流水一样送上检查台，通过总计 189 处检验点，再飞快地直开自动刹车台。在这一过程中，50 辆车，总有一辆被卡下“不予通过”。对一切细节如此全神贯注的结果是，大体讲大众车比其他车子耐用而不大需要维护(其结果也使大众车的折旧较其他车子为少)。

我们剔除了柠檬(不合格的车)，而你们得到了李子(十全十美的车)。

缺点的暴露，使人们看到了甲壳虫平凡外表下，闪光的品质——诚实。整篇广告的构图十分简洁干净，文字恳切率直，这一切都是为了使“诚实”二字以最大的冲击力传达到消费者心中。实际上，伯恩巴克的甲壳虫系列广告，不仅做到了这点，还妙手回春般地把“这只小虫”送上了美国进口汽车销售量排行榜的头把交椅，使它成为当时小型车的代名词。

2. 伯恩巴克式荒诞幽默

对于幽默广告，许多广告客户像躲避瘟疫一样敬而远之，而业界对此也一直褒贬不一。美国著名的广告撰写人克劳德·霍普金斯就曾立下规矩，坚决不用。他常常引用一句名言以表明立场：“人们对马戏团的小丑是不会惠顾的。”而美国广告公司的高层领导，也有一半以上曾表示应慎用幽默广告。因为尽管读者或是电视观众看幽默广告时会感到欢乐愉快，但过后却很

附录

难对其所介绍的产品留下深刻的印象。

伯恩巴克和他的“小虫子”就曾经一起行走在幽默广告这条危险的钢丝上，并表演出了精彩的节目：电视广告片——送葬车队。

电视广告：送葬车队

画面：隆重的送葬车队

解说：“迎面驶来的是一个豪华轿车送葬车队，每辆车的乘客都是以下遗嘱的受益人。”

男声旁白：我，麦克斯威尔·E.斯耐弗利，趁自己尚健在清醒时，发布以下遗嘱：给我那花钱如流水的妻子留下100美元和一本日历；我的儿子罗德内和维克多，把我给的每一个5分币都花在了时髦车和放荡女人身上，我给他们留下50美元的5分币；我的生意合伙人朱尔斯的座右铭是‘花！花！花!’我什么也‘不给！不给！不给！’我的其他朋友和亲属从未理解1美元的价值，我就留给他们1美元；最后是我的侄子哈罗德，他常说：‘省一分钱等于挣一分钱。’他还说：‘叔叔，买一辆大众的甲壳虫一定很划算’，我呀，把我所有的1000亿美元的财产留给他。

这便是伯恩巴克式荒诞幽默，这个幽默广告片在播出之后，引起了观众的广泛关注和好评。与伯恩巴克齐名的美国广告大师奥格威，过去也一直对幽默广告持怀疑批评态度，但是在看过这一广告片之后，他也不由得对其巧妙构思赞叹不已。奥格威甚至公开表示：“就是我活到100岁，我也写不出像大众汽车的那种策划运动。我非常羡慕它，我认为它给广告开辟了新的门径。”

3．广告的魔术就在商品之中

伯恩巴克说：“广告最重要的成功因素就是商品本身。无论你怎样有技巧，也不能为商品发明一个根本不存在的优点，广告的魔术就在商品之中。”

他认为，作为一个广告人，在开始工作之前，要彻底了解需要做广告的商品。广告人所有的聪明才智、鼓动力、想象力与创造力都要从对商品的了解中产生。当你言之有物时，你会写得更好。伯恩巴克在接下了大众汽车公司的广告之后，做的第一件事，就是飞到大众设在德国沃尔夫斯堡的工厂，他要亲眼看看甲壳虫是如何生产出来的。

在那里，他一住就是许多天。他与装配工人谈话，向工程师求教，和企业主管一起研讨问题。他还来到生产车间，仔细观察汽车生产的全过程，从最初的金属熔化到最后一个零件装入车中，装配工人将新生的甲壳虫开出生产线……他已经看过甲壳虫所用材料的品质，看过工厂为避免错误采取的令人难以置信的预防措施，看过投资浩大的检查系统。从中，他找到了所要突出的宣传主题，他决定告诉美国公众——甲壳虫是一部诚实的车子。于是，甲壳虫系列广告便应运而生。

伯恩巴克为甲壳虫创造的系列广告，为它在美国市场上找到了自己的精准定位。在美国人的心中，甲壳虫就是可靠、实用、优质的小型轿车的代名词。开着甲壳虫，表明了汽车拥有者的一种与众不同的生活方式——讲求实际、不尚奢华，对自己的生活充满自信。毫不夸张地说，可以为商品在消费者心中奠定如此牢固的地位，在历史上并不多见。

三、李奥·贝纳

(一)个人简介

李奥·贝纳(Leo Burnett，1891—1971)生于1891年10月21日，很小就在父亲的干货店里打杂，在一家印刷厂当过小工，教过书，后进入密芝安大学学习新闻。获得学士学位后，在Peorla新闻报当了一年记者。

1915年24岁的李奥·贝纳进入凯迪拉克汽车公司任公司内部刊物编辑。他为凯迪拉克设计的“领袖的代价”曾轰动一时。为了深入了解广告，李奥·贝纳每天剪下大大小小的报纸广告及有关广告的讨论议题。这段日子成了李奥·贝纳后来进入广告业的转折点。

李奥·贝纳任职的第一家广告公司是Homer McKee，他在那家公司连续干了10年，任资深创意总监。但是此时他还没有在美国广告界出名。李奥·贝纳被誉为美国20世纪60年代广告创意革命的旗手和代表人物之一，芝加哥学派的创始人及领袖，著有《写广告的艺术》一书。

(二)个人名言

下面介绍李奥·贝纳的个人名言。

(1) 伸手摘星，即使徒劳无功，亦不致一手污泥。

(2) 不想犯错？只要不再去想好的创意点子就行了。

(3) 丧失谦逊，会危害我们的判断力；自以为是，可以让我们前进时栽跟头。

(4) 广告没有永恒的成功。

(5) 我相信，自我的满足就是每天感觉自己的薪水一分一毫都是自己流血流汗赚来的。

(6) 我从未见过，在任何真正伟大广告诞生的过程中，没有一点疑惑，没有堆满的字纸篓，没有殚精竭虑，没有对自我的恼怒和诅咒。

(7) 有趣却毫无销售力的广告，只是在原地踏步；但是有销售力却无趣的广告，却令人憎恶。

(8) 做生意的惟一目的，就是服务人群；而广告的惟一目的，就是对人们解释这项服务。

(9) 这家公司从不曾刻板而无趣。这是我们珍贵的资产，也是每天兢兢业业的原动力。

(10) 简单点吧！让我们挑最明显的特点——最共通的事物——把它做得非比寻常地好。

(11) 最可怕的未来，就是万一我们得了“肥脑症”，两耳之间别无长物，只有肥油，足以置我们于死地。

(12) 我们希望消费者说“这真是个好产品”，而不是说“这真是个好广告”。

(13) 企划广告时，就该想到如何销售。

(14) 即使不考虑道德因素，不诚实的广告也被证实无利可图。

(15) 如果你无法将自己当成消费者，那么你根本就不该进入广告这一行。

(16) 如果你在芝加哥做不出好广告，换到别的地方也无济于事。

(17) 有能力的创意人员，不会认为他的工作只是做一则或一套广告，他一定会下工夫去了解影响产品销售的其他因素。

(18) 在这个没人知道明天是什么样子的世界里，惟一能教人免于沮丧发狂的东西，就是朴实原始的作品。

(19) 对生活抱持全面性的好奇，仍是伟大创意人员成功的秘诀。

(20) 我们生活的真正目的，便是透过创意和点子，为客户塑造商誉并不断开创销售佳绩。

(21) 广告是人与人沟通的行业。我们应永远力行这个原则。

(22) 我们制作销售产品的广告，但也请记住，广告负有广泛的社会责任。

(23) 如果你并不拥有十足的创造力、丰富的想象力，对万事万物也没有太多的好奇和疑问，那么，我劝你最好离广告这行远一点。

(24) 一个真正优秀的创意人员，对实事求是比能言善道更有兴趣，对感动人心比甜言蜜语更觉满足。

(25) 当一个人从骨子里深深了解什么是对的，并时时身体力行，他便能免于落入妥协的陷阱——没有人能收买或腐化他。

(26) 整体的解决方法始于单一个体的个别努力。

(27) 广告如此这般告诉人们“如此产品，给你如此的好处，到此处你就能找到它”。

(28) 好广告不止在传达信息，它能以信心和希望，穿透大众心灵。

(29) 我逐渐体会到，没有好客户，就不会有好广告；没有好广告，就也留不住好客户。还有，没有任何一个客户，会买他自己都没兴趣，或是看不懂的广告。

(30) 如果事实支持你，而你也相信自己，在一路为创意而战的途中，绝少会败下阵来。

(31) 我们的行业，就是创意。创意在气味相投的气氛中，最能茁壮成长。

(32) 占领市场必先占领消费者的心灵。

(33) 消费大众并不真正知道自己要什么。直到那些创意以商品方式呈现在他们的面前。如果他们能事先告诉你自己要什么，今天就不会有轮子、杠杆，甚或汽车、飞机和电视的出现。

(34) 与人相处共事，我学到一件非常简单的事实“没有人故意犯错”。这个体会让我们集中心力寻求补救之道，而不让犯错的人感觉生不如死。如果这个人是块料，他的内疚会是最令他难过的谴责。

(35) 伟大的创意造就伟大的广告公司，而伟大的广告公司依然以伟大的广告为目标。

(36)　认为大众可以被愚弄、牵着鼻子走的人，就是低估社会大众；当然，他在广告圈也不会有什么大成就。

(37)　我倾听每个人讲话并一一记录，特别是对业务人员。因为，他们一直最接近人群。

(38)　文字，是我们这行业的利器。文字在意念的表达中，注入热情和灵魂。

(39)　坚持不让权宜之计取代原则，不让浮夸掩盖事实。

(40)　一个具有销售力的创意，基本上从未改变过，必须有吸引力与相关性。但是，在广告噪音喧嚣的今天，如果你不能引人注目并获得信任，依然一事无成。

(41)　尽忠职守，勤奋工作，并且热爱、荣耀、相信自己的直觉。

(42)　我所享有的任何成就，完全归因于对客户与工作的高度责任感，不惜付出自我而成就完美的热情，以及绝不容忍马虎的想法、草率粗心的工作与差强人意的作品。

(43)　好广告会是图片与文字的快乐联姻，而不是他们之间的竞赛。

(44)　我深信卓越的创意作品，永远是一个成功代理商前进巨轮的中轴——过去是，现在是，未来亦如是。

(45)　我寻找了解并熟谙如何做好广告的撰文与艺术指导人员，他们必须技艺娴熟，盖下的一砖一瓦皆有其旨趣。

(46)　在演出的舞台上，广告不是一出独角戏。它是以行销领衔下各项活动集体演出中的一员。而且广告必须与其他活动和谐一致，方能有好的演出效果。

(47)　说话算数，遵守时限，信守承诺，这些不仅是固有的道德，而且做不做得到，决定我们成为什么样的人。个性也是如此形成的。

(48)　广告无法为一个人们不需要、不渴望拥有的产品塑造奇迹。但是，一位有技巧的广告人可以将产品原被忽略的特点表现出来，而激起人们拥有的欲望。

(49)　事前计划，但要保持弹性。

(50)　你可以在广告业成长，但不一定要变老。

四、罗瑟·瑞夫斯

(一)个人简介

罗瑟·瑞夫斯(Rosser Reeves，1910—1984)老家在美国的弗吉尼亚州。瑞夫斯刚满19岁就开始独立谋生，来到弗吉尼亚州的首府里士满，在《里士满时代快报》当上了一名记者。为了寻求一个收入更高的职业，他来到当地的一家银行，当上了广告经理，除了联系广告业务之外，还负责撰写广告文案。就这样，瑞夫斯走上了广告创作之路。在里士满的银行干了一段之后，瑞夫斯对广告逐渐产生了兴趣，他觉得自己从事文案写作可能更有前途。但是，在银行干广告毕竟不够专业。

为了寻求更广阔的发展天地，瑞夫斯来到纽约的赛梭广告公司，正式当上了一名广告撰文员。从此之后，瑞夫斯变成了一名专业广告人。他先后在几家广告公司供职，主要担任撰文员。在与各行各业的广告接触中，瑞夫斯积累了大量的经验，初步形成了自己的创作风格——靠事实打动消费者。他的才华在进入特德·贝茨广告公司后，更充分地显露出来。那是 1940 年的事情。当时特德·贝茨是一家刚刚创建的广告公司，而瑞夫斯尽管刚满 30 岁，却已经是广告业的老手了。因而，公司对他委以重任，负责广告文案的创作工作，这为瑞夫斯提供了广阔的用武之地。

经过多年的奋斗，瑞夫斯当上了特德·贝茨公司的董事长。尽管公司的业务繁忙，但是瑞夫斯始终没有放下手中的笔。他经常抽空撰写文案，因为这是他最喜爱的工作。他曾经不无自豪地说，当上了广告公司的董事长而仍然从事文案创作的，可能就是他一个人。

从瑞夫斯进入特德·贝茨公司后，公司的业务有了突飞猛进的发展，到了 1986 年，特德·贝茨公司成为全美第三大广告公司，瑞夫斯多年的努力得到了令人欣慰的回报。在广告领域以外罗瑟·瑞夫斯也拥有惊人的才华，他曾作为美国国际象棋队的队长在莫斯科参加过比赛，发表过诗歌和小说。不过，在他所有的文字作品中最畅销的还是《广告中的真实》一书。

(二)独特的销售主张

在当今的巧克力的市场上，美国玛氏公司的 M&M 巧克力豆深受欢迎，其广告词“只溶在口，不溶在手”言简意赅，朗朗上口，一语道出了产品的独特之处，给人们留下了深刻的印象。这一广告用语的发明人就是罗瑟·瑞夫斯。说起来，那已是 40 多年前的事情了。

自从为 M&M 巧克力豆以及其他许多产品成功地进行了广告策划工作之后，瑞夫斯根据自己的经验逐步形成了系统的理论，其核心就是“独特的销售主张(USP)”。即提出竞争对手没有提出或无法提出的买点。这一广告理论的内容主要包括 3 个方面。

(1) 广告中应对消费者承诺该产品与众不同的优势。

(2) 此优势必须是同类产品没有或有而没有提出的。

(3) 此优势必须是对消费者有巨大吸引力的。

不过，对许多商品来说，其独特的销售主题并不像巧克力豆那样显而易见。

因此，在很多情况下，USP 的界定依赖于对产品的消费者使用情况的详细调查。一旦 USP 找到之后，广告的创作就会水到渠成。

五、詹姆斯·韦伯·扬

詹姆斯·韦伯·扬(James Webb Young，1886—1973)在 12 岁时即辍学来到百货商店工作，不久还当过书店店员，十年后晋升为该书店的广告经理，此时他仅仅 22 岁。1912 年，任 JWT 公司辛辛那提分公司的撰文员工作。1917 年，任该公司的副总经理一职。1918 年他回到了芝加哥主管美国西部各个分公司的业务。随后，他又负责在海外创立了多个分公司，建立了 JWT 庞大的国际脉络。

他曾一度离开 JWT 公司，在芝加哥大学任教并进行广告方面的学术研究。其代表著作为《并非广告人独享的文字饕餮》。1974 年即他逝世一年后，他获得了美国广告人的最高荣誉——“美国广告杰出人物”奖。詹姆斯·韦伯·扬生前任智威汤逊广告公司资深顾问及总监，也是美国当代影响力最深远的广告创意大师之一，并于 1974 年荣登“广告名人堂”。他的广告生涯长达 60 余年，其本身几乎就是美国广告史的缩影。晚年致力于广告教育工作及著述，被认为是美国广告界的教务长。

在《并非广告人独享的文字饕餮》中詹姆斯·韦伯·扬给我们罗列了一个个步骤(第一步：准备期；第二步：酝酿期；第三步：孵化期；第四步：豁朗期；第五步：验证期)，只要我们按部就班地做下去，最终总能达到作者所描述的“找到了！我有主意了！”这个至高阶段，体验到获得创意时的那种无可比拟的激动。其理论基础：一条创意其实就是以前要素的一个新的组合。

六、乔治·戈里宾

(一)个人简介

富有想象力的广告大师、杰出的广告文案撰稿人乔治·戈里宾(George H Gribbin，1907—1981)出生于美国密歇根州，他先是在威斯康辛大学读了两年新闻，后又来到斯坦福大学攻读英语。虽然转了专业，但是他仍然憧憬成为一名新闻记者。

然而，毕业后他在底特律的哈德森百货公司任职。之后又换了几家广告公司，直到 1935 年进入著名的杨罗比凯公司之后，他才真正步入了事业发展的高峰期。1958 年乔治·戈里宾被任命为杨罗比凯广告公司的总经理，随后又成为公司的首席执行官、董事会主席。当时杨罗比凯已经发展成为了美国的第三大广告公司，资产超过了 2.3 亿美元。退休后，乔治·戈里宾重回校园获得了硕士学位，之后又为杨罗比凯公司在世界各地开展市场研究。1981 年他在葡萄牙逝世，结束了半个世纪的广告人生涯。

(二)代表作品

在公司老板罗比凯的亲自指导下，乔治·戈里宾创作出了许多一流广告。他为箭牌衬衫创作的广告文案堪称经典之作。

标题：我的朋友乔·霍姆斯，他现在是一匹马了。

正文：

乔常常说，他死后愿意变成一匹马。有一天，乔果然死了。五月初我看到一匹拉牛奶车的马，看起来很像乔。我悄悄地凑上去对他耳语：“你是乔吗？”他说：“是的，可是现在我很快乐！”我说：“为什么呢？”他说：“我现在穿着一件舒服的衣领，这是我有生以来的第一次。我衬衫的领子经常收缩，简直在谋杀我。事实上有一件把我窒息死了。那就是我致死的原因。”“天哪！乔，”我惊讶失声，“你为什么不把你衬衫的事早点告诉我？我就会告诉你关于‘箭牌’衬衫的事。它们永远合身而不收缩。甚至织得最紧的深灰色棉布做得也不收缩。”

乔无力地说：“唉！深灰色棉布是最会收缩的了！”我回答说：“可能是，但我知道‘戈登标’的箭牌衬衫是不缩的。我正在穿着一件。它经过机械防缩处理。收缩率连 1%都不到！此外，

还有箭牌所独有的'迷陶戛'特适领！'戈登标'每件只卖两美元！"我说得达到了高潮。乔说："真棒！我的老板正需要一件那种样子的衬衫。我来告诉他'戈登标'的事。也许他会多给我一夸脱燕麦。天哪，我真爱吃燕麦呀！"

七、吉田秀雄

(一)个人简介

吉田秀雄(1903—1963)出生于日本的小仓，其生父名为渡边胜五郎。秀雄幼年时，他们一家人的生活虽算不上富裕有余，却也是个不愁衣食的平稳之家。后来，不测的风云改变了秀雄家平静的生活，父亲因公去世，全家人的生活陷入了窘境之中。小仓市有一富商吉田一次，膝下无子，他非常同情秀雄的遭遇，并欣赏秀雄的聪明伶俐、成绩优良，产生了收秀雄为养子的念头。秀雄为了减轻家里的负担并能接受高等教育，15 岁时作为养子进入吉田家。20 岁时吉田秀雄来到东京大学经济学部商业学科学习。

1928 年，秀雄从东京大学毕业时，也赶上日本的经济陷入萧条时期，历经许多挫折之后，秀雄好不容易找到一份工作，进入了电通广告公司。今天在日本乃至全世界赫赫有名的日本电通公司，最初是日本广告股份有限公司与电报通讯社两家独立机构，1907 年二者合二为一，以日本电报通讯社为名，仍然同时兼营通讯与广告两项业务。1936 年，电通公司放弃了通讯部门，转变为广告代理专业公司。

秀雄进入电通后，下定决心，要安下心来好好从事这一行。那时候，广告业还未走入正轨，工作也并不是在有系统的指挥下进行的。为了改变现状，秀雄邀请了几位年轻同仁举办了以广告是什么为题的每周研究会和读书报告会，掌握了最先进的广告知识，为促进公司的发展打下了良好的基础。经过十数年的辛勤工作，秀雄精通广告业的里里外外，又在人际关系方面交游甚广，积累了丰富的经验，1947 年，吉田秀雄被推选为电通的社长。

1957 年 12 月，电通的当月营业额突破了 20 亿日元。1958 年 1 月 1 日，在新年团拜的仪式上，秀雄提出了新年新的奋斗目标——营业额要达到每月 30 亿日元。为此，秀雄列举了 5 个有利条件。

(1) 日本经济成长的速度很快。

(2) 和日本经济的成长速度相比，日本广告界的成长较缓，因此要猛踩油门超越过去。

(3) 电视的全国性广告网显现威力，东京、大阪、名古屋的电通广告网发挥了巨大的作用。

(4) 公司员工的素质有了很大提高，广告主有了很大的进步。

(5) 广告往往比以前具有更大的社会影响力。

为了使目标能够顺畅实现，秀雄制定了周密诱人的奖励机制，全体公司员工，只要勤奋努力，确有才能，在一定的年限，就有由职员升主管、副部长或部长的机会，2300 名员工机会均等。电通公司就是这样在豪气万丈又精力充沛的秀雄的指挥下向前推进着。到了 1960 年的 11 月，电通的月营业额终于突破了 40 亿元。电通公司通过其在国内的 28 家分支机构，为 2000 家以上的广告客户服务。其营业额占日本总广告费的三成。尤为令人瞩目的是，当时东京 11 家大百货公司的广告代理商皆为电通。业务发展得这般大了，按说秀雄可以歇歇了，然而他还有更大的志向、更深的思虑。

广告业被某些人认为是与日本传统保守方式相反的生意形态。广告的前提是竞争，但日本

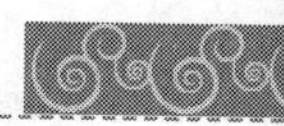

大部分行业的生产掌握在两三家大公司以及重工业胜于消费品生产的政府手中，因此很难有创造性广告出现的机会。不满日本广告业现状的秀雄，深入研究美国的广告技术。他大胆改革电通的机构，采用美式组织，并经常派遣员工到纽约去接受训练。麦迪逊大街的各种运作经验，被电通的广告人融会贯通。

一有机会，秀雄就向下属灌输现代广告观念：艺术创造加上科学作业。秀雄在日本已是功成名就了。他拥有经济团体联合会评议员、东京商工会议所商业部会长、经济同友会干事等头衔，在社会上的知名度越来越高。这时日本各方都恳请他出面竞选参议院议员。对此，他不屑一顾。他以“电通就是我，我就是电通”来言明其为电通广告贡献毕生的心志。

(二)广告鬼才十则

在拓展事业的同时，秀雄在自己经验的基础上总结归纳出作为一个广告人的行为标准。1951 年 7 月，在电通成立 51 周年纪念日的典礼上，秀雄希望公司全体同仁成为广告之“鬼才”。一个月之后，他写下了“广告鬼才十则”，分送给全体同仁。

(1) 工作必须主动去寻找，不应该被指派后才去做。

(2) 工作应该抢先积极去做，不应该消极被动。

(3) 积极从事大的工作。

(4) 目标应该放在困难的工作上，完成困难的工作才能有所进步。

(5) 一旦开始工作，千万别放弃，不达目的决不罢休。

(6) 争取主动，因为主动与被动之间有着很大的差别。

(7) 要有计划，只有立下长期计划才会有忍耐性，才会花工夫去做，才能产生朝正确方向前进的希望与毅力。

(8) 信任自己！如不能信任自己，工作时将不会有魄力，就难以坚持不懈。

(9) 应该时时刻刻动脑，全面地观察和思考。

(10) 挫折是进步之因，是推动力的源泉，否则将会变得懦弱无能。

参考文献

1. 瓦尔纳·玄纳特．广告奏效的奥秘[M]．北京：民主与建设出版社，2001．
2. 李克．中兴百货广告作品全集[M]．长沙：湖南美术出版社，2001．
3. 马中红．广告策划与广告文案创作[M]．苏州：苏州大学出版社，2002．
4. 李世丁．广告文案写作[M]．长沙：中南大学出版社，2003．
5. 王国全．新广告文案学[M]．广州：中山大学出版社，2004．
6. 王健．广告创意教程．北京：北京大学出版社，2004．
7. 万秀凤．广告文案写作[M]．上海：上海财经大学出版社，2005．
8. 初广志．广告文案写作[M]．北京：高等教育出版社，2005．
9. 夏晓鸣．广告文案写作[M]．武汉：武汉大学出版社，2006．
10. 王进力．影视广告摄制[M]．长沙：中南大学出版社，2006．
11. 何修猛．现代广告学．上海．复旦大学出版社，2006．
12. 菲利普·沃德·博顿．广告文案写作[M]．北京：世界知识出版社，2006．
13. 刘波．电视广告视听形象与创意表现[M]．太原：山西人民出版社，2006．
14. 孙顺华．中国广告史．济南．山东大学出版社，2007．
15. 郭有献．广告文案写作教程[M]．北京：中国人民大学出版社，2007．
16. 余明阳．广告策划创意学[M]．上海：复旦大学出版社，2008．
17. 李欣频．广告拜物教[M]．北京：电子工业出版社，2008．
18. 张微．广告文案写作[M]．武汉：武汉大学出版社，2008．
19. 范时勇．最新经典创意案例集．重庆：重庆大学出版社，2009．
20. 崔晓文．广告学概论．北京：清华大学出版社，2009．

推荐网站：

1. 中国广告网 http://www.cnad.com/
2. 中华广告网 http://www.a.com.cn/
3. 中国广告协会网 http://www.cnadtop.com/
4. 国际广告人网 http://www.iader.com/
5. 中国公益广告网 http://www.pad.gov.cn/
6. 中央电视台广告部 http://ad.cctv.com/02/index.shtml
7. 中华人民共和国文化部 http://www.ccnt.gov.cn/
8. 中华人民共和国国家工商行政管理总局 http://www.saic.gov.cn/
9. 国家广播电影电视总局 http://www.sarft.gov.cn/
10. BTV 广告 http://www.btv.org/btvindex/BTVad/node_14721.htm
11. 未来广告 http://www.future-ad.com/
12. 中国广告人网 http://www.chinaadren.com/
13. 艺术中国网 http://www.artcn.cn/Article/pmsj/sjzp/Index.html
14. 新华社广告中心 http://www.cnuac.com.cn/
15. 人民日报广告网 http://www.rmrbgg.com/